みんなが欲しかった！ FPの問題集 2級 AFP

チャレンジッ！

滝澤ななみ

本書は、持ち運びに便利なように 3分冊に分解できるようになっています。

- ✪ なるべくコンパクトに持ち歩きたい人は、下記のように本を３分冊に分解して使用できます。
- ✪ もちろんバラさずに１冊でも使えます。

※分解の手順および1冊で使用する場合の手順はp (xi)でご確認ください

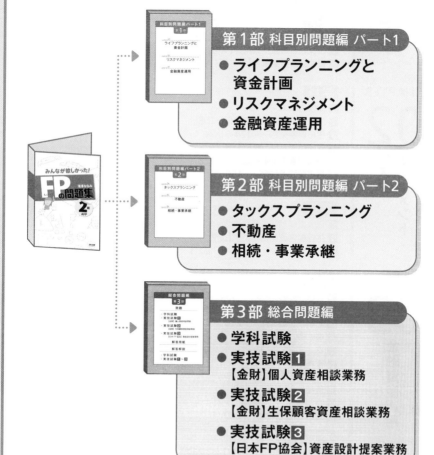

第1部 科目別問題編 パート1

- ライフプランニングと資金計画
- リスクマネジメント
- 金融資産運用

第2部 科目別問題編 パート2

- タックスプランニング
- 不動産
- 相続・事業承継

第3部 総合問題編

- 学科試験
- 実技試験1 【金財】個人資産相談業務
- 実技試験2 【金財】生保顧客資産相談業務
- 実技試験3 【日本FP協会】資産設計提案業務

目 次 contents

第1部 科目別問題編 パート1

CHAPTER 01 ライフプランニングと資金計画

CHAPTER 02 リスクマネジメント

CHAPTER 03 金融資産運用

第2部 科目別問題編 パート2

第3部 総合問題編

みんなが欲しかった! FPシリーズで合格しよう!

この「みんなが欲しかった！ FPシリーズ」には『教科書(別売り)』と『問題集(本書)』があります。ここでは、「みんなが欲しかった！FPシリーズ」を使った効果的な学習方法(主に問題集の使い方)を説明します。

step1 『教科書』を読み込もう!

まずは教科書(別売り)を最低でも2回は読みましょう。1回目は全体像を把握するためにどんどん読み進め、2回目は、わからないところを潰していくように丁寧に読むとよいでしょう。

教科書には学習内容ごとに例題があります。例題は平易な本試験問題または本試験問題を簡単にしたものを載せているので、解きながら教科書を読み進めてください。

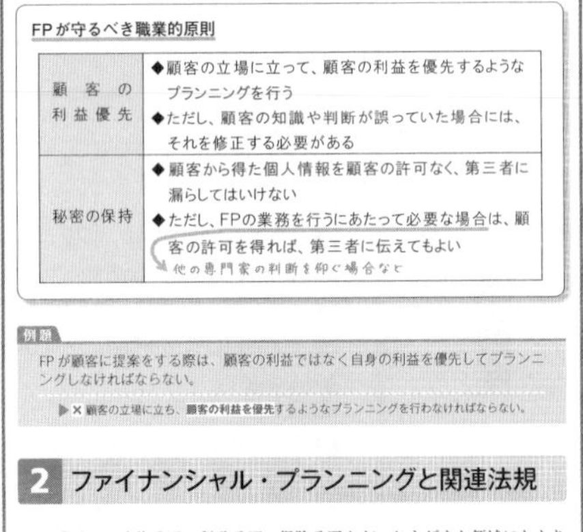

FPが守るべき職業的原則

顧客の利益優先	◆顧客の立場に立って、顧客の利益を優先するようなプランニングを行う ◆ただし、顧客の知識や判断が誤っていた場合には、それを修正する必要がある
秘密の保持	◆顧客から得た個人情報を顧客の許可なく、第三者に漏らしてはいけない ◆ただし、FPの業務を行うにあたって必要な場合は、顧客の許可を得れば、第三者に伝えてもよい 他の専門家の判断を仰ぐ場合など

例題

FPが顧客に提案をする際は、顧客の利益ではなく自身の利益を優先してプランニングしなければならない。

▶× 顧客の立場に立ち、顧客の利益を優先するようなプランニングを行わなければならない。

2 ファイナンシャル・プランニングと関連法規

FP業務は、法律分野や税務分野、保険分野など、さまざまな領域にわたり

step2 『問題集』の科目別問題編で学科の問題を解こう!

学科 SEC 01 FPと倫理

問題

1 ファイナンシャル・プランナー(以下「FP」という)の顧客に対する行為に関する次の記述のうち、関連法規に照らし、最も不適切なものはどれか。

1. 税理士の登録を受けていないFPのAさんは、顧客からふるさと納税に関する寄附金控除について相談され、所得税法や地方税法の条文等を示しながら一般的な説明をした。
2. 弁護士の登録を受けていないFPのBさんは、顧客からの要請に応じ、当該顧客を委任者とする任意後見契約の受任者となった。

教科書の1セクションを読んだら問題集で対応する「学科」の問題を解くようにしましょう。教科書を1周読み終えてから問題集に取り組むよりも、教科書を読み進めながら問題集に取り組むほうがより効果的です。

解答は赤シートで隠れるようになっています。また、解説のうち、おぼえておきたい用語や数値も赤シートで消えるようにしているので、赤シートで隠しながら解説を確認しましょう。

解答解説

1 答 2

1…不適切　健康保険における標準報酬月額は、最高139万円までの50等級に区分されています。

2…適　切　介護保険料率は、全国一律に設定されています。

3…不適切　被保険者に生計を維持されている配偶者(60歳未満)は、❶年間収入が130万円未満、かつ、❷被保険者の年収の2分の1未満である場合、原則として協会けんぽの被扶養者となります。

3…適　切　日本学生支援機構の奨学金と教育一般貸付は併用できます。

4…不適切　教育一般貸付の融資限度額は、学生・生徒1人につき最高350万円ですが、本問のような外国の教育施設に3カ月以上在籍する資金としての利用の場合など(一定の場合)は、450万円です。

日本学生支援機構が行う奨学金制度のポイント
★日本学生支援機構(独立行政法人)が行う奨学金制度には、無利息の第1種奨学金と利息付の第2種奨学金がある
★利用要件に親の所得基準がある

解説には必要に応じてまとめをつけています。まとめを読んで知識を整理しておきましょう。

関連する問題や、少し応用的な問題を「これはどう?」として収載しました。

これはどう?

高齢の顧客から遺言について相談を受けたファイナンシャル・プランナーのCさんは、顧客が公正役場で公正証書遺言を作成するにあたり、顧客からの求めに応じ、証人としての欠格事由に該当しないことを確認し、証人になった。〇✕

［2018年1月試験］

step3 実技問題を解こう!

学科の問題が終わったら、各CHAPTER末に収載されている実技試験の問題にもチャレンジしましょう。

1 個人資産相談業務、2 生保顧客資産相談業務、3 資産設計提案業務の3つのうち、受検する科目の問題を解いてください。

実技 CH 01 1 個人資産相談業務【金財】

ライフプランニングと資金計画

個人1 次の設例に基づいて、下記の各問に答えなさい。

［2022年1月試験　第1問 改］

《設例》

X株式会社(以下、「X社」という)に勤務するAさん(59歳)は、市役所に勤務する長女Cさん(29歳)との2人暮らしである。長女Cさんの父親Bさんとは、長女Cさんが5歳のときに離婚している。

Aさんは、高校を卒業後、X社に入社し、現在に至るまで同社に勤務している。X社には、65歳になるまで勤務することができる継続雇用制度がある。Aさんは、継続雇用制度を利用せず、60歳以後は仕事をしないつもりでいるが、X社の社長からは「人材の確保が難しく、Aさんがいなくなると非

step4 総合問題編にチャレンジ！

総合問題編

ファイナンシャル・プランニング技能検定
（2024年１月本試験問題）

２級学科試験

試験時間：２時間

問題集の第３部には、本試験問題を１回分掲載しています。

本番を意識して、時間を計って問題を解いてください。採点をすることで自分の到達度や得意・不得意な科目を把握し、不得意な科目は本試験までに克服しましょう。また、できなかった問題については、かならず教科書に戻って復習をしましょう。

CBT方式を受検される方は、総合問題編を解いたあと「模擬試験プログラム」にもチャレンジし、実際の試験環境を体験しておきましょう。

本書は、2024年４月１日現在の施行法令に基づいて作成しております。

改正がある場合には、下記ホームページの法改正情報コーナーに法改正情報を掲載いたします。

TAC出版書籍販売サイト「Cyber Book Store」
https://bookstore.tac-school.co.jp/

復興特別所得税の本書における取扱い

東日本大震災の復興財源を確保するため、「復興財源確保法」が公布・施行されました。これにより、所得税においては、2013年から「復興特別所得税」として「所得税額(基準所得税額)×2.1%」が課されています。

FP試験では、復興特別所得税を考慮した税率で出題されることも、復興特別所得税を考慮しない税率で出題されることもあるので、本書では原則として所得税と復興特別所得税を分けて記載しています。

なお、本試験では問題文の指示にしたがって解答するようにしてください。

2025年
2月より
配信開始!

模擬試験プログラムでCBT方式を体験しよう!

本書には、CBT方式を体験できるWebアプリ「模擬試験プログラム」が付属しており、学科試験と実技試験※1のどちらも体験することができます。本番そっくりの環境を体験できるので、ひと通りの操作に慣れるためにも、本試験前に一度は挑戦しておきましょう。

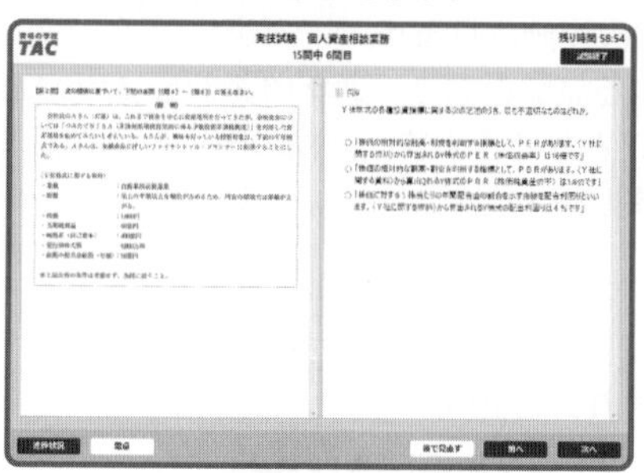

※1 本プログラムは学科試験と実技試験（金財「個人資産相談業務」「生保顧客資産相談業務」、FP 協会「資産設計提案業務」）に対応しています。

※2 本特典の提供期間は、改訂版刊行月末日までです。

※3 この模擬試験プログラムは TAC 出版が独自に製作したものです。実際の画面とは異なる場合がございますので、ご了承ください。

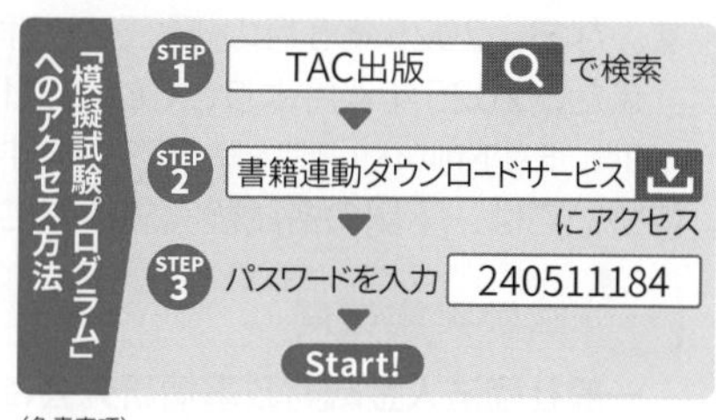

「模擬試験プログラム」へのアクセス方法
STEP 1 TAC出版 で検索
STEP 2 書籍連動ダウンロードサービス にアクセス
STEP 3 パスワードを入力 240511184
Start!

（免責事項）
(1) 本アプリの利用にあたり、当社の故意または重大な過失によるもの以外で生じた損害、及び第三者から利用者に対してなされた損害賠償請求に基づく損害については一切の責任を負いません。
(2) 利用者が使用する対応端末は、利用者の費用と責任において準備するものとし、当社は、通信環境の不備等による本アプリの使用障害については、一切サポートを行いません。
(3) 当社は、本アプリの正確性、健全性、適用性、有用性、動作保証、対応端末への適合性、その他一切の事項について保証しません。
(4) 各種本試験の申込、試験申込期間などは、必ず利用者自身で確認するものとし、いかなる損害が発生した場合であっても当社では一切の責任を負いません。

（推奨デバイス）PC・タブレット
（推奨ブラウザ）Microsoft Edge 最新版／Google Chrome 最新版／Safari 最新版

詳細は、下記 URL にてご確認ください。
https://tac-fp.com/login

書籍連動のアプリを使い倒そう!

本書を使った学習をより効果的なものにするために、場所を選ばず学習できるスマートフォンアプリを活用しましょう。いつでも、どこでもスマホがあれば学習、復習、問題演習ができる…手軽さが便利です。

フラッシュカードを使おう!

重要数字をまとめた**フラッシュカード**。1項目を数秒でパパッと確認できます。

※どなたでも、無料でご利用いただけます。

その他の機能（有料）

- **教科書縦読み機能**※
  横にページをめくるのではなく、スクロールで「教科書」が読める機能
- **問題集のアプリ化**※
  本書の問題がアプリで解けます。
- **スケジュール機能**
  学習スケジュールを管理する機能

※一部無料でお試しいただくことができます!

フラッシュカード
教育一般貸付の融資限度額は、学生１人につき[　]万円、一定の場合は[　]万円
財形住宅融資の融資金額は、財形貯蓄残高の[10]倍以内（最高[4,000]万円）で、住宅の購入価格の[90]%以内
フラット35の融資金額は、最高[　]万円で購入価格の[　]%
後期高齢者医療制度は[　]歳以上の人が対象である
被保険者または被扶養者が出産した場合、1児につき[　]万円が支給される

※配信は７月上旬を予定しております。

アプリの詳細はこちら
https://tatesuta.jp/tacfp/

FP2級の試験概要

試験は、2024年9月、2025年1月、5月に紙試験(ペーパーテスト)が行われます。なお、2025年5月の紙試験は金財のみ実施されます。

また、2025年4月より、CBT方式による試験となり、通年(年末年始、3月の1カ月間、5月下旬の休止期間を除く)で受検することができます。受検の申込みや詳細については、下記の各試験実施機関にお問い合わせください。

試験実施機関

一般社団法人金融財政事情研究会(金財)
URL https://www.kinzai.or.jp/　TEL 03-3358-0771

NPO法人日本ファイナンシャル・プランナーズ協会(日本FP協会)
URL https://www.jafp.or.jp/　TEL 03-5403-9890

出題内容・合格基準

2級FP技能士を取得するには、学科と実技の両方に合格する必要があります。

学科試験

出題形式	四答択一式60問
試験時間	120分
合格基準	60点満点で36点以上

＊学科試験は金財、日本FP協会ともに共通の内容です。

実技試験

	金財	日本FP協会
出題形式	事例形式5題	記述式　40問
出題科目	個人資産相談業務・生保顧客資産相談業務・損保顧客資産相談業務・中小事業主資産相談業務のうちから1つ選択	資産設計提案業務
試験時間	90分	90分
合格基準	50点満点で30点以上	100点満点で60点以上

＊本書は金財の「個人資産相談業務」「生保顧客資産相談業務」および日本FP協会の「資産設計提案業務」に対応しています。

受検資格

次のいずれかに該当する者

① 3級FP技能検定または金融渉外技能審査3級の合格者
② 日本FP協会が認定するAFP認定研修を修了した者
③ 2年以上の実務経験を有する者

本書を３分冊に分解して使用する方法

分解して本書を使用する場合は、
下記の手順にそってご利用ください。

❶白い厚紙から冊子を取り外します。

※白い厚紙と冊子がのりで接着しています。乱暴に扱うと破損する恐れがあるため、丁寧に取り外すようにしてください。

❷カバーを使用する際は、本体のカバーを裏返しにして、抜き取った冊子にあわせてきれいに折目をつけて使用してください。

※抜き取る際の損傷についてのお取替えはご遠慮願います。

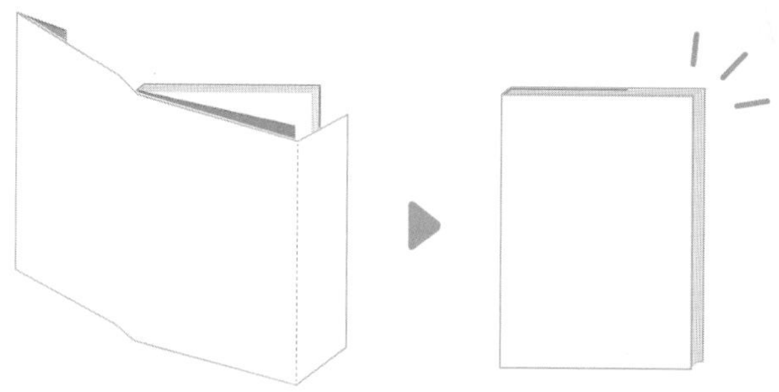

1冊のまま使用する方へ

各分冊間の白い厚紙を切り取って、1冊の本としてご利用ください。
切り取り線がついていますので、カッターなどで丁寧に切り取ってください。

memo

【著　者】

滝澤ななみ（たきざわ・ななみ）

簿記、ＦＰなど多くの資格書を執筆している。主な著書は『スッキリわかる日商簿記』１～３級（15年連続全国チェーン売上第１位※1）、『みんなが欲しかった！簿記の教科書・問題集』日商２・３級、『みんなが欲しかった！ＦＰの教科書』２・３級（10年連続売上第１位※2）、『みんなが欲しかった！ＦＰの問題集』２・３級、『みんなが欲しかった！宅建士の教科書』、『みんなが欲しかった！宅建士の問題集』など。

※１　紀伊國屋書店PubLine/三省堂書店/丸善ジュンク堂書店　2009年１月～2023年12月（各社調べ、50音順）

※２　紀伊國屋書店PubLine調べ　2014年１月～2023年12月

〈ホームページ〉『滝澤ななみのすすめ！』
URL：https://takizawananami-susume.jp

・装丁、本文デザイン：Malpu Design
・装画：matsu（マツモト　ナオコ）

一般社団法人　金融財政事情研究会　ファイナンシャル・プランニング技能検定
２級実技試験（個人資産相談業務）　平成29年10月許諾番号1710K000002

2024-2025年版
みんなが欲しかった！　FPの問題集　２級・AFP

（2013-2014年版　2013年６月20日　初版　第１刷発行）

2024年５月25日　初　版　第１刷発行

著　者　滝澤ななみ
発行者　多田敏男
発行所　TAC株式会社　出版事業部（TAC出版）

〒101-8383
東京都千代田区神田三崎町3-2-18
電 話 03(5276)9492（営業）
FAX 03(5276)9674
https://shuppan.tac-school.co.jp/

印　刷　株式会社　光邦
製　本　株式会社　常川製本

ISBN 978-4-300-11184-0
N.D.C. 338

書籍で学習されている方のための最後の追い込みに最適のコース!

「書籍で学習はしているものの演習は十分ではない」「過去問は分量が多くて手が回っていない」
「限られた時間の中、分厚い演習教材を何回も繰り返してやっている時間はない」……

そんなあなたにオススメのコースです！

TAC FP講座の長年の合格ノウハウを詰め込んだ
直前期総まとめ教材「あてるTAC直前予想模試」（TAC出版）をフル活用し、
最短の時間で最大の効果を上げる！

2級直前対策パック
（試験対策＋公開模試）

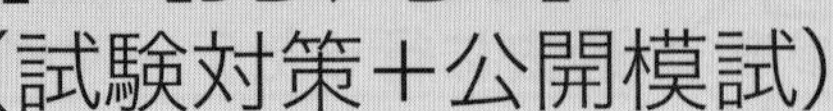

知識を全て総チェックするのはもちろん、「苦手なテーマ」「手が回っていない分野」「強化したい部分」等を選択して学習するということもでき、非常に効果的です！

今お手持ちの書籍で一通り学習を進めたら、直前期の最後の仕上げは、セレクトされた選りすぐりの問題を解くことで得点につなげていきましょう。問題を解いて、既に使っている見慣れたテキストを開いて読み返すという流れも良いのですが、整理された重要ポイントをスピーディーにチェックできる時間効率を高めた専用コースが「2級直前対策パック」です。
最後の演習では、時間効率のため超重要問題を解きつつ、知識の確認をする必要があります。その際に残された時間は少ないため、無駄は徹底的に省かなければなりません。そんな書籍学習者の皆様にオススメのコースです。

TACは何度も出題されるところを知り尽くしています！

OP オプション講座

2級直前対策パック （試験対策4回+公開模試 1 回）

「2 級直前対策パック」は、問題演習によって頻出論点の総整理ができる試験対策と、オリジナルの予想問題で試験直前の総仕上げができる公開模試を組み合わせたコースです。また、「公開模試」のみでもお申込みいただけます。

試験対策

「あてる TAC 直前予想模試」（TAC 出版）収録の模擬試験（学科３回分＋実技１回分）を使用して知識を総整理するとともに、本試験で実践できる解法テクニックを習得し、得点力を確実なものにします。

また、「過去の出題傾向と出題予想」「計算ドリル」「20 点 UP!! 直前つめこみノート」などの付録も充実しているので、自習用教材としてもぜひご活用ください。

模擬試験 問題

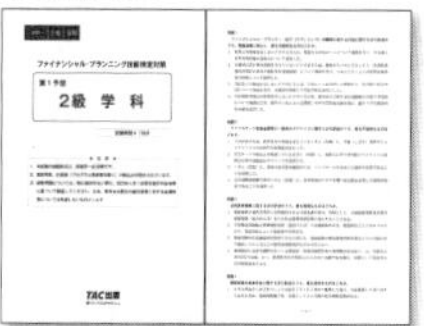

模擬試験 解答・解説

出題傾向・出題予想

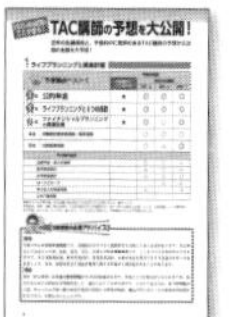

計算ドリル

直前つめこみノート

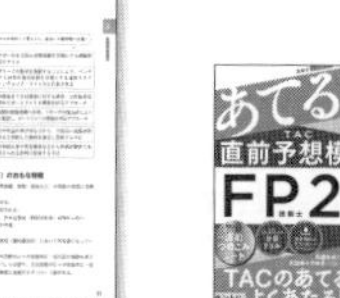

公開模試

本試験前の実力判定！ TACの予想問題に挑戦！

■ **本試験を想定した予想問題**

最新の試験傾向、試験に重要な法改正を徹底分析した TAC オリジナル予想問題です。

■ **本番の緊張感と臨場感を体験**

本試験と同形式の問題を同時間で解くので、本番へのシミュレーションとして最適です。

■ **詳細な解答・解説、個別成績診断書（Web 閲覧）**

自分の理解度、弱点を正確に把握することにより、直前期に効率的かつ効果的な学習が可能となり、合格への大きな自信となります。

通常受講料

2 級直前対策パック
（試験対策＋公開模試）

<table>
<tr><th></th><th>テキストあり</th><th>テキストなし</th></tr>
<tr><td>通学（教室・ビデオブース）講座</td><td rowspan="2">¥16,500</td><td rowspan="2">¥14,300</td></tr>
<tr><td>Web通信講座</td></tr>
<tr><td>DVD通信講座</td><td>¥19,200</td><td>¥17,000</td></tr>
</table>

※使用教材「あてるTAC直前予想模試」（TAC出版）をお持ちでない方は「テキストあり」の、すでにお持ちの方は「テキストなし」の受講料にてお申込みください。
※「学科＋実技」のセット申込限定です。「学科のみ」「実技のみ」のお申込みはいただけません。

公開模試

<table>
<tr><th></th><th>学科＋実技</th><th>学科のみ</th><th>実技のみ</th></tr>
<tr><td>会場受検</td><td rowspan="2">¥3,100</td><td rowspan="2">¥1,600</td><td rowspan="2">¥1,600</td></tr>
<tr><td>自宅受検</td></tr>
</table>

※「2級直前対策パック」「公開模試」の受講料は教材費込・消費税込です。
※「2級直前対策パック」「公開模試」は入会金不要です。

コースの詳細、割引制度等は、TAC HP またはパンフレットをご覧ください。

TAC FP 2級直前対策パック

TAC出版 書籍のご案内

TAC出版では、資格の学校TAC各講座の定評ある執筆陣による資格試験の参考書をはじめ、資格取得者の開業法や仕事術、実務書、ビジネス書、一般書などを発行しています！

TAC出版の書籍

＊一部書籍は、早稲田経営出版のブランドにて刊行しております。

資格・検定試験の受験対策書籍

- 日商簿記検定
- 建設業経理士
- 全経簿記上級
- 税　理　士
- 公認会計士
- 社会保険労務士
- 中小企業診断士
- 証券アナリスト
- ファイナンシャルプランナー(FP)
- 証券外務員
- 貸金業務取扱主任者
- 不動産鑑定士
- 宅地建物取引士
- 賃貸不動産経営管理士
- マンション管理士
- 管理業務主任者
- 司法書士
- 行政書士
- 司法試験
- 弁理士
- 公務員試験(大卒程度・高卒者)
- 情報処理試験
- 介護福祉士
- ケアマネジャー
- 電験三種　ほか

実務書・ビジネス書

- 会計実務、税法、税務、経理
- 総務、労務、人事
- ビジネススキル、マナー、就職、自己啓発
- 資格取得者の開業法、仕事術、営業術

一般書・エンタメ書

- ファッション
- エッセイ、レシピ
- スポーツ
- 旅行ガイド（おとな旅プレミアム/旅コン）

(2024年2月現在)

書籍のご購入は

1 全国の書店、大学生協、ネット書店で

2 TAC各校の書籍コーナーで

資格の学校TACの校舎は全国に展開!
校舎のご確認はホームページにて

資格の学校TAC ホームページ
https://www.tac-school.co.jp

3 TAC出版書籍販売サイトで

CYBER TAC出版書籍販売サイト
BOOK STORE
TAC 出版 で 検索

24時間
ご注文
受付中

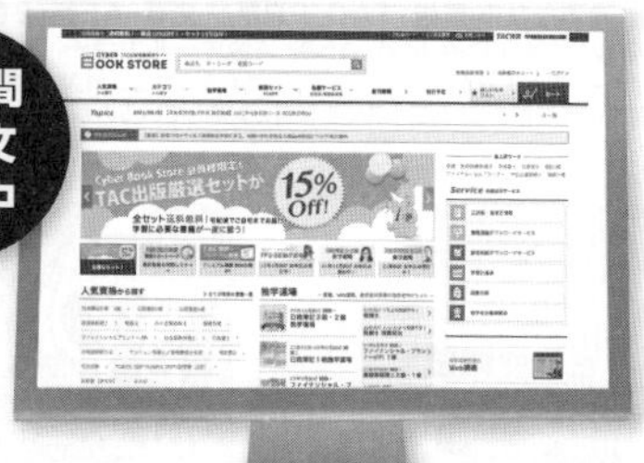

https://bookstore.tac-school.co.jp/

新刊情報をいち早くチェック!

たっぷり読める立ち読み機能

学習お役立ちの特設ページも充実!

TAC出版書籍販売サイト「サイバーブックストア」では、TAC出版および早稲田経営出版から刊行されている、すべての最新書籍をお取り扱いしています。
また、会員登録(無料)をしていただくことで、会員様限定キャンペーンのほか、送料無料サービス、メールマガジン配信サービス、マイページのご利用など、うれしい特典がたくさん受けられます。

サイバーブックストア会員は、特典がいっぱい! (一部抜粋)

通常、1万円(税込)未満のご注文につきましては、送料・手数料として500円(全国一律・税込)頂戴しておりますが、1冊から無料となります。

専用の「マイページ」は、「購入履歴・配送状況の確認」のほか、「ほしいものリスト」や「マイフォルダ」など、便利な機能が満載です。

メールマガジンでは、キャンペーンやおすすめ書籍、新刊情報のほか、「電子ブック版TACNEWS(ダイジェスト版)」をお届けします。

書籍の発売を、販売開始当日にメールにてお知らせします。これなら買い忘れの心配もありません。

書籍の正誤に関するご確認とお問合せについて

書籍の記載内容に誤りではないかと思われる箇所がございましたら、以下の手順にてご確認とお問合せをしてくださいますよう、お願い申し上げます。
なお、正誤のお問合せ以外の**書籍内容に関する解説および受験指導などは、一切行っておりません**。
そのようなお問合せにつきましては、お答えいたしかねますので、あらかじめご了承ください。

1 「Cyber Book Store」にて正誤表を確認する

TAC出版書籍販売サイト「Cyber Book Store」の
トップページ内「正誤表」コーナーにて、正誤表をご確認ください。

CYBER BOOK STORE TAC出版書籍販売サイト

URL:https://bookstore.tac-school.co.jp/

2 1の正誤表がない、あるいは正誤表に該当箇所の記載がない ⇒ 下記①、②のどちらかの方法で文書にて問合せをする

★ご注意ください★

お電話でのお問合せは、お受けいたしません。
①、②のどちらの方法でも、お問合せの際には、「お名前」とともに、
「対象の書籍名(○級・第○回対策も含む)およびその版数(第○版・○○年度版など)」
「お問合せ該当箇所の頁数と行数」
「誤りと思われる記載」
「正しいとお考えになる記載とその根拠」
を明記してください。
なお、回答までに1週間前後を要する場合もございます。あらかじめご了承ください。

① ウェブページ「Cyber Book Store」内の「お問合せフォーム」より問合せをする

【お問合せフォームアドレス】

https://bookstore.tac-school.co.jp/inquiry/

② メールにより問合せをする

【メール宛先 TAC出版】

syuppan-h@tac-school.co.jp

※土日祝日はお問合せ対応をおこなっておりません。
※正誤のお問合せ対応は、該当書籍の改訂版刊行月末日までといたします。

乱丁・落丁による交換は、該当書籍の改訂版刊行月末日までといたします。なお、書籍の在庫状況等により、お受けできない場合もございます。
また、各種本試験の実施の延期、中止を理由とした本書の返品はお受けいたしません。返金もいたしかねますので、あらかじめご了承くださいますようお願い申し上げます。

TACにおける個人情報の取り扱いについて
■お預かりした個人情報は、TAC(株)で管理させていただき、お問合せへの対応、当社の記録保管にのみ利用いたします。お客様の同意なしに業務委託先以外の第三者に開示、提供することはございません(法令等により開示を求められた場合を除く)。その他、個人情報保護管理者、お預かりした個人情報の開示等及びTAC(株)への個人情報の提供の任意性については、当社ホームページ(https://www.tac-school.co.jp)をご覧いただくか、個人情報に関するお問い合わせ窓口(E-mail:privacy@tac-school.co.jp)までお問合せください。

(2022年7月現在)

memo

memo

科目別問題編パート1

第1部

CHAPTER 01

ライフプランニングと資金計画

CHAPTER 02

リスクマネジメント

CHAPTER 03

金融資産運用

目次 contents

第1部 科目別問題編 パート1

CHAPTER 01 ライフプランニングと資金計画

CHAPTER 02 リスクマネジメント

CHAPTER 03 金融資産運用

CHAPTER 01

ライフプランニングと資金計画

「教科書」CHAPTER01　ライフプランニングと資金計画に対応する学科問題と実技問題のうち、よく出題される問題を確認しておきましょう。

学科 試験ではこの科目から四肢択一形式で10問出題されます。似たような問題で選択肢を1、2個変えて出題されることも多いので、「これはどう？」も解いておきましょう。

実技 実技問題です。問題文や資料が長いので、問題を正確に読み取る練習をしておきましょう。

特におさえておきたい内容

学科

1 FPと倫理 「教科書」CH.01 SEC.01	■ファイナンシャル・プランニングと関連法規
2 ライフプランニングの手法 「教科書」CH.01 SEC.02	■ライフイベント表　■キャッシュフロー表 ■個人バランスシート ■資金計画を立てるさいの6つの係数 ・終価係数　・現価係数　・年金終価係数 ・減債基金係数　・資本回収係数　・年金現価係数
3 教育資金計画 「教科書」CH.01 SEC.03	■こども保険　■教育ローン　■奨学金制度
4 住宅取得資金計画 「教科書」CH.01 SEC.04	■住宅ローンの返済方法 ・元利均等返済　・元金均等返済 ■フラット35 ■住宅ローンの借換え ■住宅ローンの繰上げ返済 ・返済期間短縮型　・返済額軽減型

5 社会保険 「教科書」CH.01 SEC.05	■医療費の自己負担割合　■健康保険 ■国民健康保険　■後期高齢者医療制度 ■公的介護保険　■労災保険　■雇用保険
6 リタイアメントプランニングの基本 「教科書」CH.01 SEC.06	■高年齢者雇用安定法 ■リバースモーゲージ
7 公的年金の全体像 「教科書」CH.01 SEC.07	■国民年金の被保険者 ■保険料の免除と猶予
8 公的年金の給付 「教科書」CH.01 SEC.08	■老齢基礎年金 ・受給要件　・繰上げ受給と繰下げ受給 ■老齢厚生年金 ・受給要件　・繰上げ受給と繰下げ受給　・加給年金 ■障害給付（障害基礎年金、障害厚生年金） ・受給要件　・年金額 ■遺族給付（遺族基礎年金、遺族厚生年金） ・受給要件　・年金額　・寡婦年金 ・中高齢寡婦加算、経過的寡婦加算
9 企業年金等 「教科書」CH.01 SEC.09	■確定拠出年金 ・個人型（iDeCo） ■国民年金基金　■小規模企業共済　■中退共
10 中小法人の資金計画 「教科書」CH.01 SEC.10	■直接金融と間接金融
11 カード等 「教科書」CH.01 SEC.11	※あまり出題されていません

実技

1 個人資産相談業務【金財】	■個人－１、２
2 生保顧客資産相談業務【金財】	■生保－１、２
3 資産設計提案業務【日本FP協会】	■資産－１～19

ＦＰと倫理

問題

1 ファイナンシャル・プランナー(以下「FP」という)の顧客に対する行為に関する次の記述のうち、関連法規に照らし、最も不適切なものはどれか。

1. 税理士の登録を受けていないFPのＡさんは、顧客からふるさと納税に関する寄附金控除について相談され、所得税法や地方税法の条文等を示しながら一般的な説明をした。
2. 弁護士の登録を受けていないFPのＢさんは、顧客からの要請に応じ、当該顧客を委任者とする任意後見契約の受任者となった。
3. 生命保険募集人の登録を受けていないFPのＣさんは、ライフプランの相談に来た顧客に対して、生命保険の商品内容を説明した。
4. 金融商品取引業の登録を受けていないFPのＤさんは、顧客と資産運用に関する投資顧問契約を締結したうえで、値上がりが期待できる株式の個別銘柄を示し、その購入を勧めた。

[2021年９月試験]

これはどう？

高齢の顧客から遺言について相談を受けたファイナンシャル・プランナーのＣさんは、顧客が公証役場で公正証書遺言を作成するにあたり、顧客からの求めに応じ、証人としての欠格事由に該当しないことを確認し、証人になった。〇✕

[2018年１月試験]

これはどう？

宅地建物取引業者ではないファイナンシャル・プランナーが、業として、顧客の代理人という立場で顧客の宅地または建物を売買した。〇✕

[2016年１月試験]

解答解説

I 答 4

1…適　切　税理士の登録を受けていないFPでも、一般的な税務の説明をすることはできます。

2…適　切　任意後見人になるのに特別な資格は必要ありません。

3…適　切　保険募集人の資格を持たないFPは、保険の募集や勧誘を行うことはできませんが、顧客に対して生命保険の商品内容の説明を行うことはできます。

4…不適切　金融商品取引業の登録を受けていないFPは、顧客と投資顧問契約を締結して、株式の個別銘柄の売買に関する助言等を行うことはできません。

FP業務と関連法規

FP業務と弁護士法	弁護士資格をもたないFPは、具体的な法律判断や法律事務を行ってはならない
FP業務と税理士法	税理士資格をもたないFPは、具体的な税務相談や税務書類の作成を行ってはならない
FP業務と金融商品取引法	金融商品取引業者としての登録を受けていないFPは、投資判断の助言や顧客資産の運用を行ってはならない
FP業務と保険業法	保険募集人の資格をもたないFPは、保険の募集や勧誘を行ってはならない

答 ○

公正証書遺言の証人になるのに特別な資格は必要ありません。

答 ×

宅建業の免許を受けていないFPは、宅地・建物の売買等の代理を行うことはできません。

問題

2 ファイナンシャル・プランナー(以下「FP」という)の顧客に対する行為に関する次の記述のうち、職業倫理や関連法規に照らし、最も適切なものはどれか。

1. 顧客から住宅ローンについて相談を受けたFPのAさんは、顧客から預かった給与所得の源泉徴収票のコピーを、顧客に紹介する予定の不動産会社の担当者に顧客の同意を得ないまま渡した。
2. 顧客から外貨預金での資金運用について相談を受けたFPのBさんは、円安ドル高がこの先ずっと続くため、円預金の大半をドル預金に移すべきだとアドバイスをした。
3. 顧客から老後に受け取ることができる年金について相談を受けたFPのCさんは、社会保険労務士の資格を有していないものの、顧客の「ねんきん定期便」に記載されている年金見込額を用いて、繰り下げた場合の年金受給額を試算した。
4. 顧客から所得税の確定申告について相談を受けたFPのDさんは、税理士の資格を有していないものの、顧客の要望に応じて確定申告書の作成を代行した。

[2023年1月試験]

これはどう?

住宅ローンの借換えについて相談を受けたファイナンシャル・プランナーのAさんは、顧客に対し、借換えに伴う金利低下のメリットは強調したものの、登記費用など借換えに係る諸費用等デメリットについては説明しなかった。 OX

[2018年1月試験]

解答解説

2 答 3

1…不適切　FPは、顧客から得た個人情報を顧客の許可なく、第三者に漏らしてはいけません。したがって、顧客から預かった源泉徴収票のコピーを顧客の同意を得ないまま他人に渡す行為は不適切です。

2…不適切　金融商品取引法により断定的判断の提供は禁止されています。したがって、本肢のように、円安ドル高がこの先ずっと続くという断定的なアドバイスをする行為は不適切です。

3…適　切　社会保険労務士資格を有していないFPでも、「ねんきん定期便」の年金見込額を用いて、繰り下げた場合の年金額を試算することはできます。

4…不適切　税理士の資格を有していないFPは、確定申告書の作成代行をすることはできません。

秘密の保持

★FPは、顧客から得た個人情報を、顧客の許可なく第三者に漏らしてはいけない

★FPの業務を行うにあたって必要な場合には、**顧客の許可**を得れば、第三者に伝えることができる

答 ×

相談を受けたFPは、制度等のメリットだけでなく、デメリットについても説明する必要があります。

ライフプランニングの手法

問題

1 ファイナンシャル・プランナーがライフプランニングに当たって作成する各種の表の一般的な作成方法に関する次の記述のうち、最も不適切なものはどれか。

1. 個人の資産や負債の状況を表すバランスシートの作成において、株式等の金融資産や不動産の価額は、作成時点の時価ではなく、取得時点の価額で計上する。
2. ライフイベントごとの予算額は現在価値で見積もり、キャッシュフロー表の作成においてはその価額を将来価値で計上する。
3. キャッシュフロー表の作成において、住宅ローンの返済額は、金融機関から交付された毎月の返済額が記載された返済予定表に基づき計上する。
4. キャッシュフロー表の作成において、可処分所得は、「実収入－非消費支出(直接税、社会保険料など)」の算式で計算された金額を計上する。

［2021年9月試験］

解答解説

I 答 1

1…不適切　バランスシートに記入する株式等の金融資産や不動産の価額は、作成時点の**時価**で計上します。

2…適　切

3…適　切　住宅ローンは、あらかじめ決まった額を返済するので、キャッシュフロー表の作成においては、返済予定表にもとづいて計上します。

4…適　切

ライフプランニングを行うさいに利用するツール

ライフイベント表	家族の将来のライフイベントと、それに必要な資金の額を時系列にまとめた表
キャッシュフロー表	ライフイベント表と現在の収支状況にもとづいて、将来の収支状況と貯蓄残高の予想をまとめた表 **可処分所得＝ 年収－（社会保険料＋所得税＋住民税）**
個人バランスシート	一定時点における資産と負債のバランスをみるための表

問題

2 会社員Aさんの2024年分の収入等の金額は、下記〈資料〉のとおりである。下記〈資料〉から算出されるAさんの可処分所得の金額として、最も適切なものはどれか。なお、記載のない事項については考慮しないものとする。

〈資料〉

【収入金額等】		【税金・社会保険料】	
給与収入	700万円	所得税・住民税	60万円
給与所得控除	180万円	社会保険料	90万円
【所得税の所得控除】			
配偶者控除	38万円		
基礎控除	48万円		

1. 434万円　2. 464万円　3. 520万円　4. 550万円

［2021年1月試験 ㊎］

---

3 ライフプランの作成の際に活用される下記〈資料〉の各種係数に関する次の記述のうち、最も不適切なものはどれか。

〈資料〉年率２％、期間10年の各種係数

終価係数	1.2190	減債基金係数	0.0913
現価係数	0.8203	年金現価係数	8.9826
年金終価係数	10.9497	資本回収係数	0.1113

1. 元本100万円を10年間にわたり、年率２％で複利運用した場合の元利合計額は、「100万円×1.2190」で求められる。
2. 年率２％で複利運用しながら10年後に100万円を得るために必要な毎年の積立額は、「100万円×0.0913」で求められる。
3. 10年間にわたり、年率２％で複利運用しながら、毎年100万円を受け取るために必要な元本は、「100万円×10.9497」で求められる。
4. 年率２％で複利運用しながら10年後に100万円を得るために必要な元本は、「100万円×0.8203」で求められる。

［2022年5月試験］

解答解説

2 答 4

可処分所得は**「年収－(所得税・住民税＋社会保険料)」**で計算します。
可処分所得：700 万円－(60万円＋90万円)＝ 550万円

---

3 答 3

3…将来の一定期間にわたって一定額を受け取るために必要な元本を計算するための係数は、**年金現価係数**を使用するので、「100万円×8.9826」で求めます。

資金計画を立てるさいの6つの係数

終価係数	現在の金額を複利で運用した場合の、一定期間後の金額を求める場合に用いる係数…1
現価係数	一定期間後に一定金額に達するために必要な元本を求める場合に用いる係数…4
年金終価係数	毎年一定金額を積み立てた場合の、一定期間後の元利合計を求める場合に用いる係数
減債基金係数	一定期間後に一定金額を用意するための、毎年の積立額を計算するための係数…2
資本回収係数	現在の一定金額を一定期間で取り崩した場合の、毎年の受取額を計算するための係数
年金現価係数	将来の一定期間にわたって一定額を受け取るために必要な元本を計算するための係数…3

教育資金計画

問題

1 日本学生支援機構の貸与型奨学金および日本政策金融公庫の教育一般貸付(以下「国の教育ローン」という)に関する次の記述のうち、最も不適切なものはどれか。

1. 貸与型奨学金の一つである第一種奨学金の貸与を受けられるのは、国内の大学等に在学する特に優れた学生等であって、経済的理由により著しく修学に困難がある者とされている。
2. 国の教育ローンを利用するためには、世帯年収(所得)が申込人の世帯で扶養している子の人数に応じて定められた額以下でなければならない。
3. 国の教育ローンの融資金利は固定金利であり、返済期間は18年以内とされている。
4. 国の教育ローンの資金使途は、受験にかかった費用(受験料、受験時の交通費・宿泊費など)と学校納付金(入学金、授業料、施設設備費など)に限定されている。

[2021年1月試験 ㊎]

---

2 奨学金および教育ローンに関する次の記述のうち、最も不適切なものはどれか。

1. 日本学生支援機構の貸与奨学金の返還が災害や傷病等により困難となった場合、所定の要件を満たせば、一定期間、毎月の返還額を減額し、減額した金額や期間に応じて返還期間を延長する減額返還制度を利用することができる。
2. 日本学生支援機構の貸与奨学金のうち、第一種奨学金の返還方式には、貸与総額に応じて月々の返還額が算出され、返還完了まで定額で返還する「定額返還方式」と、前年の所得に応じてその年の毎月の返還額が決まり、返還期間が変動する「所得連動返還方式」がある。
3. 日本政策金融公庫の教育一般貸付(国の教育ローン)の融資金利は、ひとり親家庭や交通遺児家庭等を対象として優遇措置が講じられている。
4. 日本政策金融公庫の教育一般貸付(国の教育ローン)の返済期間は、最長20年である。

[2023年1月試験]

解答解説

1 答 4

1…適　切

2…適　切　国の教育ローンには世帯の年収制限があります(年収制限の金額は世帯の子の人数によって異なります)。

3…適　切

4…不適切　国の教育ローンの資金使途は、受験にかかった費用と学校納付金に限定されておらず、住居費用や教科書代、パソコン購入費など幅広い用途に対応しています。

教育一般貸付のポイント

貸与対象者	保護者(一定の場合には**学生本人**も可)
融資限度額	学生1人につき最高**350**万円(一定の場合は**450**万円)
融資金利	固定金利
融資期間	最長**18**年

---

2 答 4

1…適　切　災害、傷病、その他経済的理由により奨学金の返還が困難な人の中で、当初約束した割賦金を減額すれば返済可能であるなどの一定の要件を満たせば、返済額を減らして返還期間を延ばす「減額返還制度」を利用することができます。

2…適　切　貸与型奨学金の返済方法には、返還完了まで定額で返還する「定額返還方式」、前年の所得に応じてその年の毎月の返還額が決まり、返還期間が変動する「所得連動返還方式」があります。

3…適　切　教育一般貸付(国の教育ローン)では、家庭の状況に応じた金利等の優遇制度があります。ひとり親家庭や交通遺児家庭などが対象となります。

4…不適切　教育一般貸付(国の教育ローン)の返済期間は、最長**18**年です。

日本学生支援機構が行う奨学金制度のポイント

★日本学生支援機構(独立行政法人)が行う奨学金制度には、無利息の第**1**種奨学金と利息付の第**2**種奨学金がある

★利用要件に親の所得基準がある

問題

1 住宅金融支援機構と金融機関が提携した住宅ローンであるフラット35（買取型）に関する次の記述のうち、最も不適切なものはどれか。

1. フラット35 Sは、省エネルギー性、耐震性など一定の技術基準を満たした住宅を取得する場合に、借入金利を一定期間引き下げる制度である。
2. フラット35の利用者向けインターネットサービスである「住・My Note」を利用して繰上げ返済する場合、一部繰上げ返済の最低返済額は100万円である。
3. 店舗付き住宅などの併用住宅を建築する際にフラット35を利用する場合、住宅部分の床面積が非住宅部分の床面積以上である必要がある。
4. 住宅金融支援機構は、融資を実行する金融機関から住宅ローン債権を買い取り、対象となる住宅の第1順位の抵当権者となる。

［2023年5月試験］

2 住宅購入に伴って住宅ローンの利用を検討しているAさんに関する次の記述の空欄（ア）、（イ）にあてはまる語句の組み合わせとして、最も適切なものはどれか。なお、フラット35（買取型）を利用するに当たって、記載されたもの以外の要件はすべて満たしているものとする。

給与所得者であるAさん（40歳）は将来、相応の金利上昇を見込んで固定金利型の住宅ローンを利用し、返済方法については、毎月の返済額が一定で返済計画を立てやすい（　ア　）を選ぶつもりである。Aさんは、専有面積50㎡の2DKタイプの居住用マンションの購入を考えており、この場合、住宅金融支援機構と金融機関が提携した住宅ローンであるフラット35（買取型）を利用することは（　イ　）。

1. （ア）元利均等返済　（イ）できない
2. （ア）元金均等返済　（イ）できない
3. （ア）元利均等返済　（イ）できる
4. （ア）元金均等返済　（イ）できる

［2022年1月試験］

解答解説

1 答 2

1…適　切　フラット35Sは、省エネルギー性、耐震性など国が定めた基準を満たして認定を受けた長期優良住宅を取得するさいに、フラット35の借入金利を一定期間引き下げる制度です、

2…不適切　窓口で繰上げ返済する場合の最低返済額は100万円以上ですが、「住・My Note」を利用する場合の最低返済額は**10**万円以上です。

3…適　切

4…適　切

フラット35

適用金利	固定金利(融資実行日の金利が適用される)
融資金額	最高**8,000**万円で、購入価格(または建設資金)の**100**% (ただし、融資割合が90%超のときは高い金利となる)
借入期間	**15**年以上　最長**35**年(ただし、完済時の申込者の年齢は**80**歳以下であること)
借入の対象となる住宅	一戸建て等の場合…床面積が**70**㎡以上 マンション等の場合…床面積が**30**㎡以上

2 答 3

(ア)…フラット35の返済方法には、元利均等返済方式と元金均等返済方式があります。毎月の返済額が一定の返済方式は、**元利均等返済**方式です。

(イ)…マンションの場合、床面積が**30**㎡以上であればフラット35を利用することができます。

元利均等返済方式と元金均等返済方式

元利均等返済方式	毎月の返済額(元金+利息)が一定の返済方法
元金均等返済方式	毎回の返済額のうち元金部分が一定となる返済方法

問題

3 Aさんが、下記〈資料〉に基づき、住宅ローンの借換えを行った場合、借換え後10年間の返済軽減額の計算式として、最も適切なものはどれか。なお、返済は年1回であるものとし、計算に当たっては下記〈係数〉を使用すること。また、記載のない条件については考慮しないものとする。

〈資料〉

［Aさんが現在返済中の住宅ローン］
・借入残高：1,000万円
・利　　率：年3％の固定金利
・残存期間：10年
・返済方法：元利均等返済（ボーナス返済なし）

［Aさんが借換えを予定している住宅ローン］
・借入金額：1,000万円
・利　　率：年2％の固定金利
・返済期間：10年
・返済方法：元利均等返済（ボーナス返済なし）

〈係数〉期間10年の各種係数

	現価係数	減債基金係数	資本回収係数
2％	0.8203	0.0913	0.1113
3％	0.7441	0.0872	0.1172

1. （1,000万円×0.8203×10年）−（1,000万円×0.7441×10年）
2. （1,000万円×0.0913×10年）−（1,000万円×0.0872×10年）
3. （1,000万円×0.1113×10年）−1,000万円
4. （1,000万円×0.1172×10年）−（1,000万円×0.1113×10年）

［2022年5月試験］

解答解説

3 答 4

資本回収係数は、一定額を複利運用しながら、一定期間にわたって取り崩す場合の毎年の取崩額を求めるときに使う係数で、借入金から年間返済額を計算するときなどにも使います。

【現在返済中の住宅ローン】
年間返済額(利率3%)：1,000万円×0.1172×10年
【借換え予定の住宅ローン】
年間返済額(利率2%)：1,000万円×0.1113×10年

以上より、4の計算式が適切となります。

社会保険

問題

1 全国健康保険協会管掌健康保険（協会けんぽ）に関する次の記述のうち、最も適切なものはどれか。

1. 健康保険における標準報酬月額等級は、被保険者の報酬月額に基づき、47等級に区分されている。
2. 一般保険料率は都道府県ごとに設定されているが、40歳以上65歳未満の被保険者の介護保険料率は全国一律に設定されている。
3. 被保険者に生計を維持されている配偶者（後期高齢者医療の被保険者等を除く）は、年間収入が103万円未満、かつ、被保険者の年間収入の３分の２未満である場合、原則として協会けんぽの被扶養者となる。
4. 健康保険の任意継続被保険者となるためには、健康保険の被保険者資格を喪失した日の前日まで継続して６ヵ月以上の被保険者期間がなければならない。

［2018年１月試験］

2 全国健康保険協会管掌健康保険（協会けんぽ）の保険給付に関する次の記述のうち、最も適切なものはどれか。

1. 傷病手当金は、同一の疾病または負傷およびこれにより発した疾病に関して、その支給を始めた日から通算して最長２年支給される。
2. 夫婦がともに被保険者である場合において、妻が出産したときは、所定の手続きにより、夫婦に対して出産育児一時金および家族出産育児一時金が支給される。
3. 被保険者が業務災害および通勤災害以外の事由で死亡した場合、所定の手続きにより、その者により生計を維持されていた者であって、埋葬を行うものに対し、埋葬料として５万円が支給される。
4. 被保険者が同一月内に同一の医療機関等で支払った医療費の一部負担金等の額が、その者に係る自己負担限度額を超えた場合、所定の手続きにより、支払った一部負担金等の全額が高額療養費として支給される。

［2023年５月試験］

解答解説

1 答 2

1…不適切　健康保険における標準報酬月額は、最高**139**万円までの**50**等級に区分されています。

2…適　切　介護保険料率は、**全国一律**に設定されています。

3…不適切　被保険者に生計を維持されている配偶者(60歳未満)は、❶年間収入が**130**万円未満、かつ、❷被保険者の年収の**2**分の1未満である場合、原則として協会けんぽの被扶養者となります。

4…不適切　健康保険の任意継続被保険者となるためには、健康保険の被保険者資格を喪失した日の前日まで継続して「**2**カ月以上」の被保険者期間がなければなりません。

健康保険の任意継続被保険者の要件

健康保険に継続して **2** カ月以上加入
&
退職日の翌日から **20** 日以内に申請
} 退職後 **2** 年間、退職前の健康保険に加入することができる

---

2 答 3

1…不適切　傷病手当金は、その支給を始めた日から通算して最長**1**年**6**カ月支給されます。

2…不適切　被保険者である妻が出産したときには、妻に出産育児一時金が支給されます。家族出産育児一時金は、被扶養者である妻が出産した場合に支給されるものです。

3…適　切　埋葬料の支給額は5万円で、死亡した被保険者に生計を維持されていた者で、埋葬を行うものに対して支給されるものです。

4…不適切　高額療養費は、支払った一部負担金等の額が自己負担限度額を超える場合に、その超える負担分について支給されるものです。支払った一部負担金等の全額が高額療養費となるわけではありません。

問題

3 公的医療保険に関する次の記述のうち、最も不適切なものはどれか。

1. 健康保険の被保険者の３親等内の親族(直系尊属、配偶者、子、孫および兄弟姉妹を除く)が被扶養者になるためには、被保険者と同一世帯に属していることが必要である。
2. 国民健康保険の加入者は、全員が被保険者であり、被扶養者という区分はない。
3. 退職により健康保険の被保険者資格を喪失した者が、健康保険の任意継続被保険者となるためには、資格喪失日の前日までの被保険者期間が継続して１年以上なければならない。
4. 健康保険や国民健康保険の被保険者が75歳になると、原則として、その被保険者資格を喪失して後期高齢者医療制度の被保険者となる。

[2021年５月試験]

4 後期高齢者医療制度(以下「本制度」という)に関する次の記述のうち、最も適切なものはどれか。

1. 後期高齢者医療広域連合の区域内に住所を有する70歳以上のすべての者は、本制度の被保険者となる。
2. 本制度の被保険者の配偶者で年間収入が180万円未満の者は、本制度の被扶養者となることができる。
3. 本制度の保険料は、納付書または口座振替によって納付することとされており、公的年金からの徴収は行われていない。
4. 本制度の被保険者が保険医療機関等の窓口で支払う一部負担金(自己負担額)の割合は、原則として、当該被保険者が現役並み所得者である場合は３割、それ以外の者である場合は１割(一定以上所得者は２割)とされている。

[2018年９月試験 ㊎]

解答解説

3 答 3

1…適　切　直系尊属、配偶者、子、孫、兄弟姉妹を除く3親等内の親族が被扶養者となるためには、被保険者と**同一世帯**で、主として被保険者の収入により生計を維持されている必要があります。

2…適　切　国民健康保険には、被扶養者という区分はありません。

3…不適切　健康保険の任意継続被保険者となるためには、資格喪失日の前日までの被保険者期間が継続して**2**カ月以上なければなりません。

4…適　切　**75**歳になると、後期高齢者医療制度の被保険者となります。

4 答 4

1…不適切　後期高齢者医療制度は**75**歳以上の人(または65歳以上75歳未満の障害認定を受けた人)が対象となります。

2…不適切　後期高齢者医療制度には、健康保険と異なり、被扶養者制度はありません(国民健康保険と同様)。

3…不適切　後期高齢者医療制度の保険料の徴収方法は、年金からの引き落とし(特別徴収)と、納付書等による納付(普通徴収)があります。公的年金などの支給額が年額18万円以上の人は、原則として年金から特別徴収されます。

4…適　切　後期高齢者医療制度の自己負担額は、原則として医療費の**1**割(現役並み所得者は**3**割、現役並み所得者以外の一定以上所得者は**2**割)です。

後期高齢者医療制度

対象者	★**75**歳以上の人 ★**65**歳以上**75**歳未満の障害認定を受けた人
自己負担割合	★一般所得者　**1**割 ★現役並み所得者以外で一定以上所得のある人　**2**割 ★現役並み所得者　**3**割

問題

5 公的介護保険に関する次の記述のうち、最も不適切なものはどれか。

1. 公的介護保険の保険給付は、保険者から要介護状態または要支援状態にある旨の認定を受けた被保険者に対して行われるが、第1号被保険者については、要介護状態または要支援状態となった原因は問われない。
2. 公的介護保険の第2号被保険者のうち、前年の合計所得金額が220万円以上の者が介護サービスを利用した場合の自己負担割合は、原則として3割である。
3. 要介護認定を受けた被保険者の介護サービス計画(ケアプラン)は、一般に、被保険者の依頼に基づき、介護支援専門員(ケアマネジャー)が作成するが、所定の手続きにより、被保険者本人が作成することもできる。
4. 同一月内の介護サービス利用者負担額が、所得状況等に応じて定められている上限額を超えた場合、所定の手続きにより、その上限額を超えた額が高額介護サービス費として支給される。

[2020年1月試験]

これはどう?

公的介護保険の第1号被保険者が、公的年金制度から年額18万円以上の老齢等年金給付を受給している場合、介護保険料は原則として公的年金から徴収される。 ○×

[2019年1月試験]

これはどう?

介護老人福祉施設(特別養護老人ホーム)の新規入所者は、原則として要介護3以上の認定を受けた被保険者に限られる。 ○×

[2019年1月試験]

解答解説

5 答 2

1…適　切　第1号被保険者は、原因を問わず、公的介護保険の保険給付を受けることができます。

2…不適切　第2号被保険者の自己負担割合は所得にかかわらず一律**1**割です。

3…適　切　ケアプランは被保険者本人が作成することもできます。

4…適　切　同一月内に支払った介護サービス利用者負担額の合計が、上限額を超えた場合、その超えた額が高額介護サービス費として支給されます。

公的介護保険のポイント

	第1号被保険者	第2号被保険者
対象者	**65**歳以上の人	**40**歳以上**65**歳未満の人
受給者	要介護者、要支援者	特定疾病(初老期認知症、脳血管疾患、末期がんなど)によって要介護者、要支援者になった場合のみ
自己負担	原則**1**割(支給限度額を超えた場合、超過分は全額自己負担) ※第1号被保険者について合計所得金額が160万円以上(年金収入とあわせて280万円以上)の人は**2**割負担。また、特に所得が高い人(合計所得金額220万円以上、年金収入とあわせて340万円以上)は**3**割負担	

答 ○

公的介護保険の保険料の徴収方法は、年金からの引き落とし(特別徴収)と、納付書等による納付(普通徴収)があります。公的年金などの支給額が年額18万円以上の人は、原則として年金から特別徴収されます。

答 ○

介護老人福祉施設(特別養護老人ホーム)では、要介護**3**以上の要**介護**者と認定された人が施設サービスを受けることができます。

問題

6 労働者災害補償保険(以下「労災保険」という)に関する次の記述のうち、最も適切なものはどれか。

1. 労災保険の保険料を計算する際に用いる労災保険率は、常時使用する従業員数に応じて定められている。
2. 労働者が業務上の負傷または疾病による療養のために労働することができず、賃金の支給を受けられない場合、賃金の支給を受けられない日の１日目から休業補償給付が支給される。
3. 労働者が業務上の負傷または疾病により、労災指定病院で療養補償給付として受ける療養の給付については、労働者の一部負担金はない。
4. 労働者が業務上の負傷または疾病が治癒したときに一定の障害が残り、その障害の程度が所定の障害等級に該当するときは、障害補償年金または障害補償一時金のいずれかを選択して受給することができる。

［2022年５月試験］

---

7 労働者災害補償保険(以下「労災保険」という)に関する次の記述のうち、最も適切なものはどれか。

1. 労災保険の適用を受ける労働者には、雇用形態がアルバイトやパートタイマーである者は含まれない。
2. 業務上の負傷または疾病が治癒したときに身体に一定の障害が残り、その障害の程度が労働者災害補償保険法に規定する障害等級に該当する場合、障害補償給付が受けられる。
3. 労災保険の適用事業所の事業主は、その営む事業において使用する労働者数の多寡にかかわらず、労災保険の特別加入の対象となる。
4. 労災保険の保険料を計算する際に用いる保険料率は、適用事業所の事業の種類による差異はない。

［2021年９月試験］

解答解説

6 答 3

1…不適切　労災保険率は、**事業の種類**ごとに定められています。

2…不適切　業務上のケガや病気で休業し、賃金を受けない場合、休業**4**日目から休業補償給付が支給されます。

3…適　切　療養補償給付に一部負担金はありません。労災指定病院等で、無料で治療を受けることができます(現物支給)。

4…不適切　障害補償給付には障害補償年金と障害補償一時金があり、障害等級が第１級から第７級の場合は障害補償年金、第８級から第14級の場合は障害補償一時金が支給されます。年金と一時金は選択できるわけではありません。

労災保険の給付内容(業務災害のうち一部)

療養補償給付	労災指定病院等で直接、療養の給付(現物給付)が行われる
休業補償給付	業務上のケガや病気で休業し、賃金を受けない場合、休業 **4** 日目から給付基礎日額の **60** %相当額が支給される
傷病補償年金	業務上のケガや病気により療養し、療養開始後 **1年6カ月** 経過後に、傷病が治っておらず、傷病等級に該当する場合に支給される
障害補償給付	ケガや病気が治ったあと、障害が残り、障害等級に該当する場合に年金または一時金が支給される

7 答 2

1…不適切　アルバイトやパートタイマーも労災保険の適用を受ける労働者に含まれます。

2…適　切　業務上の病気やケガが治癒したときに身体に障害が残り、障害等級に該当する場合は、障害補償給付が受けられます。

3…不適切　事業主は、原則として労災保険には加入できませんが、常時使用する労働者数が一定数以下の中小事業主については、労災保険に特別加入することができます(中小事業主等の特別加入制度)。

4…不適切　労災保険の保険料率は事業の種類によって異なります。

問題

8 雇用保険の失業等給付に関する次の記述のうち、最も不適切なものはどれか。

1. 雇用保険の一般被保険者が失業した場合、基本手当を受給するためには、原則として、離職の日以前2年間に被保険者期間が通算して12ヵ月以上あること等の要件を満たす必要がある。
2. 正当な理由がなく自己都合により退職し、基本手当の受給を申請した場合、7日間の待期期間経過後、4ヵ月間は給付制限期間として基本手当を受給することができない。
3. 基本手当の受給期間内に、出産、疾病等の理由で引き続き30日以上職業に就くことができない場合、所定の申出により、受給期間を離職日の翌日から最長4年まで延長することができる。
4. 雇用保険の高年齢被保険者が失業した場合、高年齢求職者給付金を受給するためには、原則として、離職の日以前1年間に被保険者期間が通算して6ヵ月以上あること等の要件を満たす必要がある。

［2023年9月試験］

これはどう？

特定受給資格者等を除く一般の受給資格者に支給される基本手当の所定給付日数は、算定基礎期間が10年未満の場合、150日である。 OX

［2023年1月試験］

これはどう？

雇用保険の保険料のうち、失業等給付・育児休業給付の保険料は、事業主と労働者で折半して負担するのに対し、雇用保険二事業の保険料は、事業主が全額を負担する。 OX ［2022年5月試験］

解答解説

8 答 2

1…適　切　基本手当を受給するためには、原則として、離職の日以前**2**年間に雇用保険の被保険者期間が通算して**12**カ月以上なければなりません。

2…不適切　自己都合退職の場合の給付制限期間は、原則として、**2**カ月間です。

3…適　切　基本手当の受給期間は原則として１年間ですが、妊娠、出産、育児、疾病等の理由で引き続き30日以上職業に就くことができない場合は、申出により、受給期間を３年間延長することができます。したがって、最長の受給期間は「原則の１年間＋延長した３年間＝**4**年間」となります。

4…適　切　65歳以上の高年齢被保険者が失業した場合には、基本手当ではなく高年齢求職者給付金という一時金が支給されます。支給を受けるには、離職の日以前**1**年間に被保険者期間が通算**6**カ月以上あること等の要件を満たしていなければなりません。

基本手当のポイント

所定給付日数	自己都合退職の場合　90日～150日 倒産、会社都合の解雇等の場合　90日～330日
受給要件	離職前**2**年間に、被保険者期間が通算**12**カ月以上 （倒産、解雇等の離職の場合は、離職前**1**年間に通算**6**カ月以上）
待期期間	**7**日間。ただし、自己都合退職の場合は、 **7**日間の待期期間＋原則**2**カ月間の給付制限
受給期間	離職日の翌日から起算して原則**1**年間 （病気、ケガ、妊娠、出産、育児等により引き続き**30**日間仕事に就けない場合、**3**年間延長可→この場合、受給期間は最大**4**年間）

答 ×

一般の受給資格者で算定基礎期間が10年未満の場合、基本手当の所定給付日数は**90**日です。

答 ○

雇用保険の保険料には、失業等給付・育児休業給付分、雇用保険二事業分があり、失業等給付・育児休業給付分は折半負担、雇用保険二事業分は事業主が全額負担します。

問題

9 1年後に60歳の定年退職を迎える会社員Aさんは、ファイナンシャル・プランナーのBさんに定年後に継続雇用となった場合における雇用保険からの給付について相談した。Bさんが説明した雇用保険の高年齢雇用継続基本給付金に関する次の記述の空欄(ア)～(エ)にあてはまる語句の組み合わせとして、最も適切なものはどれか。

雇用保険の高年齢雇用継続基本給付金は、原則として、60歳に達した日において雇用保険の一般被保険者としての算定基礎期間に相当する期間が（　ア　）以上あり、かつ、60歳以降の支給対象月に支払われた賃金額が60歳時点のみなし賃金日額に30を乗じた額と比較して（　イ　）未満に低下している場合に支給の対象となります。支給期間は、60歳に達した月から（　ウ　）に達する月までです。支給額は、支給対象月に支払われた賃金額が60歳時点のみなし賃金日額に30を乗じた額の61％未満の場合は、支給対象月に支払われた賃金額の（　エ　）相当額となります。

1. (ア) 2年　(イ) 75%　(ウ) 65歳　(エ) 20%
2. (ア) 2年　(イ) 80%　(ウ) 70歳　(エ) 15%
3. (ア) 5年　(イ) 75%　(ウ) 65歳　(エ) 15%
4. (ア) 5年　(イ) 80%　(ウ) 70歳　(エ) 20%

［2021年1月試験］

解答解説

9 答 3

賃金の低下率が**61**％未満になると、高年齢雇用継続基本給付金の支給額は、支給対象月に支払われた賃金額の**15**％相当額となります。

高年齢雇用継続基本給付金の受給要件

★雇用保険の被保険者期間が **5** 年以上あること

★60歳以上65歳未満で雇用保険の被保険者であること

★60歳以降の賃金が60歳到達時点の賃金の **75** ％未満であること

問題

10 雇用保険法に基づく育児休業給付および介護休業給付に関する次の記述のうち、最も不適切なものはどれか。なお、記載されたもの以外の要件はすべて満たしているものとする。

1. 一般被保険者や高年齢被保険者が、1歳に満たない子を養育するために休業する場合、育児休業給付金が支給される。
2. 育児休業給付金に係る支給単位期間において、一般被保険者や高年齢被保険者に対して支払われた賃金額が、休業開始時賃金日額に支給日数を乗じて得た額の60%相当額以上である場合、当該支給単位期間について育児休業給付金は支給されない。
3. 一般被保険者や高年齢被保険者が、一定の状態にある家族を介護するために休業する場合、同一の対象家族について、通算3回かつ93日の介護休業を限度とし、介護休業給付金が支給される。
4. 一般被保険者や高年齢被保険者の父母および配偶者の父母は、介護休業給付金の支給対象となる家族に該当する。

［2022年1月試験］

これはどう？

育児休業給付金は、子が1歳に達した日後の期間について休業することが特に必要と認められる場合、最長で子が1歳2ヵ月に達する日の前日まで支給される。 OX

［2023年5月試験］

解答解説

10 答 2

1…適　切

2…不適切　支給単位期間において、休業開始時賃金日額に支給日数を乗じて得た額の**80**%相当額以上の賃金が支払われている場合には、育児休業給付金は支給されません。

3…適　切　介護休業給付金は、同一の対象家族について、通算3回かつ93日を限度に支給されます。

4…適　切　介護休業給付金の支給対象となる家族は、配偶者、父母、子、配偶者の父母、祖父母、兄弟姉妹、孫です。したがって、被保険者の父母、配偶者の父母は介護休業給付金の支給対象となる家族に該当します。

答 ×

育児休業給付金は、最長で子が**2**歳に達する日の前日まで支給されます。

リタイアメントプランニングの基本

問題

1 リタイアメントプランニング等に関する次の記述のうち、最も不適切なものはどれか。

1. 将来、本人の判断能力が不十分になった場合に備えて、あらかじめ自らが選任した者と任意後見契約を締結する場合、その契約は、必ずしも公正証書によって締結しなくともよい。
2. 定年年齢を65歳未満に定めている事業主は、高年齢者等の雇用の安定等に関する法律第9条に基づき、雇用する高年齢者の65歳までの雇用確保のため、「定年の引上げ」「継続雇用制度の導入」「定年の定めの廃止」のいずれかの措置を講じなければならない。
3. 金融機関のリバースモーゲージは、通常、利用者が自宅に住み続けながらその不動産を担保に資金を借り入れ、利用者の死亡後に、その不動産の売却等により借入金を返済する仕組みである。
4. 高齢者の居住の安定確保に関する法律に定める「サービス付き高齢者向け住宅」に入居した者は、「状況把握サービス」や「生活相談サービス」を受けることができる。

〔2021年9月試験〕

これはどう？

金融機関のリバースモーゲージには、一般に、利用者が死亡し、担保物件の売却代金により借入金を返済した後も債務が残った場合に、利用者の相続人がその返済義務を負う「リコース型」と、返済義務を負わない「ノンリコース型」がある。 OX

〔2023年9月試験〕

解答解説

I 答 1

1…不適切　任意後見制度とは、将来、判断能力が不十分になったときに備えて、本人が事前に任意後見人を選任する制度です。本問の任意後見契約は、必ず公正証書によって行わなければなりません。

2…適　切　定年年齢を65歳未満に定めている事業主については、本問の雇用確保のための措置を講じることが**義務**とされています。なお、70歳までの就業確保措置については、努力義務とされています。

3…適　切　リバースモーゲージとは、自宅を担保に融資を受け、死亡後に自宅を売却して借入金(元本および利息)を清算する制度をいいます。

4…適　切　サービス付き高齢者向け住宅(サ高住)とは、介護・医療と連携し、高齢者が安心して住める住まいとして❶バリアフリー化、❷状況把握サービス・生活相談サービスの提供などを行う高齢者向けの住宅をいいます。

高年齢者雇用確保措置(義務)

★定年(**65**歳未満のものに限る)の定めがある場合、65歳までの安定した雇用確保のため、❶定年の引上げ、❷継続雇用制度の導入、❸定年の定めの廃止のいずれかの措置を講じなければならない(義務)

高年齢者就業確保措置(努力義務)

★65歳までの雇用確保に加え、**65**歳から**70**歳までの就業機会確保のため❶70歳までの定年の引上げ、❷70歳までの継続雇用制度の導入などの措置を講ずるよう努めなければならない(努力義務)

答 ○

リバースモーゲージには「リコース型」と「ノンリコース型」があります。

「リコース」には「遡及」という意味があり、リコース型では、利用者が死亡し、担保物件の売却後、債務が残った場合に、相続人がその返済義務を負いますが、ノンリコース型では、相続人はその返済義務を負いません。

公的年金の全体像

問題

1 国民年金に関する次の記述のうち、最も不適切なものはどれか。

1. 第1号被保険者は、日本国内に住所を有する20歳以上60歳未満の自営業者、農林漁業者、学生、無職の者などのうち、日本国籍を有する者のみが該当する。
2. 日本国籍を有するが日本国内に住所を有しない20歳以上65歳未満の者は、第2号被保険者および第3号被保険者のいずれにも該当しない場合、原則として、国民年金の任意加入被保険者となることができる。
3. 第1号被保険者で障害基礎年金を受給している者や生活保護法による生活扶助を受けている者は、国民年金保険料の法定免除の対象となる。
4. 国民年金保険料の申請免除には、全額免除、4分の3免除、半額免除、4分の1免除があり、それぞれに適用の対象となる所得の基準が設けられている。

〔2017年1月試験〕

これはどう?

第1号被保険者で一定の大学等の学生である者は、前年の所得(1月から3月までの月分の保険料については前々年の所得)が一定金額以下の場合、保険料の納付が猶予される学生納付特例制度の適用を受けることができる。 ○×

〔2018年9月試験〕

これはどう?

産前産後期間の保険料免除制度により保険料の納付が免除された期間は、保険料納付済期間として老齢基礎年金の年金額に反映される。 ○×

〔2023年5月試験〕

解答解説

1 答 1

1…不適切　第１号被保険者は、日本国内に住所を有する**20**歳以上**60**歳未満の人で、第２号被保険者、第３号被保険者のいずれにも該当しない人です。日本国籍を有する者のみに限定されません。

2…適　切　日本国籍を有する人で、日本国内に住所がない20歳以上65歳未満の人は、国民年金の任意加入被保険者となることができます。

3…適　切　障害基礎年金（1、2級）や、生活保護法による生活扶助を受けている人は法定免除の対象となります。

4…適　切　申請免除の区分は、所得によって４区分あります。

国民年金の第１号被保険者の保険料の免除・猶予

免除の種類	対象者
法定免除	障害基礎年金を受給している人 生活保護法の生活扶助を受けている人
申請免除（全額、４分の３ 半額、４分の１）	経済的な理由で保険料の納付が困難な人 （前年所得が一定以下の人）
学生納付特例	学生で本人の前年所得が一定以下の人
納付猶予	**50**歳未満で**本人**および**配偶者**の前年所得が一定以下の人

答 ○

学生（第１号被保険者）で、本人の前年の所得が一定金額以下の場合、学生納付特例制度の適用を受けることができます。

答 ○

国民年金第１号被保険者が産前産後期間の保険料免除を受けた期間については、老齢基礎年金の年金額の計算のさいは保険料納付済期間として年金額に反映されます。

問題

2 公的年金に関する次の記述のうち、最も不適切なものはどれか。

1. 産前産後休業を取得している厚生年金保険の被保険者の厚生年金保険料は、所定の手続きにより、被保険者負担分と事業主負担分がいずれも免除される。
2. 厚生年金保険の適用事業所に常時使用される者のうち、65歳以上の者は、厚生年金保険の被保険者とならない。
3. 国民年金の保険料免除期間に係る保険料のうち、追納することができる保険料は、追納に係る厚生労働大臣の承認を受けた日の属する月前10年以内の期間に係るものに限られる。
4. 日本国籍を有するが日本国内に住所を有しない20歳以上65歳未満の者は、国民年金の第２号被保険者および第３号被保険者に該当しない場合、原則として、国民年金の任意加入被保険者となることができる。

［2020年１月試験］

3 厚生年金保険に関する次の記述のうち、最も不適切なものはどれか。

1. 厚生年金保険法に定める業種であって、常時５人以上の従業員を使用している個人事業所は、厚生年金保険の強制適用事業所となる。
2. 厚生年金保険の標準報酬月額は、被保険者の報酬月額に基づき区分され、65万円が上限とされている。
3. 育児休業等をしている被保険者に係る厚生年金保険の保険料は、所定の申出により、事業主負担分、被保険者負担分のいずれも免除される。
4. 厚生年金保険の被保険者は、その適用事業所に常時使用される者であっても、65歳に達すると被保険者資格を喪失する。

［2021年１月再試験］

解答解説

2 答 2

1…適　切　産前産後休業期間中の厚生年金保険の被保険者の厚生年金保険料は、所定の手続きにより、被保険者負担分、事業主負担分ともに免除されます(健康保険の保険料も同様に免除されます)。

2…不適切　厚生年金保険の適用事業所に常時使用される**70**歳未満の人は厚生年金保険の被保険者となります。

3…適　切　保険料の免除または猶予を受けた期間については、**10**年以内であれば追納できます。

4…適　切　日本国籍を有する人で、日本国内に住所がない20歳以上65歳未満の人は、国民年金の任意加入被保険者となることができます。

任意加入被保険者

★国内に住所がある**60**歳以上**65**歳未満の人

★日本国籍を有する人で、国内に住所がない**20**歳以上**65**歳未満の人

3 答 4

1…適　切　厚生年金保険の強制適用事業所となるのは、株式会社などの法人の事業所です。従業員が常時５人以上いる個人事業所についても、農林漁業、サービス業などの場合を除いて厚生年金保険の適用事業所となります。

2…適　切　厚生年金保険の標準報酬月額は、被保険者の報酬月額で区分され、65万円が上限となっています。

3…適　切　育児休業中の被保険者の厚生年金保険料は、所定の申出により、事業主負担分、被保険者負担分ともに免除されます(健康保険の保険料も同様に免除されます)。

4…不適切　厚生年金保険の被保険者は、**70**歳に達すると被保険者資格を喪失します。

公的年金の給付

問題

1 公的年金の老齢給付に関する次の記述のうち、最も不適切なものはどれか。

1. 特別支給の老齢厚生年金が支給されるためには、老齢基礎年金の受給資格期間を満たし、厚生年金保険の被保険者期間が1年以上あることなどの要件を満たす必要がある。
2. 老齢基礎年金に加算される振替加算の額は、その老齢基礎年金の受給権者の生年月日に応じて定められた金額となる。
3. 老齢厚生年金の繰上げ支給を請求する場合、老齢基礎年金の繰上げ支給の請求を同時に行う必要はない。
4. 厚生年金保険の被保険者に支給される特別支給の老齢厚生年金は、在職老齢年金の仕組みにより、当該被保険者の総報酬月額相当額と基本月額の合計額が50万円(2024年度価額)を超えると、年金額の全部または一部が支給停止となる。

［2019年1月試験 ㊋］

2 公的年金の老齢給付に関する次の記述のうち、最も不適切なものはどれか。

1. 1961年(昭和36年)4月2日以降に生まれた男性は、老齢基礎年金の受給資格期間を満たし、厚生年金保険の被保険者期間を1年以上有していても、報酬比例部分のみの特別支給の老齢厚生年金の支給を受けることができない。
2. 国民年金の保険料納付済期間が10年以上あり、厚生年金保険の被保険者期間を有する者は、原則として、65歳から老齢基礎年金および老齢厚生年金を受給することができる。
3. 老齢厚生年金の繰下げ支給を申し出る場合、老齢基礎年金の繰下げ支給と同時に申し出なければならない。
4. 付加年金の受給権者が老齢基礎年金の繰下げ支給の申出をした場合、付加年金の額についても繰下げによって増額される。

［2020年9月試験］

解答解説

1 答 3

1…適　切　特別支給の老齢厚生年金の受給要件は、❶老齢基礎年金の受給資格期間を満たしていること、❷厚生年金保険の被保険者期間が**1**年以上あることなどがあります。

2…適　切　振替加算の額は、老齢基礎年金の受給権者の生年月日に応じて定められた金額となります。

3…不適切　老齢厚生年金の繰上げ支給の請求は、老齢基礎年金の繰上げ支給の請求と**同時に**行わなければなりません。

4…適　切　特別支給の老齢厚生年金(65歳未満で受け取る老齢厚生年金)は、基本月額と総報酬月額相当額の合計が**50**万円を超える場合、年金額の全部または一部が支給停止となります。

2 答 3

1…適　切　特別支給の老齢厚生年金は、1961年(昭和36年)4月1日以前生まれの男性まで支給されます。なお、女性は5年遅れで1966年(昭和41年)4月1日以前生まれまで支給されます。

2…適　切　65歳から受給する老齢厚生年金は、保険料納付済期間などが10年以上あることに加え、厚生年金保険の被保険者期間が1月以上ある人に支給されます。なお、特別支給の老齢厚生年金は、厚生年金保険の被保険者期間が1年以上ある人に支給されます。

3…不適切　老齢厚生年金の繰下げ支給の申出は、老齢基礎年金の繰下げ支給の申出と同時に申し出る必要はありません。

4…適　切　老齢基礎年金の繰下げ支給の申出をした場合、付加年金の額も繰下げによる増額があります。

問題

3 老齢基礎年金に関する次の記述のうち、最も不適切なものはどれか。

1. 保険料納付済期間、保険料免除期間および合算対象期間を合算した期間が10年以上ある場合は、老齢基礎年金の受給資格期間を満たしていることとされる。
2. 65歳到達時に老齢基礎年金の受給権を有する者が、70歳到達時に老齢基礎年金の繰下げ支給の申出をした場合、年金の増額率は42%である。
3. 付加年金の受給権者が老齢基礎年金の繰上げ支給の請求をした場合、老齢基礎年金の支給は繰り上げられるが、付加年金は繰り上げられずに65歳到達時から支給される。
4. 老齢基礎年金の受給権者に振替加算の支給事由が生じた場合は、その事由が生じた月の翌月の老齢基礎年金から振替加算の加算が行われる。

［2016年5月試験 ㊕］

これはどう?

学生納付特例期間は、その期間に係る保険料の追納がない場合、老齢基礎年金の受給資格期間に算入されない。 〇×

［2023年5月試験］

これはどう?

老齢厚生年金の繰上げ支給を請求する場合、老齢基礎年金の繰上げ支給の請求を同時に行う必要はない。 〇×

［2023年1月試験］

これはどう?

老齢厚生年金の繰下げ支給による年金の増額率は、繰り下げた月数に0.5%を乗じて得た率で、最大30%となる。 〇×

［2018年5月試験］

解答解説

3 答 3

1…適　切　老齢基礎年金は、受給資格期間（保険料納付済期間＋保険料免除期間＋合算対象期間）が**10**年以上の人が65歳になったときから受け取ることができます。

2…適　切　老齢基礎年金の繰下げ支給の増額率は、繰下げ1カ月あたり**0.7**％なので、65歳から70歳まで5年繰り下げた場合の年金の増額率は**42**％（0.7％×12カ月×5年）となります。

3…不適切　老齢基礎年金の繰上げ支給の請求をした場合、付加年金も繰り上げて支給されます。また、付加年金も繰上げにより減額されます。

4…適　切　老齢基礎年金の受給権者に振替加算の支給事由が生じた場合は、その事由が生じた月の翌月の老齢基礎年金から振替加算の加算が行われます。

答 ×

国民年金の学生納付特例期間は、追納がない場合、老齢基礎年金の受給資格期間には算入されますが、老齢基礎年金の年金額には反映されません（納付猶予の期間も同様です）。

答 ×

老齢厚生年金の繰上げ支給の請求は、老齢基礎年金の繰上げと**同時に**行わなければなりません。

答 ×

老齢厚生年金の繰下げ支給の増額率は、繰下げ1カ月あたり**0.7**％で、75歳まで繰り下げることができるので、最大**84**％（0.7％×12カ月×10年。65歳から75歳まで10年間繰下げ）となります。

問題

4 老齢厚生年金に関する次の記述のうち、最も適切なものはどれか。

1. 特別支給の老齢厚生年金は、受給権者の性別および生年月日により定額部分が支給されない場合があるが、報酬比例部分はすべての受給権者について60歳から支給される。
2. 65歳以降の老齢厚生年金を受給するためには、老齢基礎年金の受給資格期間を満たしていることのほか、厚生年金保険の被保険者期間を1年以上有することが必要である。
3. 老齢厚生年金の額に加給年金額が加算されるためには、原則として、受給権者が65歳到達時点において、厚生年金保険の被保険者期間が25年以上であり、かつ、受給権者によって生計を維持している一定の要件を満たす配偶者または子がいることが必要である。
4. 厚生年金保険の被保険者に支給される老齢厚生年金は、当該受給権者の総報酬月額相当額に応じて調整され、年金額の一部または全部が支給停止となる場合があるが、老齢厚生年金の支給停止基準額の計算方法は、受給権者が65歳未満の者と65歳以上の者では同じである。

［2017年5月試験 ㊅］

これはどう?

婚姻の届出をしていない者は、老齢厚生年金の受給権者と事実上の婚姻関係にある者であっても、加給年金額対象者となる配偶者には該当しない。 **○×**

［2021年1月試験］

これはどう?

加給年金額が加算される老齢厚生年金の繰下げ支給の申出をした場合、加給年金額については、繰下げ支給による増額の対象とならない。 **○×**

［2021年1月試験］

解答解説

4 答 4

1…不適切　報酬比例部分の支給開始年齢も定額部分と同様に引き上げられ、最終的には廃止されます。

2…不適切　65歳以降の老齢厚生年金を受給するためには、老齢基礎年金の受給資格期間を満たしていることのほか、厚生年金保険の被保険者期間を**1カ月**以上有することが必要となります。

3…不適切　老齢厚生年金の額に加給年金額が加算されるためには、厚生年金保険の被保険者期間が**20**年以上必要となります。

4…適　切　老齢厚生年金の額は、総報酬月額相当額に応じて調整がかかりますが、その計算方法は、65歳未満の人と65歳以上の人で同じです。

答 ×

加給年金額の加算対象となる配偶者には、事実婚である人も含みます。

答 ○

加給年金額は、繰下げ支給による増額の対象となりません。

問題

5 公的年金制度の障害給付に関する次の記述のうち、最も適切なものはどれか。

1. 障害厚生年金の額を計算する際に、その計算の基礎となる被保険者期間の月数が300月に満たない場合、300月として計算する。
2. 国民年金の被保険者ではない20歳未満の期間に初診日および障害認定日があり、20歳に達した日において障害等級1級または2級に該当する程度の障害の状態にある者に対しては、その者の前年の所得の額にかかわらず、障害基礎年金が支給される。
3. 障害基礎年金の受給権者が、所定の要件を満たす配偶者を有する場合、その受給権者に支給される障害基礎年金には、配偶者に係る加算額が加算される。
4. 障害手当金の支給を受けようとする者が、同一の傷病により労働者災害補償保険の障害補償給付の支給を受ける場合、障害手当金と障害補償給付の支給を同時に受けることができる。

［2021年9月試験］

これはどう？

健康保険の傷病手当金の支給を受けるべき者が、同一の疾病または負傷およびこれにより発した疾病について障害厚生年金の支給を受けることができる場合、原則として傷病手当金は支給されない。 ○✕

［2023年1月試験］

これはどう？

同一の事由により、障害厚生年金と労働者災害補償保険法に基づく障害補償年金が支給される場合、障害補償年金は所定の調整率により減額され、障害厚生年金は全額支給される。 ○✕ ［2022年9月試験］

解答解説

5 答 1

1…適　切　障害厚生年金の額の計算において、被保険者期間の月数が300月に満たない場合は、300月として計算します。

2…不適切　初診日において20歳未満であった人が、20歳に達した日またはその日以後において障害等級１級、２級に該当するときは、20歳前の傷病による障害基礎年金が支給されますが、所得制限があります。

3…不適切　障害基礎年金には、子の加算はありますが、配偶者の加算はありません。なお、障害厚生年金には、所定の要件を満たす配偶者を有する場合、配偶者加給年金額が加算されます。

4…不適切　労災保険の障害補償給付の支給を受ける場合、障害手当金は支給されません。

障害基礎年金と障害厚生年金の比較

	障害基礎年金	障害厚生年金
受給要件	★初診日に国民年金の被保険者であること（または国民年金の被保険者だった人で日本国内居住の60歳以上65歳未満の人） ★障害等級１級、２級に該当すること	★初診日に厚生年金保険の被保険者であること ★障害等級１級、２級、３級に該当すること
年金額	816,000円 （1956年４月２日以後生まれの場合）	報酬比例部分
	★１級は **1.25** 倍 ★子の加算額あり	★１級は **1.25** 倍 ★３級は最低保障あり ★配偶者加給年金額あり（１級、２級のみ）

答 ○

同一の疾病、負傷により健康保険の傷病手当金と障害厚生年金が同時に支給される場合、原則として、障害厚生年金が優先支給され、傷病手当金は支給されません。

答 ○

同一の事由により障害厚生年金と労災保険の障害補償年金の両方が支給される場合、労災保険の障害補償年金が減額され、障害厚生年金は全額支給されます。

問題

6 遺族厚生年金に関する次の記述のうち、最も不適切なものはどれか。

1. 厚生年金保険の被保険者が死亡したことにより支給される遺族厚生年金の額は、死亡した者の厚生年金保険の被保険者期間が300月未満の場合、300月とみなして計算する。
2. 遺族厚生年金の額(中高齢寡婦加算額および経過的寡婦加算額を除く)は、原則として、死亡した者の厚生年金保険の被保険者記録を基に計算された老齢厚生年金の報酬比例部分の３分の２相当額である。
3. 厚生年金保険の被保険者である夫が死亡し、夫の死亡当時に子のいない40歳以上65歳未満の妻が遺族厚生年金の受給権を取得した場合、妻が65歳に達するまでの間、妻に支給される遺族厚生年金には中高齢寡婦加算額が加算される。
4. 配偶者が死亡したことにより遺族厚生年金の受給権を取得した65歳以上の受給権者について、その受給権者が受給することができる老齢厚生年金の額が当該遺族厚生年金の額を上回る場合、当該遺族厚生年金の全部が支給停止される。

[2022年５月試験]

解答解説

6 答 2

1…適　切　厚生年金保険の被保険者が死亡したことにより支給される遺族厚生年金の額は、死亡した者の厚生年金保険の被保険者期間が300月未満の場合、300月とみなして計算します。

2…不適切　遺族厚生年金の額は、死亡した者の老齢厚生年金の報酬比例部分の**4分の3**相当額です。

3…適　切　厚生年金保険の被保険者である夫が死亡し、子のない**40**歳以上**65**歳未満の妻が遺族厚生年金の受給権を取得した場合、妻が65歳に達するまでの間、遺族厚生年金に**中高齢寡婦加算額**が加算されます。

4…適　切　65歳以上の遺族厚生年金の受給権者が老齢厚生年金も受給することができる場合、その受給権者の老齢厚生年金の額が遺族厚生年金の額を上回る場合は、遺族厚生年金の全額が支給停止されます。

遺族基礎年金

子…18歳到達年度末日までの子または20歳未満で障害等級1、2級に該当する子

受給できる遺族の範囲	死亡した人に生計を維持されていた **子** または **子のある配偶者**
その他	★子の加算額は第1子と第2子は同額(第3子以降は少なくなる)

遺族厚生年金

子…18歳到達年度末日までの子または20歳未満で障害等級1、2級に該当する子

受給できる遺族の範囲	死亡した人に生計を維持されていた❶妻・夫※・子、❷父母※、❸孫、❹祖父母※ ※夫、父母、祖父母が受給権者となる場合、55歳以上であることが要件。年金を受け取れるのは60歳から
年金額	老齢厚生年金の報酬比例部分の **4分の3** 相当額

中高齢寡婦加算と経過的寡婦加算

中高齢寡婦加算	夫の死亡当時、40歳以上65歳未満の子のない妻、または子があっても40歳以上65歳未満で遺族基礎年金を失権している妻に対して、遺族厚生年金に一定額が加算される
経過的寡婦加算	中高齢寡婦加算の打ち切りにより、年金が減少する分を補うための制度(1956年4月1日以前生まれの妻に限る)

問題

これはどう?

国民年金の第1号被保険者である夫が死亡し、子のない60歳未満の妻が寡婦年金の受給権を取得した場合、その妻に対する寡婦年金の支給期間は、妻の60歳到達月の翌月から65歳到達月までである。〇✕

［2022年1月試験］

これはどう?

厚生年金保険の被保険者が死亡し、子のない30歳未満の妻が遺族厚生年金の受給権を取得した場合、その妻に対する遺族厚生年金の支給期間は、最長で10年間となる。〇✕

［2018年1月試験］

これはどう?

離婚時における厚生年金保険の3号分割の対象となるのは、1986年4月以降の国民年金の第3号被保険者であった期間における、当該第3号被保険者の配偶者に係る厚生年金保険の保険料納付記録(標準報酬月額・標準賞与額)である。〇✕

［2022年9月試験］

これはどう?

老齢厚生年金と高年齢雇用継続基本給付金との間で調整が行われる場合、その調整による老齢厚生年金の支給停止額(月額)は、最高で受給権者の標準報酬月額の6％相当額である。〇✕

［2018年5月試験］

解答解説

答 ○

寡婦年金は、国民年金の第1号被保険者として保険料納付済期間と保険料免除期間が10年以上ある夫が、障害基礎年金や老齢基礎年金を受けることなく死亡した場合に、一定の要件を満たした妻に対し、妻が60歳から65歳になるまで支給されます。

寡婦年金のポイント

★寡婦年金を受給できるのは、夫と**10**年以上の婚姻期間があり、夫の死亡当時**65**歳未満である妻

★寡婦年金の受給期間は妻が**60**歳から**65**歳に到達するまで

★妻が自分の老齢基礎年金を繰上げ受給した場合には、寡婦年金は受給できない

答 ×

被保険者である夫の死亡時に、**30**歳未満で子のない妻に支給される遺族厚生年金の支給期間は**5**年間です。

答 ×

3号分割の対象となるのは、**2008年4月**以降の国民年金の第3号被保険者であった期間です。

答 ○

老齢厚生年金と高年齢雇用継続基本給付金との間で調整が行われる場合、老齢厚生年金に支給停止がかかりますが、その支給停止額は、最高で標準報酬月額の**6**%相当額です。

企業年金等

問題

1 確定拠出年金に関する次の記述のうち、最も不適切なものはどれか。

1. 国民年金の第１号被保険者のうち、国民年金保険料の納付を免除されている者は、障害基礎年金の受給権者等を除き、個人型年金に加入することができない。
2. 企業型年金の加入者が60歳未満で退職し、国民年金の第３号被保険者となった場合、その者は、個人型年金の加入者となることができる。
3. 一時金で受け取った老齢給付金は、退職所得として所得税の課税対象となる。
4. 個人型年金の加入者が60歳から老齢給付金を受給するためには、通算加入者等期間が20年以上なければならない。

［2021年５月試験］

2 確定拠出年金に関する次の記述のうち、最も不適切なものはどれか。

1. 企業型年金において、加入者が掛金を拠出することができることを規約で定める場合、加入者掛金の額は、その加入者に係る事業主掛金の額を超える額とすることができない。
2. 企業型年金を実施していない企業の従業員である個人型年金の加入者は、原則として、その加入者に支払われる給与からの天引きにより、事業主を経由して掛金を納付することができる。
3. 国民年金の第１号被保険者が、国民年金基金と併せて個人型年金に加入した場合、毎月支払う掛金の拠出限度額は、国民年金基金の掛金との合計で７万円である。
4. 老齢給付金を年金で受け取った場合、当該給付金は雑所得として所得税の課税対象となり、雑所得の金額の計算上、公的年金等控除額を控除することができる。

［2022年５月試験］

解答解説

1 答 4

1…適　切　第１号被保険者で保険料の免除を受けている人は、個人型年金に加入することはできません。なお、障害基礎年金を受給していることにより国民年金保険料の免除を受けている人(法定免除者)は、個人型年金に加入することができます。

2…適　切　第３号被保険者も、個人型年金の加入者となることができます。

3…適　切　老齢給付金を一時金で受け取った場合は、退職所得として課税されます。

4…不適切　老齢給付金を受給するために必要な通算加入者等期間は、**10**年以上です。

---

2 答 3

1…適　切　企業型年金において、加入者自身も掛金を拠出することができるマッチング拠出を行う場合、加入者が拠出することができる掛金の額は、事業主掛金の額を超えないようにしなければなりません。

2…適　切　企業型年金を実施していない企業の従業員で個人型年金に加入している者は、掛金を事業主経由で納付することができます。

3…不適切　国民年金の第１号被保険者が国民年金基金とあわせて個人型年金に加入した場合、毎月の掛金の拠出限度額は国民年金基金の掛金との合計で**68,000**円です。

4…適　切　確定拠出年金の老齢給付金を年金形式で受け取った場合、**雑所得**(公的年金等)となり、公的年金等控除額を控除することができます。

問題

3 中小企業退職金共済、小規模企業共済および国民年金基金に関する次の記述のうち、最も不適切なものはどれか。

1. 中小企業退職金共済の掛金は、原則として、事業主と従業員が折半して負担する。
2. 小売業を主たる事業として営む個人事業主が、小規模企業共済に加入するためには、常時使用する従業員数が５人以下でなければならない。
3. 日本国籍を有する者で、日本国内に住所を有しない20歳以上65歳未満の国民年金の任意加入被保険者は、国民年金基金に加入することができる。
4. 国民年金基金の掛金は、加入員が確定拠出年金の個人型年金に加入している場合、個人型年金加入者掛金と合わせて月額68,000円が上限となる。

［2021年９月試験］

これはどう？

事業主と生計を一にする同居の親族は、使用従属関係等が認められることにより、従業員として中退共に加入することができる。〇✕

［2017年１月試験］

これはどう？

中退共の加入企業の被共済者（従業員）が退職し、他の中退共の加入企業に雇用されて再び被共済者となった場合、所定の要件のもとに、前の企業での掛金納付月数を通算することができる。〇✕

［2017年１月試験］

解答解説

3 答 1

1…不適切　中小企業退職金共済(中退共)の掛金は、**全額**事業主が負担します。

2…適　切　小規模企業共済に加入するためには、従業員が20人以下である必要がありますが、小売業(商業)の場合には従業員が5人以下でなければなりません。

3…適　切　任意加入被保険者も国民年金基金に加入することができます。

4…適　切

国民年金基金、小規模企業共済、中小企業退職金共済制度のポイント

国民年金基金	★付加年金と国民年金基金の両方に加入することはできない ★掛金の拠出限度額は、確定拠出年金の掛金と **合算** して月額 **68,000** 円 ★掛金の全額が **社会保険料** 控除の対象となる
小規模企業共済	★掛金は月額1,000円～ **70,000** 円 ★掛金の全額が **小規模企業共済等掛金** 控除の対象となる
中小企業退職金共済制度(中退共)	★掛金は **全額** 事業主が負担する ★加入者は原則として企業の従業員全員 ★事業主の同居親族も使用従属関係があれば加入できる

答 ○

事業主と生計を一にする同居の親族は、使用従属関係等が認められることにより、従業員として中退共に加入することができます。

答 ○

中退共の加入企業の被共済者(従業員)が退職して、他の中退共の加入企業に雇用されて再び被共済者となった場合、所定の要件のもとに、前の企業での掛金納付月数を通算することができます。

中小法人の資金計画

問題

1 中小企業の資金調達の一般的な特徴に関する次の記述のうち、最も不適切なものはどれか。

1. 日本政策金融公庫の中小企業事業における融資では、事業用資金だけでなく、投資を目的とする有価証券等の資産の取得資金についても融資対象となる。
2. 信用保証協会保証付融資（マル保融資）は、中小企業者が金融機関から融資を受ける際に信用保証協会が保証するものであり、利用するためには、業種に応じて定められた資本金の額（出資の総額）または常時使用する従業員数の要件を満たす必要がある。
3. ABL（動産・債権担保融資）は、企業が保有する売掛債権や在庫・機械設備等の資産を担保として資金を調達する方法である。
4. クラウドファンディングは、インターネット等を介して不特定多数の者に資金の提供を呼びかけて資金を調達する方法であり、「購入型」「寄付型」等に分類される。

〔2023年9月試験〕

解答解説

I 答 1

1…不適切 日本政策金融公庫の中小企業事業における融資は、投資を目的とする有価証券等の資産の取得資金については融資対象とはなりません。

2…適　切 信用保証協会保証付融資(マル保融資)は、信用保証協会の保証がついた融資で、主に中小企業が融資を受けるさいに用いられます。マル保融資を受けるには、企業規模(業種に応じた資本金または常時使用従業員数)や業種などの要件を満たす必要があります。

3…適　切 ABLは、企業が売掛金等の債権や在庫など、流動性の高い資産を担保として金融機関から融資を受ける方法です。

4…適　切 クラウドファンディングは、インターネット等を介して不特定多数の者に資金の提供を呼びかけて資金を調達する方法です。

個人1 次の設例に基づいて、下記の各問に答えなさい。

［2022年1月試験　第1問 改］

《設例》

X株式会社(以下、「X社」という)に勤務するAさん(59歳)は、市役所に勤務する長女Cさん(29歳)との2人暮らしである。長女Cさんの父親Bさんとは、長女Cさんが5歳のときに離婚している。

Aさんは、高校を卒業後、X社に入社し、現在に至るまで同社に勤務している。X社には、65歳になるまで勤務することができる継続雇用制度がある。Aさんは、継続雇用制度を利用せず、60歳以後は仕事をしないつもりでいるが、X社の社長からは「人材の確保が難しく、Aさんがいなくなると非常に困る。しばらくは継続して働いてもらえないだろうか」と言われている。

Aさんは、老後の生活資金の準備にあたって、将来、どれくらいの年金額を受給することができるのか、公的年金制度について知りたいと思っている。

そこで、Aさんは、懇意にしているファイナンシャル・プランナーのMさんに相談することにした。

〈X社の継続雇用制度の雇用条件〉

- 1年契約の嘱託雇用で、1日8時間(週40時間)勤務
- 賃金月額は60歳到達時の70％（月額25万円)で賞与はなし
- 厚生年金保険、全国健康保険協会管掌健康保険、雇用保険に加入

〈Aさんとその家族に関する資料〉

(1)　Aさん(1965年4月13日生まれ、59歳、会社員)
- 公的年金加入歴：下図のとおり(60歳定年時までの見込みを含む)
- 全国健康保険協会管掌健康保険、雇用保険に加入している。

18歳　　60歳

厚生年金保険	
228月	264月
(2003年3月以前の平均標準報酬月額28万円)	(2003年4月以後の平均標準報酬額40万円)

(2) 長女Cさん(1995年12月27日生まれ、29歳、地方公務員)

※Aさんは、現在および将来においても、長女Cさんと同居し、生計維持関係にあるものとする。
※Aさんおよび長女Cさんは、現在および将来においても、公的年金制度における障害等級に該当する障害の状態にないものとする。

※上記以外の条件は考慮せず、各問に従うこと。

問1 Mさんは、Aさんに対して、Aさんが65歳になるまでに受給することができる公的年金制度からの老齢給付について説明した。Mさんが説明した次の記述①～③について、適切なものには○印を、不適切なものには×印を解答用紙に記入しなさい。

①「1965年4月生まれのAさんは、61歳から報酬比例部分のみの特別支給の老齢厚生年金を受給することができます。また、仮に、X社の継続雇用制度を利用して64歳になるまで働き、同社退職後、再就職をしない場合、長期加入者の特例により、64歳から特別支給の老齢厚生年金の定額部分も受給することができます」

②「厚生年金保険の被保険者に支給される特別支給の老齢厚生年金は、当該被保険者の総報酬月額相当額と基本月額に応じて調整が行われますが、2022年4月以降、60歳台前半の在職老齢年金の仕組みが変更され、支給停止とならない範囲が拡大されました。2024年度の支給停止の基準額は50万円です」

③「Aさんが希望すれば、60歳から老齢基礎年金の繰上げ支給を請求することができます。仮に、Aさんが61歳8カ月で老齢基礎年金の繰上げ支給を請求した場合、当該年金額の減額率は28%となります」

問2 Mさんは、Aさんに対して、社会保険に係る各種の取扱いについて説明した。Mさんが説明した以下の文章の空欄①～③に入る最も適切な語句または数値を、下記の〈語句群〉のなかから選び、その記号を解答用紙に記入しなさい。

Ⅰ「AさんがX社の継続雇用制度を利用し、60歳以後もX社に勤務した場合、Aさんは雇用保険の高年齢雇用継続基本給付金を受給することができます。60歳以後の各月(支給対象月)に支払われる賃金額が60歳到達時の賃金月額の(①)未満となる場合、高年齢雇用継続基本給付金の額は、支給対象月ごとに、賃金額の低下率に応じて一定の方法により算定されます」

Ⅱ「Aさんが継続雇用制度を利用せず、X社を定年退職した場合、Aさんは、所定の手続を行うことにより、最長で（　②　）年間、全国健康保険協会管掌健康保険に任意継続被保険者として加入することができます。なお、任意継続被保険者の保険料は、（　③　）負担します」

〈語句群〉

イ．2　ロ．3　ハ．5　ニ．75％　ホ．80％　ヘ．85％
ト．Aさんと事業主が折半で　チ．Aさんが全額を　リ．事業主が全額を

問3　Aさんが、60歳でX社を定年退職し、その後再就職をせず、また、継続雇用制度も利用しない場合、原則として65歳から受給することができる老齢基礎年金および老齢厚生年金の年金額（2024年度価額）を計算した次の〈計算の手順〉の空欄①～④に入る最も適切な数値を解答用紙に記入しなさい。計算にあたっては、《設例》の〈Aさんとその家族に関する資料〉および下記の〈資料〉に基づくこと。なお、問題の性質上、明らかにできない部分は「□□□」で示してある。

〈計算の手順〉

1．老齢基礎年金の年金額（円未満四捨五入）
（　①　）円

2．老齢厚生年金の年金額
(1)　報酬比例部分の額　：（　②　）円（円未満四捨五入）
(2)　経過的加算額　：（　③　）円（円未満四捨五入）
(3)　基本年金額（②＋③）　：□□□円
(4)　加給年金額（要件を満たしている場合のみ加算すること）
(5)　老齢厚生年金の年金額　：（　④　）円

〈資料〉

○老齢基礎年金の計算式（4分の1免除月数、4分の3免除月数は省略）

$$816{,}000円 \times \frac{\text{保険料納付済月数} + \text{保険料半額免除月数} \times \frac{\bigcirc}{\square} + \text{保険料全額免除月数} \times \frac{\triangle}{\square}}{480}$$

○老齢厚生年金の計算式（本来水準の額）

i ）報酬比例部分の額（円未満四捨五入）＝ⓐ＋ⓑ

ⓐ　2003年3月以前の期間分

平均標準報酬月額 $\times \frac{7.125}{1{,}000} \times$ 2003年3月以前の被保険者期間の月数

ⓑ　2003年4月以後の期間分

平均標準報酬額 $\times \frac{5.481}{1{,}000} \times$ 2003年4月以後の被保険者期間の月数

ii ）経過的加算額（円未満四捨五入）＝1,701円×被保険者期間の月数

$$- 816{,}000円 \times \frac{\text{1961年4月以後で20歳以上60歳未満の厚生年金保険の被保険者期間の月数}}{480}$$

iii ）加給年金額

配偶者：408,100円（特別加算額を含む）

子：234,800円

問1 ①× ②○ ③×

①…1964年4月2日以後生まれから1966年4月1日以前生まれの女性は、**64**歳から報酬比例部分の特別支給の老齢厚生年金を受給することができます。1965年4月13日生まれのAさんは、64歳から報酬比例部分の特別支給の老齢厚生年金を受給することができます。また、64歳まで継続雇用制度を利用すると、厚生年金保険の加入期間は45年(228月＋264月＋48月＝540月→45年)となり、長期加入者の特例(報酬比例部分の老齢厚生年金の受給権者で、被保険者期間が44年以上ある人は、報酬比例部分に加えて定額部分も支給されるという特例)に該当するため、退職後は64歳から報酬比例部分とあわせて定額部分も支給されます。

②…在職老齢年金の支給停止額は、従来65歳未満と65歳以上で異なる基準額を用いて計算していましたが、2022年4月からの改正により、65歳未満の基準額が改正され、65歳未満と65歳以上で同じ基準額を用いて計算することになりました。2024年度の基準額は**50**万円です。

③…Aさんが61歳8カ月で老齢基礎年金の繰上げ支給の請求をした場合、40カ月(3年4カ月)の繰上げとなるので、繰上げ減額率は次のようになります。

繰上げ減額率：40カ月×0.4%＝16%

問2 ①ニ ②イ ③チ

①…高年齢雇用継続基本給付金は、60歳以後の各月の賃金月額が、60歳到達時点の賃金月額の**75**%未満に低下した場合に支給されます。

問3 ① 816,000円 ② 1,033,654円 ③ 480円 ④ 1,034,134円

①…Aさんは18歳から60歳まで厚生年金保険に加入しています。老齢基礎年金は20歳から60歳までの480月(40年)が上限となるため、Aさんの保険料納付済期間は480月(40年)となります。したがって、Aさんは満額の老齢基礎年金を受給することができます。

②…〈資料〉の計算式にしたがって、報酬比例部分の額を計算します。

報酬比例部分の額：

$$280{,}000\text{円}\times\frac{7.125}{1{,}000}\times228\text{月}+400{,}000\text{円}\times\frac{5.481}{1{,}000}\times264\text{月}$$

$$=454{,}860\text{円}+578{,}793.6\text{円}\fallingdotseq1{,}033{,}654\text{円}$$

③…経過的加算額の被保険者期間の月数の上限は**480**月です(1946年4月2日以後生まれの場合)。Aさんには492月の被保険者期間がありますが、経過的加算額の計算のさいは、上限の480月で計算します。

$$\text{経過的加算額：}1{,}701\text{円}\times480\text{月}-816{,}000\text{円}\times\frac{480\text{月}}{480\text{月}}=480\text{円}$$

④…Aさんには加給年金額の加算の対象となる配偶者や子がいないので、老齢厚生年金の額は次のようになります。

老齢厚生年金の年金額：1,033,654円＋480円＝1,034,134円

個人2 次の設例に基づいて、下記の各問に答えなさい。

［2023年5月試験　第1問 改］

《設 例》

会社員のAさん(46歳)は、妻Bさん(45歳)、長男Cさん(11歳)および長女Dさん(9歳)との4人暮らしである。Aさんは、住宅ローンの返済や教育資金の準備など、今後の資金計画を再検討したいと考えており、その前提として、公的年金制度から支給される遺族給付や障害給付について知りたいと思っている。

そこで、Aさんは、懇意にしているファイナンシャル・プランナーのMさんに相談することにした。

Aさんとその家族に関する資料は、以下のとおりである。

〈Aさんとその家族に関する資料〉

(1) Aさん(1978年1月12日生まれ・会社員)
- ・公的年金加入歴：　下図のとおり(2024年4月までの期間)
- ・全国健康保険協会管掌健康保険、雇用保険に加入中

20歳　22歳　46歳

国民年金	厚生年金保険	
保険料納付済期間 (27月)	被保険者期間 (36月)	被保険者期間 (253月)
	(2003年3月以前の平均標準報酬月額25万円)	(2003年4月以後の平均標準報酬額38万円)

(2) 妻Bさん(1978年11月22日生まれ・パート従業員)
- ・公的年金加入歴：　20歳から22歳までの大学生であった期間(29月)は国民年金の第1号被保険者として保険料を納付し、22歳から Aさんと結婚するまでの10年間(120月)は厚生年金保険に加入。結婚後は、国民年金に第3号被保険者として加入している。
- ・全国健康保険協会管掌健康保険の被扶養者である。

(3) 長男Cさん(2012年6月6日生まれ)

(4) 長女Dさん(2014年6月21日生まれ)

※妻Bさん、長男Cさんおよび長女Dさんは、現在および将来においても、A

さんと同居し、Aさんと生計維持関係にあるものとする。
※妻Bさん、長男Cさんおよび長女Dさんは、現在および将来においても、公的年金制度における障害等級に該当する障害の状態にないものとする。
※上記以外の条件は考慮せず、各問に従うこと。

問1　Mさんは、Aさんに対して、公的年金制度の遺族給付および遺族年金生活者支援給付金について説明した。Mさんが説明した以下の文章の空欄①～④に入る最も適切な語句または数値を、下記の〈語句群〉のなかから選び、その記号を解答用紙に記入しなさい。なお、問題の性質上、明らかにできない部分は「□□□」で示してある。

Ⅰ「Aさんが現時点(2024年5月28日)において死亡した場合、妻Bさんは遺族基礎年金および遺族厚生年金を受給することができます。遺族基礎年金を受給することができる遺族の範囲は、国民年金の被保険者等の死亡の当時その者によって生計を維持されていた『子のある配偶者』または『子』です。『子』とは、18歳到達年度の末日までの間にあるか、20歳未満で障害等級(　①　)に該当する障害の状態にあり、かつ、現に婚姻していない子を指します。子のある配偶者の遺族基礎年金の年金額(2024年度価額)は、『816,000円＋子の加算額』の算式により算出され、子の加算額は、第1子・第2子までは1人につき□□□円、第3子以降は1人につき□□□円となります。仮に、Aさんが現時点(2024年5月28日)で死亡した場合、妻Bさんが受給することができる遺族基礎年金の年金額は、(　②　)円(2024年度価額)となります。また、妻Bさんは遺族年金生活者支援給付金も受給することができます。その年額は(　③　)円(2024年度価額)となります」

Ⅱ「Aさんが厚生年金保険の被保険者期間中に死亡した場合、遺族厚生年金の年金額は、原則として、Aさんの厚生年金保険の被保険者記録を基礎として計算した老齢厚生年金の報酬比例部分の額の(　④　)相当額になります。ただし、その計算の基礎となる被保険者期間の月数が300月に満たないときは、300月とみなして年金額が計算されます」

〈語句群〉

イ．1級、2級または3級		ロ．1級または2級	ハ．3級
ニ．48,240	ホ．63,720	ヘ．79,656	ト．972,600
チ．1,129,100	リ．1,285,600	ヌ．3分の2	ル．4分の3
ヲ．5分の4			

問2　Mさんは、Aさんが現時点(2024年5月28日)で死亡した場合に妻Bさんが受給することができる遺族厚生年金の年金額(2024年度価額)を試算した。妻Bさんが受給することができる遺族厚生年金の年金額を求める下記の〈計算式〉の空欄①～③に入る最も適切な数値を、解答用紙に記入しなさい。計算にあたっては、《設例》の〈Aさんとその家族に関する資料〉に基づくこととし、年金額の端数処理は円未満を四捨五入すること。なお、問題の性質上、明らかにできない部分は「□□□」で示してある。

〈計算式〉

遺族厚生年金の年金額

$$\left((\quad ① \quad) 円 \times \frac{7.125}{1{,}000} \times □□□月 + □□□円 \times \frac{5.481}{1{,}000} \times □□□月 \right) \times \frac{300月}{(\quad ② \quad)月} \times □□□ = (\quad ③ \quad)円$$

（円未満四捨五入）

問3　Mさんは、Aさんに対して、公的年金制度の遺族給付や障害給付について説明した。Mさんが説明した次の記述①～③について、適切なものには○印を、不適切なものには×印を解答用紙に記入しなさい。なお、各記述において、ほかに必要とされる要件等はすべて満たしているものとする。

①「仮に、Aさんが現時点(2024年5月28日)において死亡した後、長女Dさんの18歳到達年度の末日が終了し、妻Bさんの有する遺族基礎年金の受給権が消滅した場合、妻Bさんが65歳に達するまでの間、寡婦年金が支給されます」

②「仮に、Aさんが障害を負い、その障害の程度が公的年金制度における障害等級1級と認定されて障害基礎年金を受給することになった場合、その障害基礎年金の年金額(2024年度価額)は、『816,000円×1.5＋子の加算額』の算式により算出されます」

③「仮に、Aさんが障害を負い、その障害の程度が公的年金制度における障害等級3級と認定されて障害厚生年金を受給することになった場合、その障害厚生年金の年金額に配偶者の加給年金額は加算されません」

問1 ①ロ ②リ ③ホ ④ル

①…遺族基礎年金や遺族厚生年金の対象となる「子」は、❶18歳到達年度末日までの子、または❷20歳未満で障害等級1、2級に該当する子をいいます。

②…妻Bさんには18歳到達年度末日までの子が2人います。子2人目までの加算額は1人あたり234,800円です。したがって、遺族基礎年金の額は次のようになります。

遺族基礎年金の額：816,000円＋234,800円＋234,800円
＝1,285,600円

③…遺族年金生活者支援給付金の月額は5,310円(2024年度価額)です。したがって、年額は63,720円(5,310円×12カ月)となります。

④…遺族厚生年金の年金額は死亡した被保険者の厚生年金保険の報酬比例部分の額の**4**分の**3**相当額です。

問2 ① 250,000円 ② 289月 ③ 460,174円

Aさんが死亡した場合、死亡時点で厚生年金保険の被保険者なので、短期要件に該当します。厚生年金保険の被保険者期間は36月＋253月＝289月です。遺族厚生年金の年金額の計算では、被保険者期間が**300**月に満たない場合は、**300**月とみなして計算するので、③の年金額は次のようになります。

a：$250{,}000\text{円} \times \dfrac{7.125}{1{,}000} \times 36\text{月} = 64{,}125\text{円}$

b：$380{,}000\text{円} \times \dfrac{5.481}{1{,}000} \times 253\text{月} \fallingdotseq 526{,}943\text{円}$

遺族厚生年金の額：$(64{,}125\text{円} + 526{,}943\text{円}) \times \dfrac{300\text{月}}{289\text{月}} \times \dfrac{3}{4} \fallingdotseq 460{,}174\text{円}$

問3 ①× ②× ③○

①…寡婦年金は、国民年金第1号被保険者としての保険料納付済期間が10年以上ある人が老齢基礎年金や障害基礎年金を受け取らずに亡くなった場合、婚姻期間が10年以上ある妻に対して支給されるものです。Aさんは国民年金の保険料納付済期間が27月で10年以上ないため、妻Bさんは寡婦年金を受け取ることはできません。

②…障害等級1級の障害基礎年金の年金額は、「816,000円×**1.25**＋子の加算額」の算式により算出されます。

③…障害厚生年金に加算される配偶者加給年金額は、障害等級2級以上の障害厚生年金を受け取る人が対象となります。

実技 CH 01 2 生保顧客資産相談業務【金財】

生保 1 次の設例に基づいて、下記の各問に答えなさい。

［2023年1月試験　第1問 改］

《設 例》

X株式会社(以下、「X社」という)に勤務するAさん(55歳)は、高校を卒業後、X社に入社し、現在に至るまで同社に勤務している。Aさんは、X社の継続雇用制度を利用して65歳まで働く予定である。Aさんは、老後の生活資金の準備等、今後の資金計画を検討するにあたり、将来どのくらいの年金額を受給することができるのか、公的年金制度について理解を深めたいと考えている。

妻Bさん(56歳)は、先日、パート先の店長からシフトを増やせないかと相談された。妻Bさんは今の仕事にやりがいを感じており、シフトを増やすことを検討している。

そこで、Aさん夫妻は、ファイナンシャル・プランナーのMさんに相談することにした。

〈Aさん夫妻に関する資料〉

(1)　Aさん(1969年7月16日生まれ・55歳・会社員)
- 公的年金加入歴：下図のとおり(65歳までの見込みを含む)
- 全国健康保険協会管掌健康保険、雇用保険に加入している。

18歳　　　　65歳

厚生年金保険	
180月	375月
(2003年3月以前の平均標準報酬月額28万円)	(2003年4月以後の平均標準報酬額50万円)

(2)　妻Bさん(1968年9月28日生まれ・56歳・パート従業員)
- 公的年金加入歴：18歳からAさんと結婚するまでの6年間(72月)は、厚生年金保険に加入。結婚後は、国民年金に第3号被保険者として加入している。
- 全国健康保険協会管掌健康保険の被扶養者である。

〈妻Bさんのパート勤務の概要〉
- 週18時間のパート勤務、年収92万円
- 妻Bさんの勤務先は、特定適用事業所に該当する。

※妻Bさんは、現在および将来においても、Aさんと同居し、生計維持関係にあるものとする。
※Aさんおよび妻Bさんは、現在および将来においても、公的年金制度における障害等級に該当する障害の状態にないものとする。
※上記以外の条件は考慮せず、各問に従うこと。

問1　Mさんは、Aさん夫妻に対して、Aさんが受給することができる公的年金制度からの老齢給付の額について説明した。《設例》の〈Aさん夫妻に関する資料〉および下記の〈資料〉に基づき、次の①、②を求め、解答用紙に記入しなさい(計算過程の記載は不要)。なお、年金額は2024年度価額に基づいて計算し、年金額の端数処理は円未満を四捨五入すること。

① 原則として、Aさんが65歳から受給することができる老齢基礎年金の年金額
② 原則として、Aさんが65歳から受給することができる老齢厚生年金の年金額

〈資料〉

○老齢基礎年金の計算式（4分の1免除月数、4分の3免除月数は省略）

$$816{,}000円 \times \frac{\text{保険料納付済月数} + \text{保険料半額免除月数} \times \frac{□}{□} + \text{保険料全額免除月数} \times \frac{□}{□}}{480}$$

○老齢厚生年金の計算式（本来水準の額）

ⅰ）報酬比例部分の額(円未満四捨五入)＝ⓐ＋ⓑ

ⓐ 2003年3月以前の期間分

$$\text{平均標準報酬月額} \times \frac{7.125}{1{,}000} \times \text{2003年3月以前の被保険者期間の月数}$$

ⓑ 2003年4月以後の期間分

$$\text{平均標準報酬額} \times \frac{5.481}{1{,}000} \times \text{2003年4月以後の被保険者期間の月数}$$

ⅱ）経過的加算額(円未満四捨五入)＝1,701円×被保険者期間の月数

$$-816{,}000円 \times \frac{\text{1961年4月以後で20歳以上60歳未満の厚生年金保険の被保険者期間の月数}}{480}$$

ⅲ）加給年金額＝408,100円(要件を満たしている場合のみ加算すること)

問2　Mさんは、Aさん夫妻に対して、公的年金制度からの老齢給付について説明した。Mさんが説明した次の記述①～③について、適切なものには○印を、不適切なものには×印を解答用紙に記入しなさい。

①「Aさんおよび妻Bさんには、特別支給の老齢厚生年金は支給されません。原則として、65歳から老齢厚生年金を受給することになります」

②「Aさんおよび妻Bさんが希望すれば、66歳以後、老齢基礎年金および老齢厚生年金の繰下げ支給の申出をすることができます。仮に、Aさんが67歳0カ月で老齢基礎年金の繰下げ支給の申出をした場合、年金の増額率は16.8%となります」

③「国民年金の第3号被保険者である妻Bさんは、国民年金の付加保険料を納付することができます。仮に、付加保険料を44月納付した場合、65歳から受給する老齢基礎年金の額に付加年金として年額8,800円が上乗せされます」

問3　Mさんは、Aさん夫妻に対して、短時間労働者に対する健康保険・厚生年金保険の適用について説明した。Mさんが説明した以下の文章の空欄①～③に入る最も適切な語句または数値を、下記の〈語句群〉のなかから選び、その記号を解答用紙に記入しなさい。

「1週間の所定労働時間および1カ月の所定労働日数が通常の労働者の（　①　）以上になった場合、健康保険および厚生年金保険の被保険者となります。また、妻Bさんがパート従業員として勤務している現在の事業所においては、1週間の所定労働時間または1カ月の所定労働日数が通常の労働者の（　①　）未満であっても、1週間の所定労働時間が（　②　）時間以上であること、雇用期間が2カ月を超えて見込まれること、賃金の月額が（　③　）円（賞与、残業代、通勤手当等を除く）以上であること、学生でないことの要件をすべて満たした場合、妻Bさんは健康保険および厚生年金保険の被保険者となります」

〈語句群〉

イ．20　ロ．25　ハ．36　ニ．88,000　ホ．100,000　ヘ．125,000
ト．2分の1　チ．3分の2　リ．4分の3

生保1 解答解説

問1 ① 816,000円 ② 1,387,268円

〈資料〉の計算式にしたがって、金額を計算します。

①…老齢基礎年金の年金額：$816{,}000\text{円} \times \frac{480\text{月}^{※}}{480\text{月}} = 816{,}000\text{円}$

※20歳から60歳までの被保険者期間

②…報酬比例部分の額：

$$280{,}000\text{円} \times \frac{7.125}{1{,}000} \times 180\text{月} + 500{,}000\text{円} \times \frac{5.481}{1{,}000} \times 375\text{月}$$

$$= 359{,}100\text{円} + 1{,}027{,}687.5\text{円} \fallingdotseq 1{,}386{,}788\text{円}$$

経過的加算額を計算するさいの被保険者期間の月数の上限は40年(480月)です。Aさんは厚生年金保険の加入期間が555月(180月＋375月)ありますが、経過的加算額の計算では、被保険者期間は480月で計算します。

経過的加算額：$1{,}701\text{円} \times 480\text{月} - 816{,}000\text{円} \times \frac{480\text{月}}{480\text{月}} = 480\text{円}$

加給年金額は、厚生年金保険の被保険者期間が**20**年以上あり、その人によって生計維持されている**65**歳未満の配偶者または**18**歳到達年度末日までの子(または20歳未満で障害等級１級または２級の子)がいる場合に支給されます。

Ａさんは、厚生年金保険の被保険者期間が20年以上ありますが、Ａさんが65歳到達時に、妻Ｂさんは65歳を超えているため、加給年金額の加算はありません。したがって、老齢厚生年金の年金額は次のようになります。

老齢厚生年金の年金額：1,386,788円(報酬比例部分)＋480円(経過的加算額)＝1,387,268円

問2 ①○ ②○ ③×

①…1961年４月２日以後生まれの男性、1966年４月２日以後生まれの女性には、特別支給の老齢厚生年金は支給されません。

②…２年間(24月)の繰下げなので、繰下げによる増額率は次のように計算します。

繰下げによる増額率：24月×0.7%＝16.8%

③…第３号被保険者は付加保険料を納付することができません。

問3 ① リ ② イ ③ ニ

１週間の所定労働時間が通常の労働者(正社員)の**4**分の**3**以上の場合は、健康保険および厚生年金保険に加入しなければなりません。

ただし、被保険者数が常時**101**人以上の事業所(特定適用事業所)においては、❶１週間の所定労働時間が**20**時間以上であること、❷賃金月額が**88,000**円以上であること、❸雇用期間が２カ月を超えて見込まれること、❹学生でないことの４要件を満たした人は、健康保険および厚生年金保険に加入しなければなりません。

生保2 次の設例に基づいて、下記の各問に答えなさい。

［2021年5月試験　第1問 ㊰］

《設 例》

個人事業主のAさん(39歳)は、妻Bさん(39歳)とともに、飲食店を営んでいる。

Aさんは、今月に40歳を迎え、公的介護保険の保険料負担が生じることから、当該制度について詳しく知りたいと思っている。

また、Aさんは、現在、国民年金の付加保険料を納付しているが、老後資金の準備のため、付加保険料の納付以外にも、各種制度を活用したいと考えている。

そこで、Aさんは、ファイナンシャル・プランナーのMさんに相談することにした。

〈Aさん夫妻に関する資料〉

(1) Aさん(1984年5月26日生まれ)

・公的年金加入歴：下図のとおり(60歳までの見込みを含む)
　2023年7月から国民年金の付加保険料を納付している。

・国民健康保険に加入している。

20歳　22歳　60歳

国民年金		
学生納付特例期間	保険料納付済期間	保険料納付予定期間
35月	205月	240月

(2) 妻Bさん(1984年7月10日生まれ)

・公的年金加入歴：18歳からAさんと結婚するまでの10年間(120月)、厚生年金保険に加入。結婚後は、国民年金に第1号被保険者として加入し、保険料を納付している。

※妻Bさんは、現在および将来においても、Aさんと同居し、Aさんと生計維持関係にあるものとする。

※Aさんおよび妻Bさんは、現在および将来においても、公的年金制度における障害等級に該当する障害の状態にないものとする。

※上記以外の条件は考慮せず、各問に従うこと。

問1　はじめに、Mさんは、Aさんに対して、公的介護保険(以下、「介護保険」という)について説明した。Mさんが説明した次の記述①～③について、適切なものには○印を、不適切なものには×印を解答用紙に記入しなさい。

①「介護保険の保険給付を受けるためには、市町村(特別区を含む)から要介護認定または要支援認定を受ける必要があります。また、40歳以上65歳未満の医療保険加入者である介護保険の第2号被保険者は、特定疾病が原因で要介護状態または要支援状態となった場合に介護保険の保険給付を受けることができます」

②「介護保険の第2号被保険者に係る介護保険料は、国民健康保険の保険料の納付方法にかかわらず、市町村(特別区を含む)から送付される納付書により納付することになります」

③「介護保険の第2号被保険者が保険給付を受けた場合の自己負担割合は、原則として実際にかかった費用(食費、居住費等を除く)の1割となりますが、一定金額以上の所得を有する第2号被保険者については、自己負担割合が2割または3割となります」

問2　次に、Mさんは、Aさんに対して、Aさんが受給することができる老齢基礎年金の額および付加年金の額について試算した。《設例》の〈Aさん夫妻に関する資料〉および下記の〈条件〉に基づき、下記の計算式の空欄①～③に入る最も適切な数値を解答用紙に記入しなさい。なお、年金額は2024年度価額に基づいて計算すること。また、問題の性質上、明らかにできない部分は「□□□」で示してある。

〈条件〉

・Aさんは、60歳に達するまで国民年金の保険料を納付する。
・Aさんは、60歳に達するまで国民年金の付加保険料を250月納付する。
・Aさんは、65歳から老齢基礎年金の受給を開始する。

〈老齢基礎年金の額〉

$$(\quad ①\quad)\text{円}\times\frac{(\quad ②\quad)\text{月}}{480\text{月}}=\square\square\square\text{円(円未満四捨五入)}$$

〈付加年金の額〉

(　③　)円×250月＝□□□円

問3 最後に、Mさんは、Aさんに対して、老後の収入を増やすための各種制度等について説明した。Mさんが説明した以下の文章の空欄①～④に入る最も適切な語句または数値を、下記の〈語句群〉のなかから選び、その記号を解答用紙に記入しなさい。

ⅰ）確定拠出年金の個人型年金(以下、「個人型年金」という)

「国民年金の第１号被保険者であるAさんは、個人型年金に加入することができます。個人型年金の老齢給付金は、通算加入者等期間が(　①　)年以上ある場合、60歳から受給することができます。個人型年金に加入するメリットとして、税制の優遇措置が挙げられます。加入者が拠出する掛金は、(　②　)控除の対象となります」

ⅱ）国民年金基金

「国民年金基金は、老齢基礎年金に上乗せする年金を支給する任意加入の年金制度です。国民年金基金への加入は口数制となっており、１口目は、保証期間のある終身年金A型と保証期間のない終身年金B型の２種類のなかから選択します。国民年金基金に拠出する掛金については、月額(　③　)円が上限となります。なお、Aさんのように国民年金の付加保険料を納付している者が国民年金基金に加入する場合には、付加保険料の納付をやめる手続が必要となります」

ⅲ）小規模企業共済制度

「小規模企業共済制度は、Aさんのような個人事業主が廃業等した場合に必要となる資金を準備することができる共済制度です。毎月の掛金は、1,000円から(　④　)円の範囲内で、500円単位で選択することができます。共済金(死亡事由以外)の受取方法には『一括受取り』『分割受取り』『一括受取り・分割受取りの併用』があり、税法上、『一括受取り』の共済金(死亡事由以外)は退職所得として課税対象となります」

〈語句群〉

イ．2　　ロ．5　　ハ．10　　ニ．12,000　　ホ．20,000　　ヘ．23,000
ト．68,000　　チ．70,000　　リ．小規模企業共済等掛金　　ヌ．生命保険料
ル．社会保険料

生保2 解答解説

問1 ①○ ②× ③×

①…介護保険の保険給付を受けるためには、市区町村から要介護認定または要支援認定を受ける必要があります。また、第２号被保険者(40歳以上65歳未満)は、特定疾病が原因で要介護状態または要支援状態となった場合に介護保険の保険給付を受けることができます。

②…介護保険の第２号被保険者にかかる介護保険料は、加入している健康保険の保険料とあわせて納付します。Ａさんは国民健康保険に加入しているため、国民健康保険の保険料の納付方法と同じ方法で、介護保険の保険料を納付します。国民健康保険の保険料を口座振替納付にしている場合は、介護保険の保険料も口座振替納付になるため、必ずしも納付書で納付するというわけではありません。

③…介護保険の第２号被保険者にかかる保険給付の自己負担割合は **1** 割です。

問2 ① 816,000円 ② 445月 ③ 200円

②…学生納付特例期間は、老齢基礎年金の額を計算するさいの月数には算入しません。したがって、老齢基礎年金の額を計算するさいの月数は445月(205月＋240月)となります。

問3 ① ハ ② リ ③ ト ④ チ

①…確定拠出年金の個人型年金の老齢給付金は、通算加入者等期間が **10** 年以上ある場合、60歳から受給することができます。

②…個人型年金の加入者が拠出する掛金は、**小規模企業共済等掛金** 控除の対象となります。

③…国民年金基金の掛金の拠出限度額は、確定拠出年金(個人型年金)の掛金と合算して月額 **68,000** 円です。

④…小規模企業共済制度の掛金は、月額1,000円から **70,000** 円の範囲内で500円単位で選択することができます。また、死亡事由以外の共済金の受取方法には「一括受取り」「分割受取り」「一括受取り・分割受取りの併用」があり、税法上、「一括受取り」の共済金は **退職** 所得として課税対象となります。

3 資産設計提案業務【日本FP協会】

資産 1 ファイナンシャル・プランニングのプロセスに従い、次の(ア)～(カ)を6つのステップの順番に並べ替えたとき、その中で3番目(ステップ3)となるものとして、最も適切なものはどれか。その記号を解答欄に記入しなさい。

(ア) 作成したプランに従い、提案した金融商品購入等の実行援助を行う。
(イ) キャッシュフロー表等を作成し、顧客の資産および負債の状況を把握する。
(ウ) 顧客の目標達成のために商品選定を行い、提案書を作成して顧客に提示する。
(エ) 顧客の将来の希望等を確認するために、ヒアリング調査等で情報を収集する。
(オ) 家族の生活環境の変化に応じて、定期的にプランの見直しを行う。
(カ) ファイナンシャル・プランニングで行うサービス内容について説明を行う。

［2018年1月試験　第1問　問2］

資産 1 解答解説

解答 イ

ファイナンシャル・プランニング・プロセスの6ステップは次のとおりです。

1. (カ)ファイナンシャル・プランニングで行うサービス内容について説明を行う。
2. (エ)顧客の将来の希望等を確認するために、ヒアリング調査等で情報を収集する。
3. **(イ)キャッシュフロー表等を作成し、顧客の資産および負債の状況を把握する。**
4. (ウ)顧客の目標達成のために商品選定を行い、提案書を作成して顧客に提示する。
5. (ア)作成したプランに従い、提案した金融商品購入等の実行支援を行う。
6. (オ)家族の生活環境の変化に応じて、定期的にプランの見直しを行う。

資産2 下記の各問について解答しなさい。

［2022年1月試験　第7問　問23、問24 ㊇］

〈長岡家の家族データ〉

氏名	続柄	生年月日	備考
長岡　優	本人	1993年6月18日	会社員
利里	妻	1994年12月19日	パートタイマー
紗奈	長女	2018年8月11日	幼稚園児
直人	長男	2020年6月1日	幼稚園児

〈長岡家のキャッシュフロー表〉　（単位：万円）

経過年数			基準年	1年	2年	3年	4年
西暦(年)			2024	2025	2026	2027	2028
家族構成／年齢	長岡　優	本人	31歳	32歳	33歳	34歳	35歳
	利里	妻	30歳	31歳	32歳	33歳	34歳
	紗奈	長女	6歳	7歳	8歳	9歳	10歳
	直人	長男	4歳	5歳	6歳	7歳	8歳
ライフイベント		変動率		紗奈小学校入学	住宅購入	直人小学校入学	
収入	給与収入(夫)	2％		526			
	給与収入(妻)	0％	90	90	90	90	90
	収入合計	－		616			
支出	基本生活費	2％	208				（　ア　）
	住居費	－	105	105	167	154	154
	教育費	－	100	85	75	70	60
	保険料	－	38	38	32	32	32
	一時的支出	－			1000		
	その他支出	1％	20	20	20	21	21
	支出合計	－	471	460			
年間収支		－	135	156	▲883	140	157
金融資産残高		1％	872	（　イ　）			

※年齢および金融資産残高は各年12月31日現在のものとし、2024年を基準年とする。

※給与収入は可処分所得で記載している。
※記載されている数値は正しいものとする。
※問題作成の都合上、一部を空欄としている。

問1 長岡家のキャッシュフロー表の空欄(ア)に入る数値を計算しなさい。なお、計算過程においては端数処理をせず計算し、計算結果については万円未満を四捨五入すること。

問2 長岡家のキャッシュフロー表の空欄(イ)に入る数値を計算しなさい。なお、計算過程においては端数処理をせず計算し、計算結果については万円未満を四捨五入すること。

資産2 解答解説

問1 225万円

n年後の支出額は、以下の計算式によって求めます。

n年目の支出額＝現在の金額×(1＋変動率)^n

4年後の基本生活費：208万円×(1＋0.02)^4＝225.14…万円 → 225万円

問2 1,037万円

その年の金融資産残高は、以下の計算式によって求めます。

その年の金融資産残高＝前年の残高×(1＋変動率)±年間収支

1年後の金融資産残高：872万円×(1＋0.01)＋156万円＝1036.72万円
→ 1,037万円

資産3 下記の各問について解答しなさい。

［2023年1月試験　第8問 改］

下記の係数早見表を乗算で使用し、各問について計算しなさい。なお、税金は一切考慮しないこととし、解答に当たっては、円単位で解答すること。

［係数早見表（年利1.0％）］

	終価係数	現価係数	減債基金係数	資本回収係数	年金終価係数	年金現価係数
1年	1.010	0.990	1.000	1.010	1.000	0.990
2年	1.020	0.980	0.498	0.508	2.010	1.970
3年	1.030	0.971	0.330	0.340	3.030	2.941
4年	1.041	0.961	0.246	0.256	4.060	3.902
5年	1.051	0.951	0.196	0.206	5.101	4.853
6年	1.062	0.942	0.163	0.173	6.152	5.795
7年	1.072	0.933	0.139	0.149	7.214	6.728
8年	1.083	0.923	0.121	0.131	8.286	7.652
9年	1.094	0.914	0.107	0.117	9.369	8.566
10年	1.105	0.905	0.096	0.106	10.462	9.471
15年	1.161	0.861	0.062	0.072	16.097	13.865
20年	1.220	0.820	0.045	0.055	22.019	18.046
25年	1.282	0.780	0.035	0.045	28.243	22.023
30年	1.348	0.742	0.029	0.039	34.785	25.808

※記載されている数値は正しいものとする。

問1　大下さんは、相続により受け取った270万円を運用しようと考えている。これを5年間、年利1.0％で複利運用した場合、5年後の合計額はいくらになるか。

問2　有馬さんは老後の生活資金の一部として、毎年年末に120万円を受け取りたいと考えている。受取期間を20年間とし、年利1.0％で複利運用する場合、受取り開始年の初めにいくらの資金があればよいか。

問3 西里さんは、将来の子どもの大学進学費用の準備として新たに積立てを開始する予定である。毎年年末に24万円を積み立てるものとし、15年間、年利1.0％で複利運用しながら積み立てた場合、15年後の合計額はいくらになるか。

資産3 解答解説

問1 2,837,700円

現在の一定額を複利運用した場合の、一定期間後の元利合計を求める場合は**終価**係数(年利1.0%、5年の終価係数＝1.051)を用いて計算します。

5年後の元利合計：270万円×1.051＝2,837,700円

問2 21,655,200円

将来の一定期間にわたって一定額を受け取るために必要な元本を求める場合は**年金現価**係数(年利1.0%、20年の年金現価係数＝18.046)を用いて計算します。

必要な元本：120万円×18.046＝21,655,200円

問3 3,863,280円

毎年一定金額を積み立てた場合の、一定期間後の元利合計を求める場合は**年金終価**係数(年利1.0%、15年の年金終価係数＝16.097)を用いて計算します。

15年後の元利合計：24万円×16.097＝3,863,280円

資産4 政彦さんは、健斗さんの大学進学を控えて奨学金や教育ローンに関心を持ち、FPの榎田さんに質問をした。榎田さんが日本学生支援機構の奨学金および日本政策金融公庫の教育一般貸付(国の教育ローン)について説明する際に使用した下表の空欄(ア)～(ウ)にあてはまる語句の組み合わせとして、最も適切なものはどれか。

	日本学生支援機構の貸与型奨学金	日本政策金融公庫の教育一般貸付
貸付(貸与)対象者	(ア)	主に学生・生徒の保護者
申込み時期	決められた募集期間内	(イ)
資金の受取り方	毎月定額	一括
貸付可能額(貸与額)	[第一種奨学金] 月額2万円、3万円、4.5万円から選択(国公立大学、自宅通学の場合) [第二種奨学金] 月額2万円から12万円(1万円単位)	子ども1人当たり(ウ)以内 ※一定の要件を満たす留学等は450万円以内

1. (ア)主に学生・生徒の保護者　(イ)いつでも可能　(ウ) 300万円
2. (ア)学生・生徒本人　(イ)いつでも可能　(ウ) 350万円
3. (ア)学生・生徒本人　(イ)決められた募集期間内　(ウ) 300万円
4. (ア)主に学生・生徒の保護者　(イ)決められた募集期間内　(ウ) 350万円

[2019年5月試験　第9問　問30 改]

資産4 解答解説

解答 2

(ア)…日本学生支援機構の貸与型奨学金の貸付対象者は、**学生・生徒本人**です。
(イ)…日本政策金融公庫の教育一般貸付の申込みは**いつでも**できます。
(ウ)…日本政策金融公庫の教育一般貸付の貸付限度額は、子ども1人あたり**350**万円です。なお、一定の留学等の場合は450万円です。

資産5 三四郎さんは、現在居住している自宅の住宅ローン（全期間固定金利、返済期間35年、元利均等返済、ボーナス返済なし）の繰上げ返済を検討しており、FPの谷口さんに質問をした。三四郎さんが住宅ローンを120回返済後に、100万円以内で期間短縮型の繰上げ返済をする場合、この繰上げ返済により軽減される返済期間として、正しいものはどれか。なお、計算に当たっては、下記〈資料〉を使用し、繰上げ返済額は100万円を超えない範囲での最大額とすること。また、繰上げ返済に伴う手数料等は考慮しないものとする。

〈資料：布施家の住宅ローンの償還予定表の一部〉

返済回数（回）	毎月返済額（円）	うち元金（円）	うち利息（円）	残高（円）
120	106,004	64,215	41,789	25,009,500
121	106,004	64,322	41,682	24,945,178
122	106,004	64,429	41,575	24,880,749
123	106,004	64,537	41,467	24,816,212
124	106,004	64,644	41,360	24,751,568
125	106,004	64,752	41,252	24,686,816
126	106,004	64,860	41,144	24,621,956
127	106,004	64,968	41,036	24,556,988
128	106,004	65,076	40,928	24,491,912
129	106,004	65,185	40,819	24,426,727
130	106,004	65,293	40,711	24,361,434
131	106,004	65,402	40,602	24,296,032
132	106,004	65,511	40,493	24,230,521
133	106,004	65,620	40,384	24,164,901
134	106,004	65,730	40,274	24,099,171
135	106,004	65,839	40,165	24,033,332
136	106,004	65,949	40,055	23,967,383
137	106,004	66,059	39,945	23,901,324
138	106,004	66,169	39,835	23,835,155

1. 9ヵ月
2. 1年3ヵ月
3. 1年4ヵ月
4. 1年5ヵ月

［2021年1月試験　第9問　問29］

解答 2

120回返済後の残高が25,009,500円なので、これから100万円を返済した額(24,009,500円)に近い残高を探すと、135回目(24,033,332円)と136回目(23,967,383円)があります。

ただし、「繰上げ返済額は100万円を超えない範囲での最大額」とあるので、135回が該当します(136回目だと、返済額が25,009,500円－23,967,383 円＝1,042,117円となり、100万円を超えてしまいます)。

以上より、繰上げ返済により軽減される返済期間は次のようになります。

軽減される返済期間：135回－120回＝15回→1年3カ月

資産6 財形貯蓄制度に関する下表の空欄(ア)～(エ)にあてはまる語句に関する次の記述のうち、最も不適切なものはどれか。なお、復興特別所得税については考慮しないこと。

	財形年金貯蓄	財形住宅貯蓄
対象者	(ア)未満の勤労者	
積立期間	(イ)以上の期間にわたり、定期的に積立て	(イ)以上の期間にわたり、定期的に積立て。ただし、積立期間中の住宅購入に際しては、一定の要件で払出し可
非課税限度額	[貯蓄型] 財形住宅貯蓄と合算して元利合計550万円まで [保険型] 払込保険料累計額(ウ)まで、かつ財形住宅貯蓄と合算して550万円まで	[貯蓄型] 財形年金貯蓄と合算して元利合計550万円まで [保険型] 財形年金貯蓄と合算して550万円まで
目的外の払出時の取扱い	[貯蓄型] 過去5年間に支払われた利息について、さかのぼって所得税および住民税が源泉徴収される [保険型] (エ)	[貯蓄型] 過去5年間に支払われた利息について、さかのぼって所得税および住民税が源泉徴収される [保険型] 積立開始時からの利息相当分について、所得税および住民税が源泉徴収される

1. (ア)にあてはまる語句は「満55歳」である。
2. (イ)にあてはまる語句は「3年」である。
3. (ウ)にあてはまる語句は「385万円」である。
4. (エ)にあてはまる語句は「積立開始時からの利息相当分すべてが一時所得として総合課税扱いとなる」である。

［2019年9月試験　第2問　問5］

解答 2

空欄を埋めると次のとおりです。

	財形年金貯蓄	財形住宅貯蓄
対象者	(**満55歳**)未満の勤労者	
積立期間	(**5年**)以上の期間にわたり、定期的に積立て	(**5年**)以上の期間にわたり、定期的に積立て。ただし、積立期間中の住宅購入に際しては、一定の要件で払出し可
非課税限度額	[貯蓄型] 財形住宅貯蓄と合算して元利合計550万円まで [保険型] 払込保険料累計額(**385万円**)まで、かつ財形住宅貯蓄と合算して550万円まで	[貯蓄型] 財形年金貯蓄と合算して元利合計550万円まで [保険型] 財形年金貯蓄と合算して550万円まで
目的外の払出時の取扱い	[貯蓄型] 過去5年間に支払われた利息について、さかのぼって所得税および住民税が源泉徴収される [保険型] (**積立開始時からの利息相当分すべてが一時所得として総合課税扱いとなる**)	[貯蓄型] 過去5年間に支払われた利息について、さかのぼって所得税および住民税が源泉徴収される [保険型] 積立開始時からの利息相当分について、所得税および住民税が源泉徴収される

資産 7 長岡さんは、4年後に住宅を購入したいと考えているが、今後の金利上昇が気がかりである。そこで、ローン金利の違いが借入可能額に与える影響について、FPの芦屋さんに試算を依頼した。下記〈資料1〉に基づき、ローン金利が年2.0%から年3.5%に上昇した場合に借入可能額がいくら減少するかを計算しなさい。なお、計算に当たっては〈資料2〉を使用し、解答においては正の整数で、万円単位で解答すること。

〈資料1〉

[長岡さんの住宅取得プラン]
・2028年に購入およびローン返済開始
・毎月の返済額は9万円とする
・住宅ローン：返済期間25年、全期間固定金利、元利均等返済、ボーナス返済なし

〈資料2〉

[借入可能額早見表]
(返済期間25年、全期間固定金利、元利均等返済、ボーナス返済なしの場合)
(単位：万円)

毎月返済可能額 / ローン金利(年)	8万円	9万円	10万円	11万円
2.0%	1,887	2,123	2,359	2,595
2.5%	1,783	2,006	2,229	2,451
3.0%	1,686	1,897	2,108	2,319
3.5%	1,597	1,797	1,997	2,197

※早見表に記載されている数値は正しいものとする。

[2015年5月試験　第7問　問24 改]

資産 7 解答解説

解答 326万円

ローン金利が年2.0%で、毎月返済額を9万円とした場合の借入可能額は2,123万円です。一方、ローン金利が3.5%、毎月返済額を9万円とした場合の借入可能額は1,797万円です。したがって、ローン金利が年2.0%から年3.5%に上昇した場合の借入可能額の減少額は326万円(2,123万円－1,797万円)となります。

資産8 近藤正之さん(55歳、会社員)は、60歳で定年退職し、すぐに再就職しない場合の公的医療保険について、FPの羽田さんに質問をした。退職後の公的医療保険制度に関する次の説明の空欄(ア)～(エ)にあてはまる語句の組み合わせとして、最も適切なものはどれか。なお、現在、正之さんは全国健康保険協会管掌健康保険(協会けんぽ)の被保険者であり、妻の景子さん、長女の美樹さん(18歳、高校生)および和人さん(16歳、高校生)はその被扶養者である。また、正之さんは障害者ではない。

「協会けんぽの被保険者が定年などによって会社を退職し、すぐに再就職しない場合は、協会けんぽの任意継続被保険者になるか、住所地の市区町村の国民健康保険に加入して一般被保険者となるかなどの選択肢が考えられます。
　協会けんぽの任意継続被保険者になるには、退職日の翌日から(　ア　)以内に、住所地の協会けんぽ都道府県支部において加入手続きをしなければなりません。任意継続被保険者の保険料は、退職前の被保険者資格を喪失した際の標準報酬月額、または協会けんぽの全被保険者の標準報酬月額の平均額に基づく標準報酬月額のいずれか低い額に、都道府県支部ごとに定められた保険料率を乗じて算出し、その(　イ　)を任意継続被保険者本人が負担します。なお、被扶養者の有無やその数は、保険料に影響しません。
　一方、国民健康保険の被保険者になるには、原則として退職日の翌日から(　ウ　)以内に、住所地の市区町村において加入手続きを行います。国民健康保険の保険料(保険税)は、市区町村ごとに算出方法が異なりますが、一つの世帯に被保険者が複数いる場合は、(　エ　)が保険料を徴収されます。」

1. (ア) 14日　(イ)半額　(ウ) 20日　(エ)世帯主
2. (ア) 20日　(イ)半額　(ウ) 14日　(エ)加入者それぞれ
3. (ア) 14日　(イ)全額　(ウ) 20日　(エ)加入者それぞれ
4. (ア) 20日　(イ)全額　(ウ) 14日　(エ)世帯主

[2021年1月試験　第10問　問39]

資産8 解答解説

解答 4

(ア)(イ)…協会けんぽの任意継続被保険者になるには、退職日の翌日から**20日**以内に加入手続きをします。任意継続被保険者の保険料は、**全額**を任意継続被保険者が負担します。

(ウ)(エ)…国民健康保険の被保険者になるには、退職日の翌日から**14日**以内に加入手続きをします。国民健康保険の保険料は**世帯主**が徴収されます(世帯主が会社員で協会けんぽの被保険者、同居の家族が国民健康保険に加入という場合でも、国民健康保険の保険料の納付書は、世帯主宛てに届きます)。

資産9 剛さんは、病気療養のため2024年８月に５日間入院した。剛さんの2024年８月の１ヵ月間における保険診療分の医療費（窓口での自己負担分）が18万円であった場合、下記〈資料〉に基づく高額療養費として支給される額として、正しいものはどれか。なお、剛さんは全国健康保険協会管掌健康保険（協会けんぽ）の被保険者であって標準報酬月額は34万円であるものとする。また、「健康保険限度額適用認定証」の提示はしておらず、世帯合算および多数回該当は考慮しないものとする。

〈資料〉

［2024年８月分の高額療養費の算定］

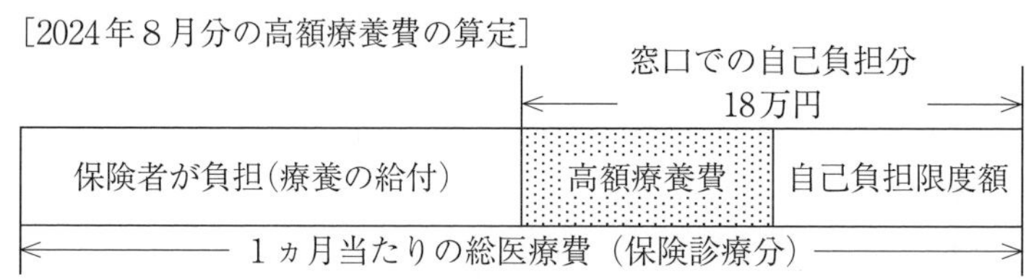

［医療費の１ヵ月当たりの自己負担限度額（70歳未満の人）］

標準報酬月額	自己負担限度額（月額）
①　83万円以上	252,600円＋（総医療費－842,000円）×１％
②　53万円～79万円	167,400円＋（総医療費－558,000円）×１％
③　28万円～50万円	80,100円＋（総医療費－267,000円）×１％
④　26万円以下	57,600円
⑤　市区町村民税非課税者等	35,400円

1. 12,180円
2. 83,430円
3. 93,570円
4. 96,570円

［2022年１月試験　第９問　問33 ㊅］

解答 4

剛さんの１カ月の窓口での自己負担額は18万円です。剛さんの医療費は３割負担なので、総医療費は60万円(18万円÷0.3)となります。

剛さんの標準報酬月額は34万円なので、自己負担限度額は、**「80,100円＋(総医療費－267,000円)×１%」**で計算します。

自己負担限度額：80,100円＋(600,000円－267,000円)×１%＝83,430円

高額療養費：180,000円－83,430円＝96,570円

資産10 鶴見義博さんは、民間企業に勤務する会社員である。義博さんと妻の由紀恵さんは、今後の資産形成や家計の見直しなどについて、FPで税理士でもある高倉さんに相談をした。なお、下記のデータはいずれも2024年9月1日現在のものである。

［家族構成］

氏名	続柄	生年月日	年齢	備考
鶴見　義博	本人	1988年12月20日	35歳	会社員（正社員）
由紀恵	妻	1989年10月13日	34歳	会社員（正社員）
涼太	長男	2016年7月19日	8歳	小学生

義博さんの健康保険料に関する次の（ア）～（エ）の記述について、適切なものには○、不適切なものには×を解答欄に記入しなさい。なお、義博さんは全国健康保険協会管掌健康保険（以下「協会けんぽ」という）の被保険者である。また、健康保険料の計算に当たっては、下記〈資料〉に基づくこととする。

〈資料〉

［義博さんに関するデータ］
給与：基本給：毎月300,000円
　　　通勤手当：毎月15,000円
賞与：１回につき450,000円（年２回支給される）

［標準報酬月額］

標準報酬月額	報酬月額 以上 ～ 未満
300,000円	290,000円 ～ 310,000円
320,000円	310,000円 ～ 330,000円

［健康保険の保険料率］
介護保険第２号被保険者に該当しない場合：9.98％（労使合計）
介護保険第２号被保険者に該当する場合　：11.58％（労使合計）

（ア）毎月の給与に係る健康保険料のうち、義博さんの負担分は14,970円である。
（イ）年２回支給される賞与に係る健康保険料については、義博さんの負担分はない。
（ウ）義博さんが負担した健康保険料は、所得税の計算上、全額が社会保険料控除の対象となる。
（エ）協会けんぽの一般保険料率は都道府県支部単位で設定され、全国一律ではない。

［2023年５月試験　第９問　問33 改］

資産10 解答解説

解答 (ア)× (イ)× (ウ)○ (エ)○

(ア)…健康保険料は、「標準報酬月額×保険料率」で計算し、会社と折半で負担します。標準報酬月額を決めるための報酬月額は、基本給と通勤手当の合算額です。義博さんの報酬月額は315,000円(300,000円＋15,000円)なので、標準報酬月額は320,000円に該当します。さらに義博さんは40歳未満なので、健康保険の保険料率は「介護保険第2号被保険者に該当しない場合」を使います。

義博さんの健康保険料：320,000円×9.98%÷2＝15,968円

(イ)…賞与にかかる健康保険料についても、会社と折半で負担します。

(エ)…協会けんぽの一般保険料率は都道府県ごとに設定されています。なお、介護保険料率は全国一律です。

資産 11 文恵さんは、20×2年3月中に業務外の事由による病気の療養のため休業した日がある。FPの宮本さんが下記〈資料〉に基づいて計算した文恵さんに支給される傷病手当金の額として、正しいものはどれか。なお、文恵さんは全国健康保険協会管掌健康保険（協会けんぽ）の被保険者であり、記載以外の受給要件はすべて満たしているものとする。

〈資料〉

［文恵さんの3月中の勤務状況］　休業：休業した日

14日（月）	15日（火）	16日（水）	17日（木）	18日（金）	19日（土）	20日（日）	21日（月）	22日（火）	23日（水）	24日（木）
出勤	休業	出勤	休業	休業	休業	休業	休業	出勤	休業	出勤
	▲休業開始日								▲休業終了日	

［文恵さんのデータ］
- 標準報酬月額：20×1年4月～20×1年8月　280,000円
  20×1年9月～20×2年3月　300,000円
- 上記の休業した日について、給与の支給はない。
- 上記以外に休業した日はない。

［傷病手当金の1日当たりの支給額（円未満を四捨五入）］

支給開始日以前の継続した12ヵ月間の各月の標準報酬月額の平均額÷30日×2/3
（「支給開始日以前の継続した12ヵ月間の各月の標準報酬月額の平均額÷30日」：10円未満を四捨五入）

1. 12,960円
2. 19,440円
3. 25,920円
4. 45,360円

［2022年5月試験　第10問　問40 改］

解答 2

傷病手当金は、被保険者が病気やケガを理由に、会社を**3**日以上**続けて**休んだ場合に、休んだ**4**日目から通算して1年6カ月間支給されます。本問の場合、3月17日から19日まで続けて3日休んでいるので、休業4日目の3月20日から3日分の傷病手当金が支給されます。

標準報酬月額は、支給開始日以前の継続した12カ月間の各月の標準報酬月額の平均額で計算します。20×1年4月から8月は5カ月、20×1年9月から20×2年3月は7カ月あるので、「支給開始日以前の継続した12カ月間の各月の標準報酬月額の平均額÷30」は次のように計算します。

支給開始日以前の継続した12カ月間の各月の標準報酬月額の平均額÷30 $= \dfrac{280{,}000\text{円} \times 5 + 300{,}000\text{円} \times 7}{12} \div 30$

$= 9{,}722.22\cdots \fallingdotseq 9{,}720\text{円}$

（10円未満を四捨五入）

傷病手当金の1日あたりの支給額：$9{,}720\text{円} \times \dfrac{2}{3} = 6{,}480\text{円}$

支給される傷病手当金の額：6,480円×3日＝19,440円

資産12 紀行さんは、今後自分に介護が必要になった場合を考え、公的介護保険制度の介護サービスについて、FPの山田さんに質問をした。介護保険の給付に関する山田さんの次の説明の空欄(ア)～(ウ)に入る適切な語句を語群の中から選び、その番号のみを解答欄に記入しなさい。

「介護保険の給付を受けるためには、（　ア　）から要介護・要支援認定を受ける必要があります。本人や家族などが（　ア　）の窓口で認定申請すると、後日認定調査が実施され、主治医の意見書等も踏まえ、（　ア　）に設置されている介護認定審査会により、自立（非該当)、要支援、要介護のいずれかに認定されます。自立以外に認定された場合は、要支援、要介護を合わせ全（　イ　）のランク付けがなされ、このランクが高いほど介護給付の支給限度額は高くなります。
なお、在宅サービスなど実際に介護保険の給付を受ける際の利用者負担の割合は、一定以上の所得がある者を除き、原則として（　ウ　）となっており、認定された要介護度のランクに応じた支給限度額を上回るサービス費用については、全額自己負担となります。」

〈語群〉

1. 地域包括支援センター	2. 都道府県	3. 市町村(特別区を含む)
4. 7段階	5. 9段階	6. 12段階
7. 1割	8. 2割	9. 3割

［2019年9月試験 第10問 問40］

資産12 解答解説

解答 (ア) **3**　(イ) **4**　(ウ) **7**

(ア)…介護保険の給付を受けるためには、**市区町村**から要介護・要支援認定を受ける必要があります。
(イ)…要介護・要支援のランクは、要介護**5**段階、要支援**2**段階の全**7**段階あります。
(ウ)…介護保険の給付を受けるさいの利用者負担の割合は、原則として**1**割(一定以上の所得がある人を除く)です。

資産13 和雄さん(45歳)は、現在勤めている会社を自己都合退職した場合に受給できる雇用保険の基本手当についてFPの岡さんに質問をした。雇用保険の基本手当に関する次の記述の空欄(ア)～(ウ)にあてはまる適切な語句を語群の中から選び、その番号のみを解答欄に記入しなさい。なお、和雄さんは2025年1月に自己都合退職するものと仮定し、現在の会社に22歳から勤務し、継続して雇用保険に加入しており、雇用保険の基本手当の受給要件はすべて満たしているものとする。また、和雄さんには、この他に雇用保険の加入期間はなく、障害者等の就職困難者には該当しないものとし、延長給付については考慮しないものとする。

・基本手当を受け取るには、ハローワークに出向き、原則として（　ア　）に一度、失業の認定を受けなければならない。
・和雄さんの場合、基本手当の所定給付日数は（　イ　）である。
・和雄さんの場合、基本手当は、求職の申込みをした日以後、7日間の待期期間および待期期間満了後（　ウ　）の給付制限期間を経て支給が開始される。

〈語群〉

1. 2週間	2. 4週間	3. 150日	4. 270日
5. 330日	6. 1ヵ月	7. 2ヵ月	8. 3ヵ月

〈資料：基本手当の所定給付日数〉

［一般の受給資格者(特定受給資格者・一部の特定理由離職者以外の者)］

離職時の年齢	被保険者として雇用された期間			
	1年未満	1年以上 10年未満	10年以上 20年未満	20年以上
全年齢	−	90日	120日	150日

［特定受給資格者(倒産・解雇等による離職者)・一部の特定理由離職者］

離職時の年齢	被保険者として雇用された期間				
	1年未満	1年以上 5年未満	5年以上 10年未満	10年以上 20年未満	20年以上
30歳未満	90日	90日	120日	180日	−
30歳以上35歳未満		120日	180日	210日	240日
35歳以上45歳未満		150日		240日	270日
45歳以上60歳未満		180日	240日	270日	330日
60歳以上65歳未満		150日	180日	210日	240日

［2023年1月試験　第9問　問32 ㊅］

資産13 **解答解説**

解答 (ア) **2**　(イ) **3**　(ウ) **7**

(ア)…基本手当を受けるための失業の認定は、**4週間**に1度、ハローワークに出向いて行います。

(イ)…和雄さんは自己都合退職なので、一般の受給資格者に該当します。また、被保険者として雇用された期間は20年以上(22歳から45歳の間)なので、基本手当の所定給付日数は、**150日**となります。

(ウ)…和雄さんは自己都合退職なので、給付制限期間は、原則**2カ月**間です。

資産14 公一さんは、自らが営む店舗で初めて従業員を雇うことを考えており、労働者災害補償保険（以下「労災保険」という）について、FPの宇野さんに質問をした。労災保険の概要に関する次の（ア）～（エ）の記述について、適切なものには○、不適切なものには×を解答欄に記入しなさい。

（ア）労災保険が適用される労働者は、1週間の所定労働時間が20時間以上であり、かつ同一の事業主に継続して31日以上雇用されることが見込まれる者に限られる。

（イ）事業主は原則として労災保険の適用を受けないが、労働保険事務組合に事務委託している一定の中小事業主については、特別加入をすることにより適用を受けることができる。

（ウ）労災保険料は、労働者と事業主が折半して負担する。

（エ）労災保険は、業務災害に対する補償給付や複数業務要因災害、通勤災害に対する給付を行うほか、脳血管疾患や心臓疾患の発症を予防する目的で二次健康診断等給付を行う。

［2020年9月試験　第10問　問39 ㊧］

資産14 解答解説

解答 (ア) ×　(イ) ○　(ウ) ×　(エ) ○

(ア)…労災保険は、週の所定労働時間などにかかわらず、適用事業所に使用されているすべての労働者に適用されます。

(イ)…事業主は原則として労災保険の適用を受けませんが、一定の中小事業主については、特別加入をすることにより労災保険の適用を受けることができます。

(ウ)…労災保険料は、**全額**事業主が負担します。

(エ)…労災保険は、業務災害、複数業務要因災害、通勤災害への保険給付を行うほか、脳血管疾患や心臓疾患予防のため、二次健康診断等給付も行っています。

資産15 孝一さんは国民年金の第1号被保険者であり、20歳から6年間、国民年金保険料の未納期間がある。このため、今後60歳になるまで国民年金保険料を納付し続けても老齢基礎年金は満額に達しないので、FPの沼田さんに年金額を増やす方法について相談をした。孝一さんの老齢年金に関する次の記述の空欄(ア)～(ウ)にあてはまる数値の組み合わせとして、最も適切なものはどれか。

〈沼田さんの説明〉

「孝一さんが老齢年金の額を増やすには、まず60歳から(ア)歳になるまでの間、国民年金に任意加入し、保険料を納付する方法が考えられます。
また、国民年金保険料に加えて付加保険料を納付すると、付加年金を受給することができます。付加年金の受給額は、(イ)円に付加保険料を納付した月数を乗じた額となります。
さらに孝一さんが66歳に達した日以降、老齢年金の支給繰下げの申し出をすると、年金額を増やして受給することができます。支給繰下げを申し出た場合の年金額の増額率は、(ウ)%に繰り下げた月数を乗じた率となります。」

1. (ア) 65　(イ) 200　(ウ) 0.7
2. (ア) 65　(イ) 400　(ウ) 0.5
3. (ア) 66　(イ) 200　(ウ) 0.5
4. (ア) 66　(イ) 400　(ウ) 0.7

［2022年9月試験　第10問　問39］

資産15 解答解説

解答 1

(ア)…孝一さんは、60歳から**65**歳までの間、国民年金に任意加入することができます。
(イ)…付加保険料は月額**400**円で、付加年金の受給額は「**200**円×付加保険料を支払った月数」となります。
(ウ)…老齢年金の支給繰下げ申し出による増額率は、**0.7**%に繰り下げた月数を乗じた率です。

資産16 慎二さんは、老齢年金の受給方法などについて、FPの有馬さんに質問をした。公的年金の受給に関する次の(ア) ～ (エ)の記述について、正しいものには○、誤っているものには×を解答欄に記入しなさい。

(ア) 老齢年金の請求書は、老齢年金の受給権が発生する者に対し、受給権が発生する年齢に達する月の３ヵ月前に事前送付される。

(イ) 年金の請求手続きが遅れた場合、手続き前５年間分の年金はさかのぼって支給されるが、５年を超える分については、原則として、時効により権利が消滅したとして支給されない。

(ウ) 老齢年金は原則として、受給権が発生した月の当月分から、受給権が消滅した月の前月分まで支給される。

(エ) 年金の支払いは、通常は偶数月の15日(15日が金融機関の休業日に当たる場合は、直前の営業日)にその月の前月分および前々月分の２ヵ月分ずつが支払われる。

［2018年１月試験　第10問　問40］

資産16 解答解説

解答 (ア)○　(イ)○　(ウ)×　(エ)○

(ア)…老齢年金の請求書は、老齢年金の受給権が発生する年齢に達する月の **3** カ月前に事前送付されます。

(イ)…年金の請求手続きが遅れた場合、**5** 年間分の年金はさかのぼって支給されますが、5年を超える分は、原則として支給されません。

(ウ)…老齢年金は、原則として、受給権が発生した月の **翌月** 分から、**受給権が消滅した月** の分まで支給されます。

(エ)…年金は原則として、**偶数** 月の **15** 日に、前月分までの２カ月分(その月の前月分および前々月分)が支払われます。

資産17 文恵さんは、自分の老齢年金の受給について、FPの宮本さんに質問をした。宮本さんの次の説明の空欄(ア)～(ウ)に入る適切な語句を語群から選び、その番号のみを解答欄に記入しなさい。なお、文恵さんは、夫の達朗さんの死亡に基づく遺族年金の受給権者であり、また、老齢基礎年金および老齢厚生年金の受給資格期間を満たしているものとする。

> 「文恵さんは現在受給している遺族年金に加えて、老後は老齢年金を受給できるようになりますが、(　ア　)になるまでは本人が選択するどちらか一方の年金しか受給できません。(　ア　)からの遺族厚生年金は、老齢厚生年金および老齢基礎年金と併給されますが、遺族厚生年金は老齢厚生年金を上回る額しか受給できません。なお、文恵さんは(　イ　)繰下げ受給することはできません。また、文恵さんが老齢厚生年金を受給できるときに(　ウ　)である場合、在職老齢年金として老齢厚生年金の支給額の調整が行われることがあります。」

〈語群〉

1. 60歳　　2. 64歳　　3. 65歳
4. 老齢基礎年金および老齢厚生年金とも　　5. 老齢基礎年金に限り
6. 老齢厚生年金に限り　　7. 一定以上の事業所得を得ている者
8. 雇用保険の被保険者　　9. 厚生年金の被保険者または70歳以上被用者

［2022年5月試験　第10問　問39］

資産17 解答解説

解答 (ア) **3**　(イ) **4**　(ウ) **9**

(ア)… 1人の人が複数の年金受給者となる場合には、いずれか1つの年金を選択しなければなりません。ただし、**65**歳以上の人は「老齢基礎年金＋老齢厚生年金＋遺族厚生年金(老齢厚生年金を上回る部分のみ)」など、例外的に併給することができるパターンがあります。

(イ)… **65**歳到達時点で遺族年金などの他の年金給付(付加年金を除く)を受け取る権利がある場合、老齢基礎年金、老齢厚生年金ともに繰下げ受給をすることはできません。

(ウ)…厚生年金保険に加入している場合、または、70歳以降も引き続き雇用されている場合(70歳以上被用者)、基本月額と総報酬月額相当額が一定額を超えると、在職老齢年金として老齢厚生年金の一部または全部が支給停止になります。

資産18 布施三四郎さんは、民間企業に勤務する会社員である。三四郎さんと妻の輝美さんは、今後の資産形成や家計の見直しなどについて、FPで税理士でもある谷口さんに相談をした。なお、下記のデータはいずれも2024年9月1日現在のものである。

［家族構成］

氏名	続柄	生年月日	年齢	職業等
布施 三四郎	本人	1982年5月25日	42歳	会社員（正社員）
輝美	妻	1984年6月10日	40歳	会社員（正社員）
大貴	長男	2007年4月15日	17歳	高校2年生

輝美さんは、三四郎さんが死亡した場合の公的年金の遺族給付について、FPの谷口さんに相談をした。仮に三四郎さんが、2024年9月に42歳で在職中に死亡した場合、三四郎さんの死亡時点において輝美さんが受け取ることができる公的年金の遺族給付の額として、正しいものはどれか。なお、遺族給付の額の計算に当たっては、下記〈資料〉の金額を使用することとする。

〈資料〉

遺族厚生年金の額：600,000円
中高齢寡婦加算額：612,000円（2024年度価額）
遺族基礎年金の額：816,000円（2024年度価額）
遺族基礎年金の子の加算額（対象の子1人当たり）
　第1子・第2子：234,800円（2024年度価額）
　第3子以降：78,300円（2024年度価額）

※三四郎さんは、20歳から大学卒業まで国民年金に加入し、大学卒業後の22歳から死亡時まで継続して厚生年金保険に加入しているものとする。
※家族に障害者に該当する者はなく、記載以外の遺族給付の受給要件はすべて満たしているものとする。

1. 1,212,000円
2. 1,416,000円
3. 1,650,800円
4. 2,262,800円

［2021年1月試験　第9問　問33 ㊇］

資産18 解答解説

解答 3

遺族基礎年金は、死亡した人に生計を維持されていた**子**（18歳到達年度末日までの子、または20歳未満で障害等級1級、2級の子）または**子のある配偶者**に支給されます。また、遺族厚生年金の支給を受けることができる遺族は、その被保険者に生計を維持されていた❶配偶者および子、❷父母、❸孫、❹祖父母です。

2024年9月に三四郎さんが死亡した場合、妻の輝美さんには遺族基礎年金と遺族厚生年金が支給されます。遺族基礎年金は、子（大貴さん17歳）がいるため、816,000円に子の加算額（234,800円）を加えた額が支給されます。

なお、遺族基礎年金が支給されるため、中高齢寡婦加算額の加算はありません。

遺族給付の額：600,000円（遺族厚生年金）＋816,000円（遺族基礎年金）＋234,800円（子の加算額）＝1,650,800円

資産19 泰子さんの弟の秀和さん（30歳）は、現在、個人事業主として飲食店を経営している。秀和さんは老後の生活の安定のために小規模企業共済に加入することを検討しており、FPの佐久間さんに制度の概要について質問をした。小規模企業共済に関する次の説明のうち、最も不適切なものはどれか。

1. 加入できるのは、常時使用する従業員の数が100人以下（卸売業、小売業などは20人以下）の個人事業主や会社等の役員である。
2. 共済金の受取方法には、「一括受取り」、「分割受取り」および「一括受取りと分割受取りの併用」の３種類がある。
3. 掛金の月額は、1,000円から70,000円までの範囲内（500円単位）で自由に設定することができる。
4. 掛金は、所得税における小規模企業共済等掛金控除として、全額を所得金額から控除することができる。

［2018年５月試験　第９問　問34］

資産19 解答解説

解答 1

1…小規模企業共済の加入条件は、常時使用する従業員数が**20**人以下（商業・サービス業は５人以下）の個人事業主や会社等の役員です。
2…共済金の受取方法には、一括受取り、分割受取り、一括受取りと分割受取りの併用の３種類があります。
3…掛金の月額は、1,000円から**70,000**円までの範囲内（500円単位）で自由に設定することができます。
4…小規模企業共済の掛金は、所得税法上、全額を**小規模企業共済等掛金**控除として所得金額から控除することができます。

CHAPTER 02

リスクマネジメント

「教科書」CHAPTER02　リスクマネジメントに対応する学科問題と実技問題のうち、よく出題される問題を確認しておきましょう。
なお、実技のうち、個人資産相談業務ではリスクマネジメントからの出題はありません。

学科 試験ではこの科目から四肢択一形式で10問出題されます。似たような問題で選択肢を１、２個変えて出題されることも多いので、「これはどう？」も解いておきましょう。

実技 実技問題です。問題文や資料が長いので、問題を正確に読み取る練習をしておきましょう。

特におさえておきたい内容

学科

1 保険の基本 「教科書」CH.02 SEC.01	**■契約者等の保護** ・契約者保護機構　・クーリングオフ制度 ・ソルベンシー・マージン比率 **■保険法と保険業法**
2 生命保険の基本と商品 「教科書」CH.02 SEC.02	**■保険料のしくみと構成** **■必要保障額の計算** **■生命保険商品** ・定期保険　・終身保険　・養老保険　・こども保険 ・個人年金保険　・変額保険　・総合福祉団体定期保険 **■主な特約**
3 生命保険契約 「教科書」CH.02 SEC.03	**■生命保険契約** ・告知義務　・契約の責任開始日 **■保険料の払込み** ・猶予期間　・失効と復活　・自動振替貸付制度 **■保険契約の見直し** ・増額と減額　・払済保険と延長保険　・契約者貸付制度

4 生命保険と税金 「教科書」CH.02 SEC.04	■生命保険料控除 ■保険金を受け取ったときの税金 ・死亡保険金　・満期保険金、解約返戻金 ・個人年金保険　・非課税となる保険金等 ■法人契約の生命保険と税金 ・基本の課税関係 ・最高解約返戻率が 50%超の定期保険の保険料 ・1/2 養老保険（ハーフタックスプラン）
5 損害保険の基本と商品 「教科書」CH.02 SEC.05	■火災保険　■地震保険 ■自動車保険　■傷害保険 ■賠償責任保険
6 損害保険と税金 「教科書」CH.02 SEC.06	■個人の損害保険と税金 ■法人契約の損害保険と税金
7 第三分野の保険 「教科書」CH.02 SEC.07	■医療保険　■がん保険 ■生前給付型保険 ・特定疾病保障保険　・リビングニーズ特約

実技　実技のうち、個人資産相談業務ではリスクマネジメントからの出題はありません。

1 個人資産相談業務【金財】	■出題なし
2 生保顧客資産相談業務【金財】	■生保－1～4
3 資産設計提案業務【日本 FP 協会】	■資産－1～15

保険の基本

問題

1 保険契約者保護機構に関する次の記述のうち、最も適切なものはどれか。

1. 日本国内で営業する保険会社であっても、その本社が日本国外にある場合は、保険契約者保護機構への加入は義務付けられていない。
2. 国内銀行の窓口で加入した生命保険契約については、生命保険契約者保護機構による補償の対象とならず、預金保険制度による保護の対象となる。
3. 生命保険契約については、保険会社破綻時の保険金・年金等の額の90%までが生命保険契約者保護機構により補償される。
4. 自動車損害賠償責任保険契約については、保険会社破綻後3ヵ月以内に保険事故が発生した場合、支払われるべき保険金の全額が損害保険契約者保護機構により補償される。

［2016年1月試験］

---

2 少額短期保険に関する次の記述のうち、最も適切なものはどれか。

1. 少額短期保険は、低発生率保険および経過措置を適用している少額短期保険業者が引き受ける保険契約を除き、被保険者1人につき加入できる保険金額の合計額は1,000万円が上限である。
2. 少額短期保険の保険期間は、生命保険、傷害疾病保険および損害保険のいずれも1年が上限である。
3. 少額短期保険では、保険期間の満了時に満期返戻金を受け取ることができる。
4. 少額短期保険業者が取り扱う保険契約は、保障内容に応じて、生命保険契約者保護機構または損害保険契約者保護機構のいずれかの保護の対象となる。

［2023年1月試験］

解答解説

1 答 4

1…不適切　日本国内で営業する保険会社は、保険契約者保護機構への加入が義務づけられています。したがって、その本社が日本国外にある場合でも日本国内で営業する場合には加入義務があります。

2…不適切　銀行で販売する生命保険契約についても、生命保険契約者保護機構による補償の対象となります（預金保険制度による保護の対象とはなりません）。

3…不適切　保険会社破綻時に「保険金・年金等の額」ではなく、「**責任準備金**」の**90**％までが補償されます。

4…適　切

保険契約者保護機構の保護内容

保険の種類		補償割合
生命保険		破綻時点の**責任準備金**の**90**％
損害保険	自賠責保険、地震保険	**100**％
	自動車保険、火災保険等	**80**％ 破綻後3カ月間は**100**％

2 答 1

1…適　切

2…不適切　少額短期保険の保険期間の上限は、生命保険と傷害疾病保険（第三分野の保険）では**1**年ですが、損害保険では**2**年です。

3…不適切　少額短期保険の保険料は掛け捨てなので、満期返戻金を受け取ることはできません。

4…不適切　少額短期保険業者と締結していた保険契約は、生命保険契約者保護機構または損害保険契約者保護機構による保護の対象と**なりません**。

少額短期保険業者

- ★1人の被保険者から引き受ける保険金額の総額は原則として**1,000**万円以内
- ★保険法の適用は**ある**　★保険業法の適用は**ある**
- ★保険契約者保護機構の加入**対象外**
- ★少額短期保険業者と締結した契約の保険料は生命保険料控除等の対象と**ならない**

問題

3 わが国の保険制度に関する次の記述のうち、最も不適切なものはどれか。

1. 保険業法上、保険期間が１年以内の保険契約の申込みをした者は、契約の申込日から８日以内であれば、書面または電磁的記録により申込みの撤回等をすることができる。
2. 保険業法で定められた保険会社の健全性を示すソルベンシー・マージン比率が200％を下回った場合、監督当局による業務改善命令などの早期是正措置の対象となる。
3. 保険法は、生命保険契約、損害保険契約だけでなく、保険契約と同等の内容を有する共済契約も適用対象となる。
4. 日本国内で事業を行う生命保険会社が破綻した場合、生命保険契約者保護機構による補償の対象となる保険契約については、高予定利率契約を除き、原則として、破綻時点の責任準備金等の90％まで補償される。

［2021年１月試験 ㊎］

4 保険法に関する次の記述のうち、最も不適切なものはどれか。

1. 保険法では、保険金等の支払時期に関する規定が設けられており、同法の施行日後に締結された保険契約に限って適用される。
2. 保険法では、告知義務に関して、同法の規定よりも保険契約者、被保険者にとって不利な内容である約款の定めは、適用除外となる一部の保険契約を除き、無効となる旨が定められている。
3. 保険法は、保険契約と同等の内容を有する共済契約についても適用対象となる。
4. 保険契約者と被保険者が異なる死亡保険契約は、その加入に当たって、被保険者の同意が必要である。

［2018年５月試験］

解答解説

3 答 1

1…不適切　保険契約の申込みをした者は、契約の申込日またはクーリングオフについて記載された書面を受け取った日のいずれか遅い日から**8**日以内であれば、**書面**(または電磁的記録)により申込みの撤回等をすることができます(クーリングオフ)。ただし、保険期間が1年以内の契約の場合にはクーリングオフは適用されません。

2…適　切　ソルベンシー・マージン比率が**200**%を下回った場合には、金融庁から早期是正措置が発動されます。

3…適　切　保険法は共済契約も適用対象となります。

4…適　切　生命保険会社が破綻した場合の、生命保険契約者保護機構による補償は、高予定利率契約を除いて、原則として、破綻時点の**責任準備金**等の**90**%までです。

クーリングオフができない場合

★保険会社の営業所に(契約目的で)出向いて契約した場合

★保険期間が **1** 年以内の契約の場合

★保険契約にあたって医師の診査を受けた場合

★(自賠責保険など)加入義務のある保険契約の場合

★法人等が締結した契約の場合

4 答 1

1…不適切　保険法には保険金支払時期についての規定が設けられています。保険法は2010年4月から施行されており、原則として、施行日以後に締結された保険契約について適用されますが、保険金の支払時期の規定など、一定の規定については施行日前に締結された保険契約にも適用されます。

2…適　切　保険法の規定よりも保険契約者や被保険者にとって不利となる内容の約款の定めは原則として無効となります。

3…適　切　保険法は共済契約も適用対象となります。

4…適　切　保険契約者と被保険者が異なる死亡保険契約は、不正加入防止のため、加入するにあたって被保険者の同意が必要です。

問題

1 生命保険の保険料等の一般的な仕組みに関する次の記述のうち、最も不適切なものはどれか。

1. 収支相等の原則は、保険会社が受け取る保険料等の総額が、保険会社が支払う保険金等の総額と等しくなるように保険料を算定する原則をいう。
2. 保険料のうち、将来の保険金等の支払財源となる純保険料は、予定死亡率に基づいて計算され、保険会社が保険契約を維持・管理していくために必要な経費等の財源となる付加保険料は、予定利率および予定事業費率に基づいて計算される。
3. 終身保険について、保険料の算定に用いられる予定利率が引き上げられた場合、新規契約の保険料は安くなる。
4. 保険会社が実際に要した事業費が、保険料を算定する際に見込んでいた事業費よりも少なかった場合、費差益が生じる。

［2023年5月試験］

これはどう？

終身保険の死亡保険金の支払いに充てるために必要な保険料の計算に用いられる予定死亡率が高く設定された場合、新規契約の保険料は安くなる。 OX

［2023年1月試験］

これはどう？

個人年金保険の年金支払いに充てるために必要な保険料の計算に用いられる予定死亡率が低く設定された場合、一般に保険料は安くなる。 OX

［2016年5月試験］

解答解説

1 答 2

1…適　切　収支相等の原則は、保険会社が受け取る保険料等の総額が、保険会社が支払う保険金等の総額と等しくなるように保険料を算定する原則をいいます。

2…不適切　純保険料は保険会社が支払う保険金等にあてられる部分で、**予定死亡率**と**予定利率**にもとづいて計算されます。また、付加保険料は保険会社が事業を維持継続するための費用にあてられる部分で、**予定事業費率**にもとづいて計算されます。

3…適　切　予定利率が引き上げられた（運用がうまくいって収益が上がると予想された）場合、新規契約の保険料は**安く**なります。

4…適　切　実際の事業費が、予定していた事業費よりも少なかった場合には、費差益（利益）が生じます。

保険料算定の基礎

予定死亡率	統計にもとづいて、性別・年齢ごとに算出した死亡率 ★死亡に関して支払いが行われる保険の場合、予定死亡率が低ければ、保険料は **下がる** ★個人年金保険の場合、予定死亡率が低ければ、保険料は **上がる**
予定利率	保険会社があらかじめ見込んでいる運用利回り ★予定利率が高ければ、保険料は **下がる**
予定事業費率	保険会社が事業を運営するうえで必要な費用 ★予定事業費率が低ければ、保険料は **下がる**

答 ×

予定死亡率が高く設定された場合、死亡保険金の支払いが増えることが予想されるので、一般に新規契約の保険料は**高く**なります。

答 ×

個人年金保険において、予定死亡率が低く設定された場合、一定期間の死亡者が少ない（生存者が多い）ということなので、年金の支払期間が伸びることが予想され、一般に保険料は**高く**なります。

問題

2 死亡保障を目的とする生命保険の一般的な商品性に関する次の記述のうち、最も適切なものはどれか。なお、記載のない特約については考慮しないものとする。

1. 変額保険(終身型)の死亡保険金は、運用実績に応じて保険金額が変動するが、契約時に定めた保険金額(基本保険金額)は保証される。
2. 収入保障保険の死亡保険金を一時金で受け取る場合の受取額は、年金形式で受け取る場合の受取総額よりも多くなる。
3. 逓減定期保険は、保険期間の経過に伴い所定の割合で保険料が逓減するが、保険金額は一定である。
4. 定期保険特約付終身保険(更新型)は、定期保険特約を同額の保険金額で更新する場合、被保険者の健康状態についての告知や医師の診査が必要であり、その健康状態によっては更新することができない。

［2021年9月試験］

これはどう?

定期保険特約付終身保険(更新型)では、定期保険特約を同額の保険金額で自動更新すると、更新後の保険料は、通常、更新前よりも高くなる。
OX

［2020年1月試験］

解答解説

2 答 1

1…適　切　変額保険の死亡保険金は、運用実績に応じて保険金額が変動しますが、最低保証(基本保険金)があります。なお、解約返戻金や満期保険金には最低保証はありません。

2…不適切　収入保障保険の死亡保険金を一時金で受け取る場合の受取額は、年金形式で受け取る場合の受取総額よりも**少なく**なります。

3…不適切　逓減定期保険は、保険期間の経過にともなって、**保険金額**が減少する定期保険です。**保険料**は一定です。

4…不適切　定期保険特約付終身保険(更新型)は、定期保険特約を同額の保険金額で更新する場合、告知や医師の診査は**不要**で、**健康状態にかかわらず**更新することができます。

変額保険

★死亡保険金には最低保証が **ある**

★解約返戻金や満期保険金には最低保証が **ない**

定期保険特約付終身保険(更新型)

★更新時の健康状態にかかわらず更新できる

★更新時の保険料は通常、更新前よりも **高く** なる

答 ○

定期保険特約付終身保険(更新型)では、定期保険特約を同額の保険金額で自動更新すると、更新時の年齢で保険料が再計算されるため、更新後の保険料は、通常、更新前よりも**高く**なります。

問題

3 死亡保障を目的とする生命保険の一般的な商品性に関する次の記述のうち、最も不適切なものはどれか。なお、特約については考慮しないものとする。

1. 定期保険では、保険期間中に所定の支払事由が発生すると、死亡保険金や高度障害保険金が支払われるが、保険期間満了時に満期保険金は支払われない。
2. 終身保険では、保険料払込期間が有期払いの場合と終身払いの場合を比較すると、他の契約条件が同一であれば、年払いの１回当たりの払込保険料は終身払いの方が高い。
3. 特定(三大)疾病保障定期保険では、がん、急性心筋梗塞、脳卒中以外で被保険者が死亡した場合も死亡保険金が支払われる。
4. 変額保険(終身型)では、契約時に定めた保険金額(基本保険金額)が保証されており、運用実績にかかわらず、死亡保険金の額は基本保険金額を下回らない。

[2022年５月試験]

これはどう？

養老保険では、被保険者に高度障害保険金が支払われた場合であっても、その被保険者が保険期間満了まで生存したときには満期保険金が支払われる。○×

[2021年１月試験]

これはどう？

低解約返戻金型終身保険は、他の契約条件が同じで低解約返戻金型ではない終身保険と比較して、保険料払込期間中の解約返戻金は少ない。
○×

[2017年９月試験]

これはどう？

低解約返戻金型終身保険は、保険料払込期間満了後に解約をした場合の解約返戻金の額については、支払保険料以外の契約条件が同じで低解約返戻金型ではない終身保険と同程度である。○×　[2018年１月試験]

解答解説

3 答 2

1…適　切　定期保険では、保険期間中に所定の支払事由が生じた場合は、死亡保険金や高度障害保険金が支払われますが、保険期間満了時の満期保険金の支払いはありません。

2…不適切　有期払い(たとえば10年間保険料を支払う)と終身払い(一生保険料を支払う)では、他の契約条件が同じであれば年払いの1回あたりの払込保険料は有期払いのほうが高くなります。

3…適　切　特定(三大)疾病保障定期保険では、がん、急性心筋梗塞、脳卒中の診断があり、所定の状態となった場合に、生存中に死亡保険金と同額の保険金(特定疾病保険金)が支払われますが、特定疾病保険金を受け取らずに死亡した場合(死亡原因は問わない)にも死亡保険金が支払われます。 [SECTION.07で学習]

4…適　切　変額保険の死亡保険金は、運用実績によって金額が変動しますが、最低保証(基本保険金額)があります。

答 ×

養老保険では、高度障害保険金が支払われると契約が終了し、その後被保険者が満期まで生存していても満期保険金は支払われません。

答 ○

低解約返戻金型終身保険は、通常の終身保険よりも保険料払込期間中の解約返戻金が**少ない**代わりに保険料が**割安**な終身保険です。

答 ○

低解約返戻金型終身保険は、保険料払込期間中の解約返戻金については、通常の終身保険よりも少ないですが、保険料払込期間満了後の解約返戻金については、通常の終身保険と同程度となります。

問題

4 個人年金保険の一般的な商品性に関する次の記述のうち、最も不適切なものはどれか。

1. 変額個人年金保険では、保険料の特別勘定による運用成果によって、将来受け取る年金額等が変動するが、死亡給付金については基本保険金額が最低保証されている。
2. 終身年金では、被保険者が同年齢で、基本年金額や保険料払込期間、年金受取開始年齢など契約内容が同一の場合、保険料は被保険者が女性の方が男性よりも高くなる。
3. 確定年金では、年金受取開始日前に被保険者（＝年金受取人）が死亡した場合、死亡給付金受取人が契約時に定められた年金受取総額と同額の死亡給付金を受け取ることができる。
4. 保証期間のない有期年金では、年金受取期間中に被保険者（＝年金受取人）が死亡した場合、それ以降の年金は支払われない。

［2020年1月試験］

これはどう？

確定年金は、10年、15年などの契約時に定めた年金支払期間中に被保険者が死亡した場合、その時点で契約が消滅して年金支払いは終了する。
OX

［2021年9月試験］

解答解説

4 答 3

1…適　切　変額個人年金保険の死亡給付金には一般的に最低保証があります。なお、解約返戻金には最低保証はありません。

2…適　切　終身年金では、他の条件が同じであれば、保険料は男性より女性のほうが高くなります。

3…不適切　確定年金では、年金受取開始日前に被保険者(=年金受取人)が死亡した場合、死亡給付金受取人が**既払込保険料**相当額を死亡給付金として受け取ることができます。

4…適　切　保証期間のない有期年金では、年金受取期間中に保険者(=年金受取人)が死亡した場合、それ以降の年金は支払われません。

個人年金保険

終身年金	★生存している間、年金を受け取れる
保証期間付終身保険	★保証期間中は生死に関係なく、保証期間後は生存している間、年金を受け取れる
有期年金	★生存している間の一定期間、年金を受け取れる ★年金受取期間中に死亡した場合は打ち切られる
保証期間付有期年金	★保証期間中は生死に関係なく、保証期間後は生存している間の一定期間、年金を受け取れる
確定年金	★生死に関係なく一定期間、年金を受け取れる ★年金受取期間に死亡した場合は遺族が年金(または一時金)を受け取れる
夫婦年金	★夫婦いずれかが生存している限り、年金を受け取れる

答 ×

確定年金は、年金支払期間中に被保険者が死亡した場合、残りの期間は遺族に年金(または一時金)が支払われます。

問題

これはどう?

一時払定額終身保険は、契約後いつ解約しても解約返戻金が払込保険料を下回ることはない。 ○×

［2014年1月試験］

これはどう?

定額個人年金保険では、他の契約条件が同一の場合、保険料の払込満了から年金受取開始までの据置期間が長い方が、受け取る年金額は多くなる。 ○×

［2020年9月試験］

これはどう?

夫婦年金は、夫婦が共に生存している場合に年金を受け取ることができ、夫婦のいずれか一方が死亡した場合、その時点で契約が消滅して年金支払いは終了する。 ○×

［2021年9月試験］

これはどう?

外貨建て個人年金保険は、円換算支払特約を付加することで、為替変動があっても、円貨で受け取る年金受取総額が既払込保険料総額を下回ることはない。 ○×

［2021年9月試験］

これはどう?

こども保険（学資保険）では、契約者が死亡した場合、あらかじめ指定された受取人に死亡給付金が支払われる。 ○×

［2023年1月試験］

解答解説

答 ×

一時払定額終身保険は、通常、早期に解約した場合には解約返戻金が払込保険料を下回ります。

答 ○

個人年金保険では、他の契約条件が同じ場合、据置期間（保険料の支払いが終了してから年金の受取りを開始するまでの期間）が長いほど受け取る年金額が多くなります。

答 ×

夫婦年金は、夫婦**いずれか**が生存している限り、年金を受け取ることができます。

答 ×

円換算支払特約とは、運用は外貨で行うが、支払いは円貨で行うことを約束する特約で、為替相場の変動による損失を回避するものではありません。したがって、保険料払込時よりも年金受取時の為替相場が円高（たとえば１ドル100円から１ドル90円）となった場合、円貨で受け取る年金受取総額が既払込保険料総額を下回ることがあります。

答 ×

こども保険（学資保険）では、契約者（親）が死亡した場合、それ以降の保険料は免除され、満期保険金等は当初の契約どおり支払われます。なお、被保険者である子が死亡した場合には既払込保険料相当額が死亡給付金として契約者に支払われます。

問題

5 総合福祉団体定期保険の一般的な商品性に関する次の記述のうち、最も不適切なものはどれか。なお、契約者は法人であるものとする。

1. 契約の締結には、被保険者になることについての加入予定者の同意が必要である。
2. 保険期間は、１年から５年の範囲内で、被保険者ごとに設定することができる。
3. 法人が負担した保険料は、その全額を損金の額に算入することができる。
4. ヒューマン・ヴァリュー特約を付加した場合、当該特約の死亡保険金受取人は法人となる。

［2023年９月試験］

解答解説

5 答 2

1…適　切　総合福祉団体定期保険の加入時には、加入予定者(役員、従業員)の同意が必要です。

2…不適切　総合福祉団体定期保険は、保険期間**1**年の定期保険なので、**1**年を超える保険期間を設定することはできません。

3…適　切　法人が負担した総合福祉団体定期保険の保険料は、全額を損金の額に算入することができます。

4…適　切　総合福祉団体定期保険のヒューマン・ヴァリュー特約は、被保険者の死亡等による企業の経済的損失に備えるものなので、死亡保険金等の受取人は、**法人**となります。

問題

6 生命保険を利用した家庭のリスク管理に係る一般的なアドバイスに関する次の記述のうち、最も不適切なものはどれか。

1.「自分が死亡した場合の相続税の納税資金を確保するために生命保険に加入したい」という相談に対して、終身保険への加入を提案した。
2.「病気やケガで入院した場合の医療費の負担が不安なので生命保険に加入したい」という相談に対して、定期保険への加入を提案した。
3.「自分の老後の生活資金を準備するために生命保険に加入したい」という相談に対して、個人年金保険への加入を提案した。
4.「自分が死亡した後の子どもが社会人になるまでの生活資金を準備するために生命保険に加入したい」という相談に対して、収入保障保険への加入を提案した。

［2022年5月試験］

これはどう？

「自分の老後の生活資金を準備するために生命保険に加入したい」という相談に対して、収入保障保険への加入を提案した。 ○×

［2018年9月試験］

解答解説

6 答 2

1…適　切　終身保険は、被保険者の死亡時に死亡保険金が支払われるので、被保険者が死亡した場合の相続税の納税資金を確保するための保険として適しています。なお、死亡保険金を相続人が受け取ったときは、相続税の課税対象となりますが、一定額が相続税の非課税となります。

2…不適切　定期保険では、一定期間内に死亡した場合に、死亡保険金が支払われるので、病気やケガで入院した場合の医療費に備える保険としては適していません。病気やケガで入院した場合の医療費に備える保険として、医療保険が適しています。

3…適　切　自分の老後資金を準備するための保険として、個人年金保険は適しています。

4…適　切　収入保障保険は、被保険者が死亡したときに、死亡保険金が年金形式で支払われる定期保険なので、自分が死亡したあとの、一定期間の子どもの生活資金を準備するための保険として適しています。

答 ×

収入保障保険は、被保険者が死亡したときに死亡保険金が年金形式で支払われる定期保険です。そのため、自分の老後資金の準備には適していません。自分の老後資金を準備するためには養老保険や個人年金保険が適しています。

問題

7 生命保険等を活用した法人の福利厚生に係るアドバイスに関する次の記述のうち、最も不適切なものはどれか。

1. 「休業補償規程に基づいて従業員に支給する休業補償給付の原資を準備したい」という顧客に対して、団体就業不能保障保険の活用をアドバイスした。
2. 「従業員の定年退職時に支給する退職金の原資を準備したい」という顧客に対して、総合福祉団体定期保険の活用をアドバイスした。
3. 「従業員の死亡時に支給する死亡退職金の原資を準備したい」という顧客に対して、養老保険の活用をアドバイスした。
4. 「従業員の自助努力による財産形成を支援したい」という顧客に対して、財形貯蓄積立保険の活用をアドバイスした。

［2019年5月試験］

これはどう?

「従業員の自助努力による死亡保障の準備を支援したい」という企業に対して、団体信用生命保険の活用をアドバイスした。○×

［2020年9月試験］

解答解説

7 答 2

1…適　切　団体就業不能保障保険は、病気やケガによって就業不能となった場合の所得の減少に備える保険です。そのため、従業員の休業補償給付の原資を準備するための保険として適しています。

2…不適切　総合福祉団体定期保険は、従業員等の遺族保障を目的とした定期保険なので、従業員の退職金の原資の準備には適していません。

3…適　切　養老保険は、一定の期間内に死亡した場合には**死亡保険金**が、満期まで生存した場合には**満期保険金**が支払われる保険です。そのため、従業員の死亡時に支給する死亡退職金の原資の準備に適しています。

4…適　切　財形貯蓄積立保険は、給料から天引きされる積立貯蓄なので、従業員の自助努力による財産形成の支援に適しています。

答 ×

団体信用生命保険は、住宅ローンの支払期間中に契約者が死亡等した場合に、その時点の住宅ローンの残高と同額の保険金が支払われる保険（死亡時の住宅ローン残高と保険金が相殺されるため、遺族はその後の住宅ローンの支払いをせずに、住宅に住み続けることができるという保険）です。そのため、従業員の死亡保障の準備という面では適していません。

生命保険契約

問題

1 生命保険料に関する次の記述のうち、最も適切なものはどれか。

1. 保険料払込猶予期間は、保険料の払込方法が月払いである場合、払込期月の翌月の初日から翌々月の末日までである。
2. 保険料払込猶予期間中に保険金や給付金の支払事由が生じた場合、未払込保険料を差し引いて保険金や給付金が支払われる。
3. 自動振替貸付制度は、自動的に解約返戻金を未払込保険料に充当するものであり、振り替えられた保険料(貸付金)に利息が付くことはない。
4. 失効した保険契約を復活する場合、復活時の年齢に応じた保険料率でその後の保険料が計算される。

［2014年9月試験］

これはどう?

保険契約者または被保険者になる者は、生命保険契約の締結に際し、保険会社から告知を求められた事項以外に保険事故の発生の可能性に関する重要な事項があれば、その者が自発的に判断して事実の告知をしなければならない。OX

［2018年1月試験］

これはどう?

保険契約者や被保険者が故意に告知義務に違反した場合、保険会社は、原則として、保険契約を解除することができる。OX

［2018年1月試験］

これはどう?

無選択型終身保険は、加入に当たって健康状態について告知や医師の診査を必要としないが、保険料については、支払保険料以外の契約条件が同じで告知や診査を必要とする終身保険と比べて割高となる。OX

［2018年1月試験］

解答解説

I 答 2

1…不適切　保険料の払込方法が月払いの場合、保険料払込猶予期間は、払込期月の翌月の初日から「翌々月の末日」ではなく、「**翌月の末日**」までです。

2…適　切　保険料払込猶予期間中に保険金や給付金の支払事由が生じた場合は、未払込保険料を差し引いて保険金や給付金が支払われます。

3…不適切　自動振替貸付制度は、保険料の払込みがなかった場合に、保険会社が解約返戻金を限度として自動的に保険料を立て替えてくれる制度です。「貸付け」になるので、所定の利息が発生します。

4…不適切　失効した保険契約を復活した場合の契約内容や保険料率は、失効前と**同じ**です。

払込猶予期間

★月払いの場合は、払込期月の **翌月** 初日から末日まで

★年払い、半年払いの場合は、払込期月の **翌月** 初日から **翌々月** の **契約応当日** まで

答 ×

保険の契約のさい、健康状態などを告知する必要がありますが、保険会社から告知を求められた事項以外のものまで告知する必要はありません。

答 ○

告知義務違反があったときは、保険会社は原則として保険契約を解除することができるとされています。

答 ○

無選択型終身保険は、加入にあたって告知や診査を必要としませんが、その分、保険料については、その他の条件が同一であれば、告知や診査を必要とする終身保険に比べて**割高**となります。

問題

2 生命保険の保険料の払込みが困難になった場合に、保険契約を有効に継続するための方法に関する次の記述のうち、最も不適切なものはどれか。

1. 保険金額を減額することにより、保険料の負担を軽減する方法がある。
2. 保険料を払い込まずに保険料払込猶予期間が経過した場合、保険会社が解約返戻金の範囲内で保険料を自動的に立て替えて、契約を有効に継続する自動振替貸付制度がある。
3. 保険料の払込みを中止して、その時点での解約返戻金相当額を基に、元の契約の保険金額を変えずに一時払定期保険に変更する延長保険がある。
4. 保険料の払込みを中止して、その時点での解約返戻金相当額を基に、元の契約よりも保険金額が少なくなる保険(元の主契約と同じ保険または養老保険)に変更する払済保険があり、特約はすべて継続される。

[2019年9月試験]

解答解説

2 答 4

1…適　切　保険契約の一部を解約するなどして、保険金額を減額することにより、保険料の負担を軽減することができます。

2…適　切　自動振替貸付制度は、保険料の払込みがなかった場合に、保険会社が解約返戻金を限度として、自動的に保険料を立て替えてくれる制度です。

3…適　切　保険料の払込みを中止して、その時点での解約返戻金相当額をもとに、元の契約の保険金額を変えずに一時払の定期保険に変更することを**延長保険**といいます。

4…不適切　延長保険や払済保険にした場合、特約部分は**消滅**します。

払済保険と延長保険

	払済保険	延長保険
保険期間	元の契約と**同じ**	元の契約よりも**短く**なる
保険金額	元の契約よりも**少なく**なる	元の契約と**同じ**
特約部分	**消滅**する	

生命保険と税金

問題

1 2012年1月1日以後に締結した保険契約の保険料に係る生命保険料控除に関する次の記述のうち、最も適切なものはどれか。なお、各選択肢において、ほかに必要とされる要件等はすべて満たしているものとする。

1. 一般の生命保険料控除、個人年金保険料控除および介護医療保険料控除の控除限度額は、所得税では各5万円である。
2. 生命保険契約に付加された傷害特約の保険料は、介護医療保険料控除の対象となる。
3. 変額個人年金保険の保険料は、個人年金保険料控除の対象とはならず、一般の生命保険料控除の対象となる。
4. 少額短期保険の保険料は、一般の生命保険料控除や介護医療保険料控除の対象となる。

［2022年5月試験］

---

2 生命保険料控除に関する次の記述のうち、最も適切なものはどれか。なお、各選択肢において、ほかに必要とされる要件等はすべて満たしているものとする。

1. 養老保険の月払保険料について、保険料の支払いがなかったため、自動振替貸付により保険料の払込みに充当された金額は、生命保険料控除の対象となる。
2. 終身保険の月払保険料のうち、2025年1月に払い込まれた2024年12月分の保険料は、2024年分の生命保険料控除の対象となる。
3. 2023年4月に加入した特定(三大)疾病保障定期保険の保険料は、介護医療保険料控除の対象となる。
4. 2023年4月に加入した一時払定額個人年金保険の保険料は、個人年金保険料控除の対象となる。

［2022年1月試験 ㊎］

解答解説

1 答 3

1…不適切　2012年以降に締結した保険契約の生命保険料控除の限度額は、所得税では「一般」「個人年金」「介護医療」で各**4**万円です。

2…不適切　2012年以降の契約では、災害割増特約や傷害特約など、身体の傷害のみに基因して保険金が支払われる契約にかかる保険料は生命保険料控除の対象となりません。

3…適　切　変額個人年金保険の保険料は、一般の生命保険料控除の対象となります。

4…不適切　少額短期保険の保険料は、生命保険料控除の対象となりません。

生命保険料控除のポイント

★2012年以降の契約では、**災害割増特約**や**傷害特約**など、身体の傷害のみに基因して保険金が支払われる契約にかかる保険料は生命保険料控除の対象とならない

★変額個人年金保険の保険料、一時払個人年金保険料は個人年金保険料控除ではなく、**一般の生命保険料**控除の対象となる

---

2 答 1

1…適　切　自動振替貸付によって保険料の払込みに充当された金額についても、生命保険料控除の対象となります。

2…不適切　その年の生命保険料控除の対象となるのは、その年に支払った分だけです。したがって、2025年1月に払い込まれた2024年12月の保険料は、**2025**年分の生命保険料控除の対象となります。

3…不適切　特定(三大)疾病保障定期保険は、がん、脳卒中、急性心筋梗塞になった場合に保険金が支払われる保険ですが、保険期間中に死亡した場合には、原因を問わず保険金が支払われます。そのため、生存または死亡に基因して保険金や給付金が支払われる契約として、一般の生命保険料控除の対象となります。

4…不適切　個人年金保険料控除の適用が受けられる保険契約の要件の1つに「保険料の払込期間が**10**年以上であること」があります。そのため、一時払定額個人年金保険の保険料は個人年金保険料控除の対象となりません(一般の生命保険料控除の対象となります)。

問題

3 生命保険の税金に関する次の記述のうち、最も不適切なものはどれか。なお、いずれも契約者（＝保険料負担者）ならびに保険金、年金および給付金の受取人は個人であるものとする。

1. 契約者と被保険者が異なる終身保険において、被保険者がリビング・ニーズ特約に基づいて受け取る特約保険金は非課税となる。
2. 契約者と被保険者が異なる個人年金保険において、年金受取開始前に被保険者が死亡して契約者が受け取った死亡給付金は、相続税の課税対象となる。
3. 契約者、被保険者および年金受取人が同一人である個人年金保険（保証期間付終身年金）において、保証期間内に被保険者が死亡し、残りの保証期間について相続人等が受け取る年金の年金受給権は、相続税の課税対象となる。
4. 一時払終身保険を契約から５年以内に解約したことにより契約者が受け取る解約返戻金は、一時所得として総合課税の対象となる。

［2023年１月試験］

これはどう？

契約者と被保険者が同一人である医療保険において、疾病の治療のために入院をしたことにより被保険者が受け取る入院給付金は、非課税である。 OX

［2020年９月試験］

解答解説

3 答 2

1…適　切　被保険者が受け取るリビング・ニーズ特約の特約保険金は非課税となります。

2…不適切　契約者と被保険者が異なる個人年金保険において、年金受取開始前に被保険者が死亡して契約者が受け取った死亡給付金は**所得**税(**一時**所得)の課税対象となります。

3…適　切

4…適　切　終身保険には満期がないため、金融類似商品として取り扱われる保険の要件を満たしません。そのため、一時払終身保険を契約から5年以内に解約したことによる解約返戻金は源泉分離課税の対象とはならず、一時所得として総合課税の対象となります。

死亡保険金の課税関係

契約者	被保険者	受取人	税　金
A	A	B	**相続**税
A	B	A	**所得**税(**一時**所得)
A	B	C	**贈与**税

金融類似商品として取り扱われる一時払養老保険等の要件

★保険期間が**5**年以下(保険期間が5年超で、5年以内に解約した場合も含む)

★保険料の払込方法が一時払い(またはそれに準じるもの)であること

★「普通死亡保険金≦**満期**保険金」かつ「災害死亡保険金等<**満期**保険金の**5**倍」であること

答 ○

被保険者が受け取った入院給付金や手術給付金などは非課税です。

非課税となる保険金や給付金

★入院給付金　★手術給付金　★高度障害保険金　★特定疾病保険金

★リビングニーズ特約保険金(被保険者が受け取るもの)　など

問題

4 個人年金保険の税金に関する次の記述のうち、最も適切なものはどれか。なお、いずれも契約者(＝保険料負担者)は個人であるものとする。

1. 契約者と被保険者が異なる個人年金保険において、年金支払開始前に被保険者が死亡して契約者が受け取った死亡給付金は、相続税の課税対象となる。
2. 契約者と年金受取人が異なる個人年金保険において、年金支払開始時に年金受取人が取得した年金受給権は、贈与税の課税対象となる。
3. 契約者と年金受取人が同一人である個人年金保険(保証期間付終身年金)において、保証期間中に年金受取人が死亡して遺族が取得した残りの保証期間の年金受給権は、一時所得として所得税の課税対象となる。
4. 契約者と年金受取人が同一人である個人年金保険において、年金受取人が毎年受け取る年金は、雑所得として公的年金等控除の対象となる。

［2021年5月試験］

解答解説

4 答 2

1…不適切　契約者と被保険者が異なる個人年金保険において、年金支払開始前に被保険者が死亡して契約者が受け取った死亡給付金は、**所得**税(**一時**所得)の課税対象となります。

契約者	被保険者	受取人	税　金
A	B	A	**所得**税(**一時**所得)

2…適　切　契約者と年金受取人が異なる個人年金保険において、年金支払開始時に年金受取人が取得した年金受給権は、**贈与**税の課税対象となります。

3…不適切　契約者と年金受取人が同一人である個人年金保険(保証期間付終身年金)において、保証期間中に年金受取人が死亡して遺族が取得した残りの保証期間の年金受給権は、**相続**税の課税対象となります。

4…不適切　契約者と年金受取人が同一人である個人年金保険において、年金受取人が毎年受け取る年金は、雑所得として**所得**税の課税対象となります。しかし、個人年金保険からの年金は公的年金等には該当しないので、公的年金等控除の対象とはなりません。

[CHAPTER.04で学習]

問題

5 契約者（＝保険料負担者）を法人、被保険者を役員とする生命保険契約の経理処理に関する次の記述のうち、最も不適切なものはどれか。なお、特約については考慮しないものとする。また、いずれの保険契約も2023年10月に締結し、保険料は年払いであるものとする。

1. 法人が受け取った医療保険の手術給付金は、その全額を雑収入として益金の額に算入する。
2. 死亡保険金受取人および満期保険金受取人が法人である養老保険の支払保険料は、その全額を資産に計上する。
3. 死亡保険金受取人が法人で、最高解約返戻率が60％である定期保険（保険期間20年）の支払保険料は、保険期間の前半4割相当期間においては、その40％相当額を資産に計上し、残額を損金の額に算入することができる。
4. 死亡保険金受取人が法人である終身保険を解約して受け取った解約返戻金は、その全額を雑収入として益金の額に算入する。

［2021年5月試験 ㊍］

解答解説

5 答 4

1…適　切　医療保険の手術給付金を個人が受け取った場合には非課税となりますが、法人が受け取った場合には非課税とならず、全額を「**雑収入**」として**益金**に算入します。

2…適　切　死亡保険金受取人および満期保険金受取人が法人である養老保険の支払保険料は、その**全額**を**資産**に計上します。

3…適　切

4…不適切　死亡保険金の受取人が法人である終身保険の保険料は「保険料積立金」として資産計上します。したがって、これを解約して解約返戻金を受け取ったときは、解約返戻金の金額から資産計上額を差し引いた**残額**を「**雑収入**」として益金に算入します。

最高解約返戻率50%超、保険期間3年以上の定期保険の処理

最高解約返戻率	資産計上期間	資産計上期間の処理
50%超 **70**%以下	保険期間の当初**4**割相当期間	★支払保険料の**40**%を資産計上、残額を損金算入
70%超 85%以下	保険期間の当初4割相当期間	★支払保険料の60%を資産計上、残額を損金算入
85%超	原則として保険期間開始日から最高解約返戻率となる期間の終了日まで	★当初10年間は「支払保険料×最高解約返戻率×90%」を資産計上、残額は損金算入 ★それ以降は「支払保険料×最高解約返戻率×70%」を資産計上、残額は損金算入

問題

6 契約者（＝保険料負担者）を法人とする生命保険の保険料の経理処理に関する次の記述のうち、最も不適切なものはどれか。なお、いずれの保険契約も保険料は年払いかつ全期払いで、2024年4月に締結したものとする。

1. 被保険者が役員、死亡保険金受取人が法人である終身保険の支払保険料は、その全額を資産に計上する。
2. 被保険者が役員・従業員全員、死亡保険金受取人および満期保険金受取人が法人である養老保険の支払保険料は、その全額を資産に計上する。
3. 被保険者が役員、死亡保険金受取人が法人で、最高解約返戻率が75％である定期保険（保険期間：40年、年払保険料：100万円）の支払保険料は、保険期間の前半4割相当期間においては、その60％相当額を資産に計上し、残額を損金の額に算入することができる。
4. 被保険者が役員、保険金受取人が法人である解約返戻金のない終身払いのがん保険（保険期間：終身、年払保険料：80万円）の支払保険料は、保険期間満了年齢を116歳とした保険期間の前半5割相当期間においては、その50％相当額を資産に計上し、残額を損金の額に算入することができる。

［2022年9月試験 ㊅］

これはどう？

契約者（＝保険料負担者）を法人、被保険者が役員・従業員、死亡保険金受取人および満期保険金受取人が法人である養老保険の支払保険料は、その全額を資産に計上する。 〇✕

［2021年5月試験 ㊅］

これはどう？

契約者（＝保険料負担者）および死亡保険金受取人が法人、被保険者が特定の役員である終身保険（無配当保険）において、法人が支払った保険料は、2分の1の金額を保険料積立金として資産に計上し、残りの2分の1の金額を給与として損金の額に算入することができる。 〇✕

［2020年1月試験］

解答解説

6 答 4

1…適　切　死亡保険金受取人が法人である終身保険の支払保険料は、その**全額**を**資産**に計上します。

2…適　切　死亡保険金受取人および満期保険金受取人が法人である養老保険の支払保険料は、その**全額**を**資産**に計上します。

3…適　切　保険期間が３年以上で、最高解約返戻率が70%超85%以下である定期保険の保険料は、保険期間の当初４割相当期間については、支払保険料の60%を資産に計上し、残額を損金に算入します。

4…不適切　解約返戻金のない、全期払い(保険期間＝保険料支払期間)の医療保険の支払保険料は、全額を損金に算入することができます。

答 ○

死亡保険金受取人および満期保険金受取人が法人である養老保険の保険料は**全額**を**資産**に計上します。

答 ×

死亡保険金受取人が法人である終身保険において、法人が支払った保険料は**全額**を「**保険料積立金**」として**資産**に計上します。

損害保険の基本と商品

問題

1 住宅用建物および家財を保険の対象とする火災保険の一般的な商品性に関する次の記述のうち、最も不適切なものはどれか。なお、特約については考慮しないものとする。

1. 消防活動により自宅建物に収容している家財に生じた水濡れによる損害は、補償の対象とならない。
2. 落雷により自宅建物に収容している家財に生じた損害は、補償の対象となる。
3. 経年劣化による腐食で自宅建物に生じた損害は、補償の対象とならない。
4. 竜巻により自宅建物に生じた損害は、補償の対象となる。

［2023年5月試験］

2 火災保険および地震保険の一般的な商品性に関する次の記述のうち、最も不適切なものはどれか。

1. 地震保険は、火災保険の契約時に付帯する必要があり、火災保険の保険期間の中途で付帯することはできない。
2. 地震保険の保険料には、「建築年割引」、「耐震等級割引」、「免震建築物割引」、「耐震診断割引」の割引制度があるが、これらは重複して適用を受けることはできない。
3. 保険始期が2017年1月1日以降となる地震保険における損害の程度の区分は、「全損」「大半損」「小半損」「一部損」である。
4. 専用住宅を対象とする火災保険の保険料を決定する要素の1つである建物の構造級別には、「M構造」「T構造」「H構造」の区分がある。

［2023年1月試験］

解答解説

1 答 1

1…不適切　消防活動による水濡れも火災保険の補償の対象となります。

2…適　切　落雷による損害も火災保険の補償の対象となります。

3…適　切　経年劣化による腐食で自宅建物に生じた損害は火災保険の補償の対象となりません。

4…適　切　竜巻(風災)による損害も火災保険の補償の対象となります。

火災保険の補償対象となるものとならないもの

★火災、落雷、風災、消防活動による水濡れによる損害は補償の対象となる

★自宅に保管してあった現金が焼失した場合は補償の対象外

★地震、噴火、津波による損害は補償の対象外

---

2 答 1

1…不適切　地震保険は、火災保険に付帯するものですが、途中で付帯することもできます。

2…適　切　地震保険の割引制度は、重複して適用することはできません。

3…適　切

4…適　切　専用住宅を対象とする火災保険の保険料を決定する要素の1つである建物の構造等級には、M構造(マンション構造)、T構造(耐火構造)、H構造(非耐火構造)があり、M構造→T構造→H構造の順に保険料は高くなります。

地震保険

保険金額	火災保険(主契約)の30～50%の範囲で設定 上限は建物5,000万円、家財1,000万円
保険金	全　損…保険金額の100% 大半損…保険金額の60% 小半損…保険金額の30% 一部損…保険金額の5%

問題

3 任意加入の自動車保険の一般的な商品性に関する次の記述のうち、最も不適切なものはどれか。なお、特約については考慮しないものとする。

1. 対人賠償保険では、被保険自動車を運転中に対人事故を起こした被保険者が法律上の損害賠償責任を負った場合、自動車損害賠償責任保険等によって支払われる金額を除いた額が保険金の支払い対象となる。
2. 被保険自動車を運転して父の家の車庫に入れるとき、誤って衝突して車庫を壊してしまった場合、その損害は対物賠償保険の補償の対象となる。
3. 被保険自動車が洪水で水没してしまった場合、その損害は車両保険の補償の対象となる。
4. 被保険自動車を運転中に交通事故で被保険者が死亡した場合、被保険者の過失割合にかかわらず、その死亡による損害の全額が保険金額を限度として人身傷害補償保険の補償の対象となる。

［2020年9月試験］

これはどう？

被保険者が被保険自動車を運転中に、ハンドル操作を誤って路上にいる自分の子にケガを負わせた場合、対人賠償保険の補償の対象となる。 〇✕

［2021年9月試験］

これはどう？

被保険者が被保険自動車を運転中に、交差点で接触事故を起こしてケガを負った場合、被った損害額から自分の過失相当分を差し引いた金額が人身傷害（補償）保険の補償の対象となる。 〇✕

［2021年9月試験］

これはどう？

被保険自動車を運転中に誤って店舗建物に衝突して損壊させ、当該建物自体の損害に加え、建物の修理期間中に休業して発生した損害（休業損害）により、被保険者が法律上の賠償責任を負った場合、それらの損害は、対物賠償保険の補償の対象となる。 〇✕

［2022年1月試験］

解答解説

3 答 2

1…適　切　対人賠償保険では、自動車事故で他人(家族以外の人)を死傷させ、損害賠償責任を負った場合に、自賠責保険の支払金額を超える部分の金額が支払われます。

2…不適切　対物賠償保険では、自動車事故で他人(家族以外の人)の物に損害を与え、法律上の損害賠償責任を負った場合に保険金が支払われます。「他人」とは、本人、父母、配偶者、子以外の人をいいます。「父」は他人ではないので、本肢の場合、対物賠償保険の補償の対象となりません。

3…適　切　車両保険では、自分の自動車が偶然の事故により損害を受けたときや盗難にあった場合に保険金が支払われます。地震、噴火、津波による損害は対象外ですが、洪水で水没してしまった場合は補償の対象となります。

4…適　切　人身傷害補償保険では、自動車事故により被保険者が死傷した場合に、過失の有無にかかわらず、実際の損害額が支払われます。

答 ×

対人賠償保険では、家族を死傷させた場合には補償の対象となりません。なお、自賠責保険では、加害者以外の人であれば家族間の事故でも補償の対象となります。

答 ×

人身傷害(補償)保険では、過失の有無にかかわらず、実際の損害額が支払われます(過失相当分は差し引かれません)。

答 ○

対物賠償保険では、自動車事故で他人の物に損害を与え、法律上の賠償責任を負った場合に保険金が支払われる保険です。したがって、自動車事故で店舗建物を損壊した場合の休業損害は、対物賠償保険の補償の対象となります。

問題

4 傷害保険の一般的な商品性に関する次の記述のうち、最も不適切なものはどれか。なお、特約については考慮しないものとする。

1. 交通事故傷害保険では、海外旅行中に遭遇した交通事故によるケガは補償の対象となる。
2. 海外旅行傷害保険では、海外旅行中に発生した地震によるケガは補償の対象となる。
3. 国内旅行傷害保険では、国内旅行中にかかった細菌性食中毒は補償の対象となる。
4. 家族傷害保険では、保険期間中に被保険者本人に生まれた子を被保険者とするためには、追加保険料を支払う必要がある。

［2021年5月試験］

これはどう？

普通傷害保険では、日本国外における業務中の事故によるケガは補償の対象となる。〇✕

［2022年1月試験］

これはどう？

国内旅行傷害保険では、国内旅行中に発生した地震および地震を原因とする津波によるケガは補償の対象となる。〇✕

［2022年1月試験］

解答解説

4 答 4

1…適　切　交通事故傷害保険は、海外旅行中に遭遇した交通事故によるケガも補償の対象となります。

2…適　切　海外旅行傷害保険では、地震、噴火、津波による傷害も補償の対象となります（国内旅行傷害保険では補償の対象となりません）。

3…適　切　国内旅行傷害保険では、細菌性食中毒も補償の対象となります。

4…不適切　家族傷害保険では、１つの契約で家族全員の傷害が補償され、家族の範囲は、傷害の原因となった**事故発生時**の続柄で判定されます。そのため、保険期間中に被保険者本人に生まれた子を被保険者とするための手続き等は不要です。

傷害保険の補償内容（比較）

○…補償される　×…補償されない

	普通傷害保険	国内旅行傷害保険	海外旅行傷害保険
細菌性食中毒	×	○	○
地震、噴火、津波を原因とする傷害	×	×	○

答 ○

普通傷害保険では、国内外を問わず、業務中かどうかを問わず、日常生活で起こる傷害は補償の対象となります。

答 ×

国内旅行傷害保険では、国内旅行中に発生した地震、噴火、津波による傷害は補償の対象となりません。

問題

5 傷害保険の一般的な商品性に関する次の記述のうち、最も適切なものはどれか。なお、特約については考慮しないものとする。

1. 普通傷害保険の保険料率は、被保険者の年齢や性別、職種による差異はない。
2. 家族傷害保険では、記名被保険者またはその配偶者と生計を共にする別居の未婚の子は被保険者となる。
3. 海外旅行傷害保険では、日本を出国してから帰国するまでの間の事故によって被った損害を補償の対象としており、国内移動中の事故によって被った損害は補償の対象とならない。
4. 国内旅行傷害保険では、旅行中に発生した地震および地震を原因とする津波によるケガは補償の対象となる。

〔2021年9月試験〕

6 傷害保険等の一般的な商品性に関する次の記述のうち、最も不適切なものはどれか。なお、特約については考慮しないものとする。

1. 交通事故傷害保険では、交通乗用具に搭乗中の交通事故や交通乗用具の火災事故によるケガは補償の対象となるが、交通乗用具にエレベーターは含まれない。
2. 普通傷害保険では、自転車で転倒して負ったケガが原因で罹患した破傷風は補償の対象となる。
3. 海外旅行(傷害)保険では、海外旅行中に罹患したウイルス性食中毒は補償の対象となる。
4. 所得補償保険では、日本国内外において、保険会社が定める病気やケガによって就業不能となった場合、補償の対象となる。

〔2022年5月試験〕

解答解説

5 答 2

1…不適切　普通傷害保険の保険料率は、被保険者の年齢や性別では異なることはありませんが、職業や職種によって異なります。

2…適　切　家族傷害保険では、記名被保険者本人のほか、配偶者、生計を一にする同居親族、生計を一にする別居の**未婚**の子も被保険者となります。

3…不適切　海外旅行傷害保険では、自宅を出てから自宅に帰ってくるまでの間の事故による損害が補償されます。そのため国内移動中の事故による損害も補償の対象となります。

4…不適切　国内旅行傷害保険では、地震や地震を原因とする津波による傷害は補償の対象となりません。

---

6 答 1

1…不適切　交通事故傷害保険は、国内外で起きた交通事故、乗り物に搭乗中の事故等による傷害を補償する保険です。乗り物(交通乗用具)には、エレベーターやエスカレーターも含まれます。

2…適　切　普通傷害保険では、日常生活で起こる傷害は補償の対象となります。自転車で転倒して負ったケガが原因で罹患した破傷風も補償の対象となります。

3…適　切　海外旅行傷害保険では、海外旅行中に罹患したウイルス性食中毒も補償の対象となります。

4…適　切　所得補償保険は、日本国内外において病気やケガによって働くことができなくなった場合に補償の対象となります。

問題

7 損害保険を活用した家庭のリスク管理に関する次の記述のうち、最も不適切なものはどれか。なお、契約者(＝保険料負担者)は会社員の個人であるものとする。

1. 自動車の運転中に誤って単独事故を起こして車両が破損するリスクに備えて、自動車保険の一般条件の車両保険を契約した。
2. 海岸近くに自宅を新築したので、地震による津波で自宅が損壊するリスクに備えて、火災保険に地震保険を付帯して契約した。
3. 同居の子が原動機付自転車で通学中に、他人に接触してケガをさせて法律上の損害賠償責任を負うリスクに備えて、火災保険加入時に個人賠償責任補償特約を付帯した。
4. 所定の病気やケガにより会社の業務にまったく従事することができなくなるリスクに備えて、所得補償保険を契約した。

[2022年9月試験]

これはどう?

子が自転車を運転中の事故により他人にケガをさせて法律上の損害賠償責任を負うリスクに備え、家族傷害保険に個人賠償責任補償特約を付帯して契約した。 ○×

[2018年5月試験]

これはどう?

国内旅行中に友人から借りたビデオカメラを誤って壊して修理費の負担が必要となる場合に備えて、国内旅行傷害保険契約時に個人賠償責任(補償)特約を付帯した。 ○×

[2017年1月試験 改]

解答解説

7 答 3

1…適　切　車両保険は、自分の自動車が偶然の事故により損害を受けたときや盗難にあったときに備える保険です。したがって、単独事故によって車両が破損するリスクに備えた保険として適切です。

2…適　切　地震保険は津波による損害も補償されます。

3…不適切　原動機付きではない自転車の事故で他人にケガをさせてしまった場合には、個人賠償責任補償特約で補償されますが、原動機付自転車(原付バイク)の場合には、個人賠償責任補償特約では補償されません。原付バイクの場合には、**自動車**保険に加入する必要があります。

4…適　切　所得補償保険は、病気やケガによって、働くことができなくなった場合に保険金が支払われる保険です。

答 ○

自転車による事故で他人にケガをさせて損害賠償責任を負った場合、個人賠償責任補償特約によって補償されます。個人賠償責任保険(特約)は1つの契約で家族全員が補償対象となります。

答 ×

個人賠償責任(補償)特約では、他人から借りた物に対して生じた賠償責任は補償の対象とされていません。

個人賠償責任保険

★1つの契約で家族全員が補償対象となる

★業務遂行中の賠償事故は対象外

★借りた物に対して生じた賠償責任は対象外

問題

8 損害保険を活用した事業活動のリスク管理に関する次の記述のうち、最も適切なものはどれか。なお、特約については考慮しないものとする。

1. 製造業を営む事業者が、工場の機械が火災により滅失するリスクに備えて、機械保険を契約した。
2. 飲食店を営む事業者が、食中毒による休業により売上が減少するリスクに備えて、生産物賠償責任保険(PL保険)を契約した。
3. 設備工事業を営む事業者が、役員・従業員の業務中のケガによるリスクに備えて、普通傷害保険を契約した。
4. 建設業を営む事業者が、注文住宅の新築工事中に誤って隣家の財物を壊してしまうリスクに備えて、施設所有(管理)者賠償責任保険を契約した。

［2019年1月試験］

これはどう?

仕出し弁当を調理して提供する事業者が、食中毒を発生させて法律上の損害賠償責任を負うことによる損害に備えて、生産物賠償責任保険(PL保険)を契約した。 ○×

［2020年1月試験］

これはどう?

日用雑貨店を営む事業者が、地震リスクに備えるため、店舗併用住宅の建物内に保管している商品を保険の対象として、火災保険に付帯して地震保険に加入することを検討している。○×

［2022年1月試験］

これはどう?

ボウリング場を経営する事業者が、施設の管理不備により、来場者がケガをして法律上の損害賠償責任を負うリスクに備えて、施設所有(管理)者賠償責任保険を契約した。 ○×

［2023年9月試験］

解答解説

8 答 3

1…不適切　機械保険は、火災によって生じた損害については補償されません。火災によって生じた損害に備えるには、**火災**保険が適切です。

2…不適切　休業により売上が減少するリスクに備えるには、**店舗休業**保険が適切です。なお、生産物賠償責任保険(PL保険)は、製造、販売した製品の欠陥によって、他人に損害を与え、損害賠償責任を負ったときに備える保険で、食中毒を発生させて損害賠償責任を負った場合はPL保険の補償の対象となります。

3…適　切　普通傷害保険は、業務中の傷害でも補償の対象となります。

4…不適切　施設所有(管理)者賠償責任保険は、施設の不備による事故または施設内外で業務遂行中に生じた事故によって生じた賠償責任に備える保険です。建設業者が、請け負った住宅の工事中に誤って隣家の財物を壊してしまうリスクに備えるには、**請負業者賠償責任**保険が適切です。

答 ○

食中毒を発生させて損害賠償責任を負ったときは、生産物賠償責任保険(PL保険)で補償されます。

答 ×

地震保険は、住宅(居住用建物)と住宅内の家財が補償の対象となります。店舗併用住宅でも補償の対象となるので加入することはできますが、商品などは地震保険の対象となりません。

答 ○

施設の管理不備により、来場者がケガをして法律上の損害賠償責任を負うリスクに備えて施設所有(管理)者賠償責任保険を契約するのは適切です。

損害保険と税金

問題

1 地震保険料控除に関する次の記述のうち、最も適切なものはどれか。

1. 居住用家屋を保険の対象とする地震保険の保険料は、その家屋の所有者と契約者(＝保険料負担者)が同一人である場合に限り、地震保険料控除の対象となる。
2. 店舗併用住宅の所有者が、当該家屋を保険の対象とする火災保険に地震保険を付帯して契約した場合、当該家屋全体の50%以上を居住の用に供しているときは、支払った地震保険料の全額が地震保険料控除の対象となる。
3. 地震保険の保険期間が1年を超える長期契約で、地震保険料を一括で支払った場合、その全額が支払った年分の地震保険料控除の対象となる。
4. 地震保険料控除の控除限度額は、所得税では50,000円、住民税では25,000円である。

［2019年9月試験］

2 個人を契約者(＝保険料負担者)とする損害保険の課税関係に関する次の記述のうち、最も適切なものはどれか。

1. 自宅建物を保険の対象とする火災保険に地震保険を付帯して契約した場合、火災保険料と地震保険料の合計額が地震保険料控除の対象となる。
2. 自宅建物が水災で損害を被ったことにより契約者が火災保険から受け取った保険金は、一時所得として課税対象となる。
3. 被保険自動車を運転中に自損事故を起こした契約者が自動車保険の車両保険から受け取った保険金は、その自動車の修理をしない場合、一時所得として課税対象となる。
4. 契約者を被保険者とする普通傷害保険において、被保険者が業務中の事故で死亡して配偶者が受け取る死亡保険金は、相続税の課税対象となる。

［2020年9月試験］

解答解説

1 答 4

1…不適切　保険契約者本人または契約者と生計を一にする配偶者やその他親族が所有する住宅にかかる地震保険料であれば、地震保険料控除の対象となります。

2…不適切　店舗併用住宅の場合、支払った保険料のうち、住宅部分のみが地震保険料控除の対象となります。ただし、住宅部分(居住用)が家屋全体の「50%以上」ではなく、「**90**%以上」を占めるときは、支払った地震保険料の**全額**が地震保険料控除の対象となります。

3…不適切　数年分の保険料を一括で支払った場合、一括で支払った保険料をその年数で割った金額が、その年の地震保険料控除の対象となります。

4…適　切　地震保険料控除の控除限度額は、所得税では50,000円、住民税では25,000円です。

地震保険料控除額

★所得税…払込保険料の **全額** 。ただし、上限は **50,000** 円

★住民税…払込保険料の **2分の1** 。ただし、上限は **25,000** 円

---

2 答 4

1…不適切　火災保険に地震保険を付帯して契約していても、地震保険料控除の対象となるのは、地震保険料相当額のみです。

2…不適切　建物や家財が火災や水災等により損害を受けたことによって、火災保険から受け取った保険金は**非課税**となります。

3…不適切　損害保険から受け取った保険金は原則として**非課税**となります。車両保険から保険金を受け取り、自動車を修理しなくても非課税です。

4…適　切　契約者を被保険者とする普通傷害保険において、被保険者が死亡して配偶者が受け取る死亡保険金は、**相続**税の課税対象となります。

契約者	被保険者	受取人	税金
A	A	B	**相続**税

問題

3 個人を契約者（＝保険料負担者）および被保険者とする損害保険の税金に関する次の記述のうち、最も不適切なものはどれか。

1. 業務中のケガで入院したことにより契約者が受け取る傷害保険の入院保険金は、非課税となる。
2. 契約者が不慮の事故で死亡したことにより契約者の配偶者が受け取る傷害保険の死亡保険金は、相続税の課税対象となる。
3. 被保険自動車を運転中に自損事故を起こしたことにより契約者が受け取る自動車保険の車両保険金は、当該車両の修理をしない場合、所得税の課税対象となる。
4. 自宅が火災で焼失したことにより契約者が受け取る火災保険の保険金は、非課税となる。

［2023年９月試験］

---

4 契約者（＝保険料負担者）を法人とする損害保険契約の経理処理に関する次の記述のうち、最も適切なものはどれか。

1. すべての役員・従業員を被保険者とする普通傷害保険に加入した場合、支払保険料の全額を損金の額に算入することができる。
2. 積立火災保険の満期返戻金と契約者配当金を法人が受け取った場合、いずれもその２分の１相当額を益金の額に算入し、それまで資産計上していた積立保険料の累計額を損金の額に算入することができる。
3. 法人が所有する業務用自動車が交通事故で全損となり、受け取った自動車保険の車両保険の保険金で同一事業年度内に代替車両を取得した場合であっても、圧縮記帳は認められない。
4. 業務中の事故で従業員が死亡し、普通傷害保険の死亡保険金が保険会社から従業員の遺族へ直接支払われた場合、法人は死亡保険金相当額を死亡退職金として損金の額に算入することができる。

［2021年５月試験］

解答解説

3 答 3

1…適　切　傷害保険から受け取る入院保険金は、生命保険から受け取る入院給付金と同様に、非課税となります。

2…適　切　契約者(=保険料負担者)の配偶者が受け取る死亡保険金は、**相続**税の課税対象となります。

契約者	被保険者	受取人	税金
A	A	B	**相続**税

3…不適切　自動車保険から受け取った車両保険金は、車両の修理をしない場合でも、非課税となります。

4…適　切　火災保険から受け取る保険金は、非課税となります。

4 答 1

1…適　切　すべての役員・従業員を被保険者とする普通傷害保険に加入した場合、支払保険料の全額を損金の額に算入することができます。

2…不適切　満期返戻金と契約者配当金を法人が受け取ったときは、その**全額**を**益金**に算入し、それまで資産計上していた積立保険料の累計額を取り崩し、損金に算入します。

3…不適切　法人の所有する自動車が交通事故で全損となり、受け取った保険金で代替車両を取得した場合には、圧縮記帳(受け取った保険金の額だけ代替車両の取得原価を減額して計上すること)ができます。

4…不適切　業務中の事故で従業員が死亡し、死亡保険金が従業員の遺族へ直接支払われた場合、法人の経理処理はありません。

第三分野の保険

問題

1 医療保険等の一般的な商品性に関する次の記述のうち、最も適切なものはどれか。

1. 人間ドックの受診で異常が認められ、医師の指示の下でその治療を目的として入院した場合、その入院は、医療保険の入院給付金の支払い対象とならない。
2. 先進医療特約で先進医療給付金の支払い対象とされている先進医療は、契約時点において厚生労働大臣によって定められたものをいう。
3. がん保険では、180日間または6ヵ月間の免責期間が設けられており、その期間中に被保険者ががんと診断確定された場合であっても、がん診断給付金は支払われない。
4. 特定(三大)疾病保障定期保険では、保険期間中にがん、急性心筋梗塞、脳卒中のいずれかの疾病により特定疾病保障保険金が支払われた場合、当該保険契約は終了する。

[2021年5月試験]

これはどう?

ガン保険では、ガンによる入院により被保険者が受け取る入院給付金については、支払日数の上限がある。〇✕

[2020年9月試験]

これはどう?

更新型の医療保険は、所定の年齢等の範囲内であれば、保険期間中に入院給付金を受け取ったとしても、契約を更新することができる。〇✕

[2020年9月試験]

これはどう?

限定告知型の医療保険は、他の契約条件が同一で、限定告知型ではない一般の医療保険と比較した場合、保険料は割安となる。〇✕

[2022年9月試験]

解答解説

1 答 4

1…不適切　検査を目的とした人間ドックの受診費用は医療保険の補償の対象外ですが、人間ドックの受診で異常が認められ、治療を目的として入院した場合は、入院給付金の支払対象となります。

2…不適切　先進医療給付金の支払い対象とされている先進医療は、「契約時点」ではなく、「**療養時点**」において厚生労働大臣によって定められたものをいいます。 [SECTION.02参照]

3…不適切　がん保険では**90**日間(**3**カ月間)の免責期間が設けられており、その期間中に被保険者が、がんと診断確定された場合であっても、がん診断給付金は支払われません。

4…適　切　特定(三大)疾病保障定期保険では、保険期間中に**がん、急性心筋梗塞、脳卒中**のいずれかの疾病により特定疾病保障保険金が支払われた場合、保険契約は終了します。

特定疾病保障保険(三大疾病保障保険)

- ★三大疾病とは、**がん**、**急性心筋梗塞**、**脳卒中**をいう
- ★特定疾病保険金を受け取った時点で契約が終了し、その後死亡しても死亡保険金は支払われない
- ★特定疾病保険金を受け取ることなく死亡した場合には、**死亡原因にかかわらず**死亡保険金が支払われる

答 ×

がん入院給付金では支払日数の上限はありません。

答 ○

更新型の医療保険は、健康状態にかかわらず契約が更新されます。保険期間中に入院給付金を受け取ったとしても、契約を更新することができます。

答 ×

限定告知型の医療保険は、告知する項目を限定し、所定の告知項目に該当しなければ契約できる医療保険をいいます。保険料は通常の医療保険に比べて**割高**となります。

2 生保顧客資産相談業務【金財】

生保1 次の設例に基づいて、下記の各問に答えなさい。

［2022年5月試験　第2問 改］

《設 例》

会社員のAさん(61歳)は、専業主婦である妻Bさん(59歳)との2人暮らしである。Aさんは、現在加入している生命保険を介護保障が充実したプランに見直したいと考えているが、これまで生命保険の見直しをしたことがなく、見直しの方法等わからないことが多い。

そこで、Aさんは、ファイナンシャル・プランナーのMさんに相談することにした。

〈Aさんが現在加入している生命保険に関する資料〉

保険の種類　　　：定期保険特約付終身保険
契約年月日　　　：2007年8月1日
月払保険料　　　：22,700円(65歳払込満了)
契約者(＝保険料負担者)・被保険者：Aさん
死亡保険金受取人：妻Bさん

主契約および特約の内容	保障金額	保険期間
終身保険	200万円	終身
定期保険特約	1,100万円	10年
特定疾病保障定期保険特約	200万円	10年
傷害特約	300万円	10年
入院特約	1日目から日額5,000円	10年
リビング・ニーズ特約	－	－

※上記以外の条件は考慮せず、各問に従うこと。

問1　はじめに、Mさんは、Aさんに対して、必要保障額および現在加入している定期保険特約付終身保険の保障金額について説明した。Mさんが説明した以下の文章の空欄①、②に入る最も適切な数値を解答用紙に記入しなさい。なお、問題の性質上、明らかにできない部分は「□□□」で示してある。

「介護保障を充実させる前に、現時点での必要保障額を算出し、準備すべき死亡保障の額を把握しましょう。下記の〈算式〉および〈条件〉を参考にすれば、Aさんが現時点で死亡した場合の必要保障額は(　①　)万円となります。Aさんが現時点で死亡(不慮の事故や所定の感染症以外)した場合、定期保険特約付終身保険から妻Bさんに支払われる死亡保険金額は(　②　)万円となります。他方、Aさんが不慮の事故で180日以内に死亡した場合の死亡保険金額は□□□万円となります」

〈算式〉

必要保障額＝遺族に必要な生活資金等の支出の総額－遺族の収入見込金額

〈条件〉

1. 現在の毎月の日常生活費は35万円であり、Aさん死亡後の妻Bさんの生活費は、現在の日常生活費の50％とする。
2. 現時点の妻Bさんの年齢における平均余命は、30年とする。
3. Aさんの死亡整理資金(葬儀費用等)、緊急予備資金は、500万円とする。
4. 住宅ローン(団体信用生命保険に加入)の残高は、300万円とする。
5. 死亡退職金見込額とその他金融資産の合計額は、2,200万円とする。
6. Aさん死亡後に妻Bさんが受け取る公的年金等の総額は、4,500万円とする。
7. 現在加入している生命保険の死亡保険金額は考慮しなくてよい。

問2　次に、Mさんは、Aさんに対して、公的介護保険について説明した。Mさんが説明した次の記述①～③について、適切なものには○印を、不適切なものには×印を解答用紙に記入しなさい。

①「公的介護保険の被保険者は、65歳以上の第1号被保険者と40歳以上65歳未満の医療保険加入者である第2号被保険者に区分されます。保険給付を受けるためには、市町村(特別区を含む)から要介護認定または要支援認定を受ける必要があります」

②「公的介護保険の第２号被保険者が保険給付を受けられるのは、特定疾病が原因で要介護状態または要支援状態となった場合に限られていますが、第１号被保険者は、要介護状態または要支援状態となった原因を問わず、保険給付を受けることができます」

③「公的介護保険の第１号被保険者が保険給付を受けた場合の自己負担割合は、合計所得金額の多寡にかかわらず、実際にかかった費用（食費、居住費等を除く）の１割となります」

問３　最後に、Ｍさんは、Ａさんに対して、Ａさんが現在加入している生命保険の見直し等について説明した。Ｍさんが説明した次の記述①～④について、適切なものには〇印を、不適切なものには×印を解答用紙に記入しなさい。

①「現在加入している定期保険特約付終身保険の定期保険特約は、65歳の主契約の保険料払込期間満了後も更新することができますが、更新後の保険料は大幅に上昇します。支出可能な保険料の額を踏まえたうえで、無理のない範囲内で見直しを行ってください」

②「現在加入している終身保険を残し、その他の特約を減額または解約して、介護保険に新規加入する方法が考えられます。公的介護保険の給付は、主に訪問介護や通所介護（デイサービス）などの現物給付による介護サービスであるため、一定額の介護年金および介護一時金を準備することは検討に値すると思います」

③「現在加入している定期保険特約付終身保険を見直す方法として、契約転換制度の活用が考えられます。契約転換時の告知や医師の診査は不要で、健康状態にかかわらず、保障内容を見直すことができます」

④「現在加入している定期保険特約付終身保険を契約転換して、同じ生命保険会社の介護保障に特化した保険に加入した場合、現在加入している終身保険の保障は消滅します。契約転換制度を利用する際は、転換前・転換後契約の保障内容等を比較して、総合的に判断してください」

生保1 解答解説

問1 ① 100万円 ② 1,500万円

①…必要保障額は、遺族に必要な生活資金等の支出の総額から遺族の収入見込額を差し引いて計算します。なお、団体信用生命保険では、住宅ローンを借りた人が死亡等した場合、本人に代わって保険会社がローン残高を銀行に支払うので、Aさん死亡後の住宅ローンの返済はありません。

必要生活費：35万円×50%×12カ月×30年＝6,300万円

遺族に必要な生活資金等の支出の総額：6,300万円＋500万円
＝6,800万円

遺族の収入見込額：2,200万円＋4,500万円＝6,700万円

必要保障額：6,800万円－6,700万円＝100万円

②…特定疾病保障定期保険特約は、保険金を受け取ることなく死亡した場合は、原因を問わず保険金が支払われます。

終身保険	：	200万円
定期保険特約	：	1,100万円
特定疾病保障定期保険特約	：	200万円
保険金支払額	：	1,500万円

問2 ① ○ ② ○ ③ ×

①…公的介護保険の被保険者は、65歳以上の第1号被保険者と40歳以上65歳未満の第2号被保険者に区分されます。また、保険給付を受けるには、市区町村から一定の認定を受ける必要があります。

②…公的介護保険の第1号被保険者は、原因を問わず要介護・要支援状態になった場合に、第2号被保険者は特定疾病が原因で要介護・要支援状態になった場合に保険給付を受けられます。

③…公的介護保険の自己負担割合は原則**1**割ですが、第1号被保険者で、一定以上の所得のある人は**2**割または**3**割です。

問3 ① × ② ○ ③ × ④ ○

①…定期保険特約付終身保険（更新型）は、特約部分を更新することができますが、更新できるのは主契約である終身保険の保険料払込期間満了時までです。

③…契約転換時には告知や医師の診査が必要です。そのため、健康状態によっては契約転換ができないこともあります。

④…契約転換をした場合、現在の契約（保障）は消滅します。

生保2 次の設例に基づいて、下記の各問に答えなさい。

［2022年9月試験　第2問 ㊙］

《設 例》

会社員であるＡさん(31歳)は、先日、職場で生命保険会社の営業担当者から生命保険の提案を受けた。Ａさんは、これまで独身である自分に生命保険は必要ないと考えていたが、提案を受けたことを機に、病気になった場合の保障の必要性を感じ、加入を検討するようになった。なお、Ａさんは全国健康保険協会管掌健康保険の被保険者である。

そこで、Ａさんは、懇意にしているファイナンシャル・プランナーのＭさんに相談することにした。

〈Ａさんが提案を受けた終身医療保険に関する資料〉

保険の種類：無配当終身医療保険

月払保険料：6,100円(全額が介護医療保険料控除の対象)

保険料払込期間：終身払込(注１)

契約者(＝保険料負担者)・被保険者：Ａさん

主契約の内容	保障金額	保険期間
入院給付金	日額10,000円	終身
手術給付金	一時金　５万円または20万円	終身

特約の内容	保障金額	保険期間
入院一時金特約（注２）	一時金　10万円	終身
三大疾病一時金特約（注３）	一時金　100万円	終身
先進医療特約	先進医療の技術費用と同額	10年

(注１)保険料払込期間は、契約時に有期払込を選択することができる。

(注２)１日以上の入院の場合に支払われる。

(注３)がん(悪性新生物)と診断確定された場合、または急性心筋梗塞・脳卒中で所定の状態に該当した場合に一時金が支払われる(死亡保険金の支払はない)。

※上記以外の条件は考慮せず、各問に従うこと。

問1　Mさんは、Aさんが提案を受けた終身医療保険の保障内容について説明した。Mさんが説明した次の記述①～③について、適切なものには○印を、不適切なものには×印を解答用紙に記入しなさい。

①「Aさんが生まれて初めてがん(悪性新生物)に罹患したと医師によって診断確定され、10日間入院(手術なし)した場合、提案を受けた終身医療保険から支払われる給付金および一時金の合計額は110万円です」

②「先進医療の治療を受けた場合、診察料や投薬料等に係る費用は公的医療保険の対象となりますが、技術料に係る費用は全額自己負担となりますので、先進医療特約の付加をお勧めします」

③「提案を受けた終身医療保険の保険料払込期間を有期払込にすることで、毎月の保険料負担は減少し、保険料の払込総額も少なくなります。保険料負担を軽減するために有期払込を選択することをお勧めします」

問2　Mさんは、Aさんに対して、生命保険の加入等について説明した。Mさんが説明した次の記述①～③について、適切なものには○印を、不適切なものには×印を解答用紙に記入しなさい。

①「生命保険の契約の際には、傷病歴や現在の健康状態などについて、事実をありのままに正しく告知してください。告知受領権は生命保険募集人が有していますので、当該募集人に対して口頭で告知してください」

②「Aさんが提案を受けた終身医療保険の保険料は、介護医療保険料控除の対象となります。介護医療保険料控除の控除限度額は、所得税で50,000円、住民税で25,000円です」

③「医療技術の進歩や社会保険制度の改正等に合わせ、今後も生命保険の商品改定が行われていくと思います。保険料が割安なうちに終身医療保険に加入し、一生の保障を確保することもよいですが、一度加入して終わりにするのではなく、ライフステージの変化等に伴い、定期的に保障内容を見直すことをお勧めします」

生保2 解答解説

問1 ①× ②○ ③×

①…がんと診断された場合、三大疾病一時金特約から100万円が支払われます。また、10日間の入院で、入院給付金から10万円（1万円×10日）と入院一時金特約から10万円が支払われるので、合計120万円が支払われることになります。

②…先進医療の技術料は公的医療保険の適用対象外なので、全額自己負担になります。その他の投薬料、診察料、入院料などは公的医療保険が適用され、自己負担額は一部となります。

③…終身保険の有期払込（たとえば10年間保険料を支払う）と終身払込（一生保険料を支払う）では、他の条件が同じであれば毎回の払込保険料は有期払込のほうが**高く**なります。

問2 ①× ②× ③○

①…生命保険募集人には告知受領権（告知を受ける権利）はないので、生命保険募集人に傷病歴や現在の健康状態などを口頭で伝えても告知をしたことになりません。

②…設問の終身医療保険の保険料は介護医療保険料控除の対象となりますが、2012年以降に締結した契約にかかる生命保険料控除額は、一般の生命保険料控除、個人年金保険料控除、介護医療保険料控除でそれぞれ所得税**40,000**円、住民税**28,000**円が限度となっています。

生保3 次の設例に基づいて、下記の各問に答えなさい。

［2023年9月試験　第3問 改］

《設 例》

Aさん（71歳）は、X株式会社（以下、「X社」という）の代表取締役社長である。Aさんは、今期限りで専務取締役の長男Bさん（40歳）に社長の座を譲り、勇退することを決意している。

Aさんは、先日、〈資料1〉の生命保険に関して、生命保険会社の営業担当者であるファイナンシャル・プランナーのMさんに相談した。また、Mさんから、長男Bさんを被保険者とする〈資料2〉の生命保険の提案を受けた。

〈資料1〉X社が現在加入している生命保険の契約内容

保険の種類：終身保険（特約付加なし、予定利率：5.5%）

契約年月日	：1993年12月1日（40歳時加入）
契約者（＝保険料負担者）	：X社
被保険者	：Aさん
死亡保険金受取人	：X社
死亡・高度障害保険金額	：5,000万円
保険料払込期間	：65歳満了（保険料の払込みは満了している）
年払保険料	：90万円
払込保険料累計額	：2,250万円（25年間の累計額）
現時点の解約返戻金額	：2,300万円

〈資料2〉Mさんから提案を受けた生命保険の内容

保険の種類：無配当定期保険（特約付加なし）

契約者（＝保険料負担者）	：X社
被保険者	：長男Bさん
死亡保険金受取人	：X社
死亡・高度障害保険金額	：1億円
保険期間・保険料払込期間	：95歳満了
年払保険料	：200万円
最高解約返戻率	：83%

※保険料の払込みを中止し、払済終身保険に変更することができる。
※所定の範囲内で、契約者貸付制度を利用することができる。

※上記以外の条件は考慮せず、各問に従うこと。

問1　仮に、X社がAさんに役員退職金5,000万円を支給した場合、Aさんが受け取る役員退職金について、次の①、②を求めなさい(計算過程の記載は不要)。〈答〉は万円単位とすること。なお、Aさんの役員在任期間(勤続年数)を35年3カ月とし、これ以外に退職手当等の収入はなく、障害者になったことが退職の直接の原因ではないものとする。

①　退職所得控除額

②　退職所得の金額

問2　Mさんは、Aさんに対して、〈資料1〉の終身保険について説明した。Mさんが説明した次の記述①～③について、適切なものには○印を、不適切なものには×印を解答用紙に記入しなさい。

①「現時点で当該生命保険を解約した場合、配当金等を考慮しなければ、X社はそれまで資産計上していた保険料積立金2,250万円を取り崩して、解約返戻金2,300万円との差額50万円を雑収入として経理処理します」

②「勇退時に契約者をAさん、死亡保険金受取人をAさんの相続人に名義を変更することで、当該生命保険を役員退職金の一部としてAさんに支給することができます。保険料の払込みが既に終わっており、今後も解約返戻金額が増加することを考えると、個人の保険として保障を継続することも選択肢の1つです」

③「契約者をAさん、死亡保険金受取人をAさんの相続人に名義を変更し、当該生命保険を役員退職金の一部としてAさんに支給した場合、名義変更時の既払込保険料総額がAさんの退職所得に係る収入金額となり、他の退職手当等と合算して退職所得の金額を計算します」

問3　Mさんは、Aさんに対して、〈資料2〉の定期保険について説明した。Mさんが説明した次の記述①～④について、適切なものには○印を、不適切なものには×印を解答用紙に記入しなさい。

①「当該生命保険の単純返戻率(解約返戻金額÷払込保険料累計額)は、保険期間の途中でピークを迎え、その後は低下し、保険期間満了時には0(ゼロ)になります。当該生命保険の解約返戻金は、役員退職金の原資や設備投資等の事業資金として活用することができます」

②「当該生命保険の場合、保険期間開始日から保険期間の4割に相当する期間を経過する日までは、当期分支払保険料の6割相当額を前払保険料として資産に計上し、残額は損金の額に算入します」

③「当該生命保険を長男Bさんの勇退時に払済終身保険に変更した場合、契約は継続しているため、経理処理の必要はありません」

④「保険期間中にX社に緊急の資金需要が発生し、契約者貸付制度を利用する場合、当該制度により借り入れることができる金額は、利用時点での既払込保険料相当額が限度となります」

生保3 解答解説

問1 ① 1,920万円　② 1,540万円

※本問はCH04タックスプランニングの内容ですが、試験(実技)ではこの分野でも出題されます。

勤続年数が20年を超える場合の退職所得控除額は、次の計算式で計算します。

退職所得控除額＝800万円＋70万円×(勤続年数－20年)

なお、勤続年数が35年3カ月であるため、退職所得を計算するさいの勤続年数は36年(1年未満は切り上げ)で計算します。

また、退職所得は次の計算式で求めます。

退職所得＝(収入金額－退職所得控除額)×$\frac{1}{2}$

①退職所得控除額：800万円＋70万円×(36年－20年)＝1,920万円

②退職所得の金額：(5,000万円－1,920万円)×$\frac{1}{2}$＝1,540万円

問2 ①○　②○　③×

①…保険金受取人が法人である終身保険の保険料を法人が支払ったときは、保険料全額を保険料積立金として資産計上します。そして、終身保険を解約したときは、資産計上している保険料積立金を取り崩し、解約返戻金との差額を「雑収入」または「雑損失」として処理します。
本問では、保険料積立金(これまで支払っていた保険料)が2,250万円、解約返戻金が2,300万円で、受け取った解約返戻金のほうが多いため、差額の50万円を「雑収入」として処理します。

借　方		貸　方	
現金・預金	2,300万円	保険料積立金	2,250万円
		雑　収　入	50万円

③…終身保険契約を役員退職金として支給した場合、「既払込保険料総額」ではなく、「**解約返戻金**相当額」が退職所得にかかる収入金額となります。

問3 ①○　②○　③×　④×

①…本問のような保険期間の長い定期保険の単純返戻率(解約返戻金額÷払込保険料累計額)は保険期間の途中でピークを迎え、その後低下し、保険期間満了時にはゼロになります。解約返戻金は役員退職金の原資や設備投資等の事業資金として活用することができます。

②…2019年７月以降に契約した保険期間が３年以上の定期保険の保険料は、最高解約返戻率に応じて処理が異なります。
最高解約返戻率が83%(70%超85%以下)の場合、保険期間の当初**4**割の期間については、支払保険料の**6**割相当額を資産計上し、残りは損金算入します。

③…定期保険から払済定期保険(同種の保険)に変更した場合には、変更時には経理処理は不要ですが、定期保険から払済終身保険に変更した場合(本問の場合)には、洗替えの処理が必要です。具体的には、変更時における解約返戻金相当額を資産計上し、同額を「雑収入」として益金の額に算入します。

④…契約者貸付制度を利用する場合の借入限度額は、**解約返戻金**の一定範囲内(一般的には8割から9割)となります。

生保4 次の設例に基づいて、下記の各問に答えなさい。

［2023年１月試験　第３問 改］

《設 例》

Ａさん(72歳)は、Ｘ株式会社(以下、「Ｘ社」という)の創業社長である。Ａさんは、今期限りで専務取締役の長男Ｂさん(40歳)に社長の座を譲り、勇退することを決意している。Ｘ社は、現在、下記の〈資料〉の生命保険に加入している。

そこで、Ａさんは、生命保険会社の営業担当者であるファイナンシャル・プランナーのＭさんに相談することにした。

〈資料〉Ｘ社が現在加入している生命保険の契約内容

保険の種類：5年ごと利差配当付長期平準定期保険(特約付加なし)

契約年月日	：2005年６月１日
契約者(＝保険料負担者)	：Ｘ社
被保険者	：Ａさん
死亡保険金受取人	：Ｘ社
保険期間・保険料払込期間	：95歳満了
死亡・高度障害保険金額	：１億円
年払保険料	：330万円
現時点の解約返戻金額	：5,200万円
現時点の払込保険料累計額	：6,600万円

※解約返戻金額の80％の範囲内で、契約者貸付制度を利用することができる。

※保険料の払込みを中止し、払済終身保険に変更することができる。

※上記以外の条件は考慮せず、各問に従うこと。

問１　Ｍさんは、Ａさんに対して、〈資料〉の長期平準定期保険について説明した。Ｍさんが説明した次の記述①～④について、適切なものには○印を、不適切なものには×印を解答用紙に記入しなさい。

①「当該生命保険を現時点で解約した場合、Ｘ社はそれまで資産計上していた前払保険料6,600万円を取り崩して、解約返戻金5,200万円との差額1,400万円を雑損失として経理処理します」

②「Ａさんの勇退時に当該生命保険を払済終身保険に変更し、契約者をＡさん、

死亡保険金受取人をAさんの相続人に名義を変更することで、X社は終身保険契約を役員退職金の一部としてAさんに現物支給することができます」

③ 「当該生命保険を現時点で払済終身保険に変更した場合、変更した事業年度において雑損失が計上されます。したがって、変更した事業年度の利益を減少させる効果があります」

④ 「X社が契約者貸付制度を利用し、契約者貸付金を受け取った場合、その全額を雑収入として益金の額に算入します」

問2　Mさんは、長男Bさんに対して、生命保険の活用方法について説明した。Mさんが説明した次の記述①〜③について、適切なものには○印を、不適切なものには×印を解答用紙に記入しなさい。

① 「経営者が要介護状態あるいは重度の疾患等で長期間不在となった場合、業績が悪化してしまう可能性も考えられます。そのため、長男Bさんが重い病気等になった場合にX社が一時金を受け取ることができる生前給付タイプの生命保険に加入されることも検討事項の1つとなります」

② 「保険期間10年の定期保険は、長期平準定期保険に比べて保険料が割安なうえ、保険期間の途中で解約することで、多額の解約返戻金を受け取ることができるため、長男Bさんの役員(生存)退職金を準備する方法として適しています」

③ 「役員・従業員の退職金準備のために、養老保険の福利厚生プランを活用する方法があります。契約者をX社、被保険者を役員・従業員全員、死亡保険金受取人を役員・従業員の遺族、満期保険金受取人をX社とする養老保険に加入することにより、支払保険料の全額を福利厚生費として損金の額に算入することができます」

生保4 解答解説

問1 ①× ②○ ③× ④×

①…2019年7月7日までに契約した長期平準定期保険の保険料は、保険期間の当初6割の期間分については2分の1を損金に算入し、残りを資産計上します。したがって、現時点の払込保険料6,600万円のうち3,300万円が「前払保険料」として資産計上されているため、現時点で解約したときには、資産計上している前払保険料3,300万円を取り崩しますが、受け取る解約返戻金5,200万円のほうが多いので、その差額1,900万円は「**雑収入**」として益金に計上します。

借　方		貸　方	
現金預金	5,200万円	前払保険料 雑　収　入	3,300万円 1,900万円

③…〈資料〉の長期平準定期保険を払済終身保険に変更した場合、それまでの保険を解約して新たな保険に加入したとして、洗替えの処理を行います。具体的には、資産計上していた「前払保険料」を取り崩し、現時点の解約返戻金額を新たに「前払保険料」として資産計上します。そして、その差額を「雑収入」または「雑損失」として処理します。本問では、解約返戻金額が5,200万円で、「前払保険料」として資産計上している金額が3,300万円(上記①より)なので、差額の1,900万円を「雑収入」として益金に計上します。

借　方		貸　方	
前払保険料	5,200万円	前払保険料 雑　収　入	3,300万円 1,900万円

そのため、変更した事業年度の利益を**増加**させることになります。

④…契約者貸付制度を利用して、契約者貸付金を受け取った場合、資金を借り入れたことになるので、「借入金(負債)」として処理します。

問2 ①○ ②× ③×

②…保険期間が短い定期保険の解約返戻金はないか、あってもごくわずかです。したがって、役員退職金の準備には適していません。

③…養老保険で、契約者を会社、被保険者を役員・従業員の全員、死亡保険金受取人を役員・従業員の遺族、満期保険金受取人を会社とする福利厚生プランでは、支払保険料の**半分**を「福利厚生費」として損金の額に算入することができます(残りの半分は「保険料積立金」として資産計上します)。

資産 1 佐野大輔さん(50歳)が保険契約者(保険料負担者)および被保険者として加入している生命保険(下記〈資料〉参照)の保障内容に関する次の記述の空欄(ア)～(ウ)にあてはまる数値を解答欄に記入しなさい。なお、保険契約は有効に継続し、かつ特約は自動更新しているものとし、大輔さんはこれまでに〈資料〉の保険から、保険金・給付金を一度も受け取っていないものとする。また、各々の記述はそれぞれ独立した問題であり、相互に影響を与えないものとする。

〈資料／保険証券１〉

無配当定期保険特約付終身保険　　保険証券記号番号 ××－××××××

保険契約者	佐野　大輔　様 1974年９月６日生　男性	保険契約者印 (佐野)
被保険者	佐野　大輔　様 1974年９月６日生　男性	
受取人	死亡保険金 佐野　加奈子　様（妻）	受取割合 10割

◇契約日
2004年11月１日

◇主契約の保険期間
終身

◇主契約の保険料払込期間
30年間

◇特約の保険期間
10年
（80歳まで自動更新）

◇ご契約内容

終身保険金額（主契約保険金額）			300万円
定期保険特約保険金額			2,000万円
三大疾病保障定期保険特約保険金額			1,000万円
傷害特約保険金額			500万円
災害入院特約	入院５日目から	日額	5,000円
疾病入院特約	入院５日目から	日額	5,000円

※約款所定の手術を受けた場合、手術の種類に応じて入院給付金日額の10倍・20倍・40倍の手術給付金を支払います。

◇お払い込みいただく合計保険料

毎回　△△,△△△円

［保険料払込方法］
月払い

※入院給付金の１入院当たりの限度日数は120日、通算限度日数は1,095日です。

〈資料／保険証券２〉

保険種類　終身医療保険　　　　保険証券記号番号　○○－○○○○○

		保険契約者印
保険契約者	佐野　大輔　様 1974年９月６日生　男性	㊖
被保険者	佐野　大輔　様 1974年９月６日生　男性	
受取人	給付金　佐野　大輔　様 死亡保険金　佐野　加奈子　様（妻）	受取割合 10割

◇契約日
2018年８月１日

◇保険期間
終身

◇保険料払込期間
終身

◇ご契約内容

疾病入院給付金	１日目から日額	5,000円
災害入院給付金	１日目から日額	5,000円
手術給付金	１回につき	10万円
※約款所定の手術を受けた場合、手術給付金を支払います。		
通院給付金	１日につき	3,000円
※退院後の通院に限り、通院給付金を支払います。		
死亡保険金		20万円

※入院給付金の１入院当たりの限度日数は60日、通算限度日数は1,095日です。

◇お払い込みいただく合計保険料

毎月　×,×××円

［保険料払込方法］
月払い

・大輔さんが現時点で、肺炎で20日間入院し（手術は受けていない）、退院日の翌日から約款所定の期間内に10日間通院した場合、保険会社から支払われる保険金・給付金の合計は（　ア　）万円である。
・大輔さんが現時点で、初めてがん（悪性新生物）と診断され、治療のため42日間入院し、その間に約款所定の手術（給付倍率40倍）を１回受けた場合、保険会社から支払われる保険金・給付金の合計は（　イ　）万円である。
・大輔さんが現時点で、交通事故で死亡（入院・手術なし）した場合、保険会社から支払われる保険金・給付金の合計は（　ウ　）万円である。

※約款所定の手術は無配当定期保険特約付終身保険および終身医療保険ともに該当するものである。

［2021年９月試験　第４問　問11 ㊼］

解答 (ア) **21**万円 (イ) **1,070**万円 (ウ) **3,820**万円

三大疾病保障定期保険特約は、**がん**、**急性心筋梗塞**、**脳卒中**により所定の状態となったときに保険金が支払われます(→イ)。また、保険金を受け取ることなく死亡した場合には、死亡原因にかかわらず保険金が支払われます(→ウ)。

(ア)…〈保険証券1〉
疾病入院特約 ：5,000円×(20日－4日)＝ 8万円
〈保険証券2〉
疾病入院給付金：5,000円×20日 ＝ 10万円
通院給付金 ：3,000円×10日 ＝ 3万円
合 計 21万円

(イ)…〈保険証券1〉
三大疾病保障定期保険特約保険金額： 1,000万円
疾病入院特約 ：5,000円×(42日－4日)＝ 19万円
手術給付金 ：5,000円×40倍 ＝ 20万円
〈保険証券2〉
疾病入院給付金：5,000円×42日 ＝ 21万円
手術給付金 ： 10万円
合 計 1,070万円

(ウ)…〈保険証券1〉
終身保険金額： 300万円
定期保険特約保険金額： 2,000万円
三大疾病保障定期保険特約保険金額： 1,000万円
傷害特約保険金額： 500万円
〈保険証券2〉
死亡保険金： 20万円
合 計 3,820万円

資産2 荒木陽介さん（48歳）が加入の提案を受け、加入することにした生命保険の保障内容は下記〈資料〉のとおりである。次の記述の空欄（ア）～（ウ）にあてはまる数値を解答欄に記入しなさい。なお、保険契約は有効に継続し、かつ特約は自動更新しているものとし、荒木さんはこれまでに〈資料〉の保険から、保険金・給付金を一度も受け取っていないものとする。また、各々の記述はそれぞれ独立した問題であり、相互に影響を与えないものとする。

〈資料／生命保険提案書〉

ご提案書
保険種類：利率変動型積立保険

（ご契約者）　荒木 陽介 様
（被保険者）　荒木 陽介 様
（年齢・性別）　48 歳・男性

予定契約日：2024 年 9 月 1 日
払込保険料合計：××,××× 円
支払方法：月払い、口座振替

長期生活保障保険　60 歳まで
普通定期保険　60 歳まで
医療保険　入院サポート特約　終身払込　終身
生活習慣病保険　7 大疾病一時金特約　終身払込　終身
利率変動型積立保険　終身

▲48 歳契約

◇ご提案内容

ご契約内容	保険期間	保険金・給付金名称	主なお支払事由など	保険金額・給付金額
利率変動型積立保険	終身	死亡給付金 災害死亡給付金	死亡のとき（※1） 事故などで死亡のとき	積立金額 積立金額の 1.5 倍
長期生活保障保険	60 歳まで	死亡・高度障害年金	死亡・高度障害のとき	毎年 120 万円 ×10 年間
普通定期保険	60 歳まで	死亡・高度障害保険金	死亡・高度障害のとき	300 万円
医療保険	終身払込 終身	入院給付金 手術給付金	入院のとき 1 日目から （1 入院 120 日限度） （イ）入院中に所定の手術のとき （ロ）外来で所定の手術のとき （ハ）がん・脳・心臓に対する所定の手術のとき	日額 10,000 円 20 万円 5 万円 （イ）または（ロ）にプラス 20 万円
入院サポート特約	終身払込 終身	入院準備費用給付金	1 日以上の入院のとき	10 万円
生活習慣病保険	終身払込 終身	生活習慣病入院給付金	所定の生活習慣病（※2）で 1 日以上入院のとき （1 入院 120 日限度）	日額 10,000 円
リビング・ニーズ特約	－	特約保険金	余命 6 ヵ月以内と判断されるとき	死亡保険金の範囲内 （通算 3,000 万円限度）
7 大疾病一時金特約	終身払込 終身	7 大疾病一時金	7 大疾病で所定の診断・入院・手術（※2）のとき	複数回支払（※2） 300 万円

（※1）災害死亡給付金が支払われるときは、死亡給付金は支払いません。
（※2）生活習慣病入院給付金、7 大疾病一時金特約の支払対象となる生活習慣病は、以下のとおりです。
がん／心臓病／脳血管疾患／腎疾患／肝疾患／糖尿病／高血圧性疾患
7 大疾病一時金を複数回お支払いするときは、その原因が新たに生じていることが要件となります。ただし、7 大疾病一時金が支払われた最後の支払事由該当日からその日を含めて 1 年以内に支払事由に該当したときは、お支払いしません。なお、拡張型心筋症や慢性腎臓病・肝硬変・糖尿病性網膜症・（解離性）大動脈瘤と診断されたことによるお支払いは、それぞれ 1 回限りとなります。

・2024年10月に、荒木さんが交通事故で死亡（入院・手術なし）した場合、保険会社から支払われる保険金・給付金の合計は（　ア　）万円である。なお、死亡時の利率変動型積立保険の積立金額は4万円とする。
・2024年11月に、荒木さんが余命6ヵ月以内と判断された場合、リビング・ニーズ特約の請求において指定できる最大金額は（　イ　）万円である。なお、利率変動型積立保険と長期生活保障保険のリビング・ニーズ特約の請求はしないものとし、指定保険金額に対する6ヵ月分の利息と保険料相当額は考慮しないものとする。
・2024年12月に、荒木さんが初めてがん（悪性新生物）と診断され、治療のため20日間入院し、その間に約款所定の手術を1回受けた場合、保険会社から支払われる保険金・給付金の合計は（　ウ　）万円である。なお、上記内容は、がんに対する所定の手術、所定の生活習慣病、7大疾病で所定の診断に該当するものとする。

［2023年1月試験　第4問　問11 ㊒］

資産2 解答解説

解答 (ア) **1,506**万円　(イ) **300**万円　(ウ) **390**万円

(ア)…交通事故で死亡した場合に保険会社から支払われる保険金・給付金は、次のとおりです。

利率変動型積立保険	：4万円×1.5倍＝	6万円
長期生活保障保険	：120万円×10年＝	1,200万円
普通定期保険	：	300万円
	合　計	1,506万円

(イ)…リビング・ニーズ特約の保険金額・給付金額は、「死亡保険金の範囲内」なので、普通定期保険の死亡保険金の額である300万円が、請求を指定できる最大金額となります（「利率変動型積立保険と長期生活保障保険のリビング・ニーズ特約の請求はしない」とあるので、普通定期保険のみとなります）。

(ウ)…がんと診断されて、入院(20日間)、手術をした場合の保険会社から支払われる保険金・給付金は、次のとおりです。

医療保険(入院)	：1万円×20日＝	20万円
医療保険(手術)	：20万円＋20万円＝	40万円
入院サポート特約	：	10万円
生活習慣病保険	：1万円×20日＝	20万円
7大疾病一時金特約	：	300万円
	合　計	390万円

資産3 野村さんは、生命保険の解約返戻金について、FPの柴田さんに質問をした。柴田さんが生命保険の解約返戻金相当額について説明する際に使用した下記のイメージ図のうち、一般的な定期保険の解約返戻金相当額の推移に係る図として、最も適切なものはどれか。

1.

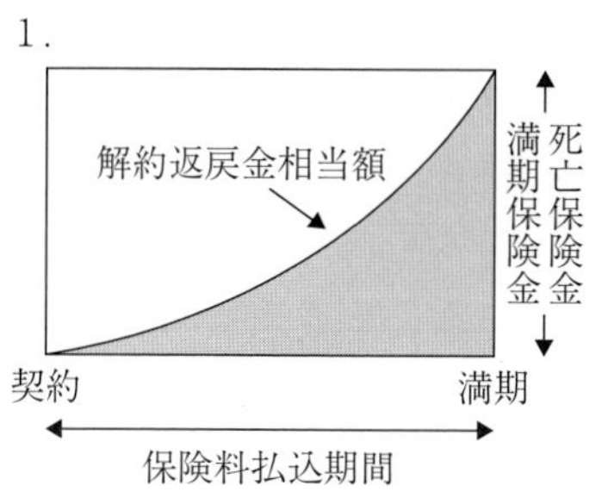

2.

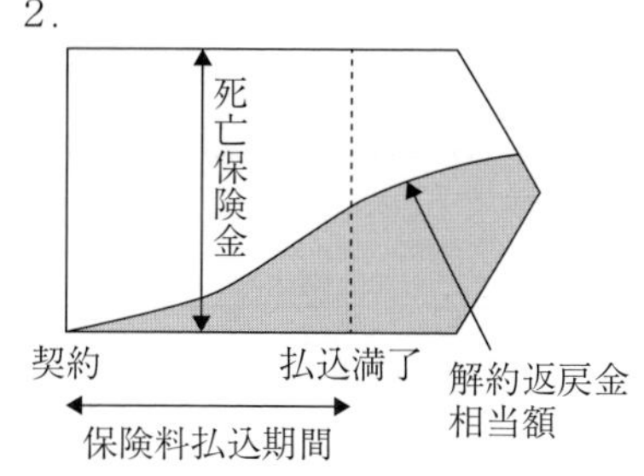

3.

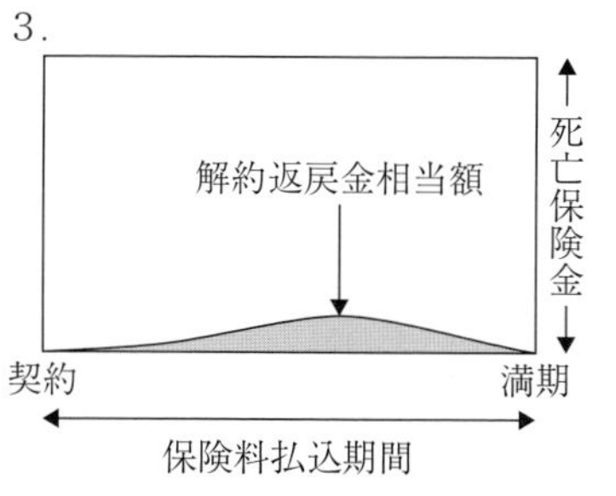

4.

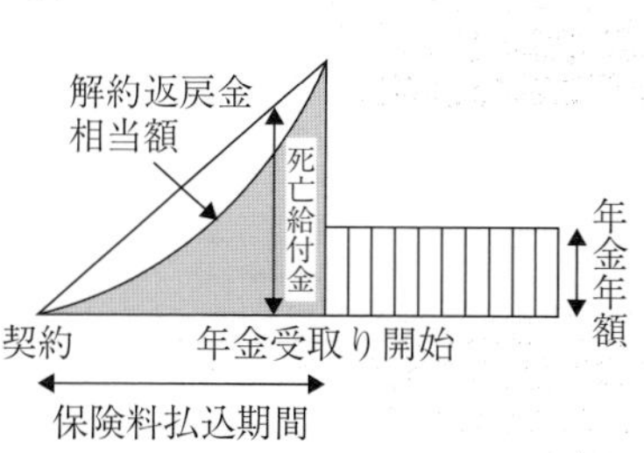

［2018年1月試験　第4問　問12］

資産3 解答解説

解答 3

定期保険は、満期保険金がなく、保険料払込期間、保障期間が決まっている保険です。また、一般的な定期保険の解約返戻金は、ほぼゼロか、あってもごくわずかです。したがって、3が一般的な定期保険の図です。

1…養老保険（一定期間内に死亡した場合には死亡保険金が支払われ、満期まで生存していた場合には満期保険金が支払われる保険）の図です。
2…終身保険（保障が一生涯続き、満期がない保険）の図です。
4…定額個人年金保険（契約時に決めた一定の年齢に達すると一定の年金が支払われる保険）の図です。

資産4 剛さん(31歳)は、契約中の収入保障保険Aの保障額について、FPの東さんに質問をした。東さんが説明の際に使用した下記〈イメージ図〉を基に、2024年10月1日に剛さんが死亡した場合に支払われる年金総額として、正しいものはどれか。なお、年金は毎月受け取るものとする。

[保険]

収入保障保険A：年金月額15万円。保険契約者(保険料負担者)および被保険者は剛さん、年金受取人は妻の陽子さんである。

〈イメージ図〉

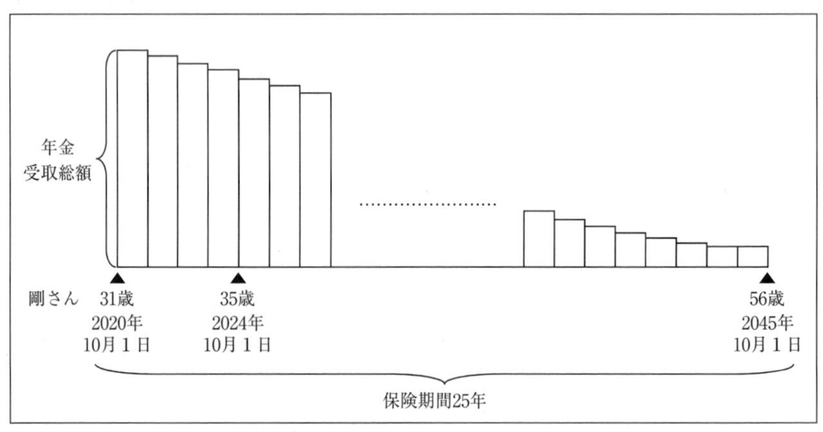

※剛さんは、収入保障保険Aを2020年10月1日に契約している。

※保険期間は25年、保証期間は2年である。

1. 360万円　　2. 3,780万円　　3. 4,500万円　　4. 4,860万円

[2022年1月試験　第9問　問32 ㊙]

資産4 解答解説

解答 2

収入保障保険Aの年金月額は15万円なので、年額は180万円(15万円×12カ月)です。そして、死亡時(35歳)から保険期間終了時(56歳)まで21年間なので、支払われる年金総額は3,780万円(180万円×21年)です。

資産5 下記〈資料〉は、藤原さんが契約した生命保険の契約の流れを示したものである。この保険契約の保障が開始する日として、最も適切なものはどれか。なお、責任開始日(期)に関する特約等はない契約であり、保険料は月払いであるものとする。

〈資料〉

・2024年4月10日　募集人との面談により申込書類の記入と告知が完了 ・2024年4月21日　保険会社の事務・医務査定が完了(保険会社の引受けの承諾) ・2024年4月27日　第1回保険料の払込み(代理店に直接払い込んでいる) ※この保険契約の保険証券に記載の契約日(保険期間の始期)は、2024年5月1日である。

1. 2024年4月10日
2. 2024年4月21日
3. 2024年4月27日
4. 2024年5月1日

[2020年1月試験　第4問　問12 改]

資産5 解答解説

解答 3

保険契約の保障が開始する日を責任開始日といいます。責任開始日は、(保険会社の承諾を前提として)❶ **申込み**(4月10日)、❷ **告知**(4月10日)、❸ **第1回保険料の払込み**(4月27日)がすべて完了した日となります。

したがって、本問では4月27日が責任開始日(保障が開始する日)となります。

資産6 下記(ア)～(ウ)は、終身保険について、従来の保険料を払い続けることが困難になった場合に、解約をせずに保険契約を継続する方法の仕組みを図で表したものである。(ア)～(ウ)の仕組み図と契約継続方法の組み合わせとして、正しいものはどれか。

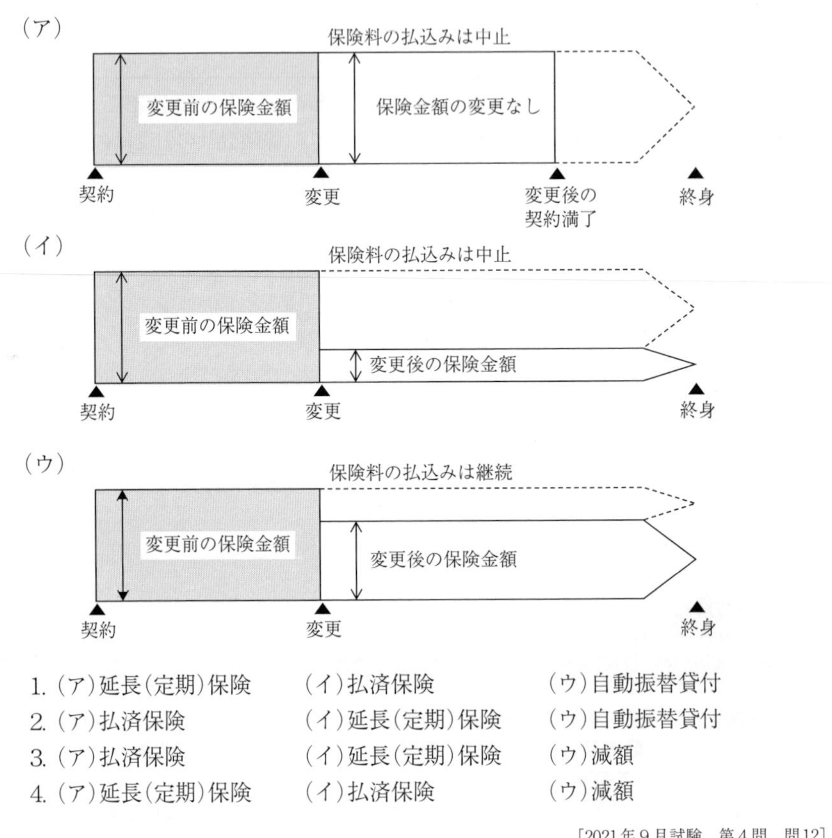

1. (ア)延長(定期)保険　(イ)払済保険　(ウ)自動振替貸付
2. (ア)払済保険　(イ)延長(定期)保険　(ウ)自動振替貸付
3. (ア)払済保険　(イ)延長(定期)保険　(ウ)減額
4. (ア)延長(定期)保険　(イ)払済保険　(ウ)減額

[2021年9月試験　第4問　問12]

資産6 解答解説

解答 4

(ア)…変更後の保険金額は変わらず、保険期間が短縮されているので、**延長保険**の図です。
(イ)…変更後の保険金額が減り、保険期間は変わらないので、**払済保険**の図です。
(ウ)…保険料の払込みは継続しながら、変更後の保険金額が減っているので、**減額**の図です。

資産7 西山忠一さんが2024年中に支払った定期保険特約付終身保険とがん保険の保険料は下記〈資料〉のとおりである。忠一さんの2024年分の所得税の計算における生命保険料控除額として、正しいものはどれか。なお、下記〈資料〉の保険について、これまでに契約内容の変更はないものとする。また、2024年分の生命保険料控除額が最も多くなるように計算すること。

〈資料〉

[定期保険特約付終身保険（無配当）] 契約日：2011年3月1日 保険契約者：西山　忠一 被保険者：西山　忠一 死亡保険金受取人：西山　美香（妻） 2024年の年間支払保険料：99,840円	[がん保険（無配当）] 契約日：2012年12月1日 保険契約者：西山　忠一 被保険者：西山　忠一 死亡保険金受取人：西山　美香（妻） 2024年の年間支払保険料：67,560円

〈所得税の生命保険料控除額の速算表〉

[2011年12月31日以前に締結した保険契約（旧契約）等に係る控除額]

○一般生命保険料控除、個人年金保険料控除

年間の支払保険料の合計	控除額
25,000円 以下	支払金額
25,000円 超　50,000円 以下	支払金額×1／2＋12,500円
50,000円 超　100,000円 以下	支払金額×1／4＋25,000円
100,000円 超	50,000円

[2012年1月1日以降に締結した保険契約（新契約）等に係る控除額]

○一般生命保険料控除、個人年金保険料控除、介護医療保険料控除

年間の支払保険料の合計	控除額
20,000円 以下	支払金額
20,000円 超　40,000円 以下	支払金額×1／2＋10,000円
40,000円 超　80,000円 以下	支払金額×1／4＋20,000円
80,000円 超	40,000円

（注）支払保険料とは、その年に支払った金額から、その年に受けた剰余金や割戻金を差し引いた残りの金額をいう。

1. 76,890円　　2. 81,890円　　3. 86,850円　　4. 91,850円

[2022年5月試験　第5問　問12 ㊇]

解答 3

定期保険特約付終身保険（無配当）の契約日は2011年3月1日（2011年12月31日以前に締結した契約）なので、旧契約として生命保険料控除額を計算します（一般の生命保険料控除）。なお、年間支払保険料が99,840円（50,000円超100,000円以下）なので、控除額は49,960円（99,840円×$\frac{1}{4}$＋25,000円）となります。

がん保険の契約日は2012年12月1日（2012年1月1日以降に締結した契約）なので、新契約として生命保険料控除額を計算します（介護医療保険料控除）。なお、年間支払保険料が67,560円（40,000円超80,000円以下）なので、控除額は36,890円（67,560円×$\frac{1}{4}$＋20,000円）となります。

保険料控除額の合計：49,960円＋36,890円＝86,850円

資産8 大久保家（大久保和雄さん、妻の留美子さん、長男の翔太さん）が契約している保険の保険金等が支払われた場合の課税に関する次の（ア）～（エ）の記述について、適切なものには○、不適切なものには×を解答欄に記入しなさい。

［保険］

・定期保険Ａ：保険金額3,000万円（リビング・ニーズ特約付き）。保険契約者（保険料負担者）および被保険者は和雄さん、保険金受取人は留美子さんである。

・火災保険Ｂ：保険金額1,600万円。保険の目的は建物、保険契約者（保険料負担者）は和雄さんである。

・医療保険Ｃ：入院給付金日額5,000円、保険契約者（保険料負担者）および被保険者は留美子さんであり、先進医療特約が付加されている。

（ア）和雄さんが余命６ヵ月以内と診断され、定期保険Ａからリビング・ニーズ特約の生前給付金を受け取った後、和雄さんが死亡した場合、相続開始時点における残額は、相続税の課税対象となる。

（イ）和雄さんが死亡したことにより、留美子さんが受け取る定期保険Ａの死亡保険金は、相続税の課税対象となる。

（ウ）自宅が火災で全焼となり、和雄さんが受け取る火災保険Ｂの損害保険金は、所得税（一時所得）の課税対象となる。

（エ）留美子さんが、がんに罹患して陽子線治療を受けたことによって、留美子さんが受け取る医療保険Ｃからの先進医療給付金は、所得税（一時所得）の課税対象となる。

［2023年１月試験　第９問　問31 ㊌］

資産8 解答解説

解答 (ア) ○　(イ) ○　(ウ) ×　(エ) ×

(ア)…被保険者が受け取るリビング・ニーズ特約の給付金は被保険者の所得税の計算上、非課税となりますが、その後被保険者が死亡した場合、相続開始時点の残高は**相続**税の課税対象となります。

(イ)…契約者（＝保険料負担者）と被保険者が同じ（和雄さん）で、被保険者が死亡して相続人（留美子さん）が受け取る死亡保険金は**相続**税の課税対象となります。

(ウ)…火災保険の損害保険金は**非課税**です。

(エ)…先進医療給付金は**非課税**です。

資産9 天野三郎さんが契約している生命保険（下記〈資料〉参照）に関する次の記述の空欄（ア）～（ウ）にあてはまる語句を語群の中から選びなさい。なお、同じ番号を何度選んでもよいこととする。また、三郎さんの家族構成は以下のとおりであり、課税対象となる保険金はいずれも基礎控除額を超えているものとする。

〈三郎さんの家族構成〉

氏名	続柄	年齢	備考
天野　三郎	本人	56歳	会社員（正社員）
紀子	妻	52歳	パートタイマー
晴彦	長男	17歳	高校生
美鈴	長女	13歳	中学生
雄太	二男	8歳	小学生

〈資料：三郎さんが契約している生命保険契約の一覧〉

	保険契約者（保険料負担者）	被保険者	死亡保険金受取人	満期保険金受取人
特定疾病保障保険A	三郎さん	三郎さん	紀子さん	−
がん保険B	三郎さん	紀子さん	三郎さん	−
養老保険C	三郎さん	三郎さん	紀子さん	晴彦さん

※養老保険Cの保険期間は15年である。

- 特定疾病保障保険Aから三郎さんが受け取る特定疾病保険金は（　ア　）である。
- がん保険Bから三郎さんが受け取る死亡保険金は（　イ　）である。
- 養老保険Cから晴彦さんが受け取る満期保険金は（　ウ　）である。

〈語群〉
1．贈与税の課税対象　　2．相続税の課税対象　　3．非課税
4．所得税・住民税の課税対象

［2023年5月試験　第4問　問13 改］

資産9 解答解説

解答 (ア) **3** (イ) **4** (ウ) **1**

(ア)…入院給付金、手術給付金、特定疾病保険金など、身体の傷害に基因して支払われる給付金を被保険者やその家族が受け取った場合には、**非課税**となります。

(イ)…紀子さん(被保険者)の死亡によって三郎さん(保険契約者)が受け取る死亡保険金は一時所得として**所得税・住民税**の課税対象となります。

契約者	被保険者	死亡保険金受取人	税金
A	B	A	**所得**税(**一時**所得)・**住民**税

(ウ)…晴彦さん(保険契約者ではない)が受け取る満期保険金は**贈与税**の課税対象となります。

契約者	被保険者	満期保険金受取人	税金
A	誰でも	B	**贈与**税

資産10 株式会社LVの代表取締役である筒井康宏さん(44歳)は、現在、法人契約での生命保険の加入を検討しており、生命保険について、FPの氷室さんに質問をした。氷室さんが生命保険の保険料支払時における一般的な経理処理について述べた次の説明の空欄(ア)～(ウ)にあてはまる数値および語句の組み合わせとして、最も適切なものはどれか。

> 「法人が支払う定期保険等の支払保険料の取扱いにおいて、原則として、2019年7月8日以後の契約については、定期保険か第三分野保険かの種類を問わず、最高解約返戻率に応じて資産計上期間や資産計上額が決定されます。例えば、被保険者が役員、死亡保険金受取人が法人で、最高解約返戻率が(ア)%超85%以下の定期保険(保険期間10年)の支払保険料は、保険期間の前半(イ)割相当期間においては、その(ウ)%相当額を資産に計上し、残額を損金の額に算入することができます。」

1. (ア) 50 (イ) 4 (ウ) 60
2. (ア) 50 (イ) 6 (ウ) 40
3. (ア) 70 (イ) 4 (ウ) 60
4. (ア) 70 (イ) 6 (ウ) 40

[2021年5月試験 第4問 問12 ㊅]

資産10 解答解説

解答 3

法人が「契約者＝法人、被保険者＝役員・従業員」とする保険期間3年以上の定期保険または第三分野保険で、最高解約返戻率が50%超であるものの保険料を支払ったときは、最高解約返戻率に応じて3段階(最高解約返戻率が50%超70%以下、70%超85%以下、85%超の3段階)で資産計上期間や資産計上額が決定されます。

たとえば、最高解約返戻率が50%超70%以下の場合は、保険期間の前半**4**割の期間においては支払保険料の**40**%相当額を資産計上し、残りは損金算入します。

また、最高解約返戻率が**70**%超85%以下の場合(本問の場合)は、前半**4**割の期間においては支払保険料の**60**%相当額を資産計上し、残りは損金算入します。

資産11 下記〈資料〉の養老保険のハーフタックスプラン（福利厚生プラン）に関する次の（ア）～（エ）の記述について、適切なものには○を、不適切なものには×を解答欄に記入しなさい。なお、当該法人の役員・従業員の大部分は法人の同族関係者ではない。

〈資料〉

保険の種類	養老保険
契約者（保険料負担者）および満期保険金受取人	株式会社YC
被保険者	役員・従業員
死亡保険金受取人	被保険者の遺族

（ア）部課長等の役職者のみを被保険者とする役職による加入基準を設けた場合、職種等に応じた合理的な基準により、普遍的に設けられた格差であると認められる。

（イ）原則として役員・従業員全員を被保険者とする普遍的加入でなければ、株式会社YCが支払った保険料の２分の１を福利厚生費として損金の額に算入することができない。

（ウ）養老保険に入院特約等を付加した場合、株式会社YCが支払った養老保険部分の保険料の２分の１を福利厚生費として損金の額に算入することができない。

（エ）死亡保険金が被保険者の遺族に支払われた場合、株式会社YCは当該契約に係る資産計上額を取り崩し、同額を損金の額に算入する。

［2023年９月試験　第４問　問13］

資産11 解答解説

解答 (ア) ×　(イ) ○　(ウ) ×　(エ) ○

(ア)(イ)…養老保険の支払保険料の２分の１を福利厚生費として損金に算入するためには、原則として役員・従業員の全員を被保険者とする普遍的加入でなければなりません。年齢や勤続年数などの合理的な基準によって加入基準を設けた場合には普遍的な格差として認められますが、役職による加入基準は普遍的に設けられた格差であると認められません。

(ウ)……ハーフタックスプランに入院特約等を付加した場合、養老保険部分は支払保険料の２分の１を福利厚生費として損金に算入し、特約部分の保険料は特約の内容に応じて処理します。

(エ)……ハーフタックスプランでは、被保険者が死亡したときの死亡保険金は被保険者の遺族に支払われます。死亡保険金が遺族に支払われたときは、資産計上している保険料積立金を取り崩し、同額を雑損失として損金に算入します。

資産12 下記〈資料〉を基に、桑原さんの自宅に係る年間の地震保険料として、正しいものはどれか。桑原さんの自宅は愛媛県にあるイ構造のマンションで、火災保険の保険金額は1,000万円である。なお、地震保険の保険金額は、2024年1月1日現在の火災保険の保険金額に基づく契約可能な最大額であり、地震保険料の割引制度は考慮しないこととする。

〈資料：年間保険料例（地震保険金額100万円当たり、割引適用なしの場合）〉

建物の所在地（都道府県）	建物の構造区分	
	イ構造※	ロ構造※
北海道・青森県・岩手県・秋田県・山形県・栃木県・群馬県・新潟県・富山県・石川県・福井県・長野県・岐阜県・滋賀県・京都府・兵庫県・奈良県・鳥取県・島根県・岡山県・広島県・山口県・福岡県・佐賀県・長崎県・熊本県・大分県・鹿児島県	730円	1,120円
宮城県・福島県・山梨県・愛知県・三重県・大阪府・和歌山県・香川県・愛媛県・宮崎県・沖縄県	1,160円	1,950円
茨城県・徳島県・高知県	2,300円	4,110円
埼玉県	2,650円	
千葉県・東京都・神奈川県・静岡県	2,750円	

※イ構造：主として鉄骨・コンクリート造の建物、ロ構造：主として木造の建物

1．5,800円
2．9,750円
3．11,600円
4．19,500円

［2023年1月試験　第4問　問12 ㊇］

資産12 解答解説

解答 1

愛媛県にあるイ構造のマンションなので、地震保険金額100万円あたりの年間保険料は1,160円です。また、地震保険の保険金額は、火災保険の保険金額の30%～**50**%の範囲内(ただし、居住用建物は5,000万円、家財は1,000万円が限度)で設定することとされています。桑原さんの火災保険の保険金額は1,000万円なので、地震保険の保険金額の最大額は500万円(1,000万円×50%)となります。

したがって、1,160円(地震保険の保険金額100万円あたりの年間地震保険料)の5倍(500万円÷100万円)である5,800円が年間の地震保険料となります。

資産13 自動車損害賠償責任保険（以下「自賠責保険」という）に関する次の（ア）～（エ）の記述について、適切なものには○、不適切なものには×を解答欄に記入しなさい。

（ア）自賠責保険は、原則としてすべての自動車に加入が義務付けられており、未加入で走行した場合は法律で罰せられる。

（イ）死亡による損害に対する保険金の支払限度額は、被害者１人につき4,000万円である。

（ウ）死亡に至るまでの傷害による損害に対する保険金の支払限度額は、被害者１人につき120万円である。

（エ）自賠責保険の保険料は、取り扱う損害保険会社や共済組合によって異なる。

［2020年１月試験　第４問　問13］

資産13 解答解説

解答 (ア) ○　(イ) ×　(ウ) ○　(エ) ×

(イ)…死亡による保険金の支払限度額は、被害者１人につき**3,000**万円です。
(ウ)…死亡に至るまでの傷害による損害に対する保険金の支払限度額は、被害者１人につき**120**万円です。
(エ)…自賠責保険の保険料は、取扱会社による違いはありません。

資産14 宇野陽平さん(48歳)は、下記〈資料〉の自動車保険に加入している。下記〈資料〉に基づき、FPの布施さんが行った次の(ア)～(エ)の説明のうち、適切なものには○、不適切なものには×を解答欄に記入しなさい。なお、〈資料〉に記載のない特約については考慮しないものとする。

〈資料〉

自動車保険証券

保険契約者	
住所　××××　○－○○ 氏名　宇野　陽平　様	賠償被保険者 (表示のない場合は契約者に同じ)
運転者年齢条件	35歳以上補償／ 35歳以上の方が運転中の事故を補償します。

証券番号　××－×××××

保険期間　2024年　1月15日　午後4時から 2025年　1月15日　午後4時まで 1年間	合計保険料　△△,△△△円

被保険自動車	
登録番号 車体番号	東京　○○○　に　×××× △△△－△△△△△
車名	×××
用途車種	自家用小型乗用
適用している割増・割引	ノンフリート契約　12等級
安全装置	エアバッグ　ABS

補償種目・免責金額(自己負担額)など		保険金額
車両	免責金額　1回目　0円 2回目　10万円	一般車両保険(一般条件) 150万円
対人賠償(1名につき)		無制限
無保険車傷害		人身傷害で補償されます
自損事故傷害		人身傷害で補償されます
対物賠償	免責金額　0円	無制限
人身傷害(1名につき)	搭乗中のみ担保	1億円
搭乗者傷害(1名につき)		補償されません
その他の補償		
弁護士費用特約		補償されます　300万円
ファミリーバイク特約		補償されます(対人・対物に同じ)
事故付随費用特約		補償されません

（ア）「陽平さんと同居している陽平さんの長女（21歳・未婚）が被保険自動車を運転中、他人にケガをさせ法律上の損害賠償責任を負った場合、補償の対象となります。」

（イ）「陽平さんが被保険自動車で旅行中に駐車場で落書きをされ、車両保険金のみが支払われた場合、当該事故はノンフリート等級別料率制度における「ノーカウント事故」に該当します。」

（ウ）「陽平さんが被保険自動車を運転中、他人が運転する自動車と衝突し、陽平さんがケガをした場合、過失割合にかかわらず陽平さんの損害に対して保険金を受け取ることができます。」

（エ）「陽平さんが所有する原動機付自転車（50cc）を陽平さんの妻（45歳）が運転中、他人にケガをさせ法律上の損害賠償責任を負った場合、補償の対象となります。」

［2022年9月試験　第4問　問13 ㉇］

資産14 解答解説

解答 (ア) ×　(イ) ×　(ウ) ○　(エ) ○

(ア)…本問では、「運転者年齢条件」を「35歳以上」に限定しているため、21歳の同居の親族が起こした事故については補償の対象となりません。

(イ)…車両の落書きや盗難、台風による損害などで車両保険を使った場合、**1等級ダウン事故** に該当します。

(ウ)…本問では、「人身傷害（1名につき）1億円」とあります。人身傷害補償保険では、自動車事故により被保険者が死傷した場合、過失の有無にかかわらず、実際の損害額が支払われます。

(エ)…本問では、「ファミリーバイク特約（対人・対物に同じ）」が付されているため、陽平さんの所有する原動機付自転車（50cc）を陽平さんの妻が運転し、事故を起こして他人にケガをさせ、法律上の損害賠償責任を負った場合、補償の対象となります。

資産 15 長谷川さんは、2024年中に糖尿病および心疾患により合計3回入院をした。下記〈資料〉に基づき、長谷川さんが契約している医療保険の入院給付金の日数に関する次の記述の空欄(ア)に入る数値を解答欄に記入しなさい。なお、長谷川さんはこれまでにこの医療保険から一度も給付金を受け取っていないものとする。

〈資料〉

[長谷川さんの入院日数]

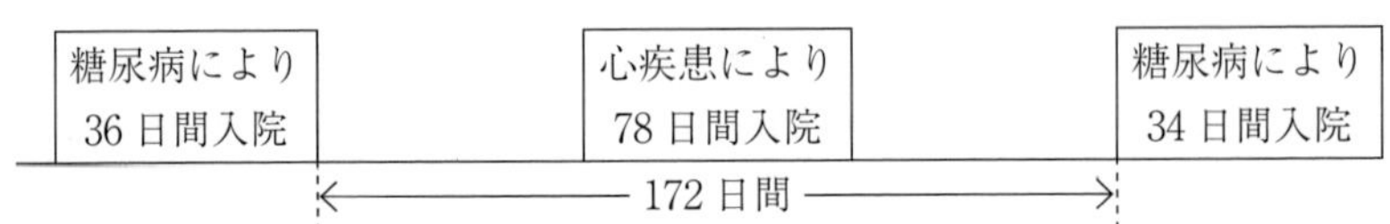

[長谷川さんの医療保険の入院給付金（日額）の給付概要]

・給付金の支払い条件：入院1日目（日帰り入院含む）から支払う。
・1入院限度日数：60日
・通算限度日数：1,095日
・3大疾病（がん、心疾患、脳血管疾患）による入院は支払日数無制限
・180日以内に同じ疾病で再入院した場合には、1回の入院とみなす。

長谷川さんが、2024年の入院について受けることができる入院給付金の日数は、合計（　ア　）日分である。

[2023年1月試験　第4問　問13 ㊅]

資産 15 解答解説

解答 138日分

180日以内に同じ疾病で再入院した場合には、1回の入院とみなすため、2回目の糖尿病での入院は1回目とあわせて1入院とみなされます。また、1入院限度日数が60日なので、糖尿病による入院日数は60日となります。

また、心疾患により78日入院していますが、「3大疾病(がん、心疾患、脳血管疾患)による入院は支払日数無制限」とあるので、心疾患による入院給付金の日数は78日となります。

入院給付金の日数：60日（糖尿病）＋78日（心疾患）＝138日

CHAPTER 03

金融資産運用

「教科書」CHAPTER03　金融資産運用に対応する学科問題と実技問題のうち、よく出題される問題を確認しておきましょう。
なお、実技のうち、生保顧客資産相談業務では金融資産運用からの出題はありません。

学科 試験ではこの科目から四肢択一形式で10問出題されます。似たような問題で選択肢を1、2個変えて出題されることも多いので、「これはどう？」も解いておきましょう。

実技 実技問題です。問題文や資料が長いので、問題を正確に読み取る練習をしておきましょう。

学科　　特におさえておきたい内容

1 金融・経済の基本 「教科書」CH.03 SEC.01	■主な経済・景気の指標 ・GDP ・経済成長率 ・景気動向指数 ・日銀短観 ・マネーストック ・物価指数 ■金融市場と金利の変動
2 セーフティネットと関連法規 「教科書」CH.03 SEC.02	■預金保険制度 ■日本投資者保護基金 ■消費者契約法 ■金融サービス提供法 ■金融商品取引法 ■犯罪収益移転防止法
3 貯蓄型金融商品 「教科書」CH.03 SEC.03	■金融商品の種類 ・銀行の金融商品 ・ゆうちょ銀行の金融商品
4 債　券 「教科書」CH.03 SEC.04	■個人向け国債 ■債券の利回り ・応募者利回り ・最終利回り ・所有期間利回り ■債券のリスク ・価格変動リスク ・信用リスク（格付け）
5 株　式 「教科書」CH.03 SEC.05	■信用取引 ■相場指標 ・日経平均株価 ・TOPIX ■株式投資に用いる指標 ・PER ・PBR ・ROE ・配当利回り ・配当性向

6 投資信託 「教科書」CH.03 SEC.06	■投資信託の分類 ・公社債投資信託と株式投資信託　・追加型と単位型 ■投資信託のコスト ■投資信託の運用方法 ・パッシブ運用とアクティブ運用 ・トップダウン・アプローチとボトムアップ・アプローチ ・グロース型とバリュー型 ■投資信託の種類 ・ETF　・J-REIT
7 外貨建て金融商品 「教科書」CH.03 SEC.07	■為替相場 ■外貨預金 ■外国債券
8 その他の商品 「教科書」CH.04 SEC.08	■金融派生商品（デリバティブ） ・先物取引　・オプション取引　・スワップ取引
9 ポートフォリオ理論 「教科書」CH.03 SEC.09	■ポートフォリオとアセットアロケーション ■ポートフォリオの期待収益率とリスク ・ポートフォリオの期待収益率 ・リスクの低減効果と相関係数 ・システマティックリスクと非システマティックリスク ・シャープレシオ
10 金融商品と税金 「教科書」CH.03 SEC.10	■債券と税金 ■株式と税金 ■投資信託と税金 ■NISA

実技　実技のうち、生保顧客資産相談業務では金融資産運用からの出題はありません。

1 個人資産相談業務【金財】	■個人－1～3
2 生保顧客資産相談業務【金財】	■出題なし
3 資産設計提案業務【日本FP協会】	■資産－1～15

問題

I 経済指標に関する次の記述のうち、最も不適切なものはどれか。

1. 国内総生産(GDP)は、国内で一定期間内に生産された財やサービスの付加価値と海外からの所得の純受取りの合計額である。
2. 景気動向指数は、生産、雇用などさまざまな経済活動での重要かつ景気に敏感に反応する指標の動きを統合し、景気の現状把握や将来予測をするための指標である。
3. 消費者物価指数は、全国の世帯が購入する家計に係る財およびサービスの価格等を総合した物価の変動を時系列的に測定したものである。
4. 全国企業短期経済観測調査(日銀短観)は、全国の企業動向を的確に把握し金融政策の適切な運営のために、統計法に基づいて行われる調査である。

[2018年1月試験]

これはどう?

支出面からみた国内総生産(GDP)の項目のうち、民間最終消費支出が最も高い構成比を占めている。 OX

[2017年5月試験]

これはどう?

国内総生産(GDP)には名目値と実質値があり、物価の動向によっては、名目値が上昇していても、実質値は下落することがある。 OX

[2017年5月試験]

解答解説

I 答 1

1…不適切　国内総生産（GDP）は、国内の経済活動によって新たに生み出された付加価値合計をいいます。海外からの所得の純受取りは含みません。

2…適　切

3…適　切

4…適　切

主な経済・景気の指標

国内総生産（GDP）	★国内の経済活動によって新たに生み出された付加価値合計 ★ **内閣府** が年 **4** 回発表
景気動向指数	★景気の状況を総合的にみるために複数の指標を統合した景気指標 ★ **内閣府** が **毎月** 発表
消費者物価指数	★全国の一般消費者が購入する商品やサービスの価格変動を表す指数 ★ **総務省** が **毎月** 発表
日銀短観	★ **日本銀行** が年 **4** 回（3月、6月、9月、12月）、資本金2,000万円以上の民間企業（金融機関を除く）に対して現状と3カ月後の景気動向に関する調査（アンケート）を行い、それを集計したもの

答 ○

支出面からみた国内総生産（GDP）では、**民間最終消費支出**が最も高い構成比を占めています。

答 ○

実質GDPは名目GDPから物価変動の影響を取り除いたものなので、名目値が上昇しても、それ以上に物価が上昇しているときは、実質値は下落します。

問題

2 景気動向指数および全国企業短期経済観測調査（日銀短観）に関する次の記述のうち、最も不適切なものはどれか。

1. 景気動向指数は、生産、雇用などさまざまな経済活動での重要かつ景気に敏感に反応する指標の動きを統合することによって作成された指標であり、ディフュージョン・インデックス（DI）を中心として公表される。
2. 景気動向指数に採用されている系列は、おおむね景気の１つの山もしくは谷が経過するごとに見直しが行われている。
3. 日銀短観は、日本銀行が全国約１万社の企業を対象に、四半期ごとに実施する統計調査であり、全国の企業動向を的確に把握し、金融政策の適切な運営に資することを目的としている。
4. 日銀短観で公表される「業況判断DI」は、回答時点の業況とその３ヵ月後の業況予測について、「良い」と回答した企業の社数構成比から「悪い」と回答した企業の社数構成比を差し引いて算出される。

［2023年９月試験］

これはどう？

消費者態度指数は、現在の景気動向に対する消費者の意識を調査して数値化した指標であり、景気動向指数の一致系列に採用されている。 OX

［2020年９月試験］

これはどう？

東証株価指数（TOPIX）は、景気動向指数の一致系列に採用されている。
OX

［2020年９月試験 改］

解答解説

2 答 1

1…不適切　景気動向指数には、コンポジット・インデックス(CI)とディフュージョン・インデックス(DI)がありますが、現在は、**コンポジット・インデックス(CI)**を中心として公表されています。

2…適　切　景気動向指数に採用されている系列は、景気が一循環を経過するごと(おおむね景気の1つの山もしくは谷が経過するごと)に点検し、見直しが行われています。

3…適　切　日銀短観は、日本銀行が年4回(四半期ごとに)、資本金**2,000**万円以上の民間企業から選出した企業(約1万社)に対して行う景気動向に関する調査を集計したものです。

4…適　切　業況判断DIは、現状よりも**3カ月後**の業況が「良い(であろう)」と答えた企業の割合から、「悪い(であろう)」と答えた企業の割合を差し引いて算出されます。

答 ×

消費者態度指数とは、消費者の今後6カ月間の消費に対する意識を調査して数値化した指数で、景気動向指数の**先行**係列に採用されています。

景気動向指数に採用されている経済指標(特に重要なもの)

先行系列	★新規求人数(除学卒)　★東証株価指数(TOPIX) ★新設住宅着工床面積　★消費者態度指数
一致系列	★有効求人倍率(除学卒)
遅行系列	★完全失業率　★消費者物価指数(生鮮食品を除く総合)

答 ×

東証株価指数(TOPIX)は景気動向指数の**先行**系列に採用されています。

問題

3 全国企業短期経済観測調査(日銀短観)に関する次の記述のうち、最も適切なものはどれか。

1. 日銀短観は、統計法に基づいて行われる調査であり、全国の企業動向を的確に把握し、政府の財政政策の適切な運営に資することを目的としている。
2. 日銀短観の調査は年4回実施され、その結果は、3月、6月、9月、12月に公表される。
3. 日銀短観の調査対象企業は、全国の資本金1,000万円以上の民間企業(金融機関等を除く)の中から抽出され、各種計数が業種別および企業規模別に公表される。
4. 日銀短観で公表される「業況判断DI」は、回答時点の業況とその3カ月後の業況予測について、「良い」と回答した企業の社数構成比から「悪い」と回答した企業の社数構成比を差し引いて算出される。

〔2022年5月試験〕

これはどう?

マネーストック統計は、金融部門から経済全体に供給されている通貨の総量を示す統計であり、一般法人、金融機関、個人、中央政府、地方公共団体などの経済主体が保有する通貨量の残高を集計したものである。 〇×

〔2020年1月試験〕

これはどう?

国際収支統計は、一定の期間における居住者と非居住者の間で行われた対外経済取引を体系的に記録した統計で、財務省と日本銀行が共同で公表している。 〇×

〔2017年1月試験〕

解答解説

3 答 4

1…不適切　日銀短観は、全国の企業動向を的確に把握し、**金融政策**の適切な運営に資することを目的としています。

2…不適切　日銀短観の調査は、3月、6月、9月、12月の年**4**回実施され、結果はその**翌月**(12月のみ当月)に公表されます。

3…不適切　日銀短観は、資本金**2,000**万円以上の民間企業から選出した企業に対して行う景気動向に関する調査を集計したものです。なお、調査は製造業17業種、非製造業14業種に区分して行われます。

4…適　切　業況判断DIは、現状よりも**3カ月後**の業況が「良い(であろう)」と答えた企業の割合から、「悪い(であろう)」と答えた企業の割合を差し引いて算出された値です。

答 ×

マネーストック統計は、金融部門から経済全体に供給されている通貨の総量を示す統計ですが、**国**や**金融機関**が保有する通貨の残高は含めません。

答 ○

国際収支統計は、外国と行った経済取引を記録・集計した統計で、国際通貨基金(IMF)が作成した国際収支マニュアルに準拠して作成され、**財務省**と**日本銀行**が共同で公表しています。

問題

4 わが国のマーケットの一般的な変動要因に関する次の記述のうち、最も不適切なものはどれか。

1. 景気の拡張は、国内株価の上昇要因となる。
2. 景気の後退は、国内物価の下落要因となる。
3. 市中の通貨量の増加は、国内短期金利の上昇要因となる。
4. 円高ドル安の進行は、国内物価の下落要因となる。

［2016年1月試験］

---

5 為替相場や金利の変動要因に関する次の記述のうち、最も不適切なものはどれか。

1. 日本の貿易黒字の拡大は、一般に、円安要因となる。
2. 日本の物価が米国と比較して相対的に上昇することは、一般に、円安要因となる。
3. 米国が政策金利を引き上げることにより、日本と米国との金利差が拡大することは、一般に、円安要因となる。
4. 日本銀行の金融市場調節の主な手段の1つである公開市場操作において、日本銀行が国債の買入れを行うことで市中に出回る資金量が増加することは、一般に、市中金利の低下要因となる。

［2022年9月試験］

解答解説

4 答 3

1…適　切　景気が拡張すると、企業の業績が良くなるので、株価が**上昇**します。

2…適　切　景気が後退すると、消費が落ち込むので、物価が**下落**します。

3…不適切　市中の通貨量が増加して市中に十分に通貨があると、資金需要が減少し、金利は**下落**します。

4…適　切　たとえば20ドルの商品を1ドル100円のときに輸入すると、円換算額は2,000円(20ドル×100円)となります。そして円高ドル安が進行し、1ドル90円のときに20ドルの商品を輸入すると、円換算額は1,800円(20ドル×90円)となります。したがって、円高ドル安が進行すると、輸入商品の価格が下がるので、国内物価が下落します。

---

5 答 1

1…不適切　輸出額から輸入額を差し引いた金額を貿易収支といい、これがプラスの場合を貿易黒字、マイナスの場合を貿易赤字といいます。貿易黒字が拡大する(増える)ということは、輸出が増え、相手国から受け取る外貨が増えます。その外貨を日本円に交換するとき、外貨を売って円を買うことになる＝円の需要が高まるため、**円高**になります。

2…適　切　日本の物価が上昇すると貨幣価値が下がるため、(価値の低い)円を売って外貨が買われます。そのため、**円安**になります。

3…適　切　米国の金利が上昇すると(相対的に日本の金利が下落すると)、米国で投資をしようと米ドルが買われ、円が売られます。そのため、**円安**になります。

4…適　切　買いオペ(日本銀行が行う国債の買入れ)によって、市中に出回る資金量が増加すると、資金需要が減少し、金利は**下落**します。

問題

1 預金保険制度に関する次の記述のうち、最も不適切なものはどれか。

1. ゆうちょ銀行に預け入れられている通常貯金は、預入限度額である元本1,300万円までとその利息が預金保険制度による保護の対象となる。
2. 国内銀行に預け入れられている外貨預金は、預金保険制度による保護の対象とならない。
3. 国内銀行に預け入れられている円預金のうち、確定拠出年金制度で運用されているものについても、預金保険制度による保護の対象となる。
4. 国内銀行に預け入れられている決済用預金は、預入金額の多寡にかかわらず、その全額が預金保険制度による保護の対象となる。

［2020年9月試験］

これはどう？

農業協同組合（JA）に預け入れた一般貯金等は、農水産業協同組合貯金保険制度による保護の対象とされ、貯金者1人当たり1組合ごとに元本1,000万円までとその利息等が保護される。 〇✕

［2020年1月試験］

これはどう？

国内銀行に預け入れた外貨預金は預金保険制度による保護の対象となるが、外国銀行の在日支店に預け入れた外貨預金は預金保険制度による保護の対象とならない。 〇✕

［2020年1月試験］

解答解説

I 答 1

1…不適切　ゆうちょ銀行に預けられている通常貯金も、他の預金と同様、元本**1,000**万円とその利息が保護の対象となります。

2…適　切　外貨預金は預金保険制度の保護の対象となりません。

3…適　切　確定拠出年金で運用されている預金も、保護の対象となります。

4…適　切　決済用預金は、その全額が保護の対象となります。

預金保険制度の保護の範囲

★決済用預金は **全額** 保護される

★決済用預金以外の預金等は１金融機関ごとに預金者１人あたり元本 **1,000** 万円までとその **利息** が保護される

預金保険制度の対象となる預金等、ならない預金等

保護の対象となる預金等	保護の対象とならない預金等
○預貯金（右記の預貯金を除く） ○定期積金 ○確定拠出年金の運用にかかる預金 ○円建ての仕組預金 など	×外貨預金 ×譲渡性預金 など

答 ○

農業協同組合（JA）に預け入れた一般貯金等は、農水産業協同組合貯金保険制度の保護の対象とされ、貯金者１人あたり元本1,000万円までとその利息が保護されます。

答 ×

国内銀行に預け入れたものでも、外貨預金は保護の対象となりません。

問題

2 わが国における個人による金融商品取引に係るセーフティネットに関する次の記述のうち、最も不適切なものはどれか。

1. 日本国内に本店のある銀行の国内支店に預け入れた円建ての仕組預金は、その元本、利息のいずれも預金保険制度による保護の対象とならない。
2. 日本国内に本店のある銀行の国内支店に預け入れた外貨預金は、その金額の多寡にかかわらず、預金保険制度による保護の対象とならない。
3. 日本国内に本店のある銀行の海外支店や外国銀行の在日支店に預け入れた預金は、その預金の種類にかかわらず、預金保険制度による保護の対象とならない。
4. 証券会社が破綻し、分別管理が適切に行われていなかったために、一般顧客の資産の一部または全部が返還されない事態が生じた場合、日本投資者保護基金により、補償対象債権に係る顧客資産について一般顧客1人当たり1,000万円を上限として補償される。

〔2022年5月試験〕

これはどう？

国内証券会社が保護預かりしている一般顧客の外国株式は、日本投資者保護基金による補償の対象とならない。〇×

〔2019年5月試験〕

これはどう？

銀行で購入した投資信託は、日本投資者保護基金による保護の対象となる。〇×

〔2023年1月試験〕

解答解説

2 答 1

1…不適切　円建ての仕組預金も預金保険制度の対象となります。なお、その利息については、通常の円定期預金の金利までは預金保険制度の対象となり、それを超える部分は対象外となります。

2…適　切　外貨預金は預金保険制度の保護の対象となりません。

3…適　切　日本国内に本店がある銀行の海外支店や外国銀行の日本支店に預け入れた預金は預金保険制度の保護の対象となりません。

4…適　切　証券会社が破綻し、分別管理が適切に行われていなかったために、一般顧客が損害を被った場合、日本投資者保護基金により、一般顧客１人あたり最大**1,000**万円まで補償されます。

日本投資者保護基金による補償の範囲

★証券会社の破綻等により投資家が損害を被った場合、１人あたり最大**1,000**万円まで補償される

日本投資者保護基金の補償の対象となるもの、ならないもの

補償の対象となるもの	補償の対象とならないもの
日本国内、海外で発行された ○有価証券（株式、債券、投資信託） ○先物・オプション取引の証拠金 など	×外国為替証拠金（FX）取引 ×店頭デリバティブ取引 など

答 ×

国内または海外で発行された株式は日本投資者保護基金による補償の対象となります。

答 ×

銀行で購入した投資信託は、日本投資者保護基金による保護の対象となりません。

問題

3 金融商品の取引に係る各種法規制に関する次の記述のうち、最も適切なものはどれか。なお、本問においては、「犯罪による収益の移転防止に関する法律」を犯罪収益移転防止法という。

1. 消費者契約法では、事業者の不当な勧誘により締結した消費者契約によって損害を被った場合、消費者は、同法に基づく損害賠償を請求することができるとされている。
2. 消費者契約法に基づく消費者契約の取消権は、消費者が追認をすることができる時から６ヵ月を経過したとき、あるいは消費者契約の締結時から５年を経過したときに消滅する。
3. 金、白金、大豆などのコモディティを対象とした市場デリバティブ取引は、金融商品取引法の適用対象となる。
4. 犯罪収益移転防止法では、金融機関等の特定事業者が顧客と特定業務に係る取引を行った場合、特定事業者は、原則として、直ちに当該取引に関する記録を作成し、当該取引の行われた日から５年間保存しなければならないとされている。

［2022年１月試験］

これはどう？

犯罪収益移転防止法では、銀行等の特定事業者が法人顧客と取引を行う場合、原則として、法人の実質的支配者および取引担当者双方の本人特定事項の確認が必要となる。 〇✕

［2019年１月試験］

これはどう？

金融サービス提供法が規定する金融商品の販売において、金融サービス提供法と消費者契約法の両方の規定を適用することができる場合は、消費者契約法が優先して適用される。 〇✕

［2021年１月試験 ㊅］

解答解説

3 答 3

1…不適切　消費者契約法では、事業者の不当な勧誘により締結した契約を**取り消す**ことができるとしています。なお、金融サービス提供法では、金融商品販売業者による重要説明がなかったときや、断定的判断の提供により、顧客が損害を被ったときは、顧客は損害賠償責任を追及できるとしています。

2…不適切　消費者契約の取消権は、消費者が追認をすることができるときから**1**年を経過したとき、あるいは消費者契約の締結時から**5**年を経過したときに消滅します。

3…適　切　デリバティブ取引は金融商品取引法の適用対象となります。

4…不適切　犯罪収益移転防止法による記録の保存期間は**7**年間です。

金融商品取引法の適用範囲
★国債、地方債、社債
★株式
★投資信託
★デリバティブ取引（先物取引、オプション取引、通貨・金利スワップ取引）
★外国為替証拠金（FX）取引　など

答 ○

犯罪収益移転防止法では、銀行等が法人顧客と取引を行う場合、原則として、法人の実質的支配者と取引担当者の本人特定の確認が必要になります。

答 ×

金融サービス提供法と消費者契約法の両方の規定を適用することができる場合は、**両方**の規定が適用されます。

問題

4 金融商品の取引等に係る各種法令に関する次の記述のうち、最も適切なものはどれか。なお、本問においては、「金融サービスの提供及び利用環境の整備等に関する法律」を金融サービス提供法、「犯罪による収益の移転防止に関する法律」を犯罪収益移転防止法という。

1. 金融商品取引法では、金融商品取引契約を締結しようとする金融商品取引業者等は、あらかじめ顧客(特定投資家を除く)に契約締結前交付書面を交付しなければならないとされているが、顧客から交付を要しない旨の意思表示があった場合、その交付義務は免除される。
2. 金融サービス提供法では、金融サービス仲介業の登録を受けた事業者は、銀行、証券、保険、貸金業の分野のサービスを仲介することができるが、特定の金融機関に所属し、その指導および監督を受けなければならないとされている。
3. 消費者契約法では、事業者の不適切な行為によって、消費者が誤認や困惑をし、それによって消費者契約の申込みまたはその承諾の意思表示をした場合、消費者は、当該契約によって生じた損害について賠償を請求することができるとされている。
4. 犯罪収益移転防止法では、金融機関等の特定事業者が顧客と特定業務に係る取引を行った場合、特定事業者は、原則として、直ちに当該取引に関する記録を作成し、当該取引の行われた日から7年間保存しなければならないとされている。

[2023年1月試験 ㊇]

解答解説

4 答 4

1…不適切　金融商品取引契約を締結しようとする金融商品取引業者等は、あらかじめ顧客(特定投資家を除く)に契約締結前交付書面を交付しなければなりません。顧客から交付を要しない旨の意思表示があった場合でも、交付義務は免除されません。

2…不適切　金融サービス仲介業の登録を受けた事業者は、1つの登録で銀行・証券・保険・貸金業のすべての分野で仲介が可能となり、特定の金融機関に所属する必要はありません。

3…不適切　消費者契約法では、事業者の不当な勧誘により締結した契約を**取り消す**ことができるとしています。

4…適　切　犯罪収益移転防止法において、特定事業者が、特定業務にかかる取引を行った場合には、ただちに確認記録を作成し、取引にかかる契約が終了した日から、**7**年間保存しなければならないとされています。

問題

1 銀行等の金融機関で取り扱う預貯金の一般的な商品性に関する次の記述のうち、最も不適切なものはどれか。

1. ゆうちょ銀行の預入限度額は、通常貯金と定期性貯金(財形貯金各種を除く)のそれぞれについて1,300万円となっている。
2. 大口定期預金は、1,000万円以上の金額を預け入れることができる固定金利型の預金である。
3. 決済用預金は、「無利息」「要求払い」「決済サービスを提供できること」という3つの条件を満たした預金であり、法人も個人も預け入れることができる。
4. オプション取引などのデリバティブを組み込んだ期間延長特約付きの仕組預金は、預金者が預入日以降に満期日を延長することができる権利を有している預金である。

［2021年9月試験］

これはどう？

貯蓄預金は、クレジットカード利用代金などの自動振替口座や、給与や年金などの自動受取口座として利用することができる。 OX

［2021年1月試験］

これはどう？

スーパー定期預金は、預入期間が3年以上の場合、単利型と半年複利型があるが、半年複利型を利用することができるのは法人に限られる。 OX

［2021年1月試験］

これはどう？

期日指定定期預金は、据置期間経過後から最長預入期日までの間で、預金者が指定した日を満期日とすることができる。 OX

［2021年1月試験］

解答解説

I 答 4

1…適　切　ゆうちょ銀行の預入限度額は、通常貯金と定期性貯金でそれぞれ**1,300**万円(合計**2,600**万円)となっています。

2…適　切　大口定期預金の預入金額は**1,000**万円以上、金利は**固定**金利です。

3…適　切　決済用預金は、法人も個人も預け入れることができます。

4…不適切　期間延長特約付きの仕組預金では、「預金者」ではなく、「**金融機関**」が満期日の延長することができる権利を有します。

ゆうちょ銀行の預入限度額

★通常貯金 **1,300** 万円、定期性貯金 **1,300** 万円の合計 **2,600** 万円

答 ×

貯蓄預金は、クレジットカード利用代金等の自動振替口座や給与等の自動受取口座として利用することはできません。

答 ×

スーパー定期預金は、預入期間が3年以上の場合、単利型と半年複利型がありますが、半年複利型を利用することができるのは「法人」ではなく、「**個人**」に限られます。

答 ○

期日指定定期預金は、預け入れてから1年間据え置いたあと、預金者が満期日を指定できる定期預金です。

問題

1 表面利率が1.2%、発行価格が額面100円当たり99円50銭、償還年限が10年の固定利付債券を新規発行時に購入した場合の応募者利回り（単利・年率）として、正しいものはどれか。

1. $\dfrac{1.2+\dfrac{99.50-100.00}{10}}{100.00}\times 100=1.150(\%)$

2. $\dfrac{1.2+\dfrac{99.50-100.00}{10}}{99.50}\times 100\fallingdotseq 1.156(\%)$

3. $\dfrac{1.2+\dfrac{100.00-99.50}{10}}{100.00}\times 100=1.250(\%)$

4. $\dfrac{1.2+\dfrac{100.00-99.50}{10}}{99.50}\times 100\fallingdotseq 1.256(\%)$

［2015年1月試験 ㊌］

2 表面利率が0.5%、残存期間が3年の固定利付債券を額面100円当たり102円で購入し、償還された場合の最終利回りとして、正しいものはどれか。なお、解答は表示単位の小数点以下第3位を四捨五入するものとする。また、「▲」はマイナスを意味するものとする。

1. ▲1.47%
2. ▲0.65%
3. ▲0.16%
4. 0.49%

［2019年1月試験 ㊌］

解答解説

1 答 4

応募者利回りは、債券の発行時に購入し、償還まで所有した場合の利回りです。

$$\text{応募者利回り(\%)} = \frac{\text{表面利率} + \frac{100\text{円} - \text{発行価格}}{\text{償還期限}}}{\text{発行価格}} \times 100$$

分子：$1.2 + \frac{100\text{円} - 99.50\text{円}}{10\text{年}} = 1.25\text{円}$

分母：99.50円

応募者利回り：$\frac{1.25\text{円}}{99.50\text{円}} \times 100 \fallingdotseq 1.256\%$

---

2 答 3

最終利回りは、すでに発行されている債券を時価で購入し、償還まで所有した場合の利回りです。

$$\text{最終利回り(\%)} = \frac{\text{表面利率} + \frac{100\text{円} - \text{購入価格}}{\text{残存年数}}}{\text{購入価格}} \times 100$$

分子：$0.5\% + \frac{100\text{円} - 102\text{円}}{3\text{年}} = ▲0.166...\text{円}$

分母：102円

最終利回り：$\frac{▲0.166...\text{円}}{102\text{円}} \times 100 \fallingdotseq ▲0.16\%$

問題

3 表面利率が0.5%で、償還までの残存期間が8年の固定利付債券を額面100円当たり101円で購入し、購入から5年後に額面100円当たり100円で売却した場合の所有期間利回り(単利・年率)として、最も適切なものはどれか。なお、手数料、経過利子、税金等については考慮しないものとし、計算結果は表示単位の小数点以下第3位を四捨五入するものとする。

1. 0.17%
2. 0.30%
3. 0.37%
4. 0.50%

[2023年9月試験]

4 固定利付債券の利回り(単利・年率)と市場金利の変動との関係に関する次の記述の空欄(ア)、(イ)にあてはまる語句の組み合わせとして、最も適切なものはどれか。なお、手数料、経過利子、税金等については考慮しないものとする。

> 表面利率が0.3%、償還年限が10年の固定利付債券(以下「債券A」という)が額面100円当たり100円で新規に発行された。発行から3年後に中央銀行の金融政策により市場金利が上昇したのに連動して債券Aの最終利回りも0.5%に上昇した。このとき、債券Aを新規発行時に購入し、償還まで保有する場合の応募者利回りは0.3%(ア)。また、債券Aを新規発行時に購入し、発行から3年後に売却する場合の所有期間利回りは0.3%(イ)。

1. (ア)で変わらない (イ)よりも低くなる
2. (ア)よりも高くなる (イ)よりも低くなる
3. (ア)で変わらない (イ)で変わらない
4. (ア)よりも高くなる (イ)で変わらない

[2019年5月試験]

解答解説

3 答 2

所有期間利回りは、債券を償還前に売却した場合の利回りです。

$$\text{所有期間利回り(\%)} = \frac{\text{表面利率} + \dfrac{\text{売却価格} - \text{購入価格}}{\text{所有期間}}}{\text{購入価格}} \times 100$$

分子：$0.5 + \dfrac{100\text{円} - 101\text{円}}{5\text{年}} = 0.3\text{円}$

分母：101円

所有期間利回り：$\dfrac{0.3\text{円}}{101\text{円}} \times 100 \fallingdotseq 0.30\%$

---

4 答 1

(ア)…応募者利回りは、新規発行の債券を購入し、償還まで所有した場合の利回りなので、市場金利の変動による影響は受けません。

$$\text{応募者利回り(\%)} = \frac{\text{表面利率} + \dfrac{100\text{円} - \text{発行価格}}{\text{償還期限}}}{\text{発行価格}} \times 100$$

(イ)…所有期間利回りは、新規発行の債券または既発行の債券を購入し、償還前に売却した場合の利回りをいいます。

$$\text{所有期間利回り(\%)} = \frac{\text{表面利率} + \dfrac{\text{売却価格} - \text{購入価格}}{\text{所有期間}}}{\text{購入価格}} \times 100$$

本問では、発行後３年目に市場金利が上昇しています。市場金利が上昇すると債券価格は**下落**するため、発行から３年後に売却する場合、債券価格は発行時よりも下落しています。

売却時の債券価格が発行時(購入時)の債券価格よりも下落しているということは、所有期間利回りの分子における「売却価格－購入価格」がマイナスとなるため、所有期間利回りは0.3%（表面利率）よりも低くなります。

問題

5 固定利付国債の利回り(単利・年率)と市場金利の変動との関係を説明した次の記述の空欄(ア)、(イ)にあてはまる語句の組み合わせとして、最も適切なものはどれか。なお、手数料、経過利子、税金等については考慮しないものとし、国債のイールドカーブは順イールド(期間が長いものほど利回りが高い)の状況にあるものとする。

> 表面利率が1.0%、償還期限が５年（満期一括償還）の固定利付国債を発行時に額面100円当たり100円で購入し、１年後に売却した。売却時の市場金利が購入時よりも低下していた場合、通常、当該国債の額面100円当たりの売却価格は100円を（　ア　）、当該国債の購入時から売却時までの所有期間利回りは1.0%（　イ　）。

1. (ア)上回り　(イ)よりも高くなる
2. (ア)下回り　(イ)で変わらない
3. (ア)上回り　(イ)で変わらない
4. (ア)下回り　(イ)よりも低くなる

［2021年５月試験］

6 債券(個人向け国債を除く)の一般的な特徴に関する次の記述のうち、最も適切なものはどれか。

1. 一般に、市場金利が上昇すると債券価格は下落し、市場金利が低下すると債券価格は上昇する。
2. 利率と償還日が同じであれば、信用度が高い(債務不履行リスクが低い)債券の方が最終利回りは高い。
3. 償還日前に売却した場合には、売却価格が額面価格を下回ることはない。
4. 国債や普通社債が流通市場で取引される額は、店頭取引よりも取引所取引の方が多い。

［2017年１月試験］

解答解説

5 答 1

(ア)…本問では、売却時の市場金利が購入時よりも低下しています。市場金利が低下すると債券価格が**上昇**するので、購入時の価格が100円であった場合、売却時の債券価格は100円を**上回り**ます。

(イ)…売却時の債券価格が購入時の債券価格よりも上昇しているということは、所有期間利回りの分子における「売却価格－購入価格」がプラスになるため、所有期間利回りは1.0%（表面利率）よりも高くなります。

$$\text{所有期間利回り}(\%)=\frac{\text{表面利率}+\dfrac{\text{売却価格}-\text{購入価格}}{\text{所有期間}}}{\text{購入価格}}\times 100$$

6 答 1

1…適　切　一般に、市場金利が上昇すると債券価格は**下落**し、市場金利が低下すると債券価格は**上昇**します。

2…不適切　信用度が高い（債務不履行リスクが低い）債券のほうが債券価格は**高く**、利回りは**低く**なります。

3…不適切　債券は時価で売買されるので、売却価格が額面価格を上回ることもあれば下回ることもあります。

4…不適切　日本では、債券取引は、取引所取引よりも圧倒的に店頭での取引のほうが多くなっています。

市場金利の変動と債券価格、利回り
★市場金利が上昇すると債券価格は **下落** し、利回りは **上昇** する
★市場金利が下落すると債券価格は **上昇** し、利回りは **下落** する

問題

7 債券の仕組みと特徴に関する次の記述のうち、最も不適切なものはどれか。

1. 格付機関が行う債券の信用格付けで、「BBB(トリプルB)」格相当以上の債券は、一般に、投資適格債とされる。
2. 日本国内において海外の発行体が発行する外国債券のうち、円建てで発行するものを「サムライ債」といい、外貨建てで発行するものを「ショーグン債」という。
3. 日本銀行などの中央銀行が金融緩和策を強化すると、一般に、市場金利は低下し、債券価格も下落する。
4. 個人向け国債は、基準金利がどれほど低下しても、0.05%(年率)の金利が下限とされている。

［2018年9月試験］

これはどう?

債券の発行体の財務状況の悪化や経営不振などにより、償還や利払い等が履行されない可能性が高まると、当該債券の市場価格は下落する傾向がある。OX

［2018年5月試験］

これはどう?

債券を償還までの期間の長短で比較した場合、他の条件が同じであれば、償還までの期間が長い債券の方が、利回りの変化に対する価格の変動幅は大きくなる。OX

［2019年9月試験］

解答解説

7 答 3

1…適　切　S＆P（格付機関）の場合、**BBB**格相当以上の債券は一般に投資適格債とされます。

2…適　切　日本国内において海外の発行体が発行する外国債券のうち、円建てで発行するものをサムライ債、外貨建てで発行するものをショーグン債といいます。　［SECTION.07参照］

3…不適切　日銀が金融緩和を行って、市場に出回るお金が増えると、一般に、市場金利は**低下**します。そして、市場金利が低下すると、債券価格は**上昇**します。

4…適　切　個人向け国債の金利は、**0.05**％が最低保証されています。

個人向け国債

	変動10年	固定5年	固定3年
償還期間	10年	5年	3年
金　利	変動金利	固定金利	固定金利
適用利率	基準金利×0.66	基準金利－0.05％	基準金利－0.03％
最低保証金利	**0.05**％		
利払い	6カ月ごと		
中途換金	1年経過後なら換金可能		
中途換金時の調整額	「直前**2**回分の利子相当額×（100％－20.315％）」が差し引かれる		

答 ○

債券の発行体の財務状況の悪化や経営不振などにより、償還や利払い等が履行されない可能性（信用リスク）が高まると、当該債券の市場価格は**下落**する傾向があります。

答 ○

債券を償還までの期間の長短で比較した場合、償還までの期間が長い債券（残存期間が長い債券）のほうが、債券価格や金利の変動幅が**大きく**なります。

問題

1 東京証券取引所の市場区分等に関する次の記述のうち、最も適切なものはどれか。

1. 東証株価指数（TOPIX）は、東京証券取引所市場第一部に上場している全銘柄を対象として算出されていたが、東京証券取引所の市場区分見直しが実施された2022年4月4日以降、新たな市場区分であるプライム市場の全銘柄を対象として算出されている。
2. プライム市場のコンセプトは、「多くの機関投資家の投資対象になりうる規模の時価総額（流動性）を持ち、より高いガバナンス水準を備え、投資者との建設的な対話を中心に据えて持続的な成長と中長期的な企業価値の向上にコミットする企業向けの市場」である。
3. スタンダード市場のコンセプトは、「高い成長可能性を実現するための事業計画及びその進捗の適時・適切な開示が行われ一定の市場評価が得られる一方、事業実績の観点から相対的にリスクが高い企業向けの市場」である。
4. グロース市場のコンセプトは、「公開された市場における投資対象として一定の時価総額（流動性）を持ち、上場企業としての基本的なガバナンス水準を備えつつ、持続的な成長と中長期的な企業価値の向上にコミットする企業向けの市場」である。

［2023年1月試験］

これはどう？

グロース市場に上場している銘柄であっても、プライム市場における新規上場基準等の要件を満たせば、所定の手続きにより、プライム市場に市場区分の変更をすることができる。〇✕

［2023年5月試験］

解答解説

I 答 2

1…不適切　TOPIXは、東証の「プライム市場」ではなく、「**全市場**」に上場する内国普通法人株式の全銘柄のうち、流通時価総額100億円以上の銘柄を対象にしています。

2…適　切

3…不適切　スタンダード市場は、公開市場において投資対象として**十分な流動性**と**ガバナンス水準**を備えた中堅企業向けの市場です。本肢の内容はグロース市場のコンセプトです。

4…不適切　グロース市場は、**高い成長可能性**のある企業向けの市場です。本肢の内容はスタンダード市場のコンセプトです。

東京証券市場の一般投資家向けの市場

プライム市場	多くの機関投資家の投資対象になりうる規模の時価総額(流動性)を持ち、より高いガバナンス水準を備え、投資者との建設的な対話を中心に据えて持続的な成長と中長期的な企業価値の向上にコミットする企業向けの市場
スタンダード市場	公開された市場における投資対象として一定の時価総額(流動性)を持ち、上場企業としての基本的なガバナンス水準を備えつつ、持続的な成長と中長期的な企業価値の向上にコミットする企業向けの市場
グロース市場	高い成長可能性を実現するための事業計画およびその進捗の適時・適切な開示が行われ一定の市場評価が得られる一方、事業実績の観点から相対的にリスクが高い企業向けの市場

※そのほか、プロ投資家向けの市場として、TOKYO PRO Marketがある

答 ○

移行先の新規上場基準等の要件を満たせば、市場区分を変更することができます。

問題

2 株式の信用取引に関する次の記述のうち、最も不適切なものはどれか。

1. 証券会社に委託保証金を差し入れて、資金を借りて株式を購入したり、株券を借りて売却したりする取引を信用取引という。
2. 信用取引には、返済期限や対象銘柄等が証券取引所等の規則により定められている一般信用取引と、返済期限や対象銘柄等を顧客と証券会社との契約により決定することができる制度信用取引がある。
3. 信用取引の委託保証金は、現金で差し入れることが原則であるが、国債や上場株式など一定の有価証券で代用することもできる。
4. 信用取引において、委託保証金率が30%である場合、既存の建玉のない状態で300万円の委託保証金を現金で差し入れたときは、約定金額1,000万円まで新規建てをすることができる。

［2020年1月試験］

これはどう?

制度信用取引では、弁済までの期限や品貸料については証券取引所の規則により定められているが、対象となる銘柄は上場銘柄のうち各証券会社が選定している。 OX

［2019年9月試験］

解答解説

2 答 2

1…適　切

2…不適切　信用取引には、返済期限や対象銘柄等が証券取引所等の規則により定められている**制度**信用取引と、返済期限や対象銘柄等を顧客と証券会社との契約により決定することができる**一般**信用取引があります。

3…適　切　信用取引の委託保証金は、現金のほか、一定の有価証券(上場株式等)で差し入れることもできます。

4…適　切　委託保証金率は、取引金額の上限に対する委託保証金の割合です。

$$\text{委託保証金率} = \frac{\text{委託保証金}}{\text{取引金額の上限}}$$

したがって、委託保証金率が30%で、300万円の委託保証金を差し入れたときは、取引金額の上限は1,000万円(300万円÷0.3)となります。

信用取引

一般信用取引	投資家と証券会社の合意にもとづいて行われる信用取引
制度信用取引	証券取引所の規則(決済期間は最長 **6** カ月)にもとづいて行われる信用取引

答 ×

制度信用取引における対象銘柄は、証券取引所が選定しています。

問題

3 株式の信用取引の一般的な仕組みに関する次の記述のうち、最も不適切なものはどれか。

1. 信用取引では、現物株式を所有していなくても、その株式の「売り」から取引を開始することができる。
2. 制度信用取引の建株を一般信用取引の建株に変更することはできるが、一般信用取引の建株を制度信用取引の建株に変更することはできない。
3. 信用取引では、売買が成立した後に相場が変動して証券会社が定める最低委託保証金維持率を下回った場合、追加保証金を差し入れるなどの方法により、委託保証金の不足を解消しなくてはならない。
4. 金融商品取引法では、株式の信用取引を行う際の委託保証金の額は30万円以上であり、かつ、当該取引に係る株式の時価に100分の30を乗じた金額以上でなければならないとされている。

［2022年１月試験］

4 ドルコスト平均法により、１回当たり３万円の投資金額でＡ社株式を以下のとおり買い付けたときの平均取得単価(株価)として、正しいものはどれか。なお、売買委託手数料等については考慮しないものとする。

	第１回	第２回	第３回	第４回
株価	2,000円	1,500円	2,000円	1,200円

1. 1,200円
2. 1,600円
3. 1,675円
4. 2,000円

［2015年５月試験］

解答解説

3 答 2

1…適　切　信用取引は「買い」からではなく、「売り」から開始することもできます。

2…不適切　制度信用取引の建株から一般信用取引の建株への変更も、一般信用取引の建株から制度信用取引の建株への変更もできません。

3…適　切　信用取引では、委託保証金が最低委託保証金維持率を下回った場合には、追加保証金を差し入れる必要があります(追証)。

4…適　切　委託保証金の額は**30**万円以上で、かつ、委託保証金率は約定代金(取引にかかる株式の時価)の**30**%以上でなければなりません。

---

4 答 2

第1回目の購入株式数：30,000円÷@2,000円＝15株
第2回目の購入株式数：30,000円÷@1,500円＝20株
第3回目の購入株式数：30,000円÷@2,000円＝15株
第4回目の購入株式数：30,000円÷@1,200円＝25株

$$\text{平均取得単価(株価)}=\frac{30{,}000\text{円}\times 4\text{回}}{15\text{株}+20\text{株}+15\text{株}+25\text{株}}=@1{,}600\text{円}$$

問題

5 株式市場の各種指数に関する次の記述のうち、最も適切なものはどれか。

1. 東証株価指数(TOPIX)は、東京証券取引所プライム市場に上場している代表的な225銘柄を対象として算出した指数である。
2. 日経平均株価は、東京証券取引所プライム市場に上場している内国普通株式全銘柄を対象として算出される。
3. ナスダック総合指数は、米国のナスダック市場に上場している米国株式の全銘柄を対象として算出した指数である。
4. S＆P500種株価指数は、ロンドン証券取引所に上場している代表的な500銘柄を対象として算出した指数である。

[2019年5月試験 ㊈]

6 株式の投資指標に関する次の記述のうち、最も不適切なものはどれか。

1. PERは、株価が1株当たり当期純利益の何倍であるかを示す投資指標である。
2. PBRは、株価が1株当たり純資産の何倍であるかを示す投資指標であり、これが1倍を下回ると、理論上、株価は解散価値を下回っていることを示す。
3. ROEは、自己資本に対する当期純利益の割合を示す投資指標であり、これが低いほど、会社が自己資本を活用して効率よく利益を上げていることを示す。
4. 配当性向は、当期純利益に対する年間配当金の割合を示す投資指標であり、これが高いほど、株主への利益の還元率が高いことを示す。

[2018年5月試験]

解答解説

5 答 3

1…不適切　TOPIXは、東証(全市場)に上場している内国普通株式の全銘柄のうち、流通時価総額100億円以上の銘柄を対象とした時価総額株価指数です。

2…不適切　日経平均株価は、東証プライム市場に上場している銘柄のうち、代表的な**225**銘柄の修正平均株価です。

3…適　切　ナスダック総合指数は、米国のナスダック市場に上場している米国株式の**全銘柄**を対象として算出した株価指数です。

4…不適切　S & P500種株価指数は、米国の**ニューヨーク**証券取引所やナスダック市場等に上場している銘柄のうち、代表的な500銘柄を対象として算出した指数です。

---

6 答 3

1…適　切

2…適　切

3…不適切　ROEは、自己資本に対する当期純利益の割合を示す投資指標であり、これが**高い**ほど、会社が自己資本を活用して効率よく利益を上げていることを示します。

4…適　切

株式投資に用いる指標

PER［株価収益率］(倍)＝$\frac{\text{株価}}{\text{1株あたり当期純利益}}$	★低い→割安　高い→割高
PBR［株価純資産倍率］(倍)＝$\frac{\text{株価}}{\text{1株あたり純資産}}$	★低い→割安　高い→割高
ROE［自己資本利益率］(%)＝$\frac{\text{当期純利益}}{\text{自己資本}} \times 100$	
配当利回り(%)＝$\frac{\text{1株あたり配当金}}{\text{株価}} \times 100$	
配当性向(%)＝$\frac{\text{配当金総額}}{\text{当期純利益}} \times 100$	

問題

7 下記〈X社のデータ〉に基づき算出される投資指標に関する次の記述のうち、最も不適切なものはどれか。

〈X社のデータ〉

株価	2,700円
発行済株式数	0.5億株
売上高	2,000億円
経常利益	120億円
当期純利益	75億円
自己資本（＝純資産）	2,500億円
配当金総額	30億円

1. ROEは、3.75％である。
2. PERは、18倍である。
3. PBRは、0.54倍である。
4. 配当性向は、40％である。

［2023年5月試験］

これはどう？

配当利回り（％）は、「配当金総額÷純資産×100」の算式により計算され、この値が高いほど投資価値が高いと考えられる。〇×

［2020年9月試験］

解答解説

7 答 1

1…不適切　ROE：$\frac{75億円}{2,500億円}\times 100 = 3\%$

2…適　切　1株あたり当期純利益：$\frac{75億円}{0.5億株} = 150円$

PER：$\frac{2,700円}{150円} = 18倍$

3…適　切　1株あたり純資産：$\frac{2,500億円}{0.5億株} = 5,000円$

PBR：$\frac{2,700円}{5,000円} = 0.54倍$

4…適　切　配当性向：$\frac{30億円}{75億円}\times 100 = 40\%$

答 ×

配当利回りは、株価に対する配当金の割合なので、**「1株あたり配当金÷株価×100」**の算式で計算されます。そして、この値が高いほど投資価値が高いと考えられます。

投資信託

問題

1 一般的な公募投資信託の費用に関する次の記述のうち、最も適切なものはどれか。

1. 証券会社経由で株式投資信託を購入する場合、原則として購入時手数料を支払うことになるが、銀行等の預貯金を取り扱う金融機関経由であれば、その手数料は無料である。
2. 運用管理費用(信託報酬)は、受託会社(信託銀行)と投資信託委託会社に対する報酬であり、証券会社や銀行等の販売会社には運用管理費用からの報酬は支払われない。
3. 会計監査に必要な費用(監査報酬)や組入有価証券に係る売買委託手数料は、信託財産から支出されるため、受益者(投資家)の負担となる。
4. 信託財産留保額が設定されている投資信託では、追加設定に際して、基準価額に信託財産留保額を上乗せした価額で購入することになる。

［2017年1月試験］

これはどう？

投資信託委託会社は、定期的に「交付運用報告書」を作成し、原則として、販売会社を通じて投資家に交付しなければならない。〇×

［2016年9月試験］

これはどう？

投資信託にかかる費用のうち、運用管理費用(信託報酬)や監査費用は、投資信託を保有している投資家が間接的に負担するものであり、基準価額の計算の際に控除される。〇×

［2016年9月試験］

解答解説

1 答 3

1…不適切　証券会社経由でも銀行経由でも、ノーロードであれば手数料は無料ですが、原則として購入時手数料を支払います。

2…不適切　運用管理費用(信託報酬)は、受託会社(信託銀行)、委託会社(運用会社)、販売会社のそれぞれに対する手間賃(報酬)です。

3…適　切　運用管理費用(信託報酬)、監査費用、組入有価証券にかかる売買委託手数料は、間接的に受益者(投資家)が負担します。

4…不適切　信託財産留保額は、投資家間の公平性を保つために、**中途換金**時に徴収されるコスト(換金代金から差し引く金額)です。購入時に基準価額に上乗せして負担するものではありません。

投資家が負担する投資信託のコスト

コスト	負担する時期	ポイント
購入時手数料	購入時	★販売会社によって手数料は異なる ★購入時手数料がない投資信託(**ノーロード**)もある
運用管理費用(信託報酬)	保有時	★一定額が日々信託財産から差し引かれる
監査報酬	保有時	★信託財産から差し引かれる
売買手数料	株式等の売買時	★信託財産から差し引かれる
信託財産留保額	投資信託の**換金**時	★信託財産留保額がない投資信託もある

答 ○

投資信託**委託会社**は、定期的に「交付運用報告書」を作成し、原則として、**販売会社**を通じて投資家に交付しなければなりません。

答 ○

運用管理費用(信託報酬)や監査費用は、投資信託を保有している投資家が間接的に負担するものです。投資信託の保有中に一定額が日々信託財産から差し引かれ、それによる信託財産の減少分は基準価額に反映されます。

問題

2 株式で運用する投資信託の一般的な運用手法等に関する次の記述のうち、最も適切なものはどれか。

1. 割高な銘柄を買い持ち（ロング）にする一方、割安な銘柄を売り持ち（ショート）にすることで、市場全体の動きに左右されない収益を求める投資手法を、ロング・ショート戦略という。
2. マクロ的な環境要因等を基に国別組入比率や業種別組入比率などを決定し、その比率に応じて、個別銘柄を組み入れてポートフォリオを構築する手法を、トップダウン・アプローチという。
3. 企業の将来の売上高や利益の成長性が市場平均よりも高いと見込まれる銘柄を組み入れて運用するグロース運用は、PERやPBRが低い銘柄中心のポートフォリオとなる傾向がある。
4. ベンチマークの動きにできる限り連動することで、同等の運用収益率を得ることを目指すパッシブ運用は、アクティブ運用に比べて運用コストが高くなる傾向がある。

［2022年1月試験］

これはどう？

企業の将来の売上高や利益の成長性が市場平均よりも高い銘柄を組み入れて運用するグロース運用は、配当利回りの高い銘柄中心のポートフォリオとなる傾向がある。 OX

［2020年1月試験］

解答解説

2 答 2

1…不適切 ロング・ショート戦略とは、**割安**な株式を買い持ち(ロング)、**割高**な株式を売り持ち(ショート)にすることによって、市場全体の動きに左右されない収益を求める投資手法をいいます。

2…適　切

3…不適切 グロース運用は、企業の将来の売上高や利益の成長性が市場平均よりも高いと見込まれる銘柄を組み入れて運用します。成長性の高い企業は、売上や利益が伸びているので、PERが**高い**銘柄中心のポートフォリオになる傾向があります。

4…不適切 アクティブ運用は、ベンチマークを上回る運用収益を得ることを目指すため、銘柄の選定や情報収集、分析等にコストがかかります。そのため、**パッシブ**運用より**アクティブ**運用のほうが運用コストが高くなる傾向があります。

トップダウン・アプローチとボトムアップ・アプローチ

トップダウン・アプローチ	マクロ的な投資環境(経済、金利、為替など)を予測し、資産配分や投資する業種を決定したあと、個別の銘柄を選ぶという運用スタイル
ボトムアップ・アプローチ	個別銘柄の調査、分析から、投資対象を決定する運用スタイル

パッシブ運用とアクティブ運用

パッシブ運用	ベンチマークに **連動した** 運用成果を目標とする運用スタイル
アクティブ運用	ベンチマークを **上回る** 運用成果を目標とする運用スタイル ★パッシブ運用に比べて運用管理費用(信託報酬)が **高く** なる

答 ×

グロース運用は、将来的に成長が見込める銘柄に投資する運用スタイルです。成長性の高い会社は利益が出ていても(配当しないで)投資に資金を回す傾向が高いため、配当利回りが**低く**なる傾向があります。

グロース型とバリュー型

グロース型	将来的に **成長** が見込める銘柄に投資する運用スタイル
バリュー型	企業の利益や資産などから判断して、 **割安** だと思う銘柄に投資する運用スタイル

問題

3 株式投資信託の一般的な運用手法等に関する次の記述のうち、最も不適切なものはどれか。

1. 株価が現在の資産価値や利益水準などから割安と評価される銘柄に投資する手法は、バリュー投資と呼ばれる。
2. 個別企業の業績の調査や財務分析によって投資対象となる銘柄を選定し、その積上げによってポートフォリオを構築する手法は、ボトムアップ・アプローチと呼ばれる。
3. 割安な銘柄の売建てと割高な銘柄の買建てをそれぞれ同程度の金額で行い、市場の価格変動に左右されない絶対的な収益の確保を目指す手法は、マーケット・ニュートラル運用と呼ばれる。
4. ベンチマークの動きに連動して同等の運用収益率を得ることを目指すパッシブ運用は、アクティブ運用に比べて運用コストが低い傾向がある。

[2023年5月試験]

解答解説

3 答 3

1…適　切　バリュー投資は、株価が割安と評価される銘柄に投資する手法です。

2…適　切　ボトムアップ・アプローチは、個別銘柄の調査、分析から投資対象を選ぶ手法です。

3…不適切　マーケット・ニュートラル運用は、割安な銘柄の**買**建てと割高な銘柄の**売**建てを同時に行うことで、市場の変動に影響を受けないように運用成果を目指す運用手法です。

4…適　切　パッシブ運用は、ベンチマークを上回る運用収益を得ることを目指すアクティブ運用に比べて運用コストが低い傾向があります。

マーケット・ニュートラル運用とロング・ショート運用

マーケット・ニュートラル運用	相対的に **割安** な銘柄を買い建てる(ロング)と同時に、**同額** だけ **割高** な銘柄を売り建てる(ショート)ことにより、市場全体の変動による影響を抑えつつ利益を得る投資手法
ロング・ショート運用	買建てと売建ての金額が異なる投資手法

問題

4 一般的な投資信託の分類方法に関する次の記述のうち、最も不適切なものはどれか。

1. 組入れ資産のほとんどを債券が占め、株式をまったく組み入れていない証券投資信託であっても、約款上、株式に投資することができれば、株式投資信託に分類される。
2. 契約型投資信託は、委託者指図型と委託者非指図型に大別され、委託者指図型投資信託は、投資信託委託会社（委託者）と信託銀行等（受託者）との信託契約により、委託者の運用指図に基づいて運用される投資信託である。
3. 単位型投資信託は、投資信託が運用されている期間中いつでも購入できる投資信託であり、追加型投資信託は、当初募集期間にのみ購入できる投資信託である。
4. パッシブ型投資信託は、対象となるベンチマークに連動する運用成果を目指して運用される投資信託である。

［2022年9月試験］

これはどう？

ブル型ファンドは、ベンチマークとする市場指数の変動とは逆の動きとなることを目指して運用するタイプの投資信託である。 ○×

［2014年1月試験］

解答解説

4 答 3

1…適　切　株式投資信託は、運用対象に株式を組み入れることができる投資信託です。約款上、株式に投資することができれば、株式を全く組み入れず、公社債だけで運用していても、株式投資信託となります。

2…適　切　委託者指図型投資信託は、投資信託委託会社(委託者)と信託銀行等(受託者)との信託契約により、委託者の運用指図にもとづいて運用される投資信託です。

3…不適切　単位型投資信託は当初募集期間のみ購入できる投資信託で、追加型投資信託は、当初募集期間後もいつでも購入できる投資信託です。

4…適　切　パッシブ型投資信託は、ベンチマークに連動する運用成果を目指して運用される投資信託です。

答 ×

ブル型ファンドは、相場が上昇したときに利益が出る(相場と同じ動きになる)ように設計されたファンドをいいます。

ブル型ファンドとベア型ファンド

ブル型	相場が **上昇** したときに利益が出るように設計されたファンド
ベア型	相場が **下落** したときに利益が出るように設計されたファンド

問題

5 上場投資信託(ETF)の一般的な特徴に関する次の記述のうち、最も適切なものはどれか。

1. 指数連動型ETFは、株価指数に連動するものに限られており、貴金属や穀物、原油など商品価格・商品指数に連動するものは上場されていない。
2. ETFを市場で購入する際に支払う委託手数料は、証券会社により異なる。
3. ETFを市場で売却する際には、証券会社に支払う委託手数料のほか、信託財産留保額がかかる。
4. ETFの分配金には、普通分配金と元本払戻金(特別分配金)とがあり、税務上、普通分配金は課税対象となり、元本払戻金(特別分配金)は非課税となる。

[2018年9月試験 改]

これはどう?

ETFは、売買の際に上場株式と同様に売買委託手数料が発生するが、非上場の投資信託と異なり、運用管理費用(信託報酬)は発生しない。 OX

[2021年5月試験]

解答解説

5 答 2

1…不適切　指数連動型ETFは、株価指数に連動するものだけでなく、貴金属や穀物、原油など商品価格・商品指数に連動するものも上場されています。

2…適　切　ETFを購入するさいに支払う委託手数料は、証券会社により異なります。

3…不適切　ETFを市場で売却するときは、委託手数料(売買手数料)はかかりますが、信託財産留保額はかかりません。

4…不適切　ETFの分配金にかかる課税関係は上場株式の配当金と同様で、分配額全額が配当所得として課税対象となります。　[SECTION.10参照]

答 ×

ETFの売買のさいには、上場株式と同様に売買委託手数料が発生します。また、ETFの保有期間中は、投資信託の保有期間中に発生する費用である運用管理費用(信託報酬)が発生します。

問題

6 上場投資信託(ETF)に関する次の記述のうち、最も不適切なものはどれか。

1. ETFは、証券取引所の立会時間中、成行注文や指値注文による売買が可能である。
2. 証券取引所を通じて行うETFの取引では、信用取引を行うことはできない。
3. ETFの分配金を受け取るためには、ETFの決算日(権利確定日)において所有者になっている必要がある。
4. ETFには、日経平均株価やTOPIXなどの指標の日々の変動率に一定の正の倍数を乗じて算出される指数に連動するレバレッジ型や、当該指標の日々の変動率に一定の負の倍数を乗じて算出される指数に連動するインバース型がある。

〔2019年9月試験〕

---

7 わが国における不動産投資信託(以下「J-REIT」という)に関する次の記述のうち、最も適切なものはどれか。

1. J-REITは契約型投資信託に分類され、受益者は不動産から生じる賃料収入や不動産の入替えに伴う転売益などを原資として分配金を受け取る。
2. J-REITの投資対象は、国内外の不動産のほか、国内外に上場している不動産会社の株式およびこれらの不動産会社が発行する社債である。
3. 上場されているJ-REITは、上場株式と同様に、成行注文や指値注文によって取引することができる。
4. 個人が受け取るJ-REITの分配金は、上場株式の配当金と同様に、確定申告することにより配当控除の適用を受けることができる。

〔2016年5月試験〕

解答解説

6 答 2

1…適　切　ETFは、上場株式と同様に、成行注文や指値注文による売買ができます。

2…不適切　ETFの取引でも信用取引を行うことができます。

3…適　切　ETFの分配金を受け取るためには、ETFの決算日(権利確定日)において所有者になっている必要があります。

4…適　切　レバレッジ型は、もとの指標の変動率に一定の**正の倍数**を掛けて算出される指数に連動するように運用される投資信託をいいます。また、インバース型は、もとの指標の変動率に一定の**負の倍数**を掛けて算出される指数に連動するように運用される投資信託をいいます。ETFにはレバレッジ型やインバース型があります。

ETF

★指値注文や成行注文ができる

★信用取引も行うことができる

★インバース型やレバレッジ型がある

7 答 3

1…不適切　J-REITは**会社型**投資信託に分類されます。

2…不適切　J-REITは、オフィスビルや商業施設など不動産を投資対象としています。不動産会社の株式や社債は対象外です。

3…適　切　J-REITは、上場株式と同様に、成行注文や指値注文による売買ができます。

4…不適切　J-REITの分配金は上場株式と同様に配当所得として課税されますが、配当控除の適用はありません。

J-REIT

★投資対象は不動産

★指値注文や成行注文ができる

★信用取引も行うことができる

★J-REITの分配金については配当控除の適用がない

外貨建て金融商品

問題

1 一般的な外貨預金の仕組みと特徴に関する次の記述のうち、最も不適切なものはどれか。

1. 外貨預金の払戻し時において、預金者が外貨を円貨に換える場合に適用される為替レートは、預入金融機関が提示するTTBである。
2. 為替先物予約を締結していない外貨定期預金の満期時の為替レートが預入時の為替レートに比べて円高になれば、当該外貨定期預金に係る円換算の投資利回りは向上する。
3. 外貨定期預金の預入期間中に為替先物予約を締結し、満期時に為替差益が生じた場合には、当該為替差益は、雑所得として総合課税の対象となる。
4. 為替先物予約を締結していない外貨定期預金を満期時に円貨で払い戻した結果生じた為替差益は、雑所得として総合課税の対象となる。

［2020年1月試験］

これはどう？

外貨建て金融商品の取引にかかる為替手数料の料率は、どの取扱金融機関も同じであり、外国通貨の種類ごとに一律で決められている。 OX

［2018年5月試験］

これはどう？

日本国内に本店のある銀行が取り扱う外貨預金は、元本の円貨換算額1,000万円までとその利息等の合計額が預金保険制度による保護の対象となる。 OX

［2018年1月試験］

解答解説

1 答 2

1…適　切　預金者が外貨を円貨に換える場合、金融機関からみると外貨を預金者から買う(Buy)ことになるので、適用する為替レートはTT**B**です。

2…不適切　円高(たとえば1ドル100円から1ドル90円)になると、満期時における円貨での受取額が減少するので、円換算の投資利回りは低下します。

3 4…適　切　為替差益は**雑**所得として総合課税の対象となります。ただし、**預入**時に為替予約を付したときは、20.315%の源泉分離課税となります。

為替レート

TTS	顧客が円から外貨に換えるときの為替相場 (金融機関が外貨を **売って** 、円を受け取るときの為替相場)
TTB	顧客が外貨から円に換えるときの為替相場 (金融機関が外貨を **買って** 、円を支払うときの為替相場)

外貨預金の課税関係

★利息は **利子** 所得→ **源泉分離** 課税の対象となる

★為替差益は **雑** 所得として **総合** 課税。ただし、 **預入** 時に為替予約を付した場合は **源泉分離** 課税

答 ×

外貨建て金融商品の取引にかかる為替手数料は、取扱金融機関によって異なります。

答 ×

外貨預金は預金保険制度の保護の対象外です。

問題

2 以下の〈条件〉で、円貨を米ドルに交換して米ドル建て定期預金に10,000米ドルを預け入れ、満期時に米ドルを円貨に交換して受け取る場合における円ベースでの利回り（単利・年率）として、最も適切なものはどれか。なお、税金については考慮しないものとし、計算結果は表示単位の小数点以下第３位を四捨五入するものとする。

〈条件〉
・預入期間 1年
・預金金利 3.00％（年率）
・為替予約なし
・為替レート（米ドル／円）

	TTS	TTB
預入時	130.00円	129.00円
満期時	135.00円	134.00円

1. 3.17％
2. 4.79％
3. 6.17％
4. 7.79％

［2023年９月試験］

2 答 3

預入時(円→外貨)にはTTSで換算し、満期時(外貨→円)はTTBで換算します。

預入時：10,000米ドル×130円＝1,300,000円

満期時：利　息：10,000米ドル×3％＝300米ドル

受取額：(10,000米ドル＋300米ドル)×134円＝1,380,200円

利回り：$\frac{1,380,200円－1,300,000円}{1,300,000円}$×100≒6.17％

問題

3 個人(居住者)が国内の金融機関等を通じて行う外貨建て金融商品の取引等に関する次の記述のうち、最も不適切なものはどれか。

1. 外貨建て金融商品の取引に係る為替手数料の料率は、同一の外貨を対象にする場合であっても、取扱金融機関により異なることがある。
2. 国外の証券取引所に上場している外国株式を、国内店頭取引により売買する場合、外国証券取引口座を開設する必要がある。
3. 外国為替証拠金取引では、証拠金にあらかじめ決められた倍率を掛けた金額まで売買することができるが、倍率の上限は各取扱業者が決めており、法令による上限の定めはない。
4. 米ドル建て債券を保有している場合、為替レートが円安・米ドル高に変動することは、当該債券に係る円換算の投資利回りの上昇要因となる。

[2022年5月試験]

これはどう?

外貨定期預金の預入時に満期日の円貨での受取額を確定させるために為替先物予約を締結した場合、満期時に生じた為替差益は外貨預金の利息とともに源泉分離課税の対象となる。〇✕

[2019年1月試験]

これはどう?

リバース・デュアルカレンシー債は、購入代金の払込みおよび利払いが円貨で、償還金の支払いが外貨で行われる。〇✕

[2020年1月試験]

解答解説

3 答 3

1…適　切　外貨建て金融商品の取引にかかる為替手数料は、取扱金融機関により異なることがあります。

2…適　切　国外の証券取引所に上場している外国株式を、国内の証券会社で売買するためには、外国証券取引口座を開設する必要があります。

3…不適切　外国為替証拠金取引(FX)は、少額の証拠金で何倍もの取引をすることができますが、その倍率の上限は法令によって定められています。

4…適　切　円安(たとえば1ドル100円から1ドル110円)になると、満期時における円貨での受取額が増加するので、円換算の投資利回りは上昇します。

答 ○

為替差益は**雑**所得として総合課税の対象となりますが、預入時に為替予約を付したときは、20.315%の**源泉分離**課税の対象となります。また、外貨預金の利息は**利子**所得として**源泉分離**課税の対象となります。

答 ×

リバース・デュアルカレンシー債は、購入代金の払込みと償還が同じ通貨で、利払いが異なる通貨で行われます。なお、デュアルカレンシー債は、購入代金の払込みと利払いが同じ通貨で、償還される通貨が異なる通貨で行われます。

デュアルカレンシー債とリバース・デュアルカレンシー債

	払込み	利払い	償還
デュアルカレンシー債	**円**貨 →	**円**貨 →	**外**貨
リバース・デュアルカレンシー債	**円**貨 →	**外**貨 →	**円**貨

問題

4 外国株式の取引の一般的な仕組みや特徴に関する次の記述のうち、最も不適切なものはどれか。

1. 国外の証券取引所に上場している外国株式を国内店頭取引により売買する場合、外国証券取引口座を開設する必要がある。
2. 一般顧客が国内の証券会社を通じて購入した外国株式は、日本投資者保護基金による補償の対象とならない。
3. 国内の証券取引所に上場している外国株式を国内委託取引（普通取引）により売買した場合の受渡日は、国内株式と同様に、売買の約定日から起算して３営業日目である。
4. 外国株式については、一部銘柄を除き、金融商品取引法に基づくディスクロージャー制度の適用を受けず、同法に基づく企業内容等の開示は行われない。

［2023年５月試験］

解答解説

4 答 2

1…適　切　国外の証券取引所に上場している外国株式を国内の証券会社で売買する場合、外国証券取引口座を開設する必要があります。

2…不適切　国内の証券会社を通じて購入した外国株式も日本投資者保護基金の補償対象となります。

3…適　切　国内の証券取引所に上場している外国株式を国内委託取引(普通取引)により売買した場合の受渡日は、国内株式と同様に、売買の約定日から起算して**3**営業日目となります。

4…適　切　外国株式などの外国証券は、一部銘柄を除いて、金融商品取引法のディスクロージャー制度の適用を受けず、企業内容等の開示義務はありません。

学科 SEC 08

その他の商品

問題

1 金融派生商品の種類と概要に関する次の記述のうち、最も不適切なものはどれか。

1. 異なる通貨間で一定期間、キャッシュフローを交換する取引を金利スワップという。
2. 将来の特定の時点を期限日として、ある商品を特定の数量について、あらかじめ定められた価格で売買することを契約する取引のうち、取引所で行われるものを先物取引という。
3. 将来の一定期日または一定期間内に、原資産についてあらかじめ定められた価格で売る権利または買う権利を売買する取引をオプション取引という。
4. 現物取引と反対のポジションの先物を保有することなどにより、価格変動リスク等を回避または軽減することを狙う取引をヘッジ取引という。

［2018年9月試験］

---

2 オプション取引に関する次の記述のうち、最も適切なものはどれか。

1. コール・オプションは「原資産を売る権利」であり、プット・オプションは「原資産を買う権利」である。
2. オプションの買い手の損失は無限定であるが、オプションの売り手の損失は、プレミアム（オプション料）に限定されている。
3. コール・オプション、プット・オプションのいずれも、他の条件が同じであれば、満期までの期間が長いほど、プレミアム（オプション料）は低くなる。
4. オプションの取引形態には、金融商品取引所に上場されている上場オプション、相対で取引される店頭オプションがある。

［2018年1月試験］

解答解説

1 答 1

1…不適切　異なる通貨間でキャッシュ・フローを交換する取引は**通貨**スワップです。金利スワップは、同一通貨で異なる種類の**金利**を交換する取引をいいます。

2…適　切　先物取引は、将来の一定時点において、ある商品を特定の数量について、あらかじめ定められた価格で売買することを契約する取引をいいます。

3…適　切　オプション取引は、将来の一定期日または一定期間内に、原資産についてあらかじめ定められた価格で売る権利または買う権利を売買する取引をいいます。

4…適　切　ヘッジ取引は、現物取引と反対のポジションの先物を保有することなどにより、価格変動リスク等を回避または軽減することを目的として行う取引をいいます。

スワップ取引

通貨スワップ	異なる**通貨**間で生じるキャッシュ・フローを交換する取引 →異なる通貨の債権・債務を交換する取引
金利スワップ	同一通貨で異なる種類の**金利**を交換する取引 →変動金利と固定金利を交換する取引

2 答 4

1…不適切　コール・オプションは「原資産を**買う**権利」で、プット・オプションは「原資産を**売る**権利」です。

2…不適切　オプションの買い手の損失はプレミアム(オプション料)に限定されていますが、売り手の損失は無限定です。

3…不適切　コール・オプション、プット・オプションのいずれも満期までの期間が長いほど、プレミアム(オプション料)は**高く**なります。

4…適　切　オプションの取引形態には、金融商品取引所に上場されている**上場**オプションと、相対で取引される**店頭**オプションがあります。

問題

これはどう？

先物取引を利用したヘッジ取引には、将来の価格上昇リスク等を回避または軽減する売りヘッジと、将来の価格下落リスク等を回避または軽減する買いヘッジがある。 OX

［2023年9月試験］

これはどう？

コール・オプションの買い手は、「原資産を買う権利」を取得し、その対価であるプレミアム（オプション料）を売り手に支払う。 OX

［2018年5月試験］

これはどう？

プット・オプションの売り手は、「原資産を売る権利」を取得し、その対価であるプレミアム（オプション料）を買い手に支払う。 OX

［2018年5月試験］

これはどう？

プット・オプションの売り手の最大利益は無限定であるが、コール・オプションの売り手の最大利益はプレミアム（オプション料）に限定される。
OX

［2020年9月試験］

これはどう？

オプション取引において、コール・オプションの買い手は「権利行使価格で買う権利」を放棄することができるが、プット・オプションの買い手は「権利行使価格で売る権利」を放棄することができない。 OX

［2023年9月試験］

解答解説

答 ×

将来の価格上昇リスクを回避または軽減するために行うヘッジを**買い**ヘッジ、将来の価格下落リスクを回避または軽減するために行うヘッジを**売り**ヘッジといいます。

答 ○

コール・オプションの買い手は、「原資産を買う権利」を取得し、その対価であるプレミアム(オプション料)を売り手に支払います。

答 ×

プット・オプションの売り手は、「原資産を売る権利」を譲渡し、その対価であるプレミアム(オプション料)を買い手から受け取ります。

答 ×

コール・オプション、プット・オプションともに、売り手の利益はプレミアムに限定されます。

答 ×

コール・オプションでもプット・オプションでも、オプションの**買い手**はオプションを行使する権利を有し、権利を行使するか放棄するかを選択することができます。

ポートフォリオ理論

問題

1 ポートフォリオ理論に関する次の記述のうち、最も適切なものはどれか。

1. ポートフォリオのリスクは、組み入れた各資産のリスクを組入比率で加重平均した値以下となる。
2. ポートフォリオのリスクのうち、分散投資によって消去できないリスクをアンシステマティック・リスクという。
3. ポートフォリオの期待収益率は、組み入れた各資産の期待収益率を組入比率で加重平均した値よりも大きくなる。
4. 国債や社債のうち、発行時に将来の利息支払額が確定する固定利付債券は、すべて安全資産(無リスク資産)に分類される。

〔2023年9月試験〕

これはどう？

異なる2資産からなるポートフォリオにおいて、2資産間の相関係数が1である場合、ポートフォリオを組成することによる分散投資の効果(リスクの低減効果)は最大となる。〇×

〔2020年1月試験〕

これはどう？

国内株式のポートフォリオにおいて、組入れ銘柄数を増やすことにより、システマティック・リスクを低減することができる。〇×

〔2021年1月試験〕

解答解説

I 答 1

1…適　切　ポートフォリオのリスクは、組み入れた各資産のリスクを組入比率で加重平均した値よりも小さくなります。なお、組入資産間の相関係数が1のときはリスクの加重平均と等しくなります。

2…不適切　アンシステマティック・リスク(非システマティック・リスク)は、分散投資によって消去できるリスクをいいます。分散投資によって消去できないリスクは**システマティック・リスク**といいます。

3…不適切　ポートフォリオの期待収益率は、組み入れた各資産の期待収益率を組入比率で加重平均した値と**等しく**なります。

4…不適切　安全資産(無リスク資産)とは、元本が保証されている資産をいいます。預貯金や国債は安全資産に分類されますが、社債は会社が倒産するリスク等もある(元本が戻ってこない可能性がある)ため、安全資産に分類されません。

システマティック・リスクと非システマティック・リスク

システマティック・リスク	分散投資によって除去できないリスク
非システマティック・リスク	分散投資によって除去できるリスク

答 ×

相関係数が1のときは、資産の値動きが全く同じになるため、リスク低減効果はありません。

リスク低減効果と相関係数

相関係数	証券の値動き	リスク低減効果
−1	全く逆	**最大**
0	全く関係ない	—
1	全く同じ	**ゼロ**

答 ×

分散投資によって低減できるリスクは**非システマティック・リスク**です。

問題

2 ポートフォリオ理論の一般的な考え方等に関する次の記述のうち、最も不適切なものはどれか。

1. ポートフォリオ理論は、期待リターンが同じであれば、投資家はリスクのより低い投資を選好する「リスク回避者」であることを前提としている。
2. アセットアロケーションとは、投資資金を株式、債券、不動産等の複数の資産クラスに配分することをいう。
3. 運用期間中、各資産クラスへの資産の配分比率を維持する方法として、値下がりした資産クラスの資産を売却し、値上がりした資産クラスの資産を購入するリバランスという方法がある。
4. 各資産クラスのリスク量が同等になるように資産配分を行うリスクパリティ運用(戦略)では、特定の資産クラスのボラティリティが上昇した場合、当該資産クラスの資産の一部売却を行う。

[2023年5月試験]

解答解説

2 答 3

1…適　切　ポートフォリオ理論における投資家は、リスク回避者(期待リターンが同じであれば、リスクのより低い投資を選好する人)を前提としています。

2…適　切　アセットアロケーションとは、投資資金を株式、債券、不動産等の複数の資産クラスに配分することをいいます。

3…不適切　リバランスとは、ポートフォリオやアセットアロケーションの当初の割合が崩れたときに、元の割合に戻すようにメンテナンスすることをいいます。**値上がり**した資産クラスを**売却**し、**値下がり**した資産クラスを**購入**することにより、資産の配分比率を維持することができます。

4…適　切　リスクパリティ運用とは、ポートフォリオ全体に占める各資産クラスのリスク量が均等になるように配分比率を調整する運用手法をいいます。特定の資産クラスのボラティリティ(変動性)が上昇した場合には、当該資産を売却することによって各資産クラスのリスク量が均等になるように調整します。

問題

3 投資家Aさんの各資産のポートフォリオの構成比および期待収益率が下表のとおりであった場合、Aさんの資産のポートフォリオの期待収益率として、最も適切なものはどれか。

資産	ポートフォリオの構成比	期待収益率
預金	60%	0.1%
債券	15%	1.0%
株式	25%	8.0%

1. 2.03%　　2. 2.21%　　3. 3.03%　　4. 9.10%

［2021年5月試験］

---

4 下記〈資料〉に基づくファンドAとファンドBの運用パフォーマンスの比較評価に関する次の記述の空欄（ア）～（ウ）にあてはまる語句または数値の組み合わせとして、最も適切なものはどれか。

〈資料〉ファンドAとファンドBの運用パフォーマンスに関する情報

ファンド名	実績収益率	実績収益率の標準偏差
ファンドA	8.0%	2.0%
ファンドB	6.0%	4.0%

> 無リスク金利を1.0%として、〈資料〉の数値によりファンドAのシャープレシオの値を算出すると（　ア　）となり、同様に算出したファンドBのシャープレシオの値は（　イ　）となる。シャープレシオの値が（　ウ　）ほど効率的な運用であったと判断される。

1. （ア）3.50　（イ）1.25　（ウ）大きい
2. （ア）3.50　（イ）1.25　（ウ）小さい
3. （ア）4.00　（イ）1.50　（ウ）大きい
4. （ア）4.00　（イ）1.50　（ウ）小さい

［2019年1月試験］

解答解説

3 答 2

ポートフォリオの期待収益率：0.1%×0.6＋1.0%×0.15＋8.0%×0.25
＝2.21%

ポートフォリオの期待収益率

★ポートフォリオの期待収益率は個別証券の期待収益率をポートフォリオの構成比で加重平均したものに等しくなる

---

4 答 1

シャープレシオは次の計算式で求めます。

$$\text{シャープレシオ}=\frac{\text{ポートフォリオの収益率}-\text{無リスク資産の収益率}}{\text{ポートフォリオの標準偏差}}$$

(ア)…ファンドAのシャープレシオ：$\frac{8.0\%-1.0\%}{2.0\%}=3.50$

(イ)…ファンドBのシャープレシオ：$\frac{6.0\%-1.0\%}{4.0\%}=1.25$

(ウ)…シャープレシオは数値が**大きい**ほど投資効率がよく、パフォーマンスがよかったことを示します。

問題

Ⅰ 上場株式等の譲渡および配当等(一定の大口株主等が受けるものを除く)に係る所得税の課税等に関する次の記述のうち、最も適切なものはどれか。なお、本問においては、特定口座のうち、源泉徴収がされない口座を簡易申告口座といい、源泉徴収がされる口座を源泉徴収選択口座という。

1. 上場株式等の配当等について、総合課税を選択して確定申告をした場合、上場株式等に係る譲渡損失の金額と損益通算することができる。
2. 上場株式等に係る配当所得等の金額と損益通算してもなお控除しきれない上場株式等に係る譲渡損失の金額は、確定申告をすることにより、翌年以後３年間にわたって繰り越すことができる。
3. 簡易申告口座では、源泉徴収選択口座と異なり、その年中における口座内の取引内容が記載された「特定口座年間取引報告書」が作成されないため、投資家自身でその年中の上場株式等に係る譲渡損益および配当等の金額を計算する必要がある。
4. 年末調整の対象となる給与所得者が、医療費控除の適用を受けるために確定申告をする場合、源泉徴収選択口座における上場株式等に係る譲渡所得等および配当所得等についても申告しなければならない。

[2023年９月試験]

これはどう?

上場株式の配当金について申告分離課税を選択して確定申告をした場合、配当控除の適用を受けることができる。 ○×

[2018年９月試験]

解答解説

I 答 2

1…不適切　上場株式等の配当等について、総合課税を選択して確定申告をした場合、上場株式等に係る譲渡損失の金額と損益通算することは**できません**。

2…適　切　損益通算してもなお控除しきれない上場株式等に係る譲渡損失の金額は、**確定申告**をすることにより、翌年以後**3**年間にわたって繰り越すことができます。

3…不適切　簡易申告口座とは、源泉徴収なしの特定口座のことをいいます。簡易申告口座では、上場株式等の譲渡損益が出ても源泉徴収されないため、納税者自らが確定申告により納税しなくてはなりません。しかし、売買損益の計算は、証券会社が発行する特定口座年間取引報告書によって行うことができるため、投資家自身で売買損益等の金額の計算をする必要はありません。

4…不適切　源泉徴収ありの特定口座を選択した場合、申告不要とすることができます。給与所得者が、医療費控除、雑損控除、寄附金控除を受けるためには確定申告をする必要があります(CHAPTER04参照)が、この場合でも、申告不要とした場合には、源泉徴収ありの特定口座における上場株式等に係る譲渡所得等および配当所得等について申告する必要はありません。

上場株式等の配当所得と配当控除、損益通算

総合課税を選択	○配当控除の適用あり ×上場株式等の譲渡損失と損益通算することはできない
申告分離課税を選択	×配当控除の適用なし ○上場株式等の譲渡損失と損益通算することができる
申告不要を選択	×配当控除の適用なし ×上場株式等の譲渡損失と損益通算することはできない

答 ×

上場株式の配当金について申告分離課税を選択した場合は、配当控除の適用を受けることはできません。

問題

2 上場株式の譲渡および配当(一定の大口株主等が受けるものを除く)に係る税金に関する次の記述のうち、最も適切なものはどれか。なお、本問においては、NISA(少額投資非課税制度)により投資収益が非課税となる口座をNISA口座という。

1. 上場株式の配当について、総合課税を選択して確定申告をした場合、上場株式の譲渡損失の金額と損益通算することができる。
2. 上場株式等に係る配当所得等の金額と損益通算してもなお控除しきれない上場株式の譲渡損失の金額は、確定申告をすることにより、翌年以後5年間にわたって繰り越すことができる。
3. NISA口座で保有する上場株式の配当金を非課税扱いにするためには、配当金の受取方法として株式数比例配分方式を選択しなければならない。
4. NISA口座で保有する上場株式を売却したことで生じた譲渡損失の金額は、確定申告をすることにより、特定口座内の上場株式の譲渡益の金額と通算することができる。

[2023年1月試験]

これはどう?

2024年以降のNISAの成長投資枠は、年間投資額で120万円まで、かつ、非課税保有限度額1,800万円のうち1,200万円までである。 OX

[ネット試験予想問題]

これはどう?

2024年以降のNISAのつみたて投資枠と成長投資枠は、同一年中においては、いずれか一方しか利用することができない。 OX

[ネット試験予想問題]

解答解説

2 答 3

1…不適切　上場株式の配当について、総合課税を選択した場合、上場株式等の譲渡損失の金額と損益通算することは**できません。**

2…不適切　損益通算してもなお控除しきれない上場株式等の譲渡損失の金額は、確定申告をすることにより、翌年以後**3**年間にわたって繰り越すことができます。

3…適　切　株式数比例配分方式は、所有する株式等の数量に応じた配当金を証券会社の口座で受け取る方法です。NISA口座で保有する上場株式の配当金を非課税扱いにするためには、株式数比例配分方式を選択しなければなりません。

4…不適切　NISA口座で生じた損失はなかったものとされるので、他の口座で生じた譲渡益と損益通算することはできません。

NISA

	つみたて投資枠	成長投資枠
非課税期間	無期限	
年間非課税投資枠	**120**万円	**240**万円
非課税枠上限（総額）	買付残高 **1,800**万円 （うち成長投資枠 **1,200**万円）	
両制度の併用	可能	
損失の取扱い	他の口座で生じた売買益や配当金と損益通算できない	

答 ×

2024年以降のNISAの成長投資枠は、年間投資額で**240**万円まで、かつ、非課税保有限度額**1,800**万円のうち**1,200**万円までとなっています。

答 ×

2024年以降のNISAでは、同一年中において、つみたて投資枠と成長投資枠を併用して利用することができます。

1 個人資産相談業務【金財】

個人1 次の設例に基づいて、下記の各問に答えなさい。　[2023年9月試験 第2問 改]

《設 例》

会社員のAさん(30歳)は、将来に向けた資産形成のため、株式や投資信託に投資したいと考えているが、これまで投資経験がなく、株式や投資信託の銘柄を選ぶ際の判断材料や留意点について知りたいと思っている。

そこで、Aさんは、ファイナンシャル・プランナーのMさんに相談することにした。Mさんは、Aさんに対して、X社株式(東京証券取引所上場銘柄)およびY投資信託を例として、株式や投資信託に投資する際の留意点等について説明を行うことにした。

〈X社株式の情報〉
- 株価　：1,700円　　・発行済株式数：5,000万株
- 決算期：2024年10月31日(木)(次回の配当の権利確定日に該当する)

〈X社の財務データ〉　(単位：百万円)

	80期	81期
資産の部合計	102,000	110,000
負債の部合計	23,000	27,000
純資産の部合計	79,000	83,000
売上高	65,000	73,000
営業利益	6,800	7,500
経常利益	6,500	7,000
当期純利益	4,900	5,200
配当金総額	2,400	2,600

※純資産の金額と自己資本の金額は同じである。

〈Y投資信託(公募株式投資信託)に関する資料〉

銘柄名　：　エマージング株式ファンド
投資対象地域／資産　：　海外／新興国株式
信託期間　：　無期限
基準価額　：　13,500円(1万口当たり)
決算日　：　年1回(10月15日)

購入時手数料　　　　　：　3.3%（税込）
運用管理費用（信託報酬）：　2.068%（税込）
信託財産留保額　　　　：　0.3%

※上記以外の条件は考慮せず、各問に従うこと。

問１　《設例》の〈X社株式の情報〉および〈X社の財務データ〉に基づいて算出される次の①、②を求めなさい（計算過程の記載は不要）。〈答〉は、表示単位の小数点以下第３位を四捨五入し、小数点以下第２位までを解答すること。

①81期におけるROE（自己資本は80期と81期の平均を用いる）

②81期における配当利回り

問２　Mさんは、Aさんに対して、X社株式を購入する際の留意点等について説明した。Mさんが説明した次の記述①～③について、適切なものには○印を、不適切なものには×印を解答用紙に記入しなさい。

①「X社株式のPERは15倍を下回っています。一般に、PERが低い銘柄ほど株価は割安とされていますが、X社株式に投資する際は、他の投資指標とあわせて同業他社の数値と比較するなど、多角的な視点で検討することが望まれます」

②「仮に、Aさんが特定口座（源泉徴収あり）において、X社株式を株価1,700円で300株購入して同年中に株価1,750円で全株売却した場合、その他の取引や手数料等を考慮しなければ、売却益１万5,000円に対して20.315%相当額が源泉徴収等されます」

③「上場株式の配当を受け取るためには、普通取引の場合、権利確定日の２営業日前までに株式を買い付け、権利確定日まで売却せずに保有する必要があります。仮に、Aさんが2024年10月29日（火）にX社株式を普通取引により買い付け、翌営業日の30日（水）に売却した場合、X社株式の次回の配当を受け取ることはできません」

問３　Mさんは、Aさんに対して、Y投資信託を購入する際の留意点等について説明した。Mさんが説明した次の記述①～③について、適切なものには○印を、不適切なものには×印を解答用紙に記入しなさい。

①「運用管理費用（信託報酬）は、投資信託を保有する投資家が負担する費用です。

一般に、アクティブ型投資信託は、パッシブ型投資信託よりも運用管理費用(信託報酬)が高い傾向があります」

②「ドルコスト平均法は、価格が変動する商品を定期的に一定口数購入する方法であり、定期的に一定額購入する方法よりも平均購入単価を引き下げる効果が期待できます」

③「仮に、Y投資信託から収益分配金が支払われ、分配後の基準価額がAさんの個別元本を上回っていた場合、当該分配金はすべて元本払戻金(特別分配金)となります」

個人1 解答解説

問1 ① 6.42% ② 3.06%

①… $$\text{ROE}(\%) = \frac{\text{当期純利益}}{\text{株主資本(純資産)}} \times 100$$

純資産(自己資本):(79,000百万円+83,000百万円)÷2=81,000百万円

第81期のROE:$\frac{5{,}200\text{百万円}}{81{,}000\text{百万円}} \times 100 \fallingdotseq 6.42\%$

②… $$\text{配当利回り}(\%) = \frac{\text{1株あたり配当金}}{\text{株価}} \times 100$$

1株あたり配当金:2,600百万円÷5,000万株=52円

第81期の配当利回り:$\frac{52\text{円}}{1{,}700\text{円}} \times 100 \fallingdotseq 3.06\%$

問2 ①× ②○ ③×

①… $$\text{PER}(\text{倍}) = \frac{\text{株価}}{\text{1株あたり純利益}}$$

一般的にPERが低いほど割安と判断されますが、X社のPERは15倍を下回っていません。

1株あたり純利益:5,200百万円÷5,000万株=104円

PER:$\frac{1{,}700\text{円}}{104\text{円}} \fallingdotseq 16.3\text{倍}$

②…上場株式等の売却益にかかる税率は**20.315%**(所得税**15**%、復興特別所得税**0.315**%、住民税**5**%)です。

取得価額：@1,700円× 300株＝510,000円
売却価額：@1,750円× 300株＝525,000円
売 却 益：525,000円－510,000円＝15,000円
源泉徴収額：15,000円×20.315%≒3,047円

③…上場株式の決済(受渡し)は、約定日の**2**営業日後(約定日を含めて**3**営業日目)に行われます。したがって、10月31日(木)の2営業日前である**10月29日**(火)までに買付けを行えば、次回の配当を受け取ることができます。

問3 ①○ ②× ③×

②…ドルコスト平均法は、株式など価格が変動する商品を定期的に**一定額**ずつ購入する方法です。一定額ずつ購入するので、価格が高いときは少しの単位を、価格が低いときは多くの単位を購入することになります。したがって、長期的に行うと、平均購入単価を引き下げる効果があります。

③…分配後の基準価額がAさんの個別元本を上回っていた場合、分配金はすべて**普通分配金**として所得税が課されます。なお、分配後の基準価額がAさんの個別元本を下回っていた場合には、分配金のうち個別元本を下回った部分は**元本払戻金**(**特別分配金**)となり、この部分については**非課税**となります。

個人2 次の設例に基づいて、下記の各問に答えなさい。

[2023年1月試験　第2問]

《設 例》

個人で不動産賃貸業を営むAさん(60歳)は、X社債(特定公社債)の購入を検討している。また、Y銀行の米ドル建定期預金の金利の高さに魅力を感じているが、外貨建て取引のリスク等について理解しておきたいと考えている。

そこで、Aさんは、ファイナンシャル・プランナーのMさんに相談することにした。

〈円建てのX社債(固定利付債)に関する資料〉

- 発行会社　：　国内の大手企業
- 購入価格　：　101.8円(額面100円当たり)
- 表面利率　：　0.80%
- 利払日　：　年2回
- 残存期間　：　4年
- 償還価格　：　100円
- 格付　：　BBB

〈Y銀行の米ドル建定期預金に関する資料〉

- 預入金額　：　30,000米ドル
- 預入期間　：　1年
- 利率(年率)　：　1.00%(満期時一括支払)
- 為替予約なし
- 預入時の適用為替レート(TTS・米ドル/円)　：　132.75円

※上記以外の条件は考慮せず、各問に従うこと。

問1　Mさんは、Aさんに対して、X社債について説明した。Mさんが説明した次の記述①～③について、適切なものには○印を、不適切なものには×印を解答用紙に記入しなさい。

①「一般に、BBB(トリプルビー)格相当以下の格付は、投機的格付と呼ばれています。X社債は、投資適格債に比べて信用力は劣りますが、相対的に高い利回りを期待することができます」

②「毎年受け取る利子額(税引前)は、X社債の購入価格に表面利率を乗じて得た金額となります。X社債の表面利率は、発行時の金利水準を反映して決定されたも

のであり、償還時まで変わることはありません」

③「X社債の利子は、その支払時に、所得税および復興特別所得税と住民税の合計で20.315%相当額が源泉徴収等されます。X社債のような特定公社債の利子については、申告分離課税の対象となりますが、確定申告不要制度を選択することができます」

問2　Mさんは、Aさんに対して、Y銀行の米ドル建定期預金について説明した。Mさんが説明した次の記述①～③について、適切なものには○印を、不適切なものには×印を解答用紙に記入しなさい。

①「米ドル建定期預金の預入時において、円貨を米ドルに換える際に適用されるTTSは、当該預金の取扱金融機関が独自に決定しており、Y銀行と他の金融機関では異なることがあります」

②「米ドル建定期預金の魅力は、現時点において、円建ての預金と比べて相対的に金利が高いことにあります。ただし、満期時の為替レートが預入時に比べて円高ドル安に変動した場合、円換算の運用利回りがマイナスになる可能性があります」

③「満期時に為替差損が生じた場合、当該損失の金額は、所得税において、不動産所得の金額と損益通算することができます」

問3　次の①、②を求め、解答用紙に記入しなさい(計算過程の記載は不要)。なお、計算にあたっては税金等を考慮せず、〈答〉は、%表示の小数点以下第3位を四捨五入し、小数点以下第2位までを解答すること。

①Aさんが X社債を《設例》の条件で購入した場合の最終利回り(年率・単利)を求めなさい。

②Aさんが《設例》の条件で円貨を米ドルに換えて米ドル建定期預金に30,000米ドルを預け入れ、満期を迎えた際の円ベースでの運用利回り(年率・単利)を求めなさい。なお、満期時の適用為替レート(TTB・米ドル／円)は、133.00円とする。

個人2 解答解説

問1 ①× ②× ③○

①…投機的格付とは、信用リスクが高い格付けをいい、一般にBB(ダブルビー)以下の債券をいいます。X社債はBBB(トリプルビー)なので、投資適格債に該当します。

②…毎年受け取る利子額は、「購入価格」ではなく、「**額面金額**」に表面利率を掛けた金額となります。

③…特定公社債等の利子は利子所得として申告分離課税の対象となりますが、確定申告不要制度を利用することもできます。なお税率は、20.315%(所得税15%、復興特別所得税0.315%、住民税5%)です。

問2 ①○ ②○ ③×

②…現時点では、米ドル建て定期預金の金利は、円建ての預金と比べて相対的に高いですが、満期時の為替レートが預入時に比べて円高になる(たとえば1ドル100円から1ドル90円になる)と、満期時における円貨での受取額が減少するので、円換算の運用利回りは低下し、マイナスになる可能性があります。

③…外貨を円貨に換金して生じた為替差損益は、雑所得に分類されます。為替差損が生じた場合は、雑所得内部で通算することはできますが、他の所得と損益通算することはできません。

問3 ① 0.34% ② 1.19%

①…最終利回り：$\dfrac{0.8+\dfrac{100円-101.8円}{4年}}{101.8円}\times 100 \fallingdotseq 0.34\%$

②…運用利回りは、元本に対する1年あたりの収益の割合です。

$$\textbf{運用利回り}=\frac{\textbf{1年あたり収益}}{\textbf{元本}}\times 100$$

また、外貨の預入時はTTS、満期時はTTBで換算します。

【預入時】←TTS

元本(円ベース)：30,000米ドル×132.75円＝3,982,500円

【満期時】←TTB

満期時の受取利息：30,000米ドル×1.00%＝300米ドル

満期時の元利合計(円ベース)：(30,000米ドル＋300米ドル)×133.00円
＝4,029,900円

【運用利回り】

1年あたり収益：4,029,900円－3,982,500円＝47,400円

運用利回り：$\dfrac{47,400円}{3,982,500円}\times 100 \fallingdotseq 1.19\%$

個人3 次の設例に基づいて、下記の各問に答えなさい。

［2020年1月試験　第2問］

《設 例》

会社員のAさん(60歳)は、退職金の一部を活用して、国内の大手企業が発行するX社債(特定公社債)の購入を検討している。このほか、高い利回りが期待できる米ドル建定期預金にも興味を持っている。そこで、Aさんは、ファイナンシャル・プランナーのMさんに相談することにした。

〈円建てのX社債に関する資料〉
- 発行会社：国内の大手企業
- 購入価格：104.5円(額面100円当たり)
- 表面利率：2.0%
- 利払日　：年1回
- 残存期間：5年
- 償還価格：100円
- 格付　　：A

〈米ドル建定期預金に関する資料〉
- 預入金額　：50,000米ドル
- 預入期間　：3カ月
- 利率(年率)：1.8%(満期時一括支払)
- 為替予約なし
- 適用為替レート(円／米ドル)

	TTS	TTM	TTB
預入時	110.00円	109.50円	109.00円
満期時	112.00円	111.50円	111.00円

※上記以外の条件は考慮せず、各問に従うこと。

問1　Mさんは、Aさんに対して、X社債および米ドル建定期預金に係る留意点について説明した。Mさんが説明した次の記述①～③について、適切なものには○印を、不適切なものには×印を解答用紙に記入しなさい。

①「X社債の格付は、A（シングルA）と評価されています。一般に、BBB（トリプルB）格相当以上の格付が付されていれば、投資適格債とされます」

②「円建ての債券投資では、信用リスクや金利リスクに注意が必要です。一般に、市場金利が低下する局面では、債券価格は下落します」

③「外貨預金の魅力は、円建ての預金と比べて相対的に金利が高いことにあります。《設例》の米ドル建定期預金の場合、Aさんが満期時に受け取ることができる利息額（税引前）は、900米ドルになります」

問2　次の①、②を求め、解答用紙に記入しなさい（計算過程の記載は不要）。なお、計算にあたっては税金等を考慮せず、〈答〉は、％表示の小数点以下第3位を四捨五入し、小数点以下第2位までを解答すること。

① AさんがX社債を《設例》の条件で購入した場合の最終利回り（年率・単利）を求めなさい。

② Aさんが《設例》の条件で円貨を米ドルに換えて米ドル建定期預金に50,000米ドルを預け入れ、満期を迎えた場合の円ベースでの運用利回り（単利による年換算）を求めなさい。なお、預入期間3カ月は0.25年として計算すること。

問3　Mさんは、Aさんに対して、X社債および米ドル建定期預金に係る課税関係について説明した。Mさんが説明した次の記述①～③について、適切なものには○印を、不適切なものには×印を解答用紙に記入しなさい。

①「X社債の利子は、利子の支払時において所得税および復興特別所得税と住民税の合計で20.315％相当額が源泉徴収等されます」

②「X社債の譲渡益は、雑所得として総合課税の対象となりますので、上場株式の譲渡損失の金額と損益通算することはできません」

③「為替予約のない米ドル建定期預金の満期による為替差益は、雑所得として総合課税の対象となります」

個人3 解答解説

問1 ① ○　② ×　③ ×

①…一般的に**BBB**格以上は投資適格債とされます。
②…一般に市場金利が低下すると、債券価格は**上昇**します。
③…米ドル建定期預金の預入期間は３カ月なので、利息は３カ月分で計算します。

利息：$50{,}000\text{米ドル} \times 1.8\% \times \dfrac{3\text{カ月}}{12\text{カ月}} = 225\text{米ドル}$

問2 ① 1.05%　② 5.45%

①…最終利回り：$\dfrac{2 + \dfrac{100\text{円} - 104.5\text{円}}{5\text{年}}}{104.5\text{円}} \times 100 = 1.052... \rightarrow 1.05\%$

②…運用利回りは、元本に対する１年あたりの収益の割合です。

$$\textbf{運用利回り} = \frac{\textbf{1年あたり収益}}{\textbf{元本}} \times 100$$

また、外貨の預入時はTTS、満期時はTTBで換算します。

【預入時】←TTSで換算
元本(円ベース)：50,000米ドル×110円＝5,500,000円

【満期時】←TTBで換算
満期時の受取利息：225米ドル(**問1**③より)
満期時の元利合計(円ベース)：(50,000米ドル＋225米ドル)×111円
＝5,574,975円

【運用利回り】
以上より、３カ月間の収益は74,975円(5,574,975円－5,500,000円)となりますが、運用利回りは１年あたりの収益で計算するため、74,975円を0.25年(3カ月分)で割り戻して１年あたりの収益を求めます。

１年あたり収益：74,975円÷0.25年＝299,900円

運用利回り：$\dfrac{299{,}900\text{円}}{5{,}500{,}000\text{円}} \times 100 = 5.452... \rightarrow 5.45\%$

問3 ①○　②×　③○

①…X社債(特定公社債)の利子は、利子の支払時に20.315%(所得税15%、復興特別所得税0.315%、住民税5%)が源泉徴収等されます。

②…X社債の譲渡益は、**譲渡**所得として**申告分離**課税の対象となり、確定申告をすることによって、上場株式の譲渡損失と損益通算することができます。

③…外貨預金の満期による為替差益は、**雑**所得として総合課税の対象となります。

3 資産設計提案業務【日本FP協会】

資産1 経済指標に関する下表の空欄(ア)～(エ)に入る語句を語群の中から選び、その番号のみを解答欄に記入しなさい。

名称	発表機関	概要
国内総生産(GDP)	(　ア　)	一定期間中に国内で生み出された財・サービスなどの付加価値の合計を金額で示す指標で、その国の経済規模を表す。
(　イ　)	財務省 日本銀行	外国との間で行ったモノやサービス、有価証券等の取引や決済資金の流れなどを記録・集計した統計で、国際通貨基金（IMF）のマニュアルに準拠して作成される。
全国企業短期経済観測調査(日銀短観)	日本銀行	景気の現状や先行きの見通しについて企業経営者を対象に直接行われるアンケート調査であり、年（　ウ　）、調査・公表される。
(　エ　)	総務省	全国の世帯が購入する家計に係る財およびサービスの価格等を総合した物価の変化を時系列的に測定するものである。調査結果は各種経済施策や公的年金の給付水準の改定などに利用されている。

〈語群〉
1. 内閣府　2. 総務省　3. 経済産業省
4. 国際収支統計　5. マネーストック統計
6. 家計消費支出　7. 消費者物価指数
8. 2回　9. 4回　10. 6回

［2019年5月試験　第2問　問3］

資産1 解答解説

解答 (ア) **1**　(イ) **4**　(ウ) **9**　(エ) **7**

(ア)… 国内総生産(GDP)は **内閣府** が発表します。
(イ)… **国際収支統計** は、財務省と日本銀行が共同で発表します。
(ウ)… 日銀短観は年 **4** 回、調査が行われ、公表されます。
(エ)… **消費者物価指数** は総務省が毎月発表します。

資産2「金融サービスの提供及び利用環境の整備等に関する法律(以下「金融サービス提供法」という)」に関する次の記述のうち、最も不適切なものはどれか。

1. 金融サービス提供法は、金融商品販売業者等が金融商品の販売またはその代理もしくは媒介に際し、顧客に対し説明すべき事項等を定めること等により、顧客の保護を図る法律である。
2. 金融サービス提供法は、「金融商品の販売等に関する法律(金融商品販売法)」が改称された法律である。
3. 投資信託等の売買の仲介を行うIFA(Independent Financial Advisor＝独立系ファイナンシャル・アドバイザー)は、金融サービス提供法が適用される。
4. 投資は投資者自身の判断と責任において行うべきであり、金融サービス提供法では、金融商品販売業者等が重要事項の説明義務を怠ったことで顧客に損害が生じたとしても、金融商品販売業者等は損害賠償責任を負うわけではない。

［2023年1月試験　第2問　問2 ㊕］

資産2 解答解説

解答 4

1…金融サービス提供法は、金融商品販売業者等が金融商品の販売等にさいし顧客に対して説明をすべき事項などを定めることなどにより、金融サービスの提供を受ける顧客の保護を図るための法律です。

2…2021年11月1日から「金融商品の販売等に関する法律」が改称され、「金融サービスの提供に関する法律」となりました。さらに2024年2月1日から「金融サービスの提供及び利用環境の整備等に関する法律」に改称されました。

3…IFA(独立系ファイナンシャル・アドバイザー)は、金融機関から独立した、プロの金融アドバイザーをいいます。IFAも金融サービス提供法の適用対象となります。

4…金融商品販売業者等が、顧客に対し重要事項の説明を怠り、顧客に損害が生じたときは、損害賠償責任を負います。

資産 3 下記〈資料〉は、荒木さん夫婦(隆文さんと芳恵さん)のWH銀行(日本国内に本店のある普通銀行)における金融資産時価の一覧表である。この残高を保有する時点においてWH銀行が破綻した場合に、預金保険制度によって保護される隆文さんおよび芳恵さんの金融資産の金額に関する次の記述の空欄(ア)、(イ)にあてはまる数値を解答欄に記入しなさい。

〈資料〉

		隆文さん	芳恵さん
WH銀行TX支店	普通預金	138万円	165万円
	株式投資信託	280万円	78万円
	個人向け国債	50万円	100万円
	定期預金	682万円	–
WH銀行TY支店	普通預金	63万円	10万円
	定期預金	100万円	173万円
	外貨預金	–	82万円

※隆文さんおよび芳恵さんともに、WH銀行からの借入れはない。
※預金の利息については考慮しないこととする。
※普通預金は決済用預金ではない。

・隆文さんの金融資産のうち、保護される金額は(　ア　)万円である。
・芳恵さんの金融資産のうち、保護される金額は(　イ　)万円である。

[2018年1月試験　第2問　問3]

資産 3 解答解説

解答 (ア) **983**万円　(イ) **348**万円

預金保険制度によって、金融機関が破たんした場合、1金融機関1預金者あたりの元本1,000万円までと、その利息等が保護されます。なお、株式投資信託、個人向け国債、外貨預金は、預金保険制度の対象外です。

(ア)…隆文さんの金融資産のうち、保護される金額:
138万円+682万円+63万円+100万円=983万円
(イ)…芳恵さんの金融資産のうち、保護される金額:
165万円+10万円+173万円=348万円

資産4 個人向け国債（変動10年）に関する下表の空欄（ア）～（エ）にあてはまる適切な語句または数値を語群の中から選び、その番号のみを解答欄に記入しなさい。なお、同じ番号を何度選んでもよいこととする。

利払い	＊＊＊ごと
金利の見直し	（　ア　）ごと
金利設定方法	基準金利×（　イ　）
金利の下限	（　ウ　）％（年率）
購入単価	1万円以上1万円単位
中途換金	原則として、発行から（　エ　）経過すれば可能 ただし、直前2回分の各利子（税引前）相当額×0.79685が差し引かれる
発行月（発行頻度）	毎月（年12回）

※問題作成の都合上、一部を「＊＊＊」にしてある。

〈語群〉

1．半年　2．1年　3．2年　4．3年　5．0.03
6．0.05　7．0.33　8．0.5　9．0.55　10．0.66

［2023年9月試験　第2問　問4］

資産4 解答解説

解答 (ア) **1**　(イ) **10**　(ウ) **6**　(エ) **2**

空欄を埋めると次のとおりです。

利払い	**半年**ごと
金利の見直し	（ア　**半年**）ごと
金利設定方法	基準金利×（イ　**0.66**）
金利の下限	（ウ　**0.05**）％（年率）
購入単価	1万円以上1万円単位
中途換金	原則として、発行から（エ　**1年**）経過すれば可能 ただし、直前2回分の各利子（税引前）相当額×0.79685が差し引かれる
発行月（発行頻度）	毎月（年12回）

資産5 下記の〈資料〉に関する次の記述のうち、最も不適切なものはどれか。

〈資料〉

販売用資料	円建て新発債券のご案内

RA株式会社　第2回無担保社債（劣後特約付）
期間：5年　　利率：年2.55%（税引前）
募集期間：2024年8月25日～2024年9月14日

【募集要項】
〈発行価格〉額面100円につき100円　〈償還日〉2029年9月15日
〈お申込単位〉100万円単位　〈格　付〉BBB（S＆P）
〈受渡日〉2024年9月15日
〈利払日〉毎年3月15日・9月15日

（以下省略）

1. この社債は、投資適格債である。
2. この社債は、NISA（少額投資非課税制度）の対象外である。
3. この社債を新規発行で100万円額面購入する場合、100万円に募集手数料を加えた金額を支払う。
4. 一般に劣後特約付債券は、発行体の破産手続きなどが行われる場合、普通社債よりも支払い順位が劣る。

［2022年9月試験　第2問　問4 改］

資産5 解答解説

解答 3

1…BBB格以上の債券は投資適格債です。
2…NISAの投資対象は、上場株式、株式投資信託、ETF、J-REITであり、国債や社債などは対象外です。
3…債券の販売価格には募集手数料が含まれています。この社債の発行価格は額面100円につき100円なので、新規発行で額面100万円を購入するには100万円を支払うことになります。
4…劣後特約付債券(劣後債)とは、普通社債に比べて、債務の支払い順位が低い債券をいいます。発行体が破綻するなどした場合、一般債権者の債務が支払われたあとに、残余財産が劣後債保有者に支払われます。

資産6 下記〈資料〉に関する次の記述の空欄(ア)、(イ)にあてはまる語句の組み合わせとして、正しいものはどれか。

〈資料〉

	GY株式会社	GZ株式会社
株価	4,650円	12,020円
1株当たり当期純利益	186円	432円
1株当たり自己資本	2,650円	4,420円
1株当たり年間配当金	50円	140円

・GY株式会社とGZ株式会社の株価をPER(株価収益率)で比較した場合、(ア)株式会社の方が割安といえる。
・GY株式会社とGZ株式会社の効率性をROE(自己資本利益率)で比較した場合、(イ)株式会社の方が効率的に利益を上げているといえる。

1.(ア) GY　(イ) GY
2.(ア) GY　(イ) GZ
3.(ア) GZ　(イ) GY
4.(ア) GZ　(イ) GZ

[2021年9月試験　第2問　問6]

資産6 解答解説

解答 2

(ア)… GY 株式会社のPER：$\frac{4,650円}{186円}=25$ 倍

GZ 株式会社のPER：$\frac{12,020円}{432円}\fallingdotseq 27.8$ 倍

→PER はGY 株式会社のほうが割安といえます。

(イ)… GY 株式会社のROE：$\frac{186円}{2,650円}\times 100\fallingdotseq 7.02$ %

GZ 株式会社のROE：$\frac{432円}{4,420円}\times 100\fallingdotseq 9.77$ %

→GZ 株式会社のほうがROEが高いので、効率的に利益をあげているといえます。

資産 7 下記〈資料〉について、この企業の株価が2,260円である場合、2024年11月期通期の業績予想ベースにおける次の記述の空欄（ア）、（イ）にあてはまる数値を語群の中から選び、解答欄に記入しなさい。なお、解答に当たっては、小数点以下第3位を四捨五入すること。

〈資料〉

2023年11月期　決算短信〔日本基準〕（連結）

2024年1月9日

上場会社名　ＳＸ株式会社　上場取引所　東
コード番号　ＵＲＬ　https://www.xxx.com/
代表者　（役職名）代表取締役　社長執行役員　（氏名）●●●●
問合せ先責任者　（役職名）経営推進本部長　（氏名）●●●●　ＴＥＬ　XX-XXXX-XXXX

（省略）

（百万円未満切捨て）

1．2023年11月期の連結業績（2022年12月1日～2023年11月30日）

（1）連結経営成績

（%表示は対前期増減率）

	売上高		営業利益		経常利益		親会社株主に帰属する当期純利益	
	百万円	%	百万円	%	百万円	%	百万円	%
2023年11月期	545,723	△4.8	32,048	△3.1	33,275	△3.1	18,698	2.1
2022年11月期	573,525	2.1	33,067	5.8	34,349	5.7	18,320	1.2

（注）包括利益　2023年11月期　17,646百万円（△0.8%）　2022年11月期　17,786百万円（△47.5%）

	1株当たり当期純利益	潜在株式調整後1株当たり当期純利益	自己資本当期純利益率	総資産経常利益率	売上高営業利益率
	円 銭	円 銭	%	%	%
2023年11月期	130.72	―	8.1	7.7	5.9
2022年11月期	124.85	―	8.1	8.2	5.8

（参考）持分法投資損益　2023年11月期　168百万円　2022年11月期　130百万円

（2）連結財政状態

（省略）

（3）連結キャッシュ・フローの状況

（省略）

2．配当の状況

	年間配当金					配当金総額（合計）	配当性向（連結）	純資産配当率（連結）
	第1四半期末	第2四半期末	第3四半期末	期末	合計			
	円 銭	円 銭	円 銭	円 銭	円 銭	百万円	%	%
2022年11月期	―	19.00	―	19.00	38.00	5,510	＊	2.4
2023年11月期	―	20.00	―	25.00	45.00	5,578	＊	2.8
2024年11月期（予想）	―	20.00	―	20.00	40.00		＊	

（注）2023年11月期の期末配当金額は予定であり、2024年1月22日開催の取締役会で決定します。
2023年11月期の期末配当金につきましては、創業100周年記念配当5円を含んでいます。

3．2024年11月期の連結業績予想（2023年12月1日～2024年11月30日）

（%表示は対前期増減率）

	売上高		営業利益		経常利益		親会社株主に帰属する当期純利益		1株当たり当期純利益
	百万円	%	百万円	%	百万円	%	百万円	%	円 銭
通期	555,000	1.7	32,100	0.2	32,500	△2.3	14,500	△22.5	101.37

実技 CH 03 金融資産運用

3 資産設計提案業務【日本FP協会】

※問題作成の都合上、一部を「＊」としている。

・PER（株価収益率）は（　ア　）倍である。
・配当性向は（　イ　）％である。

〈語群〉

1.77	1.99	17.29	18.10
22.29	30.60	34.42	39.46

［2021年1月試験　第2問　問4 改］

資産 7 解答解説

解答 (ア) 22.29倍　(イ) 39.46％

(ア)…「3．2024年11月期の連結業績予想」を見ると、1株あたり当期純利益が101.37円です。また、株価は2,260円なので、2024年11月期通期の業績予想ベースにおけるPERは22.29倍となります。

$$\text{PER}：\frac{2{,}260\text{円}}{101.37\text{円}}＝22.294...\rightarrow 22.29\text{倍}$$

(イ)…「2．配当の状況」を見ると、「2024年11月期(予想)」の年間配当金が1株あたり40.00円です。また、1株あたり当期純利益は101.37円なので、2024年11月期通期の業績予想ベースにおける配当性向は39.46％となります。

$$\textbf{配当性向(\%)}：\frac{\textbf{配当金総額}}{\textbf{当期純利益}}\times 100$$

$$\text{配当性向}：\frac{40.00\text{円}}{101.37\text{円}}\times 100＝39.459...\rightarrow 39.46\%$$

資産 8 下記は、追加型公募株式投資信託において投資家が負担する費用についてまとめた表である。下記の(ア)～(エ)の記述について、最も不適切なものはどれか。

<table>
<tr><th></th><th>費用の項目</th><th colspan="2">費用の内容</th></tr>
<tr><td rowspan="2">投資家が直接的に負担</td><td>購入時手数料</td><td colspan="2">・購入時に販売会社に対して支払う
・(　ア　)</td></tr>
<tr><td>信託財産留保額</td><td colspan="2">・換金のために発生する運用資産の売却コストを、投資家自身が負担する趣旨である
・差し引かれた費用は(　イ　)</td></tr>
<tr><td rowspan="6">投資家が間接的に負担</td><td rowspan="4">運用管理費用(信託報酬)</td><td colspan="2">・投資信託の信託財産の残高から、(　ウ　)
・料率は純資産総額に対する一定の料率が定められているのが一般的
・配分先と費用の内容は下記のとおり</td></tr>
<tr><td>運用会社(委託者)</td><td>・運用にかかる費用や報酬、目論見書や運用報告書などの作成費用</td></tr>
<tr><td>販売会社</td><td>・購入代金、収益分配金、解約・償還金の取扱い等の事務費用</td></tr>
<tr><td>(　エ　)</td><td>・資産の保管や管理にかかる費用</td></tr>
<tr><td>監査費用</td><td colspan="2">・公認会計士等による監査の報酬</td></tr>
<tr><td>売買委託手数料</td><td colspan="2">・投資信託の信託財産内の有価証券を売買する際の費用</td></tr>
</table>

1. (ア)同じ投資信託でも、販売会社ごとに手数料率が異なる場合がある
2. (イ)運用会社(委託者)に支払われる
3. (ウ)日々、差し引かれる
4. (エ)受託会社

［2020年9月試験　第2問　問5］

資産8 解答解説

解答 2

(ア)…購入時手数料は、購入時に販売会社に支払う費用で、同じ投資信託でも、販売会社ごとに手数料率が異なる場合があります。

(イ)…信託財産留保額は、投資信託の換金時に徴収される費用で、解約代金から差し引かれます。差し引かれた費用は、信託財産に繰り入れられ、基準価格に反映されます。

(ウ)…運用管理費用(信託報酬)は、投資信託の信託財産の残高から、日々、差し引かれます。

(エ)…運用管理費用(信託報酬)は、運用会社(委託者)、販売会社、受託会社に対するそれぞれの業務に対する手間賃です。資産の保管や管理は受託会社が行います。

資産9 落合さんはMA投資信託を新規募集時に購入し、保有している。下記〈資料〉に基づき、落合さんが保有するMA投資信託に関する次の記述の空欄(ア)、(イ)にあてはまる語句の組み合わせとして、適切なものはどれか。

〈資料〉

[MA投資信託の商品概要(新規募集時)]
投資信託の分類：追加型投資信託／海外／株式
(Aコース／為替ヘッジあり　Bコース／為替ヘッジなし)
購入時手数料：購入金額に対し、一律3.85%(税込み)
運用管理費用(信託報酬)：純資産総額に対し年1.76%(税込み)
その他の費用・手数料：なし

[落合さんが保有するMA投資信託の2024年10月4日現在の状況]
基準価額：8,632円

・落合さんは、為替変動のリスクを可能な限り回避したかったので、(　ア　)の投資信託を購入した。
・〈資料〉の基準価額は、(　イ　)が控除されている。

1. (ア)Aコース　(イ)購入時手数料および運用管理費用(信託報酬)
2. (ア)Aコース　(イ)運用管理費用(信託報酬)
3. (ア)Bコース　(イ)購入時手数料および運用管理費用(信託報酬)
4. (ア)Bコース　(イ)運用管理費用(信託報酬)

[2022年1月試験　第2問　問5 ㊇]

資産9 解答解説

解答2

(ア)…為替変動のリスクを回避したい場合には、「為替ヘッジあり」を選択します。
(イ)…基準価額は、運用管理費用(信託報酬)が控除された金額です。なお、購入時手数料は別途かかります。

資産10 長谷川さんは、保有しているRM投資信託（追加型国内公募株式投資信託）の収益分配金を2024年2月に受け取った。RM投資信託の運用状況が下記〈資料〉のとおりである場合、収益分配後の個別元本として、正しいものはどれか。

〈資料〉

［長谷川さんが保有するRM投資信託の収益分配金受取時の状況］
収益分配前の個別元本：15,750円
収益分配前の基準価額：16,500円
収益分配金：1,000円
収益分配後の基準価額：15,500円

1. 15,000円
2. 15,500円
3. 15,750円
4. 16,500円

［2022年5月試験　第2問　問5 ㊅］

資産10 解答解説

解答 2

収益分配後の基準価額が収益分配前の個別元本よりも低い場合、その差額は元本払戻金（特別分配金）となります。本問の場合、収益分配前の個別元本が15,750円、収益分配後の基準価額が15,500円なので、収益分配金1,000円のうち、250円（15,750円－15,500円）が元本払戻金となります（なお、収益分配金1,000円のうち、残りの750円は普通分配金です）。そして、収益分配前の個別元本から元本払戻金を差し引いた金額が新たな個別元本（収益分配後の個別元本）となります。

収益分配後の個別元本：15,750円－250円＝15,500円

資産11 下記〈資料〉の外貨定期預金について、満期時の外貨ベースの元利合計額を円転した金額を計算しなさい。なお、計算結果(円転した金額)について円未満の端数が生じる場合は切り捨てること。また、解答に当たっては、円単位で解答すること。

〈資料〉

・預入額：10,000豪ドル
・預入期間：12ヵ月
・預金金利：0.4%（年率）
・為替レート(1豪ドル)

	TTS	TTM（仲値）	TTB
満期時	75.60円	75.10円	74.60円

注1：利息の計算に際しては、預入期間は日割りではなく月割りで計算すること。
注2：為替差益・為替差損に対する税金については考慮しないこと。
注3：利息に対しては、豪ドル建ての利息額の20%(復興特別所得税は考慮しない)相当額が所得税・住民税として源泉徴収されるものとすること。

［2021年5月試験　第2問　問5 ㊉］

資産11 解答解説

解答 748,387円

顧客が外貨を円貨に換えるときは、銀行からみると外貨を買う(Buy)ことになるので、満期時の円価額を計算するときは、TTBを用います。

❶ 外貨ベースの税引後元利合計

税引後利益：10,000豪ドル×0.4%×(100%－20%)＝32豪ドル
税引後元利合計：10,000豪ドル＋32豪ドル＝10,032豪ドル

❷ 円貨ベースの税引後元利合計

10,032豪ドル×74.60円＝748,387.2円→748,387円

資産12 下記〈資料〉は、外貨定期預金の契約締結前交付書面の一部である。この契約締結前交付書面に関する次の記述の空欄（ア）～（エ）にあてはまる語句として、最も不適切なものはどれか。なお、〈資料〉に記載のない事項は一切考慮しないこととする。

〈資料〉

商品概要
［商品名］外貨定期預金 ［商品の概要］外国通貨建ての、期間の定めのある預金です。 ［預金保険］外貨定期預金は、預金保険制度の（　ア　）です。 ［販売対象］個人のお客様

税金について
［利息］（　イ　）が適用されます。 ［為替差損益］雑所得となります。 ※雑所得は、原則として確定申告による総合課税の対象です。

お預入れとお引出しに関わる為替手数料
［お預入れ］円の現金でのお預入れ（1通貨単位当たり）米ドル：1円 ［お引出し］円の現金でのお引出し（1通貨単位当たり）米ドル：1円 例）お預入時点の為替相場（仲値）が1米ドル＝140円の場合、1万米ドルのお預入金額は、（　ウ　）となります。

その他
※外貨定期預金は、少額投資非課税制度（NISA）の（　エ　）です。

1. 空欄（ア）にあてはまる語句は、「対象外」である。
2. 空欄（イ）にあてはまる語句は、「申告分離課税」である。
3. 空欄（ウ）にあてはまる語句は、「1,410,000円」である。
4. 空欄（エ）にあてはまる語句は、「対象外」である。

［2023年5月試験　第2問　問3］

資産12 解答解説

解答 2

(ア)…外貨預金は、預金保険制度の**対象外**です。
(イ)…外貨預金の利息は、**源泉分離課税**が適用されます。
(ウ)…顧客が円を外貨に替えるときは、銀行からみると外貨を売る(Sell)ことになるので、預入時(円→外貨)はTTSで換算します。TTSは中値(TTM)に為替手数料(1円)が上乗せされた金額となるので、TTSは1米ドル141円となります。

1万米ドルの預入金額：1万米ドル×141円＝1,410,000円

(エ)…外貨預金等の預貯金はNISAの**対象外**です。国債や公社債などもNISAの対象外です。

資産13 金投資に関する次の記述のうち、最も不適切なものはどれか。

1. 金は、国際的には1トロイオンス当たりの米ドル建て価格で取引される。
2. 金価格の変動要因には、需給関係、金融動向、政治情勢などが挙げられ、円安（米ドル／円相場）は国内金価格の下落要因になる。
3. 毎月一定額を金融機関口座等から引き落として金現物を買い付ける定額積立の場合、ドルコスト平均法の効果が期待できる。
4. 個人が金現物を売却した場合の利益は、原則として譲渡所得として総合課税の対象となる。

［2023年5月試験　第2問　問6］

資産13 解答解説

解答 2

1…金は、国際的には1トロイオンスあたりの米ドル建て価格で取引されます。
2…円安によって円の価値が下がると、相対的にドル建ての金の価値が高くなります。そのため、円安が進むと日本国内の金価格は**上昇**します。
3…ドルコスト平均法は、価格が変動する商品を定期的に**一定額**ずつ購入する方法です。一定額ずつ購入するので、価格が高いときは少しの単位を、価格が低いときは多くの単位を購入することになります。したがって、長期的に行うと、平均購入単価を引き下げる効果が期待できます。
4…個人が金現物を売却した場合の利益は、原則として譲渡所得として総合課税の対象となります。

資産14 2024年５月18日、QZ株式会社（以下「QZ社」という）は、QA株式会社（以下「QA社」という）を吸収合併した。下記〈資料〉は、井川さんが同一の特定口座内で行ったQA社とQZ社の株式取引等に係る明細である。井川さんが2024年９月９日に売却したQZ社の1,000株について、譲渡所得の取得費の計算の基礎となる１株当たりの取得価額として、正しいものはどれか。なお、計算結果について円未満の端数が生じる場合は切り捨てること。

〈資料〉

取引日等	取引種類等	銘柄	株数（株）	約定単価（円）
2022年９月17日	買付	QA社	3,000	2,520
2023年11月５日	買付	QA社	2,000	3,060
2024年５月18日	会社合併 比率 QA社：QZ社 １：1.2	－	－	－
2024年９月９日	売却	QZ社	1,000	2,650

※売買手数料および消費税については考慮しないこととする。
※その他の記載のない条件については一切考慮しないこととする。

1. 2,280円　2. 2,520円　3. 2,650円　4. 2,736円

［2022年９月試験　第２問　問６ ㊎］

資産14 解答解説

解答 1

複数回にわたって株式を取得した場合の、売却株式の１株あたりの取得価額は加重平均によって算出します。

2022年９月17日買付時の取得価額：@2,520円×3,000株＝ 7,560,000円
2023年11月５日買付時の取得価額：@3,060円×2,000株＝ 6,120,000円
合　計：13,680,000円

ただし、本問では2024年５月18日にQZ社がQA社を吸収合併しており、合併比率はQA社株１株：QZ社株1.2株です。したがって、QA社株5,000株（3,000株＋2,000株）に対し、QZ社株6,000株（5,000株×1.2）が交付されたことになるので、QZ社株売却時の１株あたりの取得価額は次のようになります。

QZ社株売却時の１株あたりの取得価額：13,680,000円÷6,000株＝2,280円

資産15 宮野さんは、投資信託への投資を検討するに当たり、FPの阿久津さんから候補である3ファンドの過去3年間の運用パフォーマンスについて説明を受けた。FPの阿久津さんが下記〈資料〉に基づいて説明した内容の空欄(ア)、(イ)にあてはまる数値または語句の組み合わせとして、最も適切なものはどれか。

〈資料〉

ファンド名	収益率	標準偏差
ファンドA	6.50%	10.00%
ファンドB	8.00%	7.50%
ファンドC	9.50%	18.00%

※無リスク金利は0.5%とする。

〈FPの阿久津さんの説明〉

- 「ポートフォリオの運用パフォーマンスの評価の一つとして、シャープレシオがあります。」
- 「ファンドAのシャープレシオは（　ア　）となります。」
- 「最も収益率が高いのはファンドCですが、投資効率をシャープレシオの観点から考えると、最も効率的なのは（　イ　）といえます。」

1. （ア）0.6　（イ）ファンドB
2. （ア）0.65　（イ）ファンドB
3. （ア）0.6　（イ）ファンドC
4. （ア）0.65　（イ）ファンドC

［2022年1月試験　第2問　問6］

資産15 解答解説

解答 1

シャープレシオは次の計算式で求めます。

$$\text{シャープレシオ} = \frac{\text{ポートフォリオの収益率} - \text{無リスク資産の収益率}}{\text{ポートフォリオの標準偏差}}$$

ファンドAのシャープレシオ：$\frac{6.50\% - 0.5\%}{10.00\%} = 0.6$

ファンドBのシャープレシオ：$\frac{8.00\% - 0.5\%}{7.50\%} = 1$ ←最もパフォーマンスがよい

ファンドCのシャープレシオ：$\frac{9.50\% - 0.5\%}{18.00\%} = 0.5$

memo

memo

memo

memo

memo

memo

科目別問題編パート2

第2部

CHAPTER 04

タックスプランニング

CHAPTER 05

不動産

CHAPTER 06

相続・事業承継

目次 contents

第2部 科目別問題編 パート2

CHAPTER 04 タックスプランニング

CHAPTER 05 不動産

CHAPTER 06 相続・事業承継

CHAPTER 04

タックスプランニング

「教科書」CHAPTER04　タックスプランニングに対応する学科問題と実技問題のうち、よく出題される問題を確認しておきましょう。
なお、実技では「給与所得の金額」「所得控除の額」「算出税額」など計算問題がよく出題されるので、計算の仕方をおさえておいてください。

学科 試験ではこの科目から四肢択一形式で10問出題されます。似たような問題で選択肢を1、2個変えて出題されることも多いので、「これはどう？」も解いておきましょう。

実技 実技問題です。問題文や資料が長いので、問題を正確に読み取る練習をしておきましょう。

特におさえておきたい内容

学科

1 所得税の基本 「教科書」CH.04 SEC.01	■税金の分類 ■所得税の基本 ・総合課税と分離課税　・所得税の非課税
2 各所得の計算 「教科書」CH.04 SEC.02	■不動産所得　■事業所得　■給与所得 ■退職所得　■譲渡所得　■一時所得 ■雑所得
3 課税標準の計算 「教科書」CH.04 SEC.03	■損益通算 ・損益通算できる損失とできない損失 ■総所得金額の計算
4 所得控除 「教科書」CH.04 SEC.04	■基礎控除　■配偶者控除 ■配偶者特別控除　■扶養控除 ■社会保険料控除　■生命保険料控除 ■医療費控除　■寄附金控除（ふるさと納税）
5 税額の計算と税額控除 「教科書」CH.04 SEC.05	■税額の計算 ■税額控除 ・住宅ローン控除

6 所得税の申告と納付 「教科書」CH.04 SEC.06	■確定申告 ・給与所得者で確定申告が必要な人 ■源泉徴収票 ■青色申告 ・青色申告の要件　・青色申告の主な特典
7 個人住民税、個人事業税 「教科書」CH.04 SEC.07	■個人住民税 ■個人事業税　※あまり出題されていません
8 法人税等 「教科書」CH.04 SEC.08	■損金 ・交際費の損金算入限度額 ・損金算入の租税公課と損金不算入の租税公課 ・減価償却 ■法人と役員の取引 ■税額の計算 ・法人税の税率 ■法人税の申告と納付
9 消費税 「教科書」CH.04 SEC.09	■課税対象と非課税取引 ■納税義務者 ・納税義務の判定　・基準期間　・新規開業等の場合 ■税額の計算 ・簡易課税制度 ■消費税の申告と納付

実技

1 個人資産相談業務【金財】	■個人－1、2
2 生保顧客資産相談業務【金財】	■生保－1、2
3 資産設計提案業務【日本FP協会】	■資産－1～16

所得税の基本

問題

I わが国の税制に関する次の記述のうち、最も適切なものはどれか。

1. 所得税は、国や地方公共団体の会計年度と同様、毎年４月１日から翌年３月31日までの期間を単位として課される。
2. 贈与税では、納税者が自らの納付すべき税額を確定させ、申告・納付する申告納税方式を採用している。
3. 税金には、国税と地方税があるが、相続税は国税に該当し、登録免許税は地方税に該当する。
4. 税金を負担する者と税金を納める者が異なる税金を間接税といい、固定資産税は間接税に該当する。

［2021年９月試験］

これはどう？

相続税では、納税者が申告をした後に、税務署長が納付すべき税額を決定する賦課課税方式を採用している。 ○×

［2019年９月試験］

これはどう？

税金には国税と地方税があるが、不動産取得税は国税に該当し、固定資産税は地方税に該当する。 ○×

［2022年１月試験］

解答解説

I 答 2

1…不適切　所得税の計算期間は毎年**1**月**1**日から**12**月**31**日までの1年間です。

2…適　切　贈与税は、納税者が自分で税額を計算して申告・納付する**申告納税**方式を採用しています。

3…不適切　相続税も登録免許税も**国税**に該当します。

4…不適切　固定資産税は**直接税**に該当します。

国税と地方税、直接税と間接税

	直接税	間接税
国　税	所得税、法人税、相続税、贈与税　など	消費税、印紙税、酒税、登録免許税　など
地方税	住民税、事業税、固定資産税、不動産取得税　など	地方消費税　など

答 ×

相続税は、納税者が自分で税額を計算して申告・納付する**申告納税**方式を採用しています。

答 ×

不動産取得税も固定資産税も**地方税**に該当します。

問題

2 所得税の納税義務者に関する次の記述のうち、最も適切なものはどれか。

1. 非永住者とは、居住者のうち日本国籍がなく、かつ、過去10年以内の間に日本国内に住所または居所を有していた期間の合計が5年以下である個人をいう。
2. 非永住者は、国内源泉所得に限り、所得税の納税義務がある。
3. 非永住者以外の居住者で、日本国籍を有しない者は、国内源泉所得、国外源泉所得のうち国内において支払われたものまたは国外から送金されたものに限り、所得税の納税義務がある。
4. 日本国籍を有する非居住者は、国内源泉所得および国外源泉所得について所得税の納税義務がある。

［2021年9月試験］

解答解説

2 答 1

1…適　切　非永住者とは、居住者のうち日本国籍がなく、かつ、過去**10**年以内の間に日本国内に住所または居所を有していた期間の合計が**5**年以下である個人をいいます。

2…不適切　非永住者は国外源泉所得以外の所得および国外源泉所得で、国内において支払われ、または国外から送金されたものについて所得税の納税義務があります。国内源泉所得に限って納税義務があるのは**非居住者**です。

3…不適切　非永住者以外の居住者は、日本国籍の有無にかかわらず、国内・国外の**すべて**の所得について納税義務があります。

4…不適切　日本国籍の有無にかかわらず、非居住者は国内源泉所得に限って納税義務があります。

所得税の納税義務者と課税対象の範囲

納税義務者		課税対象の範囲
居住者	非永住者以外	**すべて**の所得
	非永住者	国外源泉所得以外の所得および国外源泉所得で、国内において支払われ、または国外から送金されたもの
非居住者		国内源泉所得のみ

問題

3 所得税の基本的な仕組みに関する次の記述のうち、最も不適切なものはどれか。

1. 所得税では、原則として、納税者本人の申告により納付すべき税額が確定し、この確定した税額を納付する申告納税制度が採用されている。
2. 所得税の納税義務を負うのは居住者のみであり、非居住者が所得税の納税義務を負うことはない。
3. 所得税では、課税対象となる所得を10種類に区分し、それぞれの所得の種類ごとに定められた計算方法により所得の金額を計算する。
4. 所得税額の計算において課税総所得金額に乗じる税率は、課税総所得金額が大きくなるにつれて段階的に税率が高くなる超過累進税率が採用されている。

［2023年9月試験］

---

4 次のうち、所得税の計算において、分離課税の対象となる所得はどれか。

1. マンションを貸し付けたことによる不動産所得
2. コンサルティング事業を行ったことによる事業所得
3. 退職一時金を受け取ったことによる退職所得
4. ゴルフ会員権を譲渡したことによる譲渡所得

［2018年9月試験］

解答解説

3 答 2

1…適　切　所得税では**申告納税**制度が採用されています。

2…不適切　非居住者でも、国内源泉所得があれば所得税の納税義務者となります。

3…適　切　所得税では所得を**10**種類に分けて、それぞれの所得の金額を計算します。

4…適　切　所得税額は、課税総所得金額が大きくなるにつれて税率が高くなる**超過累進**税率により計算します。　[SECTION.05で学習]

---

4 答 3

1…不動産所得は**総合**課税です。

2…事業所得は**総合**課税です。

3…退職所得は**分離**課税です。

4…譲渡所得のうち、土地、建物、株式等を譲渡したときの譲渡所得は**分離**課税ですが、それ以外の資産(ゴルフ会員権など)を譲渡したときの譲渡所得は**総合**課税です。

総合課税と分離課税

総合課税	利子所得※、配当所得※、不動産所得、事業所得、給与所得、譲渡所得(土地・建物・株式等以外)、一時所得※、雑所得※
分離課税	退職所得、山林所得、譲渡所得(土地・建物・株式等)

※ 源泉分離課税とされているもの等を除く

問題

5 次のうち、所得税における非課税所得に該当するものはどれか。

1. 会社員である給与所得者が、会社から受け取った月額５万円(通常の通勤の経路および方法での定期代相当額)の通勤手当
2. 会社員が、定年退職により会社から受け取った退職一時金
3. 年金受給者が、受け取った老齢基礎年金
4. 賃貸不動産の賃貸人である個人が、賃借人から受け取った家賃

［2016年９月試験］

これはどう?

健康保険の被保険者が受け取った傷病手当金は、非課税所得となる。
○×

［2017年５月試験］

解答解説

5 答 1

1…非課税所得　会社員が会社から受け取った月**15**万円までの通勤手当は非課税です。

2…課税所得　退職一時金は**退職**所得として課税対象となります。

3…課税所得　老齢基礎年金は**雑**所得として課税対象となります。

4…課税所得　不動産の賃貸による賃借人から受け取った家賃は**不動産**所得として課税対象となります。

所得税が非課税となるもの
★社会保険(労災や失業・障害・遺族給付)の給付金
★通勤手当(月**15**万円まで)
★生活用動産(宝石、書画、骨とう品などは**30**万円以下のもの)の譲渡による所得
★損害または生命保険契約の保険金で身体の傷害に起因して支払われるもの
★損害保険契約の保険金で資産の損害に起因して支払われるもの　など

答 ○

健康保険の被保険者が受け取った傷病手当金(社会保険の給付金)は、**非課税**所得となります。

各所得の計算

問題

1 所得税における所得の種類に関する次の記述のうち、最も適切なものはどれか。

1. 不動産の貸付けを事業的規模で行ったことにより生じた賃料収入に係る所得は、不動産所得となる。
2. 会社の役員が役員退職金を受け取ったことによる所得は、給与所得となる。
3. 個人年金保険の契約者（＝保険料負担者）である個人が、その保険契約に基づき、年金受給開始後に将来の年金給付の総額に代えて受け取った一時金に係る所得は、退職所得となる。
4. 会社員が勤務先から無利息で金銭を借り入れたことにより生じた経済的利益は、雑所得となる。

［2023年9月試験］

これはどう？

老齢厚生年金を受給したことによる所得は、一時所得となる。 OX

［2016年1月試験］

これはどう？

個人事業主が事業の用に供していた営業用車両を売却したことによる所得は、譲渡所得となる。 OX

［2019年9月試験］

これはどう？

専業主婦が金地金を売却したことによる所得は、譲渡所得に該当する。 OX

［2019年5月試験］

これはどう？

借家人が賃貸借の目的とされている居宅の立退きに際して受け取る立退き料（借家権の消滅の対価の額に相当する部分の金額を除く）は、原則として一時所得に該当する。 OX

［2022年9月試験］

解答解説

I 答 1

1…適　切　不動産の貸付けによる所得は、**不動産**所得となります。

2…不適切　会社役員が役員退職金を受け取ったことによる所得は、**退職**所得となります。

3…不適切　個人年金保険の契約者(保険料負担者)である個人が、その保険契約にもとづく年金を年金給付の総額に代えて一時金で受け取ったときの所得は**一時**所得となります。なお、年金形式で受け取ったことによる所得は、**雑**所得となります。

4…不適切　会社員が勤務先から無利息で金銭を借り入れたことにより生じた経済的利益は、**給与**所得となります。　[SECTION.08で学習]

答 ×

老齢厚生年金を受給したことによる所得は、**雑**所得となります。

答 ○

個人事業主が事業の用に供していた営業用車両を売却したことによる所得は、**譲渡**所得となります。

答 ○

専業主婦(事業目的ではないと判断)が金地金を売却したことによる所得は、**譲渡**所得となります。なお、個人でも事業目的で金地金を売却した場合には**事業**所得または**雑**所得となります。

答 ○

立退きのさいに受け取る立退き料は、原則として**一時**所得となります。なお、借家権など権利の対価の額に相当する金額を立退き料として受け取った場合には譲渡所得、事業の休業等による収入や必要経費を補填する性質の立退き料を受け取った場合には事業所得となります。

問題

2 所得税における各種所得に関する次の記述のうち、最も適切なものはどれか。

1. 給与所得の金額は、「(給与等の収入金額－給与所得控除額)× $\frac{1}{2}$」の算式により計算される。
2. 退職所得の金額(特定役員退職手当等および短期退職手当等に係るものを除く)は、「(退職手当等の収入金額－退職所得控除額)× $\frac{1}{2}$」の算式により計算される。
3. 公的年金等以外のものに係る雑所得の金額は、「(公的年金等以外の雑所得に係る総収入金額－必要経費)× $\frac{1}{2}$」の算式により計算される。
4. 一時所得の金額は、「(一時所得に係る総収入金額－その収入を得るために支出した金額の合計額－特別控除額)× $\frac{1}{2}$」の算式により計算される。

[2021年1月試験 ㊌]

これはどう?

一時所得の金額は、「一時所得に係る総収入金額－その収入を得るために支出した金額の合計額－特別控除額」の算式により計算される。 〇✕

[2020年1月試験]

これはどう?

不動産所得の金額は、原則として、「不動産所得に係る総収入金額－必要経費」の算式により計算される。 〇✕

[2022年9月試験]

これはどう?

利子所得の金額は、「利子等の収入金額－元本を取得するために要した負債の利子の額」の算式により計算される。 〇✕

[2023年5月試験]

解答解説

2 答 2

1…不適切　給与所得の金額は、**「収入金額－給与所得控除額」**で計算します（2分の1を掛けません）。

2…適　切　退職所得の金額は、**「(収入金額－退職所得控除額)×$\frac{1}{2}$」**で計算します。ただし、特定役員退職手当等および短期退職手当等にかかる退職所得の金額のうち一定額以上のものについては「退職手当等の収入金額－退職所得控除額」に2分の1を掛けずに計算します。

3…不適切　公的年金等以外のものにかかる雑所得の金額は、**「総収入金額－必要経費」**で計算します（2分の1を掛けません）。

4…不適切　一時所得の金額は、**「総収入金額－支出金額－特別控除額」**で計算します（2分の1を掛けません）。なお、総所得金額を計算する（他の所得と合算する）さいには、一時所得の金額を2分の1にします。

一時所得の計算

★一時所得は**「総収入金額－支出金額－特別控除額(上限50万円)」**で計算する

★総所得金額を計算するさいに一時所得の金額を2分の1にする

答 ○

一時所得の金額は、**「総収入金額－支出金額－特別控除額」**で計算します。

答 ○

不動産所得の金額は、原則として、**「総収入金額－必要経費」**で計算します。

答 ×

利子所得は、「利子等の収入金額」が、そのまま利子所得の金額となります。

問題

3 所得税における事業所得の金額の計算における必要経費に関する次の記述のうち、最も適切なものはどれか。

1. 減価償却資産の償却方法は、「所得税の減価償却資産の償却方法の届出書」を提出していない場合、原則として定率法により計算する。
2. 「青色事業専従者給与に関する届出書」を提出した場合、青色事業専従者に実際に給与を支給したかどうかにかかわらず、その届出額を必要経費に算入することができる。
3. 個人事業主が自己を被保険者とする所得補償保険の保険料を支払った場合、その全額を必要経費に算入することができる。
4. 個人事業主が事業所得に係る個人事業税を納付した場合、その全額を必要経費に算入することができる。

［2015年1月試験］

---

4 次のうち、納税者本人が所得金額調整控除の適用の対象とならないものはどれか。なお、納税者本人の給与等の収入金額は850万円を超えており、納税者本人に公的年金等に係る雑所得の金額はないものとする。

1. 納税者本人が特別障害者である場合
2. 納税者本人の同一生計配偶者が特別障害者である場合
3. 納税者本人が年齢23歳未満の扶養親族を有する場合
4. 納税者本人が年齢70歳以上の扶養親族を有する場合

［2022年5月試験］

解答解説

3 答 4

1…不適切　減価償却資産の償却方法には、定額法と定率法があり、届出をした償却方法で減価償却費を計算します(ただし、建物等については**定額**法のみ)。そして、届出をしなかった場合、所得税においては、**定額**法によって計算します(法人税においては、定率法によって計算します)。

2…不適切　必要経費に算入できるのは、届出書に記載した金額内で、実際に支給した額となります。

3…不適切　個人事業主が自己を被保険者とする場合の所得補償保険の保険料は、必要経費に算入できません。

4…適　切　個人事業税は全額を必要経費に算入することができます。

減価償却資産で選定できる償却方法
★建物… **定額** 法
★2016年4月1日以後に取得する建物付属設備・構築物(いずれも鉱業用を除く)…定額法
★その他の減価償却資産…定額法または定率法(法定償却方法は **定額法**)

4 答 4

所得金額調整控除の適用要件は次のとおりです。

所得金額調整控除が適用される要件
★その年の給与収入が **850** 万円超
かつ
★次のいずれかに該当すること
❶本人が **特別障害者** であること
❷ **23** 歳未満の扶養親族を有すること
❸特別障害者である同一生計配偶者または扶養親族を有すること

問題

5 所得税における退職所得に関する次の記述のうち、最も不適切なものはどれか。

1. 退職所得の金額（特定役員退職手当等および短期退職手当等に係るものを除く）は、「（その年中の退職手当等の収入金額－退職所得控除額）×１／２」の算式により計算される。
2. 勤続年数が20年を超える者の退職所得控除額は、「800万円＋40万円×（勤続年数－20年）」の算式により計算される。
3. 退職所得控除額における勤続年数を計算する際、その計算した期間に1年未満の端数が生じたときは、これを1年として勤続年数を計算する。
4. 退職手当等の支払いの際に「退職所得の受給に関する申告書」を提出した者は、退職手当等の金額の多寡にかかわらず、原則として、当該退職所得に係る所得税の確定申告は不要である。

［2015年９月試験 ㊇］

これはどう？

勤続年数が20年を超える者が受け取る退職手当等に係る退職所得の金額の計算上、退職手当等の収入金額から控除する退職所得控除額は、70万円にその勤続年数を乗じた金額となる。 OX

［2018年５月試験］

これはどう？

譲渡した土地の取得費が譲渡収入金額の５％相当額を下回る場合、譲渡収入金額の５％相当額をその土地の取得費とすることができる。 OX

［2018年５月試験］

解答解説

5 答 2

1…適　切　退職所得の金額は、**「(収入金額－退職所得控除額)×$\frac{1}{2}$」**で計算します。ただし、特定役員退職手当等および短期退職手当等にかかる退職所得の金額のうち一定額以上のものについては「収入金額－退職所得控除額」に2分の1を掛けずに計算します。

2…不適切　勤続年数が20年を超える者の退職所得控除額は、**「800万円＋70万円×(勤続年数－20年)」**で計算します。

3…適　切　勤続年数に1年未満の端数が生じたときは、これを1年として(切り上げて)勤続年数を計算します。

4…適　切　退職手当等の支払いのさいに「退職所得の受給に関する申告書」を提出した場合、退職金等の支払いが行われるときに適正な税額が源泉徴収されるため、確定申告は不要となります。なお、「退職所得の受給に関する申告書」を提出しなかった場合は、退職金の額に対して一律**20.42**%の源泉徴収が行われるため、確定申告を行い、適正な税額との差額を精算する必要があります。

退職所得控除額

勤続年数	退職所得控除額
20年以下	**40**万円×勤続年数(最低80万円)
20年超	**800**万円＋**70**万円×(勤続年数－20年)

※ 勤続年数で1年未満の端数が生じた場合は1年に切上げ

答 ×

勤続年数が20年を超える者の退職所得控除額は、「70万円×勤続年数」ではなく、**「800万円＋70万円×(勤続年数－20年)」**で計算します。

答 ○

土地を譲渡した場合の譲渡所得は**「譲渡収入金額－(取得費＋譲渡費用)」**で計算しますが、取得費が不明な場合や譲渡収入金額の**5**%に満たない場合には、譲渡収入金額の**5**%を取得費として計算することができます。

課税標準の計算

問題

1 Aさんの2024年分の所得の金額が下記のとおりであった場合の所得税における総所得金額として、最も適切なものはどれか。なお、記載のない事項については考慮しないものとし、▲が付された所得の金額は、その所得に損失が発生していることを意味するものとする。

給与所得の金額	800万円	—
不動産所得の金額	▲20万円	アパートの貸付けにより生じた損失である（不動産所得に係る土地等の取得に要した負債の利子はない）。
譲渡所得の金額	▲150万円	別荘の譲渡により生じた損失である。

1. 630万円
2. 650万円
3. 780万円
4. 800万円

［2019年1月試験 ㊎］

これはどう？

ゴルフ会員権を譲渡したことによる譲渡所得の金額の計算上生じた損失の金額は給与所得の金額と損益通算できない。〇✕

［2019年9月試験 ㊎］

これはどう？

不動産所得の金額の計算上生じた損失の金額のうち、その不動産所得を生ずべき土地の取得に要した負債の利子の額に相当する部分の金額は、事業所得の金額と損益通算することができない。〇✕

［2020年1月試験］

解答解説

I 答 3

不動産所得、**事業**所得、**山林**所得、**譲渡**所得から生じた損失は損益通算の対象となりますが、例外があります。別荘、ゴルフ会員権、宝石など、生活に通常必要でない資産の譲渡から生じた損失は損益通算の対象となりません。そのため、譲渡所得の損失(別荘の譲渡により生じた損失：▲150万円)は損益通算することができません。

総所得金額：800万円＋▲20万円＝780万円

損益通算できる損失と例外

○…損益通算できる
×…損益通算できない

★ **不動産** 所得の損失…○
【例外】土地を取得するための借入金利子…×

★ **事業** 所得の損失…○

★ **山林** 所得の損失…○

★ **譲渡** 所得の損失…○
【例外】生活に通常必要でない資産の譲渡から生じた損失…×
土地、建物等(一定のものを除く)の譲渡から生じた損失…×
株式等の譲渡損失(一定のものを除く)…×

答 ○

総合課税の譲渡所得の損失は他の所得と損益通算できますが、別荘、ゴルフ会員権、宝石など、生活に通常必要でない資産の譲渡から生じた損失は損益通算できません。

答 ○

不動産所得の損失のうち、土地の取得に要した負債の利子は損益通算できません。

問題

2 Aさんの2024年分の所得の金額が下記のとおりであった場合の所得税における総所得金額として、最も適切なものはどれか。なお、▲が付された所得の金額は、その所得に損失が発生していることを意味するものとする。

不動産所得の金額	500万円
事業所得の金額（総合課税に係るもの）	▲150万円
雑所得の金額	▲ 20万円
一時所得の金額	50万円

1. 355万円
2. 375万円
3. 380万円
4. 400万円

［2018年5月試験 ㉂］

これはどう？

生命保険の解約返戻金を受け取ったことによる一時所得の金額の計算上生じた損失の金額は、不動産所得の金額と損益通算することができない。
〇×

［2020年1月試験］

これはどう？

青色申告の承認を受けていない納税者の事業所得の金額の計算上生じた損失の金額は、他の各種所得の金額と損益通算することができない。
〇×

［2020年9月試験］

解答解説

2 答 2

不動産所得、**事業**所得、**山林**所得、**譲渡**所得から生じた損失は損益通算の対象となります。本問の事業所得の損失(▲150万円)は損益通算できますが、雑所得の損失(▲20万円)は損益通算することはできません。

また、一時所得の金額は、その**2**分の1を総所得金額に算入します。

総所得金額：500万円＋▲150万円＋50万円×$\frac{1}{2}$＝375万円

総所得金額の計算

★一時所得はその 2 分の1を総所得金額に算入する

答 ○

一時所得の損失は、他の所得と損益通算できません。

答 ×

青色申告者でなくても事業所得の損失は、他の所得と損益通算することができます。

問題

3 所得税の各種所得の金額の計算上生じた次の損失の金額のうち、他の所得の金額と損益通算できるものはどれか。

1. 生活の用に供していた自家用車を売却したことにより生じた損失の金額
2. 別荘を譲渡したことにより生じた損失の金額
3. 不動産所得の金額の計算上生じた損失の金額のうち、その不動産所得を生ずべき業務の用に供する土地の取得に要した負債の利子の額に相当する部分の金額
4. 不動産の貸付けが事業的規模でない場合において、その貸付けによる不動産所得の金額の計算上生じた損失の金額

［2021年9月試験］

これはどう？

業務用車両を譲渡したことによる譲渡所得の金額の計算上生じた損失の金額は、事業所得の金額と損益通算することができない。 〇×

［2020年1月試験］

これはどう？

上場株式を譲渡したことによる譲渡所得の金額の計算上生じた損失の金額は、総合課税を選択した上場株式の配当所得の金額と損益通算することができない。 〇×

［2020年1月試験］

解答解説

3 答 4

1…損益通算できない　生活の用に供していた自家用車(生活用動産)の譲渡による所得は非課税とされています。そのため、生活用動産の譲渡によって損失が出ても他の所得と損益通算することはできません。

2…損益通算できない　別荘、ゴルフ会員権、宝石など、生活に通常必要でない資産の譲渡から生じた損失は損益通算できません。

3…損益通算できない　不動産所得の損失のうち、土地の取得に要した負債の利子は損益通算できません。

4…損益通算できる　不動産所得の損失は、不動産の貸付けが事業的規模かどうかにかかわらず損益通算することができます。

譲渡所得で非課税となるもの

★生活用動産(家具、通勤用の自動車、衣類など)の譲渡による所得
→ただし、貴金属や宝石、書画、骨とうなどで1個(または1組)の価額が30万円を超えるものの譲渡による所得は課税される

★国または地方公共団体に対して財産を寄附した場合等の所得　など

答 ×

総合課税の譲渡所得の損失は、他の所得と損益通算できます。生活用動産の譲渡による所得は非課税とされていますが、本問は業務用車両の譲渡による所得なので、譲渡所得として課税対象となります。したがって、業務用車両を譲渡したことによる譲渡所得の損失は他の所得と損益通算することができます。

答 ○

上場株式の譲渡損失は、**申告分離**課税を選択した配当所得の金額と損益通算できますが、**総合**課税を選択した配当所得の金額とは損益通算できません。

問題

1 次のうち、所得税における所得控除に該当するものはどれか。

1. 配当控除
2. 雑損控除
3. 外国税額控除
4. 住宅借入金等特別控除

［2017年5月試験］

これはどう？

納税者の合計所得金額が2,400万円以下である場合、基礎控除の額は48万円である。 〇✕

［2021年1月試験］

解答解説

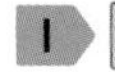 答 2

配当控除、外国税額控除、住宅借入金等特別控除は**税額**控除に該当します。

[SECTION.05で学習]

所得控除

★基礎控除	★配偶者控除	★配偶者特別控除	★扶養控除
★障害者控除	★寡婦控除	★ひとり親控除	★勤労学生控除
★社会保険料控除	★生命保険料控除	★地震保険料控除	★医療費控除
★雑損控除	★寄附金控除	★小規模企業共済等掛金控除	

答 ○

基礎控除は納税者本人の合計所得金額が**2,500**万円以下であれば、条件なく適用することができますが、控除額は納税者本人の合計所得金額によって異なります。合計所得金額が2,400万円以下の場合は**48**万円を控除することができます。

基礎控除額

合計所得金額	控除額
2,400万円以下	**48**万円
2,400万円超　2,450万円以下	32万円
2,450万円超　2,500万円以下	16万円
2,500万円超	**適用なし**

問題

2 所得税の配偶者控除に関する次の記述のうち、最も適切なものはどれか。

1. 納税者の合計所得金額が1,000万円を超える場合、配偶者の合計所得金額の多寡にかかわらず、配偶者控除の適用を受けることはできない。
2. 老人控除対象配偶者とは、控除対象配偶者のうち、その年の12月31日現在の年齢が75歳以上の者をいう。
3. 納税者が配偶者に青色事業専従者給与を支払った場合、その支払った金額が一定額以下であり、納税者の合計所得金額が一定額以下であれば、配偶者控除の適用を受けることができる。
4. 婚姻の届出を提出していない場合であっても、納税者が加入している健康保険の被扶養者となっており、内縁関係にあると認められる者は、他の要件を満たせば、控除対象配偶者に該当する。

［2021年5月試験］

これはどう？

合計所得金額が900万円以下の納税者と生計を一にする配偶者（青色申告者の事業専従者として給与の支払いを受ける人および白色申告者の事業専従者である人を除く）の合計所得金額が48万円以下の場合、納税者が適用を受けることができる配偶者控除の額は32万円である。〇✕

［2021年1月試験］

解答解説

2 答 1

1…適　切　納税者の合計所得金額が**1,000**万円を超える場合には、配偶者控除の適用を受けることはできません。

2…不適切　老人控除対象配偶者とは、控除対象配偶者のうち、その年の12月31日現在の年齢が**70**歳以上の者をいいます。

3…不適切　配偶者が青色事業専従者の場合には、配偶者控除の適用を受けることはできません。

4…不適切　配偶者控除における控除対象配偶者は、民法上の配偶者をいいます。そのため、内縁関係にある者は控除対象配偶者に該当しません。

配偶者控除のポイント

★納税者本人の合計所得金額が**1,000**万円を超える場合には配偶者控除の適用はない

★納税者本人の合計所得金額が900万円以下の場合の配偶者控除額は**38**万円である。

控除対象配偶者の要件

❶民法の規定する配偶者であること（内縁関係の者は該当しない）

❷納税者本人と生計を一にしていること

❸配偶者の合計所得金額が**48**万円以下（給与収入のみの場合は103万円以下）であること

❹青色事業専従者や白色事業専従者でないこと

答 ×

合計所得金額が900万円以下である納税者の配偶者（合計所得金額が48万円以下）の場合、配偶者控除の額は**38**万円です。

配偶者控除額

納税者本人の合計所得金額	控除額	
	控除対象配偶者	老人控除対象配偶者
900万円以下	**38**万円	48万円
900万円超　950万円以下	26万円	32万円
950万円超　1,000万円以下	13万円	16万円

問題

3 所得税における扶養控除に関する次の記述のうち、最も不適切なものはどれか。

1. 控除対象扶養親族のうち、その年の12月31日現在の年齢が16歳以上23歳未満の者は、特定扶養親族に該当する。
2. 控除対象扶養親族のうち、その年の12月31日現在の年齢が70歳以上の者は、老人扶養親族に該当する。
3. 同居老親等とは、老人扶養親族のうち、納税者またはその配偶者の直系尊属で、かつ、そのいずれかと同居を常況としている者をいう。
4. 年の途中で死亡した者が、その死亡の時において控除対象扶養親族に該当している場合には、納税者は扶養控除の適用を受けることができる。

［2019年9月試験］

これはどう？

控除対象扶養親族のうち、その年の12月31日時点の年齢が19歳以上23歳未満の者を特定扶養親族といい、その者に係る扶養控除の額は58万円である。 〇✕

［2021年1月試験］

解答解説

3 答 1

1…不適切　特定扶養親族は控除対象扶養親族のうち、**19**歳以上**23**歳未満の者をいいます。

2…適　切　老人扶養親族は控除対象扶養親族のうち、**70**歳以上の者をいいます。

3…適　切　同居老親等は老人扶養親族のうち、納税者またはその配偶者の直系尊属で、かつ、そのいずれかと同居を常況としている者をいいます。

4…適　切　扶養親族が年の途中で死亡した場合は、その死亡のときの現況により判定します。

控除対象扶養親族の要件

❶納税者本人と生計を一にする配偶者以外の親族であること

❷その親族の合計所得金額が **48** 万円以下(給与収入のみの場合は103万円以下)であること

❸青色事業専従者や白色事業専従者でないこと

答 ×

控除対象扶養親族のうち、その年の12月31日時点の年齢が**19**歳以上**23**歳未満の者を特定扶養親族といい、その者にかかる扶養控除の額は**63**万円です。

扶養控除の額

年齢の区分	控除額
16歳未満	**なし**
16歳以上　**19**歳未満	**38**万円
19歳以上　**23**歳未満 (特定扶養親族)	**63**万円
23歳以上　70歳未満	**38**万円
70歳以上 (老人扶養親族)	同　　居：**58**万円 同居以外：48万円

問題

4 AさんおよびAさんと同居し生計を一にする親族の2024年分の所得の金額は下記のとおりである。この場合のAさんの2024年分の所得税における扶養控除の額として、最も適切なものはどれか。なお、年齢は2024年12月31日現在のものとし、記載のない事項については考慮しないものとする。

Aさん	(49歳)	給与所得600万円
Aさんの母	(76歳)	雑所得（公的年金等）30万円
Aさんの長男	(14歳)	所得なし

1. 48万円
2. 58万円
3. 86万円
4. 96万円

[2017年1月試験 改]

解答解説

4 答 2

Aさんの母は70歳以上で、合計所得金額が48万円以下なので、老人扶養親族に該当します。また、Aさんと同居しているので同居老親等として**58**万円を控除することができます。

Aさんの長男は14歳(16歳未満)なので、扶養控除の適用はありません。

以上より、本問の扶養控除の額は58万円となります。

扶養控除の額

年齢の区分	控除額
16歳未満	**なし**
16歳以上　**19**歳未満	**38**万円
19歳以上　**23**歳未満 (特定扶養親族)	63万円
23歳以上　70歳未満	38万円
70歳以上 (老人扶養親族)	同　　居：**58**万円 同居以外：48万円

問題

5 所得税における医療費控除に関する次の記述のうち、最も適切なものはどれか。

1. 医療費はその年中に実際に支払った金額が医療費控除の対象となり、未払いとなっている医療費は実際に支払われるまで医療費控除の対象とならない。
2. 入院に際し必要となる寝巻きや洗面具などの身の回り品の購入費用は、医療費控除の対象となる。
3. 自家用車で通院した際に支払ったガソリン代や駐車場代は、医療費控除の対象となる。
4. 給与所得者は、年末調整により医療費控除の適用を受けることができる。

［2023年1月試験］

これはどう？

医師等による診療等を受けるために電車、バス等の公共交通機関を利用した場合に支払った通院費で通常必要なものは、医療費控除の対象となる。 ○×

［2022年5月試験］

解答解説

5 答 1

1…適　切　医療費はその年中に実際に支払った金額が医療費控除の対象となります。未払いとなっている医療費は実際に支払われるまで医療費控除の対象となりません。

2…不適切　入院のさいに必要となる寝巻きや洗面具などの身の回り品の購入費用は、医療費控除の対象となりません。

3…不適切　自家用車で通院したさいのガソリン代や駐車場代は、医療費控除の対象となりません。

4…不適切　医療費控除の適用を受けるには確定申告を行う必要があります。

医療費控除の対象となるものとならないもの(例)

医療費控除の対象となるもの	医療費控除の対象とならないもの
◎医師または歯科医師による診療費、治療費(出産費用も含む) ◎先進医療の技術料	☒美容整形の費用
◎人間ドック、健康診断で重大な疾病がみつかり、治療を行った場合の人間ドック、健康診断の費用	☒人間ドック、健康診断の費用(左記以外)
◎治療または療養に必要な薬代	☒病気予防、健康増進などのための医薬品代や健康食品代
◎治療のためのマッサージ代、はり師、きゅう師による施術代	☒疲れを癒すためのマッサージ代
◎入院費	☒自己都合の差額ベッド代 ☒入院にさいして必要となる寝巻きや洗面具などの身の回り品の購入費用
◎通院や入院のための交通費	☒通院のための自家用車のガソリン代、駐車場代 ☒電車やバスで通院できるにもかかわらず、タクシーで通院した場合のタクシー代
◎診療や療養を受けるための医療用器具の購入費	☒近視や乱視のためのメガネ代やコンタクトレンズ代

答 ○

通院や入院のために電車、バス等の公共交通機関を利用した場合の交通費は、医療費控除の対象となります。

問題

6 所得税における所得控除に関する次の記述のうち、最も適切なものはどれか。

1. 納税者が医師の診療に係る医療費を支払った場合、その全額を医療費控除として総所得金額等から控除することができる。
2. 納税者が特定一般用医薬品等(スイッチＯＴＣ医薬品等)の購入費を支払った場合、その全額を医療費控除として総所得金額等から控除することができる。
3. 納税者が確定拠出年金の個人型年金の掛金を支払った場合、その全額を社会保険料控除として総所得金額等から控除することができる。
4. 納税者が国民年金基金の掛金を支払った場合、その全額を社会保険料控除として総所得金額等から控除することができる。

［2023年５月試験］

これはどう？

納税者が地震保険の保険料を支払った場合には、支払った保険料の金額にかかわらず、その年中に支払った金額の全額を地震保険料控除として控除することができる。 OX

［2020年１月試験］

これはどう？

納税者が国に対して特定寄附金を支払った場合には、支払った特定寄附金の金額の多寡にかかわらず、その年中に支払った金額の全額を、寄附金控除として控除することができる。 OX

［2022年１月試験］

解答解説

6 答 4

1…不適切　医療費控除額は、**「支出した医療費の額(保険金等により補てんされる金額を除く)－10万円(または総所得金額等の5％)」**で計算した金額で、限度額は**200**万円です。

2…不適切　セルフメディケーション税制による控除額は、スイッチOTC医薬品等の購入費から**12,000**円を差し引いた額(上限は**88,000**円)です。

3…不適切　確定拠出年金の掛金は、その全額が**小規模企業共済等掛金**控除の対象となります。

4…適　切　国民年金基金の掛金は、その全額が**社会保険料**控除の対象となります。

答 ×

地震保険料は原則として支払った保険料の全額を控除することができますが、**5**万円が限度となっています。

答 ×

納税者が特定寄附金を支払った場合、その支払った金額(その年の総所得金額等の40％相当額が限度)から**2,000**円を控除した残額を、寄附金控除として控除することができます(支払った金額の全額を控除できるわけではありません)。

問題

7 所得税の所得控除に関する次の記述のうち、最も不適切なものはどれか。

1. 医療費控除の対象となる医療費の金額は、原則としてその年中に実際に支払った金額が対象となり、年末の時点で未払いの金額はその年分の医療費控除の対象にはならない。
2. 納税者が生計を一にする配偶者の負担すべき国民年金保険料を支払った場合、その支払った金額は納税者の社会保険料控除の対象となる。
3. 納税者の配偶者が事業専従者として給与を受けている場合には、配偶者の合計所得金額が48万円以下であり、その他の要件を満たしていても、納税者は配偶者控除の適用を受けることができない。
4. 納税者が障害者である親族を扶養している場合でも、納税者自身が障害者でなければ障害者控除の適用を受けることができない。

［2018年5月試験 改］

8 所得税における所得控除に関する次の記述のうち、最も不適切なものはどれか。なお、ほかに必要とされる要件等はすべて満たしているものとする。

1. 所得税法上の障害者に該当する納税者は、その年分の合計所得金額の多寡にかかわらず、障害者控除の適用を受けることができる。
2. 納税者は、その年分の合計所得金額の多寡にかかわらず、基礎控除の適用を受けることができる。
3. 納税者は、その年分の合計所得金額が500万円を超える場合、ひとり親控除の適用を受けることができない。
4. 納税者は、その年分の合計所得金額が1,000万円を超える場合、配偶者の合計所得金額の多寡にかかわらず、配偶者控除の適用を受けることができない。

［2022年9月試験］

解答解説

7 答 4

1…適　切　年末の時点で未払いの医療費は、その年分の医療費控除の対象にはなりません。実際に支払った年分の医療費が医療費控除の対象となります。

2…適　切　納税者が、生計を一にする配偶者その他の親族にかかる社会保険料を支払った場合には、支払った社会保険料の全額を納税者の社会保険料控除として控除することができます。

3…適　切　配偶者が事業専従者として給与を受けている場合には、配偶者控除や配偶者特別控除の適用はありません。

4…不適切　障害者控除は納税者本人が障害者である場合のほか、同一生計配偶者や扶養親族が障害者である場合にも適用できます。

---

8 答 2

1…適　切　障害者控除の適用要件に、合計所得金額の要件はありません。したがって、納税者本人が障害者に該当する等の場合、合計所得金額の多寡にかかわらず、障害者控除の適用を受けることができます。

2…不適切　納税者の合計所得金額が**2,500**万円を超える場合には、基礎控除の適用を受けることはできません。

3…適　切　納税者の合計所得金額が**500**万円を超える場合には、ひとり親控除の適用を受けることはできません。

4…適　切　納税者の合計所得金額が**1,000**万円を超える場合には、配偶者控除の適用を受けることはできません。

税額の計算と税額控除

問題

1 次のうち、所得税における税額控除に該当しないものはどれか。

1. 配当控除
2. 雑損控除
3. 外国税額控除
4. 住宅借入金等特別控除

［2015年10月再試験］

---

2 次のうち、所得税において税額控除に該当するものはどれか。

1. 小規模企業共済等掛金控除
2. 生命保険料控除
3. 住宅借入金等特別控除
4. 障害者控除

［2017年1月試験］

1 答 2

雑損控除は**所得控除**に該当します。

税額控除
★配当控除
★外国税額控除
★住宅借入金等特別控除

2 答 3

小規模企業共済等掛金控除、生命保険料控除、障害者控除は**所得控除**に該当します。

問題

3 所得税における住宅借入金等特別控除(以下「住宅ローン控除」という)に関する次の記述のうち、最も不適切なものはどれか。なお、記載されたもの以外の要件はすべて満たしているものとする。

1. 住宅ローンの一部繰上げ返済を行い、借入金の償還期間が当初の借入れの日から10年未満となった場合であっても、残りの控除期間について住宅ローン控除の適用を受けることができる。
2. 中古住宅を取得した場合であっても、当該住宅が一定の耐震基準に適合するときは、住宅ローン控除の適用を受けることができる。
3. 転勤に伴う転居等のやむを得ない事由により、住宅ローン控除の適用を受けていた者がその住宅を居住の用に供しなくなった場合に、翌年以降に再び当該住宅を居住の用に供すれば、原則として、再入居した年以後の控除期間内について住宅ローン控除の適用を受けることができる。
4. 住宅ローン控除の適用を受ける最初の年分は、必要事項を記載した確定申告書に一定の書類を添付し、納税地の所轄税務署長に提出しなければならない。

[2023年1月試験]

これはどう?

中古住宅を取得した者が住宅ローン控除の適用を受けるためには、その対象となる中古住宅を取得した日から1年以内に自己の居住の用に供さなければならない。 OX

[2021年5月試験]

解答解説

3 答 1

1…不適切　繰上げ返済によって住宅ローンの償還期間が当初の借入日から10年未満となった場合には、残りの控除期間について、住宅ローン控除の適用を受けることができません。

2…適　切　中古住宅を取得した場合でも、一定の耐震基準に適合するときは住宅ローン控除の適用を受けることができます。

3…適　切　転勤等やむを得ない事由により、当該住宅に居住しなくなった場合でも、再入居後の控除期間については住宅ローン控除の適用を受けることができます。

4…適　切　住宅ローン控除の適用を受ける場合、最初の年分については確定申告をしなければなりません。なお、2年目からは年末調整で適用を受けることができます(給与所得者の場合)。

住宅借入金等特別控除の適用要件

適　用 対象者	★住宅を取得した日から **6** カ月以内に居住を開始し、適用を受ける各年の年末まで引き続き居住していること
	★控除を受ける年の合計所得金額が **2,000** 万円以下であること。ただし、床面積が40㎡以上50㎡未満の場合は **1,000** 万円以下の者に限る
住　宅	★床面積が **50** ㎡以上(一定の場合は **40** ㎡以上)であること
	★床面積の **2** 分の１以上が居住の用に供されていること
借入金	★返済期間が **10** 年以上の住宅ローンであること

答 ×

住宅を新築したときでも、中古住宅を取得したときでも、住宅ローン控除の適用を受けるには、対象となる家屋(他の要件を満たしている)を取得等した日から**6**カ月以内に居住を開始しなければなりません。

問題

4 所得税における住宅借入金等特別控除(以下「住宅ローン控除」という)に関する次の記述のうち、最も不適切なものはどれか。なお、2024年3月に住宅ローンを利用して住宅を取得し、同年中にその住宅を居住の用に供したものとする。

1. 住宅ローン控除の適用を受けるためには、原則として、住宅を取得した日から6ヵ月以内に自己の居住の用に供し、適用を受ける年分の12月31日まで引き続き居住していなければならない。
2. 住宅ローン控除の対象となる住宅は、床面積が40㎡以上であり、その3分の2以上に相当する部分がもっぱら自己の居住の用に供されるものでなければならない。
3. 中古住宅を取得し、住宅ローン控除の適用を受ける場合、当該住宅は、1982年1月1日以降に建築された住宅、または一定の耐震基準に適合する住宅でなければならない。
4. 新たに取得した住宅を居住の用に供した年に、これまで居住していた居住用財産を譲渡して「居住用財産を譲渡した場合の3,000万円の特別控除」の適用を受けた場合、住宅ローン控除の適用を受けることはできない。

[2023年5月試験 ㊎]

これはどう?

家屋の床面積が50㎡以上の場合において、住宅ローン控除の適用を受けようとする者のその年分の合計所得金額は、2,000万円以下でなければならない。 OX

[2021年1月再試験 ㊎]

解答解説

4 答 2

1…適　切　住宅ローン控除の適用を受けるためには、対象となる住宅を取得した日から**6**カ月以内に居住を開始し、適用を受ける年分の12月31日まで引き続き居住していなければなりません。

2…不適切　住宅ローン控除の対象となる住宅は、床面積が**40**㎡（合計所得金額が1,000万円超の場合は50㎡）以上であり、その**2**分の1以上がもっぱら自己の居住の用に供されるものでなければなりません。

3…適　切

4…適　切　居住年とその前2年の合計3年間で、居住用財産の譲渡所得の特例（居住用財産を譲渡した場合の3,000万円の特別控除、軽減税率の特例など）を受けている場合には、住宅ローン控除の適用を受けることができません。

答 ○

住宅ローン控除の適用を受けようとする者のその年分の合計所得金額は、**2,000**万円以下でなければなりません。

所得税の申告と納付

問題

1 次のうち、所得税の確定申告を要する者はどれか。なお、いずれも適切に源泉徴収等がされ、年末調整すべきものは年末調整が済んでいるものとする。

1. 給与として1ヵ所から年額1,500万円の支払いを受けた給与所得者
2. 退職一時金として2,500万円の支払いを受け、その支払いを受ける時までに「退職所得の受給に関する申告書」を提出している者
3. 同族会社である法人1ヵ所から給与として年額1,200万円の支払いを受け、かつ、その法人から不動産賃貸料として年額12万円の支払いを受けたその法人の役員
4. 老齢基礎年金および老齢厚生年金を合計で年額300万円受給し、かつ、原稿料に係る雑所得が年額12万円ある者

［2019年5月試験］

これはどう?

住宅ローン控除の適用を受ける最初の年分は、必要事項を記載した確定申告書に一定の書類を添付し、納税地の所轄税務署長に提出しなければならない。 OX

［2022年1月試験］

これはどう?

確定申告を要する者は、原則として、所得が生じた年の翌年の2月16日から3月15日までの間に納税地の所轄税務署長に対して確定申告書を提出しなければならない。 OX

［2018年5月試験］

解答解説

1 答 3

1…不　要　給与等の金額が**2,000**万円以下の場合には確定申告は不要です。

2…不　要　「退職所得の受給に関する申告書」を提出した場合、退職金から納付すべき所得税額が源泉徴収されるので、確定申告は不要です。

3…必　要　同族会社の役員等で、その同族会社から給与以外に貸付金の利子や資産の賃貸料などを受け取った場合には、確定申告が必要です。

4…不　要　公的年金等の収入金額が**400**万円以下で、かつ、その年分の公的年金等にかかる雑所得以外の所得金額が**20**万円以下である場合には確定申告は不要です。

給与所得者で確定申告が必要な人
★その年の給与等の金額が**2,000**万円を超える場合
★給与所得、退職所得以外の所得金額が**20**万円を超える場合
★2カ所以上から給与を受け取っている場合
★住宅借入金等特別控除(住宅ローン控除)の適用を受ける場合 →**初年度**のみ確定申告が必要
★**雑損**控除、**医療費**控除、寄附金控除(ふるさと納税でワンストップ特例制度を適用する場合を除く)の適用を受ける場合
★同族会社の役員等で、その同族会社からの給与のほかに、貸付金の利子、資産の賃貸料などを受け取っている場合
★配当控除の適用を受ける場合

答 ○

住宅ローン控除の適用を受ける最初の年分は、確定申告を行う必要があります。

答 ○

確定申告は、原則として、所得が生じた年の翌年の**2**月**16**日から**3**月**15**日までの間に納税地の所轄税務署長に確定申告書を提出して行わなければなりません。

問題

2 所得税の申告と納付等に関する次の記述のうち、最も不適切なものはどれか。

1. 給与所得者が、医療費控除の適用を受けることにより、給与から源泉徴収された税金の還付を受けようとする場合、納税地の所轄税務署長に確定申告書を提出する必要がある。
2. 年間の給与収入の金額が2,000万円を超える給与所得者は、年末調整の対象とならない。
3. 確定申告書を提出した納税者が、法定申告期限後に計算の誤りにより所得税を過大に申告していたことに気づいた場合、原則として、法定申告期限から５年以内に限り、更正の請求をすることができる。
4. 納税者が、確定申告に係る所得税について延納の適用を受けようとする場合、納期限までに納付すべき所得税額の３分の１相当額以上を納付する必要がある。

［2022年９月試験］

これはどう？

年の中途で死亡した者のその年分の所得税について確定申告を要する場合、原則として、その相続人は、相続の開始があったことを知った日の翌日から２ヵ月以内に、死亡した者に代わって確定申告をしなければならない。〇✕

［2023年１月試験］

解答解説

2 答 4

1…適　切　医療費控除の適用を受けるには、確定申告が必要です。

2…適　切　給与等の金額が2,000万円超の場合には年末調整の対象とならないため、確定申告が必要です。

3…適　切　確定申告を行ったあと、所得税を過大に納付していたことが判明した場合には、法定申告期限から**5**年以内に限り、更正の請求をすることができます。

4…不適切　延納の適用を受けようとする場合、納期限までに納付すべき所得税額の**半分**以上の額を納付しなければなりません。なお、残りの額については5月31日までに納付します。

延納

★納付すべき税額を1回で納付できない場合には、**半分**以上の額を納付期限までに納付することによって、残りの額については**5**月**31**日まで納付期限を延長することができる

答 ×

年の中途で死亡した者のその年分の所得税について確定申告をする場合、相続人は相続の開始があったことを知った日の翌日から**4**カ月以内に死亡した者に代わって確定申告をしなければなりません(準確定申告)。

問題

3 所得税の青色申告に関する次の記述のうち、最も適切なものはどれか。

1. 青色申告の適用を受けることができる者は、不動産所得、事業所得、雑所得を生ずべき業務を行う者で、納税地の所轄税務署長の承認を受けた者である。
2. 前年からすでに業務を行っている者が、本年分から新たに青色申告の適用を受けようとする場合、その承認を受けようとする年の3月31日までに「青色申告承認申請書」を納税地の所轄税務署長に提出しなければならない。
3. 青色申告を取りやめようとする者は、その年の翌年3月31日までに「青色申告の取りやめ届出書」を納税地の所轄税務署長に提出しなければならない。
4. 前年からすでに業務を行っている者が、本年分から新たに青色申告の適用を受けるために青色申告の承認の申請を行ったが、その年の12月31日までに、その申請につき承認または却下の処分がなかったときは、その日において承認があったものとみなされる。

［2021年5月試験］

解答解説

3 答 4

1…不適切　青色申告の適用を受けることができるのは、**不動産**所得、**事業**所得、**山林**所得がある者(かつ、納税地の所轄税務署長の承認を受けた者)です。

2…不適切　青色申告をする場合には、青色申告をしようとする年の**3月15日**まで(1月16日以降に開業する人は開業日から2カ月以内)に「青色申告承認申請書」を納税地の所轄税務署長に提出しなければなりません。

3…不適切　青色申告を取りやめようとするときには、取りやめようとする年の翌年**3月15日**までに「青色申告の取りやめ届出書」を所轄税務署長に提出する必要があります。

4…適　切　青色申告の承認の申請を行ったにもかかわらず、その年の12月31日までに承認または却下の処分がなかったときは、その日に承認があったものとみなされます。

青色申告の要件

★**不動産**所得、**事業**所得、**山林**所得がある人

★「青色申告承認申請書」を税務署に提出していること

★一定の帳簿書類を備えて、取引を適正に記録し、保存(保存期間は**7**年間)していること

青色申告の承認または却下、取りやめ

★青色申告をする場合には、青色申告をしようとする年の**3**月**15**日まで(1月16日以降に開業する人は開業日から2カ月以内)に「青色申告承認申請書」を税務署に提出する

★**12**月**31**日まで(11月1日から12月31日までに開業した人は翌年2月15日まで)に承認または却下の通知がない場合には、青色申告が**承認**されたものとみなされる

★青色申告を取りやめようとするときには、取りやめようとする年の翌年**3**月**15**日までに「青色申告の取りやめ届出書」を税務署に提出する

問題

4 所得税の申告に関する次の記述のうち、最も適切なものはどれか。

1. 青色申告者は、仕訳帳、総勘定元帳その他一定の帳簿を原則として10年間保存しなければならない。
2. 青色申告者が申告期限後に確定申告書を提出した場合、適用を受けることができる青色申告特別控除額は最大55万円となる。
3. 青色申告者の配偶者で青色事業専従者として給与の支払いを受ける者は、その者の合計所得金額の多寡にかかわらず、控除対象配偶者には該当しない。
4. 青色申告者に損益通算してもなお控除しきれない損失の金額(純損失の金額)が生じた場合、その損失の金額を翌年以後最長で7年繰り越して、各年分の所得金額から控除することができる。

［2023年9月試験］

解答解説

4 答 3

1…不適切　青色申告者の帳簿の保存期間は**7**年間です。

2…不適切　事業的規模の不動産所得または事業所得がある青色申告者が、正規の簿記の原則にもとづいて作成された貸借対照表と損益計算書を添付し、申告期限内に申告書を提出した場合には55万円(電子申告等要件を満たした場合は65万円)の控除が受けられますが、申告期限後に提出した場合(本肢の場合)には、**10**万円の控除となります。

3…適　切　青色申告者の配偶者で青色事業専従者として給与の支払いを受ける者は、控除対象配偶者には該当しません。

4…不適切　純損失が生じた場合の損失の繰越期間は**3**年間です。

青色申告の主な特典

青色申告特別控除	青色申告によって、所得金額から**55**万円(電子申告等要件を満たした場合は**65**万円)または**10**万円を控除することができる
青色事業専従者給与の必要経費の算入	青色事業専従者に支払った給与のうち適正な金額は、必要経費に算入できる
純損失の繰越控除、繰戻還付	★純損失が生じた場合、その純損失を原則として翌年以降**3**年間にわたって各年の所得から控除することができる ★損失額を前年の所得から控除して前年分の所得税の還付を受けることができる
棚卸資産の低価法による評価	棚卸資産について、原価と時価の**低い**ほうで評価することができる

問題

5 次のうち、所得税における事業所得（総合課税に係るもの）を生ずべき事業を営む青色申告者が受けることができる青色申告の特典として、最も不適切なものはどれか。なお、特定非常災害に係る損失については考慮しないものとする。

1. 純損失の７年間の繰越控除
2. 純損失の繰戻還付
3. 棚卸資産の低価法による評価の選択
4. 青色事業専従者給与の必要経費算入

［2020年９月試験 ㉮］

解答解説

5 答 1

1…不適切　純損失を繰り越すことができる期間は、原則として翌年以降**3**年間です。

2…適　切　前年も青色申告をしている場合、当年の損失額を前年の所得から控除して、前年に納付した所得税の還付を受けることができます（純損失の繰戻還付）。

3…適　切　棚卸資産の評価方法は、原則として原価法ですが、青色申告者は届出を行うことによって**低価**法（原価と時価のうち低いほうで評価する方法）で評価することができます。低価法によって評価すると、売上原価（必要経費）が大きく計上される（利益が減る）ため、納付税額が減り、納税者にとって有利となるのです。

4…適　切　青色申告を行うことにより、青色申告者が青色事業専従者（青色申告者と生計を一にする親族で事業に従事している人）に支払った給与のうち適正な金額は、必要経費に算入できます。

個人住民税、個人事業税

問題

1 個人住民税の原則的な仕組みに関する次の記述のうち、最も適切なものはどれか。

1. 個人住民税の課税は、その年の４月１日において都道府県内または市町村(特別区を含む)内に住所を有する者に対して行われる。
2. 個人住民税の所得割額は、所得税の所得金額の計算に準じて計算した前々年中の所得金額から所得控除額を控除し、その金額に税率を乗じて得た額から税額控除額を差し引くことにより算出される。
3. 所得税および個人住民税の納税義務がある自営業者は、所得税の確定申告をした後、住民税の申告書も提出しなければならない。
4. 納税者が死亡した時点で未納付の個人住民税があったとしても、相続の放棄をした者は、その未納付分を納税する義務を負わない。

［2022年５月試験］

2 個人事業税の仕組みに関する次の記述のうち、最も適切なものはどれか。

1. 個人事業税の徴収は、特別徴収の方法による。
2. 個人事業税の標準税率は、一律３％である。
3. 個人事業税の課税標準の計算上、事業主控除として最高390万円を控除することができる。
4. 医業などの社会保険適用事業に係る所得のうち社会保険診療報酬に係るものは、個人事業税の課税対象とならない。

［2021年５月試験］

解答解説

1 答 4

1…不適切　個人住民税の課税は、その年の**1**月**1**日において都道府県内または市区町村内に住所を有する者に対して行われます。

2…不適切　個人住民税の所得割額は、**前年**の所得金額にもとづいて計算されます。

3…不適切　所得税の確定申告をした場合は、住民税の申告は不要です。所得税の確定申告内容が地方自治体に提供され、それをもとに地方自治体が個人住民税を計算するからです。

4…適　切　相続放棄とは、被相続人(亡くなった人)のすべての財産(資産も負債も)を一切相続しないことをいいます。したがって、死亡した納税者に未納付の個人住民税があったとしても、相続を放棄した人は、その未納付分を納税する義務を負いません。　[CHAPTER.06で学習]

2 答 4

1…不適切　個人事業税は都道府県から納税額が通知され、それにもとづいて納税者が納付する**賦課課税**方式です。

2…不適切　個人事業税の税率は業種によって異なります(3%～5%)。

3…不適切　事業主控除額は**290**万円です。

4…適　切　医業などの社会保険適用事業にかかる所得のうち社会保険診療報酬にかかるものは、個人事業税の課税対象となりません。ほかに、農家、スポーツ選手、作家などには個人事業税はかかりません。

問題

1 法人税における交際費等に関する次の記述のうち、最も不適切なものはどれか。

1. 期末資本金の額等が1億円以下の一定の中小法人が支出した交際費等の額のうち、定額控除限度額である年800万円と接待飲食費の額の2分の1相当額のいずれか少ない額が損金算入限度額となる。
2. 得意先への接待のために支出した飲食費(2024年4月1日以後の支出)のうち、参加者1人当たり10,000円以下の費用で所定の事項を記載した書類が保存されているものについては、交際費等から除かれる。
3. カレンダーやタオルなどを得意先に贈与するために通常要する費用は、交際費等に該当しない。
4. もっぱら従業員の慰安のために行われる社員旅行のために通常要する費用は、交際費等に該当しない。

[2020年9月試験 改]

2 法人が納付した次に掲げる税金のうち、法人税の各事業年度の所得の金額の計算上、損金の額に算入されるものはどれか。

1. 法人税の本税
2. 法人住民税の本税
3. 法人事業税の本税
4. 法人税を延滞したことにより支払った延滞税

[2021年9月試験]

解答解説

1 答 1

1…不適切　資本金が1億円以下の法人においては、定額控除限度額である年**800**万円と接待飲食費の額の**2**分の1相当額のいずれか**多い**額が損金算入限度額となります。

2…適　切　2024年4月1日以後の支出で、1人あたり10,000円以下の一定の飲食代は交際費等から除かれます。

3…適　切　カレンダーやタオルなどを得意先に贈与するために通常要する費用は交際費等に該当しません(広告宣伝費となります)。

4…適　切　もっぱら従業員の慰安のために行われる社員旅行のために通常要する費用は、交際費等に該当しません(福利厚生費となります)。

交際費の損金算入限度額

資本金	損金算入限度額
1億円以下の法人	下記❶または❷の選択(いずれか **多い** ほうまでOK) ❶年間交際費支出額のうち **800** 万円以下の全額 ❷年間交際費支出額のうち飲食支出額× **50** %
1億円超100億円以下の法人	年間交際費支出額のうち飲食支出額×50%

2 答 3

法人事業税の本税は損金の額に算入することができますが、法人税の本税および延滞税、法人住民税の本税は損金の額に算入することはできません。

損金算入の租税公課と損金不算入の租税公課

損金算入		損金不算入	
○法人 **事業** 税	○固定資産税	×**法人** 税	×法人 **住民** 税
○印紙税	○登録免許税	×罰科金	×印紙税の過怠税
○都市計画税	○不動産取得税		など
	など		

問題

3 法人税の損金に関する次の記述のうち、最も不適切なものはどれか。

1. 法人が従業員の業務遂行中の交通違反に係る反則金を負担した場合、その負担金は、損金の額に算入することができる。
2. 法人が減価償却資産として損金経理した金額のうち、償却限度額に達するまでの金額は、その全額を損金の額に算入することができる。
3. 損金の額に算入される租税公課のうち、事業税については、原則として、その事業税に係る納税申告書を提出した日の属する事業年度の損金の額に算入することができる。
4. 法人が国または地方公共団体に対して支払った寄附金は、原則として、その全額を損金の額に算入することができる。

［2023年9月試験］

これはどう？

法人が納付した固定資産税は、法人税の各事業年度の所得の金額の計算上、損金の額に算入されない。 OX

［2019年9月試験 ㉂］

これはどう？

法人が納付した印紙税は、法人税の各事業年度の所得の金額の計算上、損金の額に算入されない。 OX

［2019年9月試験 ㉂］

これはどう？

2016年4月1日以後に取得した建物附属設備の減価償却方法は、定額法である。 OX

［2022年1月試験］

これはどう？

役員退職給与を損金の額に算入するためには、所定の時期に確定額を支給する旨の定めの内容に関する届出書をあらかじめ税務署長に提出しなければならない。 OX

［2022年1月試験］

解答解説

3 答 1

1…不適切　交通違反に係る反則金は損金の額に算入することはできません。

2…適　切　法人が減価償却費として損金経理した金額のうち、償却限度額までの金額は損金の額に算入することができます。

3…適　切　法人事業税は損金の額に算入することができます。

4…適　切　法人が国または地方公共団体に対して支払った寄附金は、全額を損金の額に算入することができます。なお、一般寄附金などは一定額までしか損金の額に算入することができません。

答 ×

固定資産税は損金の額に算入することができます。

答 ×

印紙税は損金の額に算入することができます。なお、過怠税は損金の額に算入することはできません。

答 ○

法人税において、償却方法を選定しなかった場合に適用される減価償却方法(法定償却方法)は定率法ですが、建物や2016年4月1日以後に取得した建物附属設備・構築物(鉱業用を除く)については**定額法**によって償却します。

答 ×

会社が支払う役員退職給与は、その金額が適正であれば損金算入できます。あらかじめ届け出る必要はありません。

問題

4 会社と役員間の取引に係る所得税・法人税に関する次の記述のうち、最も不適切なものはどれか。

1. 会社が役員からの借入金について債務免除を受けた場合、会社はその債務免除を受けた金額を益金の額に算入する。
2. 会社が役員に対して無利息で金銭の貸付けを行った場合、原則として、通常収受すべき利息に相当する金額が、会社の益金の額に算入される。
3. 役員が所有する建物を適正な時価の２分の１以上かつ時価未満の価額で会社に譲渡した場合、役員は、時価相当額を譲渡価額として譲渡所得の計算を行う。
4. 会社が役員に対して支給した退職金は、不相当に高額な部分の金額など一定のものを除き、損金の額に算入することができる。

［2023年１月試験］

これはどう？

会社が所有する土地を適正な時価よりも低い価額で役員に譲渡した場合、その適正な時価と譲渡価額との差額が役員の給与所得の収入金額に算入される。〇✕

［2021年１月試験］

これはどう？

役員が会社に無利息で金銭の貸付けを行った場合、原則として、通常収受すべき利息に相当する金額が、その役員の雑所得の収入金額に算入される。〇✕

［2021年５月試験］

解答解説

4 答 3

1…適　切　会社が役員からの借入金について債務免除を受けた場合は、会社は免除を受けた債務の金額を益金の額に算入します。

2…適　切　会社が役員に対して無利息で金銭を貸し付けた場合、通常収受すべき利息相当額が益金の額に算入されます。

3…不適切　役員が会社に対し時価の2分の1以上かつ時価未満の金額で資産を譲渡した場合は、その譲渡価額をもとに譲渡所得の計算を行います。なお、役員が会社に対し、時価の2分の1未満の価額で資産を譲渡した場合は、所得税の計算上、時価で譲渡したものとみなします。

4…適　切　会社が役員に支給した退職金は、不相当に高額な部分の金額などを除き、損金の額に算入されます。

答 ○

会社が所有する土地を適正な時価よりも低い価額で役員に譲渡した場合、時価と譲渡価額との差額が役員の**給与**所得の収入金額に算入されます。

答 ×

会社が役員に金銭を無利息で貸し付けた場合は、通常収受すべき利息相当額がその役員に対する報酬(給与)とされますが、役員が会社に金銭を無利息で貸し付けた場合には、課税関係は生じません。

問題

5 法人税の仕組みに関する次の記述のうち、最も不適切なものはどれか。

1. 法人税が採用している申告納税方式は、納付すべき税額が納税者である法人がする申告により確定することを原則とする方式である。
2. 新設法人が設立事業年度から青色申告の適用を受けようとする場合、設立の日以後２ヵ月以内に「青色申告の承認申請書」を納税地の所轄税務署長に提出しなければならない。
3. 法人税の確定申告書は、原則として、各事業年度終了の日の翌日から２ヵ月以内に、納税地の所轄税務署長に提出しなければならない。
4. 期末資本金の額等が１億円以下の一定の中小法人に対する法人税の税率は、所得金額のうち年800万円以下の部分については軽減税率が適用される。

［2021年５月試験］

これはどう？

法人税の各事業年度の所得の金額は、企業会計上の利益の額に、法人税法による加算・減算などの所定の申告調整を行って算出する。〇×

［2020年９月試験］

これはどう？

法人は、その本店の所在地または当該代表者の住所地のいずれかから法人税の納税地を任意に選択することができる。〇×

［2021年１月試験］

これはどう？

法人税の確定申告書は、原則として、各事業年度終了の日の翌日から１ヵ月以内に、納税地の所轄税務署長に提出しなければならない。〇×

［2022年９月試験］

解答解説

5 答 2

1…適　切　法人税では申告納税方式が採用されています。

2…不適切　新設法人の場合、「設立の日から**3**カ月後」または「最初の事業年度終了の日」のいずれか**早い**日の前日までに「青色申告の承認申請書」を納税地の所轄税務署長に提出しなければなりません。

3…適　切　法人税の確定申告書は、原則として、各事業年度終了の日の翌日から**2**カ月以内に、納税地の所轄税務署長に提出しなければなりません。

4…適　切　法人税の税率は**23.2**%ですが、期末資本金が**1**億円以下の法人に対する法人税の税率は、所得金額のうち年**800**万円以下の部分については**15**%が適用されます。

法人税の税率

区　分		税　率
期末資本金が1億円超の法人(=大法人)		**23.2**%
期末資本金が1億円以下の法人(=中小法人)	所得金額のうち年800万円以下の部分	**15**%
	所得金額のうち年800万円超の部分	**23.2**%

答 ○

法人税の各事業年度の所得の金額は、企業会計上の利益の額に、法人税法による加算・減算などの所定の申告調整を行って算出します。

答 ×

法人税の納税地は、内国法人については、その法人の本店または主たる事務所の所在地、外国法人で国内に事務所等を有する法人については、その事務所等の所在地となります(任意で選択することはできません)。

答 ×

法人税の確定申告期限は、原則として、各事業年度終了の日の翌日から**2**カ月以内です。

問題

6 一般的な損益計算書および貸借対照表に関する次の記述のうち、最も不適切なものはどれか。

1. 損益計算書において、経常利益の額は、営業利益の額に営業外収益・営業外費用の額を加算・減算した額である。
2. 損益計算書において、営業利益の額は、売上総利益の額から販売費及び一般管理費の額を差し引いた額である。
3. 貸借対照表において、純資産の部の合計額がマイナスになることはない。
4. 貸借対照表において、資産の部の合計額と、負債の部および純資産の部の合計額は一致する。

〔2020年9月試験〕

これはどう？

損益計算書の売上総利益の額は、売上高の額から販売費及び一般管理費の額を差し引いた額である。 OX

〔2021年9月試験〕

これはどう？

損益計算書は、企業の資金の調達源泉とその用途を示したものである。 OX

〔2022年5月試験〕

解答解説

6 答 3

1…適　切

2…適　切

3…不適切　経営が悪化して、負債の額が資産の額を超過する場合には純資産の額がマイナス（債務超過）となります。

4…適　切

損益計算書と貸借対照表

損益計算書

売　上　高	××
売上原価	××
売上総利益	××
販売費及び一般管理費	××
営業利益	××
営業外収益	××
営業外費用	××
経常利益	××
特別利益	××
特別損失	××
税引前当期純利益	××
法人税、住民税及び事業税	××
当期純利益	××

貸借対照表

資産の部	負債の部
流動資産	流動負債
	固定負債
固定資産	純資産の部（資本）

答 ×

売上総利益は、売上高から**売上原価**の額を差し引いた額です。

答 ×

損益計算書は一定期間における企業の経営成績を表したものです。なお、企業の資金の調達源泉とその用途を示したものは貸借対照表です。

問題

7 決算書の分析に関する次の記述のうち、最も不適切なものはどれか。

1. 流動比率(%)は、「流動資産÷総資産×100」の算式で計算される。
2. 当座比率(%)は、「当座資産÷流動負債×100」の算式で計算される。
3. 固定比率(%)は、「固定資産÷自己資本×100」の算式で計算される。
4. 自己資本比率(%)は、「自己資本÷総資産×100」の算式で計算される。

[2023年1月試験]

解答解説

7 答 1

1…不適切　流動比率(%)は、「流動資産÷**流動負債**×100」で計算します。

2…適　切　当座比率(%)は、「当座資産÷流動負債×100」で計算します。

3…適　切　固定比率(%)は、「固定資産÷自己資本×100」で計算します。

4…適　切　自己資本比率(%)は、「自己資本÷総資産×100」で計算します。

主な財務分析の指標

★流動比率(%)＝$\frac{流動資産}{流動負債}\times 100$

★当座比率(%)＝$\frac{当座資産}{流動負債}\times 100$

★固定比率(%)＝$\frac{固定資産}{自己資本(純資産)}\times 100$

★自己資本比率(%)＝$\frac{自己資本(純資産)}{総資産}\times 100$

※総資産＝負債＋純資産

★ROE(%)＝$\frac{当期純利益}{自己資本(純資産)}\times 100$

消費税

問題

1 消費税の課税事業者が国内において事業として行った次の取引のうち、消費税の非課税取引とされないものはどれか。

1. 更地である土地の譲渡
2. 事業の用に供している家屋の譲渡
3. 居住の用に供する家屋の１ヵ月以上の貸付け
4. 有価証券の譲渡

［2018年５月試験］

---

2 消費税に関する次の記述のうち、最も適切なものはどれか。

1. 消費税の課税期間に係る基準期間は、個人事業者についてはその年の前年をいう。
2. 消費税の課税期間に係る基準期間における課税売上高が1,000万円超の法人は、消費税の免税事業者となることができない。
3. 簡易課税制度を選択することができるのは、消費税の課税期間に係る基準期間における課税売上高が１億円以下の事業者である。
4. 消費税の課税事業者である個人は、原則として、消費税の確定申告書をその年の翌年３月15日までに納税地の所轄税務署長に提出しなければならない。

［2021年９月試験］

解答解説

1 答 2

1…非課税取引　土地の譲渡は消費税の非課税取引です。

2…課税取引　家屋の譲渡は消費税の課税取引です。

3…非課税取引　居住用の家屋(住宅)の貸付けは貸付期間が1カ月未満の場合を除き、消費税の非課税取引です。

4…非課税取引　有価証券の譲渡は消費税の非課税取引です。

消費税の非課税取引(例)
★**土地**の譲渡、貸付け(1カ月未満の貸付け等を除く)
★**株式等**の譲渡
★商品券、郵便切手、印紙などの譲渡
★利子を対価とする金銭の貸付け
★行政手数料
★**住宅**の貸付け(1カ月未満の貸付けを除く)

---

2 答 2

1…不適切　消費税の基準期間は、個人事業者の場合、その年の**前々年**です。

2…適　切　基準期間の課税売上高が**1,000**万円超の法人は、消費税の免税事業者となることができません。

3…不適切　簡易課税制度を選択できるのは、基準期間における課税売上高が**5,000**万円以下の国内事業者です。

4…不適切　消費税の確定申告期限は個人の場合、課税期間の翌年1月1日から**3**月**31**日までです。

消費税の納税義務の判定

納税義務の判定	原則として、基準期間における課税売上高が**1,000**万円以下である場合は免税事業者となる
基準期間	個人…その年の**前々年** 法人…その事業年度の**前々事業年度**

問題

3 消費税の課税事業者に関する次の記述のうち、最も不適切なものはどれか。

1. 基準期間における課税売上高が1,000万円を超える法人は、消費税の免税事業者となることができない。
2. 特定期間（原則として前事業年度の前半６ヵ月間）の給与等支払額の合計額および課税売上高がいずれも1,000万円を超える法人は、消費税の免税事業者となることができない。
3. その事業年度の基準期間がなく、その事業年度開始の日における資本金の額が1,000万円以上である新設法人は、消費税の免税事業者となることができない。
4. 消費税の免税事業者が「消費税課税事業者選択届出書」を提出して消費税の課税事業者となったときは、事業を廃止した場合を除き、原則として３年間は消費税の免税事業者に戻ることができない。

［2021年５月試験］

これはどう？

簡易課税制度を選択した事業者は、事業を廃止した場合を除き、原則として、５年間は簡易課税制度の適用を継続しなければならない。 ○×

［2022年５月試験］

これはどう？

新たに事業を開始した事業者は、事業を開始した日の属する課税期間内に、「消費税簡易課税制度選択届出書」を所轄税務署長に提出することで、当該課税期間から簡易課税制度の適用を受けることができる。 ○×

［2022年５月試験］

解答解説

3 答 4

1…適　切　基準期間における課税売上高が**1,000**万円超の法人は、消費税の免税事業者となることができません。

2…適　切　基準期間における課税売上高が1,000万円以下であっても、特定期間（個人の場合は前年の1月1日から6月30日まで、法人の場合は前事業年度の前半6カ月間）の課税売上高が**1,000**万円超、かつ、給与等支払額が**1,000**万円超の場合は免税事業者となることはできません。

3…適　切　新規に事業を開始した場合、当初2年間（2事業年度）は基準期間がないため、免税事業者となります。ただし、資本金の額が**1,000**万円以上の法人は、この期間でも免税事業者となりません。

4…不適切　「消費税課税事業者選択届出書」を提出して消費税の課税事業者となったときは、事業を廃止した場合を除き、原則として**2**年間は消費税の免税事業者に戻ることができません。

新規開業等の場合

★新規に事業を開始した場合、当初 **2** 年間（ **2** 事業年度）は免税事業者となる

★資本金の額が **1,000** 万円以上の法人はこの期間でも免税事業者とならない

答 ×

簡易課税制度を選択した事業者は、原則として**2**年間は簡易課税制度の適用を継続しなければなりません。

答 ○

消費税の簡易課税制度の適用を受ける場合、適用を受ける課税期間の初日の前日までに、「消費税簡易課税制度選択届出書」を納税地の所轄税務署長に提出しなければなりません。ただし、新たに事業を開始した場合には、事業を開始した課税期間の末日までに届出書を提出すれば、当該課税期間から簡易課税制度の適用を受けることができます。

個人1 次の設例に基づいて、下記の各問に答えなさい。

［2023年5月試験　第3問 ㊎］

《設 例》

Ａさん(47歳)は、20年前から地元の商店街で妻Ｂさん(48歳)と小売店を営んでおり、２年前に父が亡くなってからは、母Ｃさん(73歳)と３人で暮らしている。なお、Ａさんは、開業後直ちに青色申告承認申請書と青色事業専従者給与に関する届出書を所轄税務署長に対して提出している青色申告者である。また、下記の〈Ａさんの2024年分の収入等に関する資料〉において、不動産所得の金額の前の「▲」は赤字であることを表している。

〈Ａさんとその家族に関する資料〉

Ａさん　(47歳)：個人事業主(青色申告者)

妻Ｂさん(48歳)：Ａさんが営む事業に専ら従事している。青色事業専従者として、2024年中に100万円の給与を受け取っている。

母Ｃさん(73歳)：2024年中の収入は、公的年金の老齢給付のみであり、その収入金額は70万円である。

〈Ａさんの2024年分の収入等に関する資料〉

(1) 事業所得の金額　：500万円(青色申告特別控除後)

(2) 不動産所得の金額　：▲40万円

※損失の金額40万円のうち、当該不動産所得を生ずべき土地の取得に係る負債の利子20万円を含む。

(3) 一時払変額個人年金保険(10年確定年金)の解約返戻金

契約年月　：2016年10月

契約者(＝保険料負担者)・被保険者　：Ａさん

死亡保険金受取人　：妻Ｂさん

解約返戻金額　：560万円

正味払込保険料　：500万円

※妻Ｂさんおよび母Ｃさんは、Ａさんと同居し、生計を一にしている。

※Ａさんとその家族は、いずれも障害者および特別障害者には該当しない。

※Ａさんとその家族の年齢は、いずれも2024年12月31日現在のものである。

※上記以外の条件は考慮せず、各問に従うこと。

問1　所得税における青色申告制度に関する以下の文章の空欄①～③に入る最も適切な数値を、下記の〈数値群〉のなかから選び、その記号を解答用紙に記入しなさい。

Ⅰ「事業所得の金額の計算上、青色申告特別控除として最高（　①　）万円を控除することができます。（　①　）万円の青色申告特別控除の適用を受けるためには、事業所得に係る取引を正規の簿記の原則に従い記帳し、その記帳に基づいて作成した貸借対照表、損益計算書その他の計算明細書を添付した確定申告書を法定申告期限内に提出することに加えて、e-Taxによる申告(電子申告)または電子帳簿保存を行う必要があります。なお、確定申告書を法定申告期限後に提出した場合、青色申告特別控除額は最高（　②　）万円となります」

Ⅱ「青色申告者が受けられる税務上の特典として、青色申告特別控除のほかに、青色事業専従者給与の必要経費算入、純損失の（　③　）年間の繰越控除、純損失の繰戻還付、棚卸資産の評価について低価法を選択できることなどが挙げられます」

〈数値群〉

イ．3　　ロ．5　　ハ．7　　ニ．10　　ホ．38　　ヘ．48　　ト．55
チ．65

問2　Aさんの2024年分の所得税の課税に関する次の記述①～③について、適切なものには○印を、不適切なものには×印を解答用紙に記入しなさい。

①「不動産所得の金額の計算上生じた損失の金額のうち、土地の取得に係る負債の利子20万円に相当する部分の金額は、他の所得の金額と損益通算することはできません」

②「妻Bさんの合計所得金額は48万円以下であるため、Aさんは配偶者控除の適用を受けることができます」

③「母Cさんは75歳未満であるため、老人扶養親族には該当せず、一般の控除対象扶養親族に該当します。母Cさんに係る扶養控除の控除額は、38万円です」

問3　Aさんの2024年分の所得税の算出税額を計算した下記の表の空欄①～③に入る最も適切な数値を求めなさい。なお、問題の性質上、明らかにできない部分は「□□□」で示してある。

(a)	総所得金額	(　①　)円
	社会保険料控除	□□□円
	生命保険料控除	□□□円
	地震保険料控除	□□□円
	扶養控除	□□□円
	基礎控除	(　②　)円
(b)	所得控除の額の合計額	□□□円
(c)	課税総所得金額((a)-(b))	2,700,000円
(d)	算出税額((c)に対する所得税額)	(　③　)円

〈資料〉所得税の速算表

課税総所得金額			税率	控除額
万円超		万円以下		
	～	195	5%	–
195	～	330	10%	9万7,500円
330	～	695	20%	42万7,500円
695	～	900	23%	63万6,000円
900	～	1,800	33%	153万6,000円
1,800	～	4,000	40%	279万6,000円
4,000	～		45%	479万6,000円

個人1 解答解説

問1 ① チ ② ニ ③ イ

①…事業所得がある青色申告者が、正規の簿記の原則にもとづいて作成した貸借対照表や損益計算書などを添付した確定申告書を申告期限内に提出した場合、最高**55**万円の青色申告特別控除の適用を受けることができます。さらにe-Taxによる申告などの要件を満たした場合（本問の場合）には、最高**65**万円の青色申告特別控除の適用を受けることができます。

②…期限後申告の場合には、青色申告特別控除額は**10**万円となります。

③…青色申告者の特典として、青色事業専従者給与の必要経費算入、純損失の**3**年間の繰越控除、純損失の繰越還付などがあります。

問2 ① ○ ② × ③ ×

①…不動産所得の損失は損益通算の対象となりますが、土地の取得に係る負債の利子は損益通算の対象となりません。

②…青色事業専従者は控除対象配偶者になりません。

③…老人扶養親族は**70**歳以上の控除対象扶養親族をいいます。母Cさんは73歳なので老人扶養親族に該当し、同居しているため同居老親等となり、扶養控除額は**58**万円となります。

問3 ① **4,850,000**円　② **480,000**円　③ **172,500**円

表を埋めると、次のとおりです。

（a）総所得金額		（① **4,850,000**）円
	社会保険料控除	□□□円
	生命保険料控除	□□□円
	地震保険料控除	□□□円
	扶養控除	□□□円
	基礎控除	（②　**480,000**）円
（b）所得控除の額の合計額		□□□円
（c）課税総所得金額（（a）−（b））		2,700,000円
（d）算出税額（（c）に対する所得税額）		（③　**172,500**）円

① **総所得金額**

【一時所得】

本問の一時払変額個人年金保険の解約返戻金は、一時所得となります。なお、一時所得は次の算式によって求めます。

一時所得＝総収入金額－支出金額－特別控除額
最高50万円（特別控除額）

また、一時所得を総所得金額に算入するさいには、一時所得の金額を**2**分の1にします。

一時所得：5,600,000円－5,000,000円－500,000円＝100,000円

総所得金額に算入される一時所得：100,000円×$\frac{1}{2}$＝50,000円

【総所得金額】

総所得金額：5,000,000円（事業所得）＋（▲400,000円＋200,000円）（不動産所得）＋50,000円（一時所得）＝4,850,000円

② **基礎控除**

合計所得金額が2,400万円以下の人は、**48**万円の基礎控除の適用を受けることができます。

③ **算出税額**

算出税額：2,700,000円（課税総所得金額）×10%－97,500円＝172,500円

個人2 次の設例に基づいて、下記の各問に答えなさい。

［2023年1月試験　第3問 ㊙］

《設 例》

会社員のAさんは、妻Bさん、長男Cさんおよび二男Dさんとの4人家族である。Aさんは、2024年中に長男Cさんの入院・手術費用として支払った医療費について、医療費控除の適用を受けたいと考えている。なお、不動産所得の金額の前の「▲」は赤字であることを表している。

〈Aさんとその家族に関する資料〉

Aさん　　（48歳）　：　会社員
妻Bさん　（45歳）　：　会社員。2024年中に給与収入300万円を得ている。
長男Cさん（20歳）　：　大学生。2024年中の収入はない。
二男Dさん（14歳）　：　中学生。2024年中の収入はない。

〈Aさんの2024年分の収入に関する資料〉

(1)　給与収入の金額　　：　900万円
(2)　不動産所得の金額　：　▲80万円（白色申告）
　※損失の金額80万円のうち、当該不動産所得を生ずべき土地の取得に係る負債の利子20万円を含む。

※妻Bさん、長男Cさんおよび二男Dさんは、Aさんと同居し、生計を一にしている。
※Aさんとその家族は、いずれも障害者および特別障害者には該当しない。
※Aさんとその家族の年齢は、いずれも2024年12月31日現在のものである。
※上記以外の条件は考慮せず、各問に従うこと。

問１　所得税における医療費控除に関する以下の文章の空欄①～④に入る最も適切な数値を、下記の〈数値群〉のなかから選び、その記号を解答用紙に記入しなさい。

「通常の医療費控除は、その年分の総所得金額等の合計額が200万円以上である場合、その年中に自己または自己と生計を一にする配偶者等のために支払った医療費の総額から保険金などで補填される金額を控除した金額が(　①　)円を超えるときは、その超える部分の金額(最高(　②　)円)を総所得金額等から控除することができます。

また、通常の医療費控除との選択適用となるセルフメディケーション税制(医療費控除の特例)は、定期健康診断や予防接種などの一定の取組みを行っている者が自己または自己と生計を一にする配偶者等のために特定一般用医薬品等購入費を支払った場合、その年中に支払った特定一般用医薬品等購入費の総額から保険金などで補填される金額を控除した金額が(　③　)円を超えるときは、その超える部分の金額(最高(　④　)円)を総所得金額等から控除することができます」

〈通常の医療費控除額の算式〉

{ その年中に支払った医療費の総額 － 保険金などで補填される金額 } －(　①　)円＝ 医療費控除額(最高(　②　)円)

〈セルフメディケーション税制に係る医療費控除額の算式〉

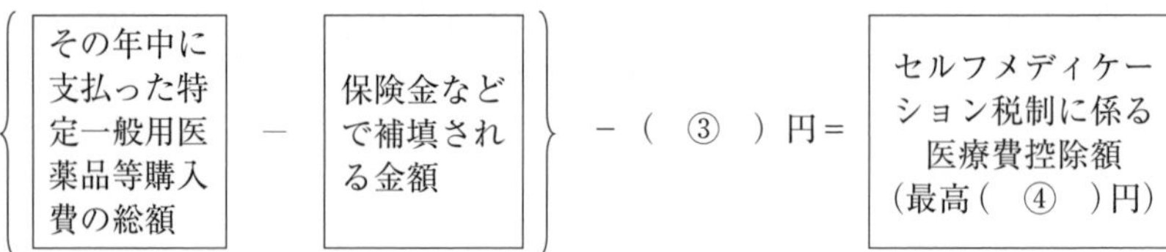

〈数値群〉

イ．12,000	ロ．24,000	ハ．38,000	ニ．68,000	ホ．88,000
ヘ．100,000	ト．120,000	チ．150,000	リ．180,000	
ヌ．1,000,000	ル．2,000,000	ヲ．3,000,000		

問2　Aさんの2024年分の所得税の課税に関する次の記述①〜③について、適切なものには○印を、不適切なものには×印を解答用紙に記入しなさい。

①「Aさんは、配偶者控除の適用を受けることはできませんが、配偶者特別控除の適用を受けることができます」
②「Aさんが適用を受けることができる扶養控除の控除額は、101万円です」
③「Aさんが医療費控除の適用を受けるためには、所得税の確定申告が必要です。年末調整では医療費控除の適用を受けることができません」

問3　Aさんの2024年分の所得金額について、次の①、②を求め、解答用紙に記入しなさい（計算過程の記載は不要）。なお、①の計算上、Aさんが所得金額調整控除の適用対象者に該当している場合、所得金額調整控除額を控除すること。また、〈答〉は万円単位とすること。
①総所得金額に算入される給与所得の金額
②総所得金額

〈資料〉給与所得控除額

給与収入金額	給与所得控除額
万円超　〜　万円以下	
〜　180	収入金額×40%－10万円（55万円に満たない場合は、55万円）
180　〜　360	収入金額×30%＋8万円
360　〜　660	収入金額×20%＋44万円
660　〜　850	収入金額×10%＋110万円
850　〜	195万円

問1 ①ヘ ②ル ③イ ④ホ

①②…通常の医療費控除は、その年分の総所得金額の合計額が200万円以上である納税者の場合、「支出した医療費－保険金などで補填される金額」が**10**万円を超えるときは、その超える部分の金額（最高**200**万円）を総所得金額等から控除することができます。

③④…セルフメディケーション税制では、定期健康診断や予防接種などの一定の取り組みを行っている自己または自己と生計を一にする配偶者等のために特定一般用医薬品等購入費を支払った場合、その額が**12,000**円を超えるときは、その超える部分の金額（最高**88,000**円）を総所得金額等から控除することができます。

問2 ①× ②× ③○

①…納税者本人の合計所得金額が**1,000**万円以下で、配偶者の合計所得金額が**48**万円以下であるときは配偶者控除を、**48**万円超**133**万円以下であるときは配偶者特別控除を受けることができます。
Aさんの合計所得金額は1,000万円以下ですが、妻Bさんの合計所得金額は202万円（下記）であるため、Aさんは配偶者控除も配偶者特別控除も受けることができません。
妻Bさんの給与所得控除額：300万円×30%＋8万円＝98万円
妻Bさんの給与所得：300万円－98万円＝202万円

②…長男Cさんは20歳（**19**歳以上**23**歳未満）なので、特定扶養親族として**63**万円の扶養控除を受けることができます。
二男Dさんは14歳（**16**歳未満）なので、扶養控除の適用はありません。
以上より、Aさんの扶養控除の額は63万円となります。

③…医療費控除は年末調整では受けられないため、医療費控除の適用を受けるには確定申告が必要です。

問3 ① 700万円 ② 640万円

①…Aさんは、その年の給与収入が**850**万円を超えており、かつ、**23**歳未満の扶養親族を有しているため、所得金額調整控除の適用を受けることができます。
年金等の受給がない場合の所得金額調整控除額は、**「（給与等の収入金額－850万円）×10%」**で求めますが、所得金額調整控除額を計算するさいの給与等の収入金額は**1,000**万円が限度となります。

【Aさんの給与所得】

給与所得控除額：195万円
給与所得：900万円－195万円＝705万円
所得金額調整控除額：(900万円－850万円)×10%＝5万円
総所得金額に算入すべき給与所得：705万円－5万円＝700万円

②…不動産所得から生じた損失の額は損益通算の対象となりますが、土地を取得するための借入金利子(20万円)は損益通算の対象となりません。したがって、不動産所得の損失のうち損益通算の対象となる損失は▲60万円(▲80万円＋20万円)となります。

【Aさんの総所得金額】

以上より、Aさんの総所得金額は次のようになります。

総所得金額：700万円(給与所得)＋▲60万円(不動産所得)＝640万円

生保 1 次の設例に基づいて、下記の各問に答えなさい。

［2023年9月試験　第4問 改］

《設 例》

Aさんは、妻Bさんおよび長男Cさんとの3人家族である。Aさんは、個人で不動産賃貸業を営んでいる。また、Aさんは、2024年中に、終身保険の解約返戻金および一時払変額個人年金保険(10年確定年金)の解約返戻金を受け取っている。

〈Aさんとその家族に関する資料〉

Aさん　　(50歳)：個人事業主(青色申告者)
妻Bさん　(48歳)：会社員。2024年分の給与収入は600万円である。
長男Cさん(21歳)：大学生。2024年中の収入はない。

〈Aさんの2024年分の収入等に関する資料〉

(1) 不動産所得の金額　：900万円(青色申告特別控除後)
(2) 上場株式の譲渡損失の金額　：20万円
(証券会社を通じて譲渡したものである)
(3) 終身保険の解約返戻金
契約年月　：2005年8月
契約者(＝保険料負担者)・被保険者　：Aさん
死亡保険金受取人　：妻Bさん
解約返戻金額　：460万円
正味払込保険料　：500万円
(4) 一時払変額個人年金保険(10年確定年金)の解約返戻金
契約年月　：2015年6月
契約者(＝保険料負担者)・被保険者　：Aさん
死亡保険金受取人　：妻Bさん
解約返戻金額　：600万円
正味払込保険料　：500万円

※妻Bさんおよび長男Cさんは、Aさんと同居し、生計を一にしている。
※Aさんとその家族は、いずれも障害者および特別障害者には該当しない。

※Aさんとその家族の年齢は、いずれも2024年12月31日現在のものである。
※上記以外の条件は考慮せず、各問に従うこと。

問1 不動産所得に係る青色申告制度に関する以下の文章の空欄①～④に入る最も適切な数値を、下記の〈数値群〉のなかから選び、その記号を解答用紙に記入しなさい。なお、問題の性質上、明らかにできない部分は「□□□」で示してある。

Ⅰ「不動産の貸付が事業的規模に該当する場合、不動産所得の金額の計算上、青色申告特別控除として最高（ ① ）万円を控除することができます。（ ① ）万円の青色申告特別控除の適用を受けるためには、不動産所得に係る取引を正規の簿記の原則に従い記帳し、その記帳に基づいて作成した貸借対照表、損益計算書その他の計算明細書を添付した確定申告書を法定申告期限内に提出することに加えて、e-Taxによる申告（電子申告）または電子帳簿保存を行う必要があります。なお、不動産の貸付が事業的規模でない場合、青色申告特別控除額は最高（ ② ）万円です」

Ⅱ「不動産所得の金額の計算上、不動産の貸付が事業的規模に該当するか否かについては、社会通念上、事業と称するに至る程度の規模かどうかにより実質的に判断しますが、形式基準によれば、独立した家屋の貸付についてはおおむね（ ③ ）棟以上、アパート等については貸与することができる独立した室数がおおむね□□□以上であれば、特に反証のない限り、事業的規模として取り扱われます」

Ⅲ「青色申告者が受けられる税務上の特典として、青色申告特別控除のほかに、純損失の（ ④ ）年間の繰越控除、純損失の繰戻還付などが挙げられます」

〈数値群〉

イ．1　ロ．2　ハ．3　ニ．5　ホ．7　ヘ．10　ト．26　チ．38
リ．55　ヌ．65

問2　Aさんの2024年分の所得税の課税等に関する次の記述①〜③について、適切なものには○印を、不適切なものには×印を解答用紙に記入しなさい。

①「上場株式の譲渡損失の金額は、不動産所得の金額や一時所得の金額と損益通算することができます」

②「Aさんが長男Cさんの国民年金保険料を支払った場合、その支払った保険料は、Aさんの社会保険料控除の対象となります」

③「Aさんが適用を受けることができる長男Cさんに係る扶養控除の額は、38万円です」

問3　Aさんの2024年分の所得税の算出税額を計算した下記の表の空欄①〜③に入る最も適切な数値を求めなさい。なお、問題の性質上、明らかにできない部分は「□□□」で示してある。

（a）	総所得金額	（　①　）円
	社会保険料控除	□□□円
	生命保険料控除	□□□円
	地震保険料控除	□□□円
	扶養控除	□□□円
	基礎控除	（　②　）円
（b）	所得控除の額の合計額	□□□円
（c）	課税総所得金額（（a）−（b））	6,650,000円
（d）	算出税額（（c）に対する所得税額）	（　③　）円

〈資料〉所得税の速算表

課税総所得金額			税率	控除額
万円超		万円以下		
	〜	195	5%	—
195	〜	330	10%	9万7,500円
330	〜	695	20%	42万7,500円
695	〜	900	23%	63万6,000円
900	〜	1,800	33%	153万6,000円
1,800	〜	4,000	40%	279万6,000円
4,000	〜		45%	479万6,000円

生保 1 解答解説

問1 ① ヌ ② ヘ ③ ニ ④ ハ

①…事業的規模の不動産所得がある青色申告者が、正規の簿記の原則にもとづいて作成した貸借対照表や損益計算書などを添付した確定申告書を申告期限内に提出した場合、最高**55**万円の青色申告特別控除の適用を受けることができます。さらにe-Taxによる申告などの要件を満たした場合(本問の場合)には、最高**65**万円の青色申告特別控除の適用を受けることができます。

②…不動産の貸付けが事業的規模でない場合には、青色申告特別控除額は**10**万円となります。

③…不動産の貸付けが事業的規模に該当するかどうかの判断は、形式基準では、独立した家屋の貸付けについては**5**棟以上、アパートなどの貸付けについては**10**室以上とされています。

④…青色申告者の特典として、青色事業専従者給与の必要経費算入、純損失の**3**年間の繰越控除、純損失の繰越還付などがあります。

問2 ①× ②○ ③×

①…一定の譲渡損失の金額は他の所得と損益通算することができますが、上場株式等の譲渡損失については、他の所得と損益通算することはできません。

②…納税者が自己または生計を一にする配偶者やその他の親族にかかる社会保険料を支払った場合には、支払った金額は納税者の社会保険料控除の対象となります。

③…長男Cさんは、21歳(19歳以上23歳未満)なので、特定扶養親族として**63**万円の扶養控除の適用を受けることができます。

問3 ① **9,050,000**円　② **480,000**円　③ **902,500**円

表を埋めると、次のとおりです。

（a）総所得金額		（①　**9,050,000**）円
	社会保険料控除	□□□円
	生命保険料控除	□□□円
	地震保険料控除	□□□円
	扶養控除	□□□円
	基礎控除	（② **480,000**）円
（b）所得控除の額の合計額		□□□円
（c）課税総所得金額（(a)−(b)）		6,650,000円
（d）算出税額（(c)に対する所得税額）		（③　**902,500**）円

① **総所得金額**

本問の終身保険と一時払変額個人年金保険の解約返戻金は一時所得となります。なお、一時所得は次の算式によって求めます。

一時所得＝総収入金額－支出金額－特別控除額
（特別控除額：最高50万円）

また、一時所得を総所得金額に算入するさいには、一時所得の金額を **2** 分の1にします。

一時所得：(4,600,000円＋6,000,000円)－(5,000,000円＋5,000,000円)－500,000円＝100,000円
（500,000円：特別控除額）

総所得金額に算入される一時所得：100,000円×$\frac{1}{2}$＝50,000円

以上より、総所得金額は9,050,000円となります。

総所得金額：9,000,000円＋50,000円＝9,050,000円
（9,000,000円：不動産所得、50,000円：一時所得）

② **基礎控除**

合計所得金額が **2,400** 万円以下の人は、**48** 万円の基礎控除の適用を受けることができます。

③ **算出税額**

算出税額：6,650,000円×20%－427,500円＝902,500円
（6,650,000円：課税総所得金額）

生保2 次の設例に基づいて、下記の各問に答えなさい。

［2021年9月試験　第4問 ㊕］

《設 例》

会社員のAさんは、妻Bさん、長男Cさんおよび二男Dさんとの4人家族である。Aさんは、2024年中に妻Bさんの入院・手術に係る医療費を支払ったため、医療費控除の適用を受けようと思っている。また、Aさんは、2024年中に養老保険（平準払）の満期保険金500万円および一時払変額個人年金保険（10年確定年金）の解約返戻金500万円を受け取っている。

〈Aさんとその家族に関する資料〉

Aさん　　（58歳）：会社員

妻Bさん　（60歳）：専業主婦。2024年中にパートタイマーとして給与収入50万円を得ている。

長男Cさん（24歳）：大学院生。2024年中の収入はない。

二男Dさん（21歳）：大学生。2024年中の収入はない。

〈Aさんの2024年分の収入等に関する資料〉

(1) 給与収入の金額：750万円

(2) 養老保険（平準払）の満期保険金

契約年月	：1994年3月
契約者（＝保険料負担者）・被保険者	：Aさん
死亡保険金受取人	：妻Bさん
満期保険金受取人	：Aさん
満期保険金額	：500万円
正味払込保険料	：400万円

(3) 一時払変額個人年金保険（10年確定年金）の解約返戻金

契約年月	：2015年3月
契約者（＝保険料負担者）・被保険者	：Aさん
死亡保険金受取人	：妻Bさん
解約返戻金額	：500万円
正味払込保険料	：400万円

※妻Bさん、長男Cさんおよび二男Dさんは、Aさんと同居し、生計を一にしている。

※Aさんとその家族は、いずれも障害者および特別障害者には該当しない。

※Aさんとその家族の年齢は、いずれも2024年12月31日現在のものである。
※上記以外の条件は考慮せず、各問に従うこと。

問1　Aさんの2024年分の所得税の課税等に関する次の記述①～③について、適切なものには〇印を、不適切なものには×印を解答用紙に記入しなさい。

①「Aさんが受け取った一時払変額個人年金保険の解約返戻金は、契約から10年以内の解約のため、金融類似商品に該当し、源泉分離課税の対象となります」

②「Aさんが適用を受けることができる配偶者控除の控除額は、38万円です」

③「会社員のAさんは、勤務先に所定の書類を提出することにより、年末調整によって医療費控除の適用を受けることができます」

問2　所得税における医療費控除に関する以下の文章の空欄①～③に入る最も適切な数値を、下記の〈数値群〉のなかから選び、その記号を解答用紙に記入しなさい。

「通常の医療費控除は、その年分の総所得金額等の合計額が200万円以上である納税者の場合、その年中に支払った医療費の総額から保険金などで補填される金額を控除した金額が（　①　）万円を超えるときは、その超える部分の金額（最高200万円）をその納税者のその年分の総所得金額等から控除することができます。また、通常の医療費控除との選択適用となるセルフメディケーション税制（特定一般用医薬品等購入費を支払った場合の医療費控除の特例）では、定期健康診断や予防接種などの一定の取組みを行っている者が自己または自己と生計を一にする配偶者等のために特定一般用医薬品等購入費を支払った場合、その額が（　②　）円を超えるときは、その超える部分の金額（最高（　③　）円）を総所得金額等から控除することができます」

〈通常の医療費控除額の算式〉

{ [その年中に支払った医療費の総額] － [保険金などで補填される金額] } －（　①　）万円＝ [医療費控除額（最高200万円）]

〈セルフメディケーション税制に係る医療費控除額の算式〉

｛その年中に支払った特定一般用医薬品等購入費の総額 － 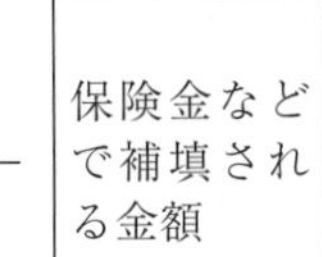保険金などで補填される金額｝－（　②　）円＝セルフメディケーション税制に係る医療費控除額（最高（　③　）円）

〈数値群〉

イ．5　　ロ．10　　ハ．20　　ニ．12,000　　ホ．24,000　　ヘ．38,000
ト．68,000　　チ．88,000　　リ．120,000

問3　Aさんの2024年分の所得税の算出税額を計算した下記の表の空欄①～④に入る最も適切な数値を求めなさい。なお、問題の性質上、明らかにできない部分は「□□□」で示してある。

	給与所得の金額	□□□円
	総所得金額に算入される一時所得の金額	□□□円
（a）	総所得金額	（　①　）円
	医療費控除	□□□円
	社会保険料控除	□□□円
	生命保険料控除	100,000円
	地震保険料控除	30,000円
	配偶者控除	□□□円
	扶養控除	（　②　）円
	基礎控除	（　③　）円
（b）	所得控除の額の合計額	3,000,000円
（c）	課税総所得金額（（a）－（b））	□□□円
（d）	算出税額（（c）に対する所得税額）	（　④　）円

〈資料〉給与所得控除額

給与収入金額			給与所得控除額
万円超		万円以下	
	〜	180	収入金額×40%－10万円（55万円に満たない場合は、55万円）
180	〜	360	収入金額×30%＋8万円
360	〜	660	収入金額×20%＋44万円
660	〜	850	収入金額×10%＋110万円
850	〜		195万円

〈資料〉所得税の速算表

課税総所得金額			税率	控除額
万円超		万円以下		
	〜	195	5%	—
195	〜	330	10%	9万7,500円
330	〜	695	20%	42万7,500円
695	〜	900	23%	63万6,000円
900	〜	1,800	33%	153万6,000円
1,800	〜	4,000	40%	279万6,000円
4,000	〜		45%	479万6,000円

生保2 解答解説

問1 ①× ②○ ③×

①…契約から**5**年以内に解約した一時払変額個人年金保険等(一定の要件を満たしたもの)の解約返戻金は金融類似商品として源泉分離課税の対象となりますが、本問の一時払変額個人年金は契約から5年超の解約なので、金融類似商品に該当しません(本問の解約返戻金は一時所得となります)。

②…妻Bさんの給与収入は50万円なので、合計所得金額が**48**万円以下(給与収入でいうと103万円以下)となり、控除対象配偶者に該当します。また、配偶者控除は納税者の合計所得金額が900万円以下であれば控除額は**38**万円です。Aさんの合計所得金額は900万円以下(**問3**より640万円)なので、Aさんは38万円の配偶者控除の適用を受けることができます。

③…医療費控除は年末調整では受けられないため、医療費控除の適用を受けるには確定申告が必要です。

問2 ① ロ ② ニ ③ チ

①…通常の医療費控除は、その年分の総所得金額等の合計額が200万円以上である納税者の場合、「支払った医療費－保険金などで補填される金額」が**10**万円を超えるときは、その超える部分の金額(最高200万円)を総所得金額等から控除することができます。

②③…セルフメディケーション税制では、定期健康診断や予防接種などの一定の取組みを行っている者が自己または自己と生計を一にする配偶者等のために特定一般用医薬品等購入費を支払った場合、その額が**12,000**円を超えるときは、その超える部分の金額(最高**88,000**円)を総所得金額等から控除することができます。

問3 ① 6,400,000円 ② 1,010,000円 ③ 480,000円 ④ 252,500円

表を埋めると、次のとおりです。

	給与所得の金額	□□□円
	総所得金額に算入される一時所得の金額	□□□円
（a）	総所得金額	（① **6,400,000**）円
	医療費控除	□□□円
	社会保険料控除	□□□円
	生命保険料控除	100,000円
	地震保険料控除	30,000円
	配偶者控除	□□□円
	扶養控除	（② **1,010,000**）円
	基礎控除	（③ **480,000**）円
（b）	所得控除の額の合計額	3,000,000円
（c）	課税総所得金額（（a）－（b））	□□□円
（d）	算出税額（（c）に対する所得税額）	（④ **252,500**）円

① **総所得金額**

【給与所得】

給与所得控除額：7,500,000円×10%＋1,100,000円＝1,850,000円

給与所得：7,500,000円－1,850,000円＝5,650,000円

【一時所得】

本問の養老保険の満期保険金と一時払変額個人年金保険の解約返戻金は、一時所得となります。なお、一時所得は次の算式によって求めます。

一時所得＝総収入金額－支出金額－特別控除額（最高50万円）

また、一時所得を総所得金額に算入するさいには、一時所得の金額を **2** 分の1にします。

一時所得：(5,000,000円＋5,000,000円)
－(4,000,000円＋4,000,000円)－500,000円（特別控除額）
＝1,500,000円

総所得金額に算入される一時所得：1,500,000円×$\frac{1}{2}$＝750,000円

【総所得金額】

総所得金額：5,650,000円（給与所得）＋750,000円（一時所得）＝6,400,000円

② **扶養控除**

長男Cさんは24歳(23歳以上)なので、一般の扶養親族として **380,000** 円の控除を受けることができます。

二男Dさんは21歳(19歳以上23歳未満)なので、特定扶養親族として **630,000** 円の控除を受けることができます。

扶養控除：380,000円＋630,000円＝ 1,010,000円

③ **基礎控除**

合計所得金額が **2,400** 万円以下の人は、**48** 万円の基礎控除の適用を受けることができます。

④ **算出税額**

課税総所得金額：6,400,000円（総所得金額）－3,000,000円（所得控除の額の合計額）＝3,400,000円

算出税額：3,400,000円×20%－427,500円＝252,500円

3 資産設計提案業務【日本FP協会】

資産 1 柴田さんは、保有しているマンションを賃貸している。下記〈資料〉に基づいて計算した2024年分の所得税に係る不動産所得の金額として、正しいものはどれか。なお、〈資料〉以外の収入および支出等はないものとし、青色申告特別控除は考慮しないこととする。

〈資料：2024年分の賃貸マンションに係る収入および支出等〉

・賃料収入（総収入金額）144万円
・支出
　銀行へのローン返済金額　60万円（元金40万円、利息20万円）
　管理費等　12万円
　管理業務委託費　72,000円
　火災保険料　1万円
　固定資産税　12万円
　修繕費　8万円
・減価償却費　33万円
※支出等のうち必要経費となるものは、すべて2024年分の所得に係る必要経費に該当するものとする。

1. 308,000円
2. 438,000円
3. 508,000円
4. 838,000円

［2019年5月試験　第3問　問9 ㊅］

資産 1 解答解説

解答 3

銀行へのローン返済金額のうち、利息については必要経費とすることができます。
必要経費：200,000円＋120,000円＋72,000円＋10,000円
　　　　　＋120,000円＋80,000円＋330,000円＝932,000円
不動産所得：1,440,000円－932,000円＝508,000円

資産2 個人事業主の千田さんは、2024年4月に機械装置(新品)を購入し、事業の用に供している。千田さんのこの機械装置の2024年分の所得税における事業所得の金額の計算上、必要経費に算入すべき減価償却費の金額として、正しいものはどれか。なお、機械装置の取得価額は900万円、2024年中の事業供用月数は9ヵ月、耐用年数は15年とする。また、千田さんは個人事業を開業して以来、機械装置についての減価償却方法を選択したことはなく、法定償却方法によるものとする。

〈耐用年数表(抜粋)〉

法定耐用年数	定額法の償却率	定率法の償却率
15年	0.067	0.133

1. 452,250円
2. 603,000円
3. 897,750円
4. 1,197,000円

[2021年5月試験　第5問　問16 ㊌]

資産2 解答解説

解答 1

減価償却の方法には、定額法や定率法があり、選定した方法によって減価償却を行います(2007年4月以降に取得した建物については**定額法**のみ)。

そして、減価償却方法を選定しなかった場合(本問の場合)には、所得税においては**定額法**によって計算します(法人税においては**定率法**によって計算します)。

なお、減価償却費は当期の事業供用月数分だけ月割りで計上します。

減価償却費：$9,000,000円 \times 0.067 \times \frac{9カ月}{12カ月} = 452,250円$

資産3 池谷さんは個人で飲食店を営む自営業者(青色申告者)である。2024年分の池谷さんの飲食店の財務データが下記〈資料〉のとおりである場合、池谷さんの2024年分の所得税における事業所得の金額を計算しなさい。なお、解答においては、万円単位で解答すること。

〈資料〉

(1)売上(収入)金額	1,380万円
(2)売上原価	420万円
(3)必要経費	650万円
(4)青色事業専従者給与	180万円

※青色事業専従者給与は池谷さんの妻に対して支払われたものであり、この金額は、(3)の必要経費には含まれていない。

※池谷さんは、青色申告特別控除10万円の控除要件を満たしている。

〈計算式〉

事業所得の金額＝売上(収入)金額－売上原価－必要経費
－青色事業専従者給与－青色申告特別控除

[2021年1月試験　第5問　問17㊈]

資産3 解答解説

解答 120万円

計算式にあてはめて計算します。なお、本問は問題の指示により、青色申告特別控除額は10万円で計算します。

事業所得：1,380万円－420万円－650万円－180万円－10万円＝120万円

資産4 会社員の浅見さんは、2024年4月末に、勤務先を退職した。浅見さんの退職に係るデータが下記〈資料〉のとおりである場合、浅見さんの退職一時金に係る退職所得の金額として、正しいものはどれか。

〈資料：浅見さんの退職に係るデータ〉

- ・勤続期間：36年9ヵ月
- ・支給された退職一時金の額：2,500万円（所得税等を控除する前の金額）
- ・浅見さんは、勤務した会社で役員であったことはない。
- ・退職は障害者になったことに基因するものではない。
- ・「退職所得の受給に関する申告書」は適切に提出されている。

1. 255万円
2. 290万円
3. 510万円
4. 1,020万円

［2021年9月試験　第5問　問17 ㊅］

資産4 解答解説

解答 1

勤続年数が20年を超える場合の退職所得控除額は、**「800万円＋70万円×（勤続年数－20年）」**で求めます。

なお、勤続年数が36年9カ月であるため、退職所得を計算するさいの勤続年数は37年（1年未満は切り上げ）で計算します。また、退職所得は次の計算式で求めます。

退職所得＝（収入金額－退職所得控除額）×$\frac{1}{2}$

退職所得控除額：800万円＋70万円×（37年－20年）＝1,990万円

退職所得：（2,500万円－1,990万円）×$\frac{1}{2}$＝255万円

資産5 住吉さんは、加入していた下記〈資料〉の養老保険が2024年8月に満期を迎えたため、満期保険金を一括で受け取った。住吉さんの2024年分の所得税において、総所得金額に算入すべき一時所得の金額として、正しいものはどれか。なお、住吉さんには、この満期保険金以外に一時所得の対象となるものはないものとする。

〈資料〉

・払込保険料の総額：430万円
・満期保険金：500万円
・保険期間：10年間

1. 10万円
2. 20万円
3. 35万円
4. 70万円

［2023年9月試験　第5問　問18㊎］

資産5 解答解説

解答 1

生命保険の満期保険金は一時所得となります。一時所得は次の算式によって求めます。

一時所得＝総収入金額－支出金額－特別控除額（特別控除額：最高50万円）

なお、一時所得を総所得金額に算入するさいには、一時所得の金額を２分の１にします。

一時所得：500万円－430万円－50万円＝20万円

総所得金額に算入すべき一時所得：20万円×$\frac{1}{2}$＝10万円

資産6 広尾さん(66歳)の2024年分の収入等が下記〈資料〉のとおりである場合、広尾さんの2024年分の所得税における総所得金額として、正しいものはどれか。なお、記載のない事項については一切考慮しないものとし、総所得金額が最も少なくなるように計算すること。

〈資料〉

内容	金額
アルバイト収入	55万円
老齢年金および企業年金	350万円
不動産収入	130万円

※アルバイト収入は給与所得控除額を控除する前の金額である。

※老齢年金および企業年金は公的年金等控除額を控除する前の金額である。

※不動産収入は土地の貸し付けによる地代収入であり、地代収入に係る必要経費は年間20万円である。また、広尾さんは青色申告者であり、青色申告特別控除10万円の適用を受けるものとする。なお、必要経費の20万円に青色申告特別控除額10万円は含まれていない。

〈公的年金等控除額の速算表〉

納税者区分	公的年金等の収入金額(A)		公的年金等控除額 公的年金等に係る雑所得以外の所得に係る合計所得金額 1,000万円以下
65歳未満の者		130万円以下	60万円
	130万円超	410万円以下	(A)×25%＋ 27.5万円
	410万円超	770万円以下	(A)×15%＋ 68.5万円
	770万円超	1,000万円以下	(A)× 5%＋145.5万円
	1,000万円超		195.5万円
65歳以上の者		330万円以下	110万円
	330万円超	410万円以下	(A)×25%＋ 27.5万円
	410万円超	770万円以下	(A)×15%＋ 68.5万円
	770万円超	1,000万円以下	(A)× 5%＋145.5万円
	1,000万円超		195.5万円

1. 335万円　2. 345万円　3. 355万円　4. 390万円

［2023年9月試験　第5問　問17 改］

資産6 解答解説

解答 1

アルバイト収入は55万円以下なので、給与所得は0円となります。

老齢年金および企業年金は雑所得(公的年金等)となります。広尾さんは66歳なので、公的年金等控除額は65歳以上の者の計算式で求めます。

公的年金等控除額：350万円×25%＋27.5万円＝115万円

雑所得(公的年金等)：350万円－115万円＝235万円

また、不動産収入は不動産所得となります。

不動産所得：130万円－20万円－10万円(青色申告特別控除額)＝100万円

以上より、総所得金額は335万円となります。

総所得金額：235万円＋100万円＝335万円

資産 7 国内の上場企業に勤務する藤原隆行さん（2024年の給与収入は840万円）は、副業として2024年から専門誌への寄稿を行っており、受け取った原稿料（下記〈資料〉参照）については、雑所得として申告している。隆行さんの2024年分の所得の合計額（給与所得と雑所得の合計額）を計算しなさい。なお、隆行さんには2024年において給与所得およびこの副業に係る雑所得以外に申告すべき所得はないものとする。また、解答においては円単位で解答すること。

〈資料：副業による収入等の明細〉

原稿料収入：500,000円 必要経費として申告した金額：50,000円 源泉徴収された所得税額：50,000円

〈給与所得控除額の速算表〉

給与等の収入金額		給与所得控除額
	162.5万円以下	55万円
162.5万円超	180万円以下	収入金額×40%－ 10万円
180万円超	360万円以下	収入金額×30%＋ 8万円
360万円超	660万円以下	収入金額×20%＋ 44万円
660万円超	850万円以下	収入金額×10%＋110万円
850万円超		195万円

［2021年5月試験　第10問　問37 ㊎］

資産 7 解答解説

解答 6,910,000円

公的年金等以外の雑所得は**「総収入金額－必要経費」**で計算します。

雑所得：500,000円－50,000円＝450,000円

また、給与所得は**「給与収入－給与所得控除額」**で計算します。

給与所得控除額：8,400,000円×10%＋1,100,000円＝1,940,000円

給与所得：8,400,000円－1,940,000円＝6,460,000円

以上より、所得の合計額は6,910,000円（450,000円＋6,460,000円）となります。

資産8 個人事業主で青色申告者である志田さんの2024年分の所得等が下記〈資料〉のとおりである場合、志田さんが2024年分の所得税の確定申告を行う際に、事業所得と損益通算できる損失に関する次の記述のうち、最も適切なものはどれか。なお、▲が付された所得の金額は、その所得に損失が発生していることを意味するものとする。

〈資料〉

所得の種類	所得金額	備考
事業所得	660万円	喫茶店経営に係る所得で、青色申告特別控除65万円控除後の金額
不動産所得	▲80万円	必要経費：680万円 必要経費の中には、土地の取得に要した借入金の利子の額60万円が含まれている。
譲渡所得	▲60万円	上場株式の売却に係る損失
雑所得	▲6万円	執筆活動に係る損失

1. 不動産所得▲80万円と譲渡所得▲60万円が控除できる。
2. 不動産所得▲80万円と雑所得▲6万円が控除できる。
3. 不動産所得▲20万円と譲渡所得▲60万円が控除できる。
4. 不動産所得▲20万円が控除できる。

［2023年5月試験　第5問　問15 ㊅］

資産8 解答解説

解答 4

損益通算できる損失は、**不動産**所得、**事業**所得、**山林**所得、**譲渡**所得から生じた損失です。

なお、不動産所得▲80万円のうち、土地の取得に要した借入金の利子60万円は、損益通算することができません。また、上場株式の売却にかかる譲渡損失および雑所得にかかる損失は損益通算の対象外となります。

したがって、不動産所得▲20万円(▲80万円＋60万円)が損益通算の対象となる損失です。

資産 9 国内の上場企業に勤務する大場勇人さんは、今後の生活のことなどに関して、FPで税理士でもある成田さんに相談をした。2024年分の所得税の計算において、勇人さんが適用を受けることができる配偶者控除または配偶者特別控除(ア)と扶養控除(イ)の金額の組み合わせとして、正しいものはどれか。なお、2024年中において大場家は全員勇人さんと同居し、生計を一にしている。また、障害者・特別障害者に該当する者はいない。なお、解答に当たっては、下記〈資料〉に基づくこととする。

〈資料〉

氏名	続柄	生年月日	年齢	備考
大場　勇人	本人	1972年12月18日	52歳	会社員
里美	妻	1972年10月26日	52歳	パートタイマー
涼太	長男	2000年 7月30日	24歳	大学院生
真実	長女	2005年 6月12日	19歳	大学生
幸子	母	1944年 9月22日	80歳	無職

※2024年12月31日時点のデータである。

〈2024年における大場家の合計所得金額〉

勇人さん　700万円
里美さん　112万円
涼太さん　15万円
真実さん　20万円
幸子さん　80万円

〈配偶者控除額(所得税)の早見表〉

納税者の合計所得金額	900万円以下	900万円超 950万円以下	950万円超 1,000万円以下
控除対象配偶者	38万円	26万円	13万円
老人控除対象配偶者	48万円	32万円	16万円

〈配偶者特別控除額（所得税）の早見表〉

配偶者の合計所得金額 ＼ 納税者の合計所得金額		900万円以下	900万円超 950万円以下	950万円超 1,000万円以下
48万円超	95万円以下	38万円	26万円	13万円
95万円超	100万円以下	36万円	24万円	12万円
100万円超	105万円以下	31万円	21万円	11万円
105万円超	110万円以下	26万円	18万円	9万円
110万円超	115万円以下	21万円	14万円	7万円
115万円超	120万円以下	16万円	11万円	6万円
120万円超	125万円以下	11万円	8万円	4万円
125万円超	130万円以下	6万円	4万円	2万円
130万円超	133万円以下	3万円	2万円	1万円

1. （ア）21万円　（イ） 76万円
2. （ア）21万円　（イ）101万円
3. （ア）38万円　（イ） 76万円
4. （ア）38万円　（イ）101万円

［2019年1月試験　第10問　問35 ㊅］

資産9 解答解説

解答 2

㋐配偶者控除または配偶者特別控除

里美さんの合計所得金額は112万円（48万円超133万円以下）なので、配偶者特別控除の適用を受けることができます。また、勇人さんの合計所得金額が700万円なので、配偶者特別控除は21万円（配偶者の合計所得金額110万円超115万円以下、納税者の合計所得金額900万円以下の欄）となります。

㋑扶養控除

母の幸子さんは合計所得金額が80万円（48万円超）なので、扶養控除の適用を受けることはできません。

長男の涼太さんは24歳（23歳以上70歳未満、合計所得金額は48万円以下）なので、一般の扶養親族として**38**万円の扶養控除の適用を受けることができます。

長女の真実さんは19歳（19歳以上23歳未満、合計所得金額は48万円以下）なので、特定扶養親族として**63**万円の扶養控除の適用を受けることができます。

以上より、扶養控除は101万円（38万円＋63万円）となります。

資産 10 会社員の香川さんが2024年中に支払った医療費等が下記〈資料〉のとおりである場合、香川さんの2024年分の所得税の確定申告における医療費控除の金額(最大額)として、正しいものはどれか。なお、香川さんの2024年中の所得は、給与所得700万円のみであるものとし、香川さんは妻および中学生の長女と生計を一にしている。また、セルフメディケーション税制(特定一般用医薬品等購入費を支払った場合の医療費控除の特例)については考慮せず、保険金等により補てんされる金額はないものとする。

〈資料〉

支払年月	医療等を受けた人	医療機関等	内容	支払金額
2024年2月	妻	A皮膚科医院	美容のためのスキンケア施術	140,000円
2024年7月	本人	B病院	健康診断(注1)	11,000円
2024年8月	本人	B病院	治療費(注1)	150,000円
2024年9月	長女	C病院	治療費(注2)	25,000円

(注1)香川さんは2024年7月に受けた健康診断により重大な疾病が発見されたため、引き続き入院して治療を行った。

(注2)香川さんの長女はテニスの試合中に足を捻挫し、歩行が困難であったためタクシーでC病院まで移動し、タクシー代金として2,200円を支払った。その後の通院は、自家用自動車を利用し、駐車場代金として5,500円を支払っている。タクシー代金および駐車場代金はC病院への支払金額(25,000円)には含まれていない。

1. 75,000円
2. 88,200円
3. 93,700円
4. 228,200円

[2023年5月試験 第5問 問17 ㊄]

資産10 解答解説

解答 2

総所得金額等が200万円超の者の医療費控除額は、次の計算式で求めます。

医療費控除額＝支払った医療費の額－保険金等の額－ 10万円

美容のためのスキンケア施術は医療費控除の対象となりません。

健康診断で病気が発見され、かつ治療をした場合には健康診断の費用は医療費控除の対象となります。

また、緊急時や歩行困難時のタクシー代も医療費控除の対象となりますが、その後の通院時の駐車場代は医療費控除の対象となりません。

以上より、医療費控除の金額は次のとおりです。

医療費控除の金額：11,000円（健康診断）＋150,000円（治療費）＋25,000円（治療費）＋2,200円（タクシー代）

－100,000円＝88,200円

資産11 会社員の明石さんが2024年に支払った保険料等は下記のとおりである。この場合の明石さんの2024年分の所得税における社会保険料控除額を計算しなさい。なお、記載のない条件については一切考慮しないこととする。また、解答においては、万円単位で解答すること。

保険料等の種類	支払金額(年額)(※1)
健康保険料	17万円
介護保険料(※2)	3万円
厚生年金保険料	33万円
雇用保険料	1万円
企業型確定拠出年金のマッチング拠出の掛金	5万円
確定給付企業年金の加入者拠出掛金	12万円

(※1)いずれも明石さんの給与明細および賞与明細に記載された給与および賞与から控除された保険料等の年額であり、会社負担額を含まない。

(※2)介護保険法の規定による介護保険料である。

［2022年5月試験　第5問　問17 ㊇］

資産11 解答解説

解答 54万円

社会保険料控除の対象となるのは、国民健康保険、健康保険、国民年金、厚生年金保険、介護保険、雇用保険などの保険料や国民年金基金、厚生年金基金の掛金などです。

確定拠出年金の掛金は小規模企業共済等掛金控除の対象です。また、確定給付企業年金の加入者拠出掛金は生命保険料控除の対象です。

社会保険料控除額：17万円＋3万円＋33万円＋1万円＝54万円

資産 12 会社員の大津さんは、妻および長男との３人暮らしである。大津さんが2024年中に新築住宅を購入し、同年中に居住を開始した場合等の住宅借入金等特別控除(以下「住宅ローン控除」という)に関する次の(ア)～(エ)の記述について、適切なものには○、不適切なものには×を解答欄に記入しなさい。なお、大津さんは、年末調整および住宅ローン控除の適用を受けるための要件をすべて満たしているものとする。

(ア)2024年分の住宅ローン控除可能額が所得税から控除しきれない場合は、その差額を翌年度の住民税から控除することができるが、その場合、市区町村への住民税の申告が必要である。

(イ)大津さんが所得税の住宅ローン控除の適用を受ける場合、2024年分は確定申告をする必要があるが、2025年分以降は勤務先における年末調整により適用を受けることができる。

(ウ)一般的に、住宅ローン控除は、その建物の床面積の内訳が居住用40㎡、店舗部分30㎡の合計70㎡の場合は適用を受けることができない。

(エ)将来、大津さんが住宅ローンの繰上げ返済を行った結果、すでに返済が完了した期間と繰上げ返済後の返済期間の合計が８年となった場合、繰上げ返済後は住宅ローン控除の適用を受けることができなくなる。

［2023年５月試験　第５問　問16 改］

資産 12 解答解説

解答 (ア)× (イ)○ (ウ)× (エ)○

(ア)…住宅ローン控除可能額のうち、所得税から控除しきれない額は、翌年度の住民税から控除することができますが、所得税の確定申告(や年末調整)を行っていれば、税務署から市区町村に情報が共有されるため、住民税の申告を行う必要はありません。

(イ)…給与所得者が住宅ローン控除の適用を受ける場合、初年度は確定申告が必要ですが、２年度目以降は年末調整で適用を受けることができます。

(ウ)…住宅ローン控除の適用を受けるためには、床面積が原則として50㎡以上で、店舗併用住宅の場合、床面積の**2**分の１以上が居住用でなければなりません。本肢の店舗併用住宅は総床面積が70㎡で、その２分の１以上が居住用なので、住宅ローン控除の適用を受けることができます。

(エ)…繰上げ返済により、すでに返済が完了した期間と繰上げ返済後の返済期間の合計が**10**年未満となった場合には、繰上げ返済後は住宅ローン控除の適用を受けることができません。

資産13 真理さんは、2024年分の所得等（下記〈資料〉参照）に関して確定申告すべきかどうかについて、FPの細井さんに質問をした。細井さんの説明のうち、最も適切なものはどれか。

〈資料〉真理さんの2024年における所得等の明細

> ① 給与所得：200万円（給与所得控除後の金額）
> ② 変額保険（有期型）の満期保険金：430万円
> ③ 外貨預金の為替差損：20万円
> 注1：変額保険の保険契約者（保険料負担者）および満期保険金の受取人は真理さんであり、払込保険料の総額は300万円である。
> 注2：満期保険金による所得は、総合課税となる一時所得に該当する。

1．確定申告をする必要はありません。
2．確定申告をする必要があります。確定申告すべき所得の合計額は230万円です。
3．確定申告をする必要があります。確定申告すべき所得の合計額は240万円です。
4．確定申告をする必要があります。確定申告すべき所得の合計額は260万円です。

［2022年1月試験　第10問　問38 ㊎］

資産13 解答解説

解答 3

一時所得は**「総収入金額－支出金額－特別控除額（最高50万円）」**で求めます。

また、一時所得を総所得金額に算入するさいには、一時所得の金額を**2**分の**1**にします。

一時所得：430万円－300万円－$\underbrace{\text{50万円}}_{\text{特別控除額}}$＝80万円

総所得金額に算入される金額：80万円×$\frac{1}{2}$＝40万円

なお、外貨預金の為替差損は雑所得となりますが、その損失は損益通算できません。

給与所得および退職所得以外の所得金額が年間**20**万円を超えない場合には、確定申告をする必要はありませんが、本問の場合、総所得金額に算入される一時所得の金額が20万円を超えているため、所得税の確定申告が必要となります。

したがって、確定申告すべき所得の合計額は次のようになります。

総所得金額：$\underbrace{\text{200万円}}_{\text{給与所得}}$＋$\underbrace{\text{80万円}}_{\text{一時所得}}$×$\frac{1}{2}$＝240万円

資産14 所得税の青色申告特別控除制度に関する次の記述の空欄（ア）～（ウ）に入る適切な数値を解答欄に記入しなさい。

（1）不動産所得または事業所得を生ずべき事業を営んでいる青色申告者で、これらの所得に係る取引を正規の簿記の原則（一般的には複式簿記）により記帳し、その記帳に基づいて作成した貸借対照表および損益計算書を確定申告書に添付して法定申告期限内に提出している場合には、原則としてこれらの所得を通じて最高（　ア　）万円を控除することができる。
（2）この（　ア　）万円の青色申告特別控除を受けることができる人が、所定の帳簿の電子帳簿保存またはｅ－Taxによる電子申告を行っている場合は、最高（　イ　）万円の青色申告特別控除が受けられる。
（3）上記（1）および（2）以外の青色申告者については、不動産所得、事業所得および山林所得を通じて最高（　ウ　）万円を控除することができる。

［2023年1月試験　第5問　問17 ㊜］

資産14 解答解説

解答 (ア) **55**万円　(イ) **65**万円　(ウ) **10**万円

(ア)…青色申告特別控除の最高額は、原則として**55**万円です。
(イ)…55万円の青色申告特別控除を受けることができる人が、電子申告等の要件を満たした場合は、**65**万円の青色申告特別控除を受けることができます。
(ウ)…55万円または65万円の青色申告特別控除の適用を受けることができない青色申告者は、最高**10**万円の青色申告特別控除を受けることができます。

資産15 個人住民税(所得割)に関する次の記述のうち、最も不適切なものはどれか。

1. 個人住民税には所得税と同様に基礎控除があり、個人住民税の基礎控除の額は所得税と同額である。
2. 個人住民税は、退職所得を除く前年の総所得金額等に基づいて課税される。
3. 2024年9月にY市からZ市に転居した場合でも、2024年度分の個人住民税の納付先は引き続きY市である。
4. 給与所得者に係る個人住民税については、原則として6月から翌年5月までの12回に分割されて毎月の給与から徴収される。

[2017年1月試験　第5問　問18㊎]

資産15 解答解説

解答 1

1…個人住民税の基礎控除額と所得税の基礎控除額は同額ではありません。
3…個人住民税は1月1日時点の住所地で課税されます。2024年9月にY市からZ市に転居した場合、2024年1月時点の住所地はY市なので、2024年度分の個人住民税の納付先はY市です。

資産16 小田啓介さんは数年前に、勤務していたIT関連企業を希望退職に応じて退職し、その後はIT関連の自営業者として働いている。啓介さんは、自営業者として行っている個人事業に関し、株式会社(法人税法上の中小法人に該当する)を設立してその法人で業務を受託することを検討している。株式会社の法人税および消費税に関する次の(ア)～(ウ)の記述について、適切なものには○、不適切なものには×を解答欄に記入しなさい。なお、法人の事業年度は12ヵ月であるものとし、消費税課税期間特例選択届出書は提出しないものとする。また、適格請求書発行事業者の登録は受けないものとする。

(ア)法人税法上の中小法人の所得金額のうち、年800万円以下の部分に対して適用される法人税の税率は原則として15%である。

(イ)青色申告の承認を受けた法人が、確定申告書を電子申告により提出する場合、65万円の青色申告特別控除の適用を受けることができる。

(ウ)資本金1,000万円未満の法人(適格請求書発行事業者を除く)の場合、設立後最初の事業年度は、原則として消費税の免税事業者となる。

[2021年9月試験　第10問　問36 ㊣]

資産16 解答解説

解答 (ア)○　(イ)×　(ウ)○

(ア)…法人税の税率は原則として**23.2%**ですが、期末資本金が1億円以下の中小法人に関しては所得金額が年800万円以下の部分につき**15%**の税率が適用されます。

(イ)…青色申告特別控除は個人(所得税)の場合にはありますが、法人にはありません。

(ウ)…新たに設立された法人(適格請求書発行事業者を除く)のうち、資本金が**1,000**万円未満の新規設立法人については、設立後1期目と2期目の事業年度は、原則として消費税の免税事業者となります。

CHAPTER

05

不動産

「教科書」CHAPTER05　不動産に対応する学科問題と実技問題のうち、よく出題される問題を確認しておきましょう。
なお、実技のうち、生保顧客資産相談業務では不動産からの出題はありません。

学科 試験ではこの科目から四肢択一形式で10問出題されます。似たような問題で選択肢を1、2個変えて出題されることも多いので、「これはどう？」も解いておきましょう。

実技 実技問題です。問題文や資料が長いので、問題を正確に読み取る練習をしておきましょう。

特におさえておきたい内容

学科

	特におさえておきたい内容
1 不動産の基本 「教科書」CH.05 SEC.01	■土地の価格 ・公示価格　・基準地標準価格　・固定資産税評価額 ・相続税評価額 ■鑑定評価の方法 ・取引事例比較法　・原価法　・収益還元法
2 不動産の調査 「教科書」CH.05 SEC.02	■不動産登記 ・登記簿の構成　・不動産登記の効力　・仮登記 ■登記の申請と登記事項証明書の交付
3 不動産の取引 「教科書」CH.05 SEC.03	■不動産の売買契約に関するポイント ・手付金　・危険負担　・物権変動と登記 ・共有　・壁芯面積と内法面積 ■宅地建物取引業法 ・宅地建物取引業　・媒介契約　・重要事項の説明

4 不動産に関する法令 「教科書」CH.05 SEC.04	**■借地借家法** ・借地権 ・借家権 **■区分所有法** ・共用部分の共有、持分 ・規約 ・集会の決議要件 **■都市計画法** ・都市計画区域 ・開発許可制度 **■建築基準法** ・道路に関する制限 ・接道義務 ・建蔽率 ・容積率 ・セットバック ・高さ制限
5 不動産の税金 「教科書」CH.05 SEC.05	**■不動産を取得したときの税金** ・不動産取得税 ・登録免許税 ・印紙税 **■不動産を保有しているときの税金** ・固定資産税 ・都市計画税 **■不動産を譲渡したときの税金** ・譲渡所得 ・居住用財産の 3,000 万円の特別控除 ・居住用財産の軽減税率の特例
6 不動産の有効活用 「教科書」CH.05 SEC.06	**■土地の有効活用の事業手法** ・自己建設方式 ・事業受託方式 ・土地信託方式 ・等価交換方式 ・建設協力金方式 ・定期借地権方式 **■不動産の投資判断の手法** ・表面利回り ・実質利回り ・NPV 法 ・IRR 法

実技 実技のうち、生保顧客資産相談業務では不動産からの出題はありません。

1 個人資産相談業務【金財】	■個人－1、2
2 生保顧客資産相談業務【金財】	■出題なし
3 資産設計提案業務【日本 FP 協会】	■資産－1～14

不動産の基本

問題

1 土地の価格に関する次の記述のうち、最も不適切なものはどれか。

1. 地価公示法による公示価格は、毎年1月1日を標準地の価格判定の基準日としている。
2. 都道府県地価調査の標準価格は、毎年7月1日を基準地の価格判定の基準日としている。
3. 相続税路線価は、地価公示法による公示価格の70％を価格水準の目安としている。
4. 固定資産税評価額は、原則として、3年ごとの基準年度において評価替えが行われる。

［2022年5月試験］

---

2 不動産鑑定評価基準における不動産の価格を求める鑑定評価の手法に関する次の記述のうち、最も不適切なものはどれか。

1. 収益還元法は、文化財の指定を受けた建造物等の一般的に市場性を有しない不動産以外のものには基本的にすべて適用すべきものとされている。
2. 収益還元法のうち直接還元法は、対象不動産の一期間の純収益を還元利回りで還元して対象不動産の価格を求める手法である。
3. 原価法は、価格時点における対象不動産の再調達原価を求め、この再調達原価について減価修正を行って対象不動産の価格を求める手法である。
4. 取引事例比較法では、取引事例の取引時点が価格時点と異なり、その間に価格水準の変動があると認められる場合であっても、当該取引事例の価格は取引時点の価格から修正する必要はないとされている。

［2023年5月試験］

解答解説

1 答 3

1…適　切

2…適　切

3…不適切　相続税路線価は、公示価格の「70%」ではなく、「**80**%」を価格水準の目安としています。

4…適　切

土地の価格

	公示価格	基準地標準価格	固定資産税評価額	相続税評価額（路線価）
基準日	1月1日（毎年）	7月1日（毎年）	1月1日（**3年**に一度評価替え）	1月1日（毎年）
決定機関	国土交通省	都道府県	市町村	国税庁
評価割合	100%	100%	**70**%	**80**%

2 答 4

1…適　切

2…適　切

3…適　切

4…不適切　取引事例比較法では、似たような取引事例について価格水準の変動などの影響を加味して、それに修正、補正を加えて価格を求めます。

鑑定評価の方法

取引事例比較法	似たような取引事例を参考にして、それに修正、補正を加えて価格を求める方法
原価法	再調達原価を求め、それに減価修正を加えて価格を求める方法
収益還元法	対象不動産が将来生み出すであろう純収益と最終的な売却価格（復帰価格）から現在の価格を求める方法 DCF法…対象不動産の保有期間中、対象不動産が生み出す（複数年の）純収益と最終的な売却価格を現在価値に割り戻して価格を求める方法

不動産の調査

問題

1 不動産の登記や調査に関する次の記述のうち、最も不適切なものはどれか。

1. 抵当権の登記の登記事項は、権利部乙区に記録される。
2. 区分建物を除く建物に係る登記記録において、床面積は、壁その他の区画の中心線で囲まれた部分の水平投影面積(壁芯面積)により記録される。
3. 新築した建物の所有権を取得した者は、その所有権の取得の日から1ヵ月以内に、所有権保存登記を申請しなければならない。
4. 登記情報提供サービスでは、登記所が保有する登記情報を、インターネットを使用してパソコン等で確認することができるが、取得した登記情報に係る電子データには登記官の認証文は付されない。

[2023年9月試験]

2 不動産の登記や調査に関する次の記述のうち、最も不適切なものはどれか。

1. 不動産の登記記録において、土地の所有者とその土地上の建物の所有者が異なる場合は、その土地の登記記録に借地権設定の登記がなくても、借地権が設定されていることがある。
2. 登記事項証明書の交付請求および受領は、インターネットを利用してオンラインで行うことができる。
3. 抵当権の設定を目的とする登記では、不動産の登記記録の権利部乙区に、債権額や抵当権者の氏名または名称などが記載される。
4. 公図(旧土地台帳附属地図)は、登記所に備え付けられており、対象とする土地の位置関係等を確認する資料として有用である。

[2021年5月試験]

解答解説

1 答 3

1…適　切　抵当権に関する事項は、登記記録の**権利**部**乙**区に記録されます。

2…適　切　区分建物(マンションなど)の床面積の登記記録は、内法面積で記録されますが、区分建物以外の建物(一戸建てなど)の床面積の登記記録は**壁芯**面積で記録されます。　[SECTION.03で学習]

3…不適切　建物を新築した場合には、1カ月以内に**表題**登記をしなければなりませんが、所有権保存登記には申請義務はありません。

4…適　切　登記情報提供サービスでは、登記所が保有する登記情報を、インターネットを使用してパソコン等で確認することができますが、取得した登記情報に係る電子データには登記官の認証文は付されないため、法的な証明力はありません。

不動産登記簿の構成

表題部		不動産の所在地、面積、構造などが記載
権利部	甲区	所有権に関する事項が記載 ★抵当権の実行による差押えは甲区に記載
	乙区	所有権以外の権利(抵当権、先取特権、賃借権等)が記載

2 答 2

1…適　切　登記記録に借地権の登記がなくても、実際には借地権が設定されていることもあります。

2…不適切　登記事項証明書の交付請求は、郵送やオンラインでもできますが、受領は郵送または登記所窓口等で行わなければなりません。

3…適　切　所有権以外の権利に関する事項は、権利部**乙**区に記録されます。

4…適　切　公図は「地図に準ずる図面」として登記所に備え付けられており、土地の大まかな位置関係等を確認する資料として有用です。

登記事項証明書の交付

★手数料を支払えば **誰でも** 登記事項証明書の交付請求をすることができる

★交付請求は郵送やオンラインでもできるが、受領は郵送または登記所窓口等で行わなければならない

問題

これはどう？

不動産の登記事項証明書の交付を受けることができる者は、原則として、その不動産の所有者に限られる。 ○×

［2016年1月試験］

これはどう？

仮登記に基づいて本登記をした場合、その本登記の順位はその仮登記の順位による。 ○×

［2021年9月試験］

これはどう？

一物一権主義の原則から、一筆の土地に複数の抵当権を設定することはできない。 ○×

［2014年1月試験］

解答解説

答 ×

不動産の登記事項証明書は、**誰でも**交付の請求をすることができます。

答 ○

不動産の本登記をするための要件がととのわなかった場合、将来の本登記のために仮登記をして登記の順位を保全することができます。したがって、仮登記にもとづいて本登記をした場合、その順位は仮登記の順位になります。

仮登記

★将来の本登記のために仮登記をすることによって登記の**順位**を保全することができる

★仮登記には**対抗**力はない

答 ×

一物一権主義とは、同一の物に対する同じ内容の物権は1つでなければならないという原則をいいます。

抵当権は、債務が弁済されない場合に、優先的に被担保債権について弁済を受けられる権利です。

抵当権は複数あっても、その成立の前のものが後のものを排斥して先順位になるため、同じ内容の物権とはなりません。したがって、一筆の土地に複数の抵当権を設定することは可能です。

問題

1 不動産の売買契約に係る民法の規定に関する次の記述のうち、最も適切なものはどれか。なお、特約については考慮しないものとする。

1. 売主から代理権を付与された第三者が売主の所有不動産を売却する場合、その第三者が売買契約の締結時に売主の代理人である旨を買主に告げていなければ、買主がその旨を知ることができたとしても、当該契約は無効となる。
2. 不動産が共有されている場合、各共有者は、自己が有している持分を第三者に譲渡するときには、他の共有者全員の同意を得なければならない。
3. 売買の目的物である建物が、その売買契約の締結から当該建物の引渡しまでの間に、地震によって全壊した場合、買主は売主に対して建物代金の支払いを拒むことができる。
4. 買主が売主に解約手付を交付した場合、相手方が売買契約の履行に着手した後でも、買主はその解約手付を放棄し、売主はその解約手付の倍額を現実に提供して、当該売買契約を解除することができる。

［2021年9月試験］

これはどう？

不動産の売買契約に係る民法の規定では、買主に債務の履行遅滞が生じた場合、売主は、履行の催告をすることなく直ちに契約を解除することができる。 〇×

［2019年1月試験］

解答解説

I 答 3

1…不適切　代理人が相手方に対して代理人であることを示していない場合には、その意思表示は代理人が自分のために行ったものとみなされます。ただし、相手方が、代理人が本人のためにすることを知っていたり、知ることができたりするときは、代理人が本人のために行ったものとなります。したがって、契約が無効となるわけではありません。

2…不適切　共有物の**全部**を譲渡する場合には、原則として共有者**全員**の同意が必要ですが、自己が有している持分を譲渡する場合には、他の共有者全員の同意を得る必要はありません。

3…適　切　売買契約の締結後、建物の引渡しの前に、その建物が地震など、売主・買主の双方の責めに帰することができない事由によって滅失した場合、買主の代金支払義務は存続しますが、買主は代金の支払いを拒むことができます。

4…不適切　相手方が履行に着手したあとは手付による解除はできません。

手付金

★いったん結んだ契約を買主側から解除する場合には、手付金を**放棄**

★いったん結んだ契約を売主側から解除する場合には、手付金の**2倍**の金額を買主に現実に提供

★**相手方**が履行に着手したあとは手付による解除はできない

答 ×

買主や売主による債務の履行遅滞が生じた場合、原則として、相手方は相当の期間を定めて履行の**催告**を行い、その期間内に履行されない場合に、契約の解除ができます。

債務不履行

★債務不履行(履行遅滞、履行不能、不完全履行)が生じた場合、原則として債権者は債務者に対して損害賠償の請求ができる

★原則として、相当の期間を定めて履行の**催告**を行い、期間内に履行がないときは、契約の解除ができる(履行**不能**の場合には、催告なしに**直ち**に契約の解除ができる)

問題

2 不動産の売買契約に係る民法の規定に関する次の記述のうち、最も適切なものはどれか。なお、特約については考慮しないものとする。

1. 不動産の売買契約は、契約書を作成しなければその効力を有しない。
2. 建物が共有の場合、各共有者は、自己が有している持分を第三者に譲渡するときには、他の共有者全員の同意を得なければならない。
3. 同一の不動産について二重に売買契約が締結された場合、譲受人相互間においては、登記の先後にかかわらず、原則として、売買契約を先に締結した者が当該不動産の所有権を取得する。
4. 売買の目的物である不動産に、第三者を権利者とする抵当権の設定が登記されている場合、その抵当権の抹消登記をせずにそのまま所有権を移転したときには、買主は、購入後、その抵当権が実行されることにより、当該不動産の所有権を失うことがある。

〔2020年9月試験〕

3 不動産の売買契約に係る民法の規定に関する次の記述のうち、最も適切なものはどれか。なお、特約については考慮しないものとする。

1. 買主が売主に解約手付を交付した場合、買主が契約の履行に着手するまでは、売主は受領した解約手付を返還して当該契約の解除をすることができる。
2. 売主が種類または品質に関して契約の内容に適合しないことを知りながら、売買契約の目的物を買主に引き渡した場合、買主は、その不適合を知った時から1年以内にその旨を売主に通知しなければ、その不適合を理由として契約の解除をすることができない。
3. 売買の目的物である建物が、売買契約締結後から引渡しまでの間に台風等の天災によって滅失した場合、買主は売買代金の支払いを拒むことができない。
4. 売買契約締結後、買主の責めに帰さない事由により、当該契約の目的物の引渡債務の全部が履行不能となった場合、買主は履行の催告をすることなく、直ちに契約の解除をすることができる。

〔2022年1月試験〕

解答解説

2 答 4

1…不適切　売買契約書がなくても、無効とはなりません。

2…不適切　共有物の**全部**を譲渡する場合には、原則として共有者**全員**の同意が必要ですが、自己が有している持分を譲渡する場合には、他の共有者全員の同意を得る必要はありません。

3…不適切　二重譲渡の場合、**先に登記**をしたほうが所有権を取得します。

4…適　切

物権変動と登記

★物権の変動を第三者に対抗するためには**登記**が必要

★二重譲渡の場合、**先に登記**をしたほうが所有権を取得する

3 答 4

1…不適切　解約手付が交付された場合、買主が契約の履行に着手する前であっても、売主側からは手付の倍額を現実に提供しなければ、契約を解除することができません。

2…不適切　売主が引渡しのときに、目的物の種類または品質に関する契約不適合について知っていたとき（または重過失によって知らなかったとき）は、通知期間の制限はありません（買主は1年経過後も契約解除等の権利を行使することができます）。

3…不適切　売買契約の締結後、建物の引渡し前に、その建物が売主・買主の双方の責めに帰することができない事由によって滅失してしまった場合、買主の代金支払い義務は存続しますが、買主はその履行を拒むことができます。

4…適　切

問題

4 宅地建物取引業法に関する次の記述のうち、最も適切なものはどれか。なお、買主は宅地建物取引業者ではないものとする。

1. 宅地建物取引業者は、専任媒介契約を締結したときは、契約の相手方を探索するため、一定の期間内に当該専任媒介契約の目的物である宅地または建物に関する一定の事項を指定流通機構に登録しなければならない。
2. 専任媒介契約の有効期間は、3ヵ月を超えることができず、これより長い期間を定めたときは、その契約は無効とされる。
3. 宅地建物取引業者は、自ら売主となる宅地の売買契約の締結に際して、代金の額の10分の1を超える額の手付を受領することができない。
4. 宅地建物取引業者が建物の貸借の媒介を行う場合、貸主と借主の双方から受け取ることができる報酬の合計額は、当該建物の借賃(消費税等相当額を除く)の2ヵ月分に相当する額に消費税等相当額を加算した額が上限となる。

［2021年5月試験］

これはどう?

宅地建物取引業とは、業として宅地または建物を自ら売買または交換する行為であり、売買等の媒介のみを行う場合は、宅地建物取引業の免許は不要である。 OX

［2014年1月試験］

これはどう?

宅地建物取引業者は、自ら売主となる宅地・建物の売買契約を締結したときは、当該買主に、遅滞なく、宅地建物取引士をして、宅地建物取引業法第35条に規定する重要事項を記載した書面を交付して説明をさせなければならない。 OX

［2019年5月試験］

解答解説

4 答 1

1…適　切

2…不適切　専任媒介契約の有効期間は最長**3**カ月で、これより長い期間を定めたときは「契約は無効とされる」のではなく、「**3カ月に短縮**」されます。

3…不適切　宅建業法では、宅建業者が自ら売主となる売買契約(相手方が宅建業者である場合を除く)においては、手付の額は代金の「10分の1」ではなく、「10分の**2**(**20%**)」を超えることができないとしています。

4…不適切　宅建業者が宅地・建物の貸借の媒介を行う場合、貸主・借主双方から受け取ることができる報酬の合計額の上限は、借賃の「2カ月分」ではなく、「**1**カ月分」に相当する額(プラス消費税等相当額)です。

媒介契約の種類と内容

		一般媒介契約	専任媒介契約	専属専任媒介契約
業者側	依頼者への報告義務	なし	**2**週間に1回以上	**1**週間に1回以上
業者側	指定流通機構への物件登録義務	なし	契約日から**7**日以内(休業日を除く)	契約日から**5**日以内(休業日を除く)
契約の有効期間		規制なし	**3**カ月以内	**3**カ月以内

答 ×

宅地・建物を自ら売買・交換するほか、売買・交換・貸借の**媒介・代理**の場合にも宅建業の免許が必要です。なお、大家さんが自分の建物を貸す場合など、「**自ら貸借**」の場合には宅建業の免許は不要です。

答 ×

宅建業者は、**売買契約が成立するまで**(売買契約前)に、買主(宅建業者を除く)に対して、重要事項説明書を交付等して説明しなければなりません。

不動産に関する法令

問題

1 借地借家法に関する次の記述のうち、最も適切なものはどれか。なお、本問においては、同法第22条の借地権を一般定期借地権、第23条の借地権を事業用定期借地権等といい、第22条から第24条の定期借地権等以外の借地権を普通借地権という。

1. 普通借地権の設定契約は、公正証書による等書面によってしなければならない。
2. 普通借地権の存続期間満了前に、借地権者の債務不履行により普通借地権の設定契約が解除された場合、借地権者は借地権設定者に対し、建物その他借地権者が権原により土地に附属させた物を時価で買い取るべきことを請求することができる。
3. 一般定期借地権において、もっぱら事業の用に供する建物の所有を目的とするときは、存続期間を30年として設定することができる。
4. 事業用定期借地権等においては、法人が従業員向けの社宅として利用する建物の所有を目的として設定することができない。

［2021年9月試験］

これはどう？

一般定期借地権においては、契約の更新および建物の築造による存続期間の延長がなく、買取りの請求をしないこととする旨を定めることができるが、その特約は公正証書による等書面または電磁的記録によってしなければならない。 〇✕

［2018年1月試験 ㊅］

解答解説

I 答 4

1…不適切　普通借地権の契約方法は書面でも口頭でもよく、特に**制限**はありません。

2…不適切　普通借地権では、借地権の存続期間が**満了**した場合で更新がないときは、建物買取請求権が認められますが、債務不履行解除の場合には、建物買取請求権は認められません。

3…不適切　一般定期借地権では、事業の用に供する建物の所有を目的とした場合でも、存続期間は**50**年以上でなければなりません。

4…適　切　事業用定期借地権等はもっぱら**事業**の用に供する建物の所有を目的とするものに限られ、**居住**の用(社宅を含む)に供する建物の所有を目的として設定することはできません。

普通借地権と定期借地権

	普通借地権	定期借地権			
		一般定期借地権	事業用定期借地権		建物譲渡特約付借地権
契約の存続期間	**30**年以上	**50**年以上	30年以上50年未満	10年以上30年未満	30年以上
利用目的(建物の種類)	制限なし	制限なし	**事業**用建物のみ(**居住**用建物は×)		制限なし
契約方法	制限なし	特約は**書面**または電磁的記録による	**公正証書**に限る		制限なし
契約期間満了時	借地権者には**建物買取請求権**がある	原則として更地で返す	原則として更地で返す		建物付きで返す

答 ○

一般定期借地権の特約は公正証書等の**書面**または電磁的記録によって行う必要があります。

問題

2 借地借家法に関する次の記述のうち、最も適切なものはどれか。なお、本問においては、同法第22条の借地権を一般定期借地権といい、同法第22条から第24条の定期借地権等以外の借地権を普通借地権という。

1. 普通借地権の当初の存続期間は原則として30年以上とされているが、居住の用に供する建物の所有を目的とするときは、その存続期間を20年とすることができる。
2. 普通借地権の当初の存続期間が満了する場合、借地上に建物が存在しなくても、借地権者が借地権設定者に契約の更新を請求したときは、従前の契約と同一の条件で契約を更新したものとみなされる。
3. 一般定期借地権において、契約の更新および建物の築造による存続期間の延長がなく、建物等の買取りの請求をしないこととする旨を定める特約は、公正証書による等書面(または電磁的記録)によってしなければならない。
4. 事業の用に供する建物の所有を目的とするときは、一般定期借地権を設定することができない。

[2021年1月試験 ㊎]

これはどう?

建物譲渡特約付借地権の設定契約において、建物譲渡特約は公正証書によって定めなければならない。 OX

[2014年5月試験]

これはどう?

事業用定期借地権等の設定を目的とする契約は、公正証書によってしなければならない。 OX

[2019年5月試験]

解答解説

2 答 3

1…不適切　普通借地権では、居住用の建物の所有を目的とするかどうかにかかわらず、存続期間は**30**年以上でなければなりません。

2…不適切　普通借地権の存続期間終了後、**建物が存在**し、借主(借地権者)の請求があれば契約が更新されますが、借地上に建物が存在していない場合には認められません。

3…適　切　一般定期借地権の特約は公正証書等の**書面**または電磁的記録によって行う必要があります。

4…不適切　一般定期借地権は居住用・事業用どちらの建物の場合でも設定することができます。

答 ×

建物譲渡特約付借地権の設定契約は、書面で行う必要はありません(制限なし)。

答 ○

事業用定期借地権等の契約は、**公正証書**によって行わなければなりません(公正証書に限ります)。

問題

3 借地借家法に関する次の記述のうち、最も不適切なものはどれか。なお、本問においては、同法第38条における定期建物賃貸借契約を定期借家契約といい、それ以外の建物賃貸借契約を普通借家契約という。

1. 普通借家契約において、存続期間を10カ月と定めた場合、期間の定めがない建物の賃貸借とみなされる。
2. 期間の定めがある普通借家契約において、賃借人は、正当の事由がなくとも、賃貸人に対して更新しない旨の通知をすることができる。
3. 定期借家契約において、経済事情の変動があっても賃料を増減額しないこととする特約をした場合、その特約は有効である。
4. 賃貸人は、定期借家契約を締結する場合、あらかじめ、賃借人に対して契約の更新がなく、期間の満了により当該建物の賃貸借が終了する旨を記載した公正証書を交付しなければならない。

［2021年9月試験］

これはどう？

定期借家契約は、契約当事者の合意があっても、存続期間を6カ月未満とすることはできない。〇✕

［2020年9月試験］

これはどう？

定期借家契約では、賃借人に造作買取請求権を放棄させる旨の特約は有効となる。〇✕

［2018年1月試験］

解答解説

3 答 4

1…適　切　普通借家契約において、1年未満の期間を定めた場合、期間の定めがない建物の賃貸借とみなされます。

2…適　切　普通借家契約を更新しない旨の通知を、貸主からする場合には正当事由が**必要**ですが、借主からする場合には正当事由は**不要**です。

3…適　切　定期借家契約では、特約により賃料の増減額請求権の規定は適用除外とすることができるため、賃料の増加または減少をしないこととする旨の特約は有効となります。

4…不適切　定期借家契約は書面等で行わなければなりませんが、公正証書に限られるわけではありません。

普通借家権と定期借家権

	普通借家権	定期借家権
契約の存続期間	**1** 年以上 （1年未満の契約期間の場合、「期間の定めのない契約」とみなされる）	契約で定めた期間 （1年未満の契約も可）
更新	貸主は正当事由がなければ更新の拒絶はできない	契約の更新はされずに終了する
契約方法	制限なし	**書面**（電磁的記録による方法も可）による

答 ×

定期借家契約の存続期間には制限がありません。契約で定めた期間が存続期間となります。

答 ○

普通借家契約、定期借家契約ともに造作買取請求権を排除する特約は有効です。

問題

4 借地借家法に関する次の記述のうち、最も適切なものはどれか。なお、本問においては、同法第38条による定期建物賃貸借契約を定期借家契約といい、それ以外の建物賃貸借契約を普通借家契約という。

1. 普通借家契約において存続期間を６ヵ月と定めた場合、その存続期間は１年とみなされる。
2. 期間の定めのない普通借家契約において、建物の賃貸人が賃貸借の解約の申入れをし、正当の事由があると認められる場合、建物の賃貸借は、解約の申入れの日から６ヵ月を経過することによって終了する。
3. もっぱら事業の用に供する建物について定期借家契約を締結する場合、その契約は公正証書によってしなければならない。
4. 定期借家契約は、契約当事者間の合意があっても、存続期間を３ヵ月未満とすることはできない。

［2023年９月試験］

これはどう？

定期借家契約では、床面積が200㎡未満である居住用建物の賃借人が、転勤によりその建物を自己の生活の本拠として使用することが困難となった場合、賃借人は、当該契約の解約の申入れをすることができる。〇✕

［2018年１月試験］

これはどう？

定期借家契約では、賃貸借期間が１年以上の場合、賃貸人は、原則として、期間満了の１年前から６カ月前までの間に賃借人に対して期間満了により契約が終了する旨の通知をしなければ、その終了を賃借人に対抗することができない。〇✕

［2019年９月試験］

解答解説

4 答 2

1…不適切　普通借家契約において、1年未満の期間を定めた場合、期間の定めのない建物の賃貸借とみなされます。

2…適　切　期間の定めのない契約の場合、貸主が正当事由をもって解約の申入れをすれば、申入れの日から6カ月経過後に契約が終了します。

3…不適切　事業用でも居住用でも定期借家契約は書面等で行う必要がありますが、公正証書に限られません。

4…不適切　定期借家契約の存続期間には制限がありません。契約で定めた期間が存続期間となります。

普通借家権と定期借家権

	普通借家権	定期借家権
契約の終了、解約	期間の定めのない契約の場合、貸主は**正当事由**をもって**6**カ月前に通知すれば解約が可能	★契約期間が1年以上の場合、貸主は期間終了の**1**年前から**6**カ月前までの間に借主に対して契約が終了する旨の**通知**が必要 ★中途解約は原則**不可**。ただし、床面積が**200**㎡未満の**居住用**建物の場合は転勤等やむを得ない事情があるときには借主からの中途解約が可能

答 ○

定期借家契約では、中途解約はできませんが、床面積が**200**㎡未満の**居住用**建物の場合で転勤等やむを得ない事情があるときには、借主から中途解約を申し入れることができます。

答 ○

定期借家契約において、契約期間が1年以上の場合、貸主は期間終了の**1年**前から**6カ月**前までの間に借主に対して契約が終了する旨の通知が必要です。

問題

5 建物の区分所有等に関する法律に関する次の記述のうち、最も不適切なものはどれか。

1. 区分所有建物のうち、構造上の独立性と利用上の独立性を備えた部分は、区分所有権の目的となる専有部分の対象となり、規約により共用部分とすることはできない。
2. 規約を変更するためには、区分所有者および議決権の各４分の３以上の多数による集会の決議が必要となる。
3. 区分所有者は、敷地利用権が数人で有する所有権である場合、原則として、その有する専有部分とその専有部分に係る敷地利用権とを分離して処分することはできない。
4. 区分所有者以外の専有部分の占有者は、建物またはその敷地もしくは附属施設の使用方法について、区分所有者が規約または集会の決議に基づいて負う義務と同一の義務を負う。

［2021年５月試験］

これはどう？

建物を建て替えるに当たっては、集会において、区分所有者および議決権の各５分の４以上の多数による建替え決議をすることができる。 OX

［2020年９月試験］

これはどう？

形状または効用の著しい変更を伴わない共用部分の変更を行うためには、区分所有者および議決権の各４分の３以上の多数による集会の決議が必要である。 OX

［2021年９月試験］

解答解説

5 答 1

1…不適切　本来は専有部分となる部分でも、構造上の独立性と利用上の独立性を備えた部分(集会室や倉庫など)は、規約により共用部分とすることができます(規約共用部分)。

2…適　切

3…適　切　区分所有権と敷地利用権は、原則として分離して処分することはできません。

4…適　切　区分所有者以外の専有部分の占有者は、建物またはその敷地もしくは附属施設の使用方法について、区分所有者が負う義務と同一の義務を負います。

集会の決議要件

主な決議事項	決議要件(必要な賛成数)
一般的事項	区分所有者および議決権の各**過半数**
★規約の設定、変更、廃止 ★共用部分の**重大な**変更　など	区分所有者および議決権の各**4**分の**3**以上
建替え	区分所有者および議決権の各**5**分の**4**以上

答 ○

建替え決議は、区分所有者および議決権の各**5**分の**4**以上の賛成が必要です。

答 ×

共用部分の重大な変更は、区分所有者および議決権の各**4**分の**3**以上の賛成が必要ですが、重大ではない共用部分の変更は、区分所有者および議決権の各**過半数**の賛成で足ります。

問題

6 建物の区分所有等に関する法律に関する次の記述のうち、最も適切なものはどれか。

1. 区分所有建物ならびにその敷地および附属施設の管理を行うための区分所有者の団体(管理組合)は、区分所有者全員で構成される。
2. 区分所有建物のうち、構造上の独立性と利用上の独立性を備えた建物の部分は、区分所有権の目的となる専有部分であり、規約によって共用部分とすることはできない。
3. 規約を変更するためには、区分所有者および議決権の各5分の4以上の多数による集会の決議が必要となる。
4. 集会の招集の通知は、規約で別段の定めをしない限り、開催日の少なくとも1ヵ月前に会議の目的たる事項を示して各区分所有者に発しなければならない。

［2021年1月試験］

これはどう?

共用部分に対する各区分所有者の共有持分は、各共有者が有する専有部分の床面積の割合によるものとされ、規約で別段の定めをすることはできない。〇✕

［2020年9月試験］

これはどう?

専有部分が数人の共有に属するときは、共有者は、議決権を行使すべき者1人を定めなければならない。〇✕

［2020年9月試験］

これはどう?

集会の決議は、原則として、当該決議後に区分所有権を譲り受けた者に対して、その効力を有しない。〇✕

［2022年5月試験］

解答解説

6 答 1

1…適　切　区分所有者は自動的に**全員**、管理組合員となります。

2…不適切　本来は専有部分となる部分でも、構造上の独立性と利用上の独立性を備えた部分(集会室や倉庫など)は、規約により共用部分とすることができます(規約共用部分)。

3…不適切　規約の変更決議は、区分所有者および議決権の各**4**分の**3**以上の賛成が必要です。

4…不適切　集会の招集通知は、規約で別段の定めがない場合、開催日の少なくとも**1週間**前に会議の目的を示して各区分所有者に発しなければなりません。

集会の招集通知

★集会は年 **1** 回以上開催されなければならない

★招集通知は少なくとも開催日の **1週間** 前に会議の目的を示して各区分所有者に発しなければならない

答 ×

各区分所有者の共用部分の持分は、原則として各区分所有者の**専有**部分の**床**面積の割合によるものとされますが、規約で**別段の定め**をすることができます。

答 ○

専有部分が数人の共有に属するときは、共有者は、議決権を行使すべき者1人を定めなければなりません。

答 ×

集会の決議は、決議後に区分所有権を取得した人に対しても、効力を有します。

問題

7 都市計画法に関する次の記述のうち、最も適切なものはどれか。

1. 都道府県は、すべての都市計画区域において、市街化区域と市街化調整区域との区分(区域区分)を定めなければならないとされている。
2. 都市計画区域のうち、市街化調整区域は、おおむね10年以内に優先的かつ計画的に市街化を図るべき区域とされている。
3. 開発許可を受けた開発区域内の土地においては、開発行為に関する工事完了の公告があるまでの間は、原則として、建築物を建築することができない。
4. 農業を営む者の居住の用に供する建築物の建築を目的として市街化調整区域内で行う開発行為は、開発許可を受ける必要がある。

〔2021年5月試験〕

これはどう?

三大都市圏の一定の区域や一定の大都市の都市計画区域においては、都市計画に市街化区域と市街化調整区域との区分を定めるものとされている。 OX

〔2021年1月試験〕

これはどう?

市街化区域については用途地域を定め、市街化調整区域については原則として用途地域を定めないものとされている。 OX

〔2021年1月試験〕

解答解説

7 答 3

1…不適切　一部の大都市圏を除いて区域区分(都市計画区域を市街化区域と市街化調整区域に分けること)の定めは任意です。

2…不適切　市街化調整区域は、市街化を抑制すべき区域です。

3…適　切　開発許可を受けた開発区域内の土地では、工事完了の公告があるまでは原則として建築物の建築はできません。

4…不適切　市街化調整区域(＝市街化区域**以外**の区域)内に、農林漁業関係者の居住用建築物を建築する場合、開発許可は**不要**です。

都市計画区域

都市計画区域	線引区域	**市街化**区域 ・すでに市街地を形成している区域 ・これからおおむね**10**年以内に優先的、計画的な市街化を予定している区域
		市街化調整区域 ・市街化を抑制すべき区域
	非線引区域	・市街化区域でも市街化調整区域でもない区域
準都市計画区域	都市計画区域外であるが、無秩序な土地利用を抑制するために指定された区域	

答 ○

区域区分の定めは任意ですが、三大都市圏の一定の区域や一定の大都市の都市計画区域においては区域区分を定めるものとされています。

答 ○

市街化区域については用途地域が定められています。一方、市街化調整区域については原則として用途地域を定めません。

問題

8 都市計画法に関する次の記述のうち、最も適切なものはどれか。

1. すべての都市計画区域において、都市計画に市街化区域と市街化調整区域の区分(区域区分)を定めなければならない。
2. 都市計画区域のうち、用途地域が定められている区域については、防火地域または準防火地域のいずれかを定めなければならない。
3. 市街化調整区域内において、農業を営む者の居住の用に供する建築物の建築の用に供する目的で行う開発行為は、開発許可を受ける必要はない。
4. 土地区画整理事業の施行として行う開発行為は、開発許可を受けなければならない。

[2023年5月試験]

これはどう?

市街化区域における開発行為については、その規模にかかわらず、都道府県知事等の許可が必要である。 OX

[2017年9月試験]

解答解説

8 答 3

1…不適切　一部の大都市圏を除いて区域区分の定めは任意です。

2…不適切　防火地域または準防火地域は、都市計画区域内に任意に定めることができるもので、必ず定めなければならないものではありません。

3…適　切

4…不適切　都市計画事業や市街地再開発事業、土地区画整理事業等の施行として行う場合には、開発許可は不要です(「○○事業の施行として」とついたら開発許可は不要です)。

開発許可制度

	区域	開発許可が必要な開発行為の面積
開発許可が必要	市街化区域	**1,000**㎡以上
	市街化調整区域	規模にかかわらず
	非線引区域	3,000㎡以上
	準都市計画区域	3,000㎡以上
	上記以外	1ha以上
開発許可が不要	★**市街化区域以外**の区域に農林漁業関係の建築物やこれらの業務に従事する者の居住用建築物を建築する場合	
	★図書館など公益上必要な一定の建築物を建築する場合	
	★都市計画**事業**、市街地再開発**事業**等の施行として行う場合	

答 ×

市街化区域における開発行為については、**1,000**㎡以上の場合、開発許可が必要です。規模にかかわらず開発許可が必要なのは**市街化調整**区域における開発行為です。

問題

9 建築基準法に関する次の記述のうち、最も不適切なものはどれか。

1. 建築基準法第42条第２項により道路境界線とみなされる線と道路との間の敷地部分（セットバック部分）は、建蔽率および容積率を算定する際の敷地面積に算入することができない。
2. 建築物の敷地が２つの異なる用途地域にわたる場合、その敷地の全部について、敷地の過半の属する用途地域の建築物の用途に関する規定が適用される。
3. 商業地域、工業地域および工業専用地域においては、地方公共団体の条例で日影規制（日影による中高層の建築物の高さの制限）の対象区域として指定することができない。
4. 建築物の敷地が接する前面道路の幅員が12ｍ未満である場合、当該建築物の容積率は、「都市計画で定められた容積率」と「前面道路の幅員に一定の数値を乗じて得たもの」のいずれか高い方の数値以下でなければならない。

［2021年５月試験］

これはどう？

建築物が防火地域と準防火地域にわたる場合、原則としてその敷地の全部について、敷地の過半の属する地域の規制が適用される。 OX

［2018年９月試験］

これはどう？

用途地域は、土地の計画的な利用を図るために定められるもので、住居の環境を保護するための８地域と工業の利便を増進するための３地域の合計11地域とされている。 OX

［2022年１月試験］

解答解説

9 答 4

1…適　切　セットバック部分は建蔽率や容積率を算定するさいの敷地面積に算入しません。

2…適　切　建築物の敷地が2つの異なる用途地域にわたる場合、その敷地の全部について、敷地の**過半**の属する(大きいほうの)用途地域の建築物の用途に関する規定が適用されます。

3…適　切　日影規制は、**商業**地域、**工業**地域、**工業専用**地域には適用がありません。

4…不適切　前面道路の幅員が12m未満である場合、「都市計画で定められた容積率」と「前面道路の幅員に一定の数値を乗じて得たもの」のいずれか**低い**ほうが容積率の上限となります。

接道義務とセットバック

★建築物の敷地は、原則として、幅員 4 m以上の道路に 2 m以上接していなければならない(接道義務)

★幅員が4m未満の道路(2項道路)の場合には、原則として、道路の中心線から 2 m下がった線(道路の向こう側が崖地などの場合は、道路の向こう側から4m下がった線)が、その道路の境界線とみなされる(セットバック)

高さ制限(日影規制)

日影規制	商業地域、工業地域、工業専用地域には適用なし

答 ×

建築物が防火地域と準防火地域にわたる場合、その敷地の**全部**について、**防火**地域(規制が**厳しい**ほう)の規制が適用されます。

答 ×

用途地域は、住居系8地域、商業系2地域、工業系3地域の合計13地域とされています。

問題

10 都市計画区域および準都市計画区域における建築基準法に関する次の記述のうち、最も適切なものはどれか。

1. 建築物の敷地が接する道の幅員が4m未満であっても、建築基準法第42条第2項により特定行政庁が指定したものは、建築基準法上の道路とみなされる。
2. 日影規制(日影による中高層の建築物の高さの制限)は、すべての用途地域において適用がある。
3. 建築物の敷地が接する前面道路の幅員が12m未満である場合、当該建築物の容積率の上限は、都市計画の定めにかかわらず、前面道路の幅員に一定の数値を乗じたものになる。
4. 防火地域内に耐火建築物を建築する場合、建蔽率と容積率の双方の制限について緩和措置を受けることができる。

[2018年1月試験]

これはどう?

建築物の敷地は、原則として、建築基準法に規定する道路に、2m以上接していなければならない。 OX

[2018年5月試験]

解答解説

10 答 1

1…適　切　道路とは幅員が4m以上の道をいいますが、幅員が4m未満であっても、建築基準法が施行されたときにすでに存在し、特定行政庁の指定を受けている道は建築基準法上の道路とみなされます。

2…不適切　日影規制は、**商業**地域、**工業**地域、**工業専用**地域には適用がありません。

3…不適切　前面道路の幅員が12m未満である場合、「指定容積率」と「前面道路の幅員に一定の数値を乗じた数値」のいずれか**低い**ほうが容積率の上限となります。

4…不適切　建蔽率の最高限度が**80**%とされている地域**外**で、**防火**地域内に**耐火**建築物等を建築する場合は、**建蔽**率が**10**%緩和されますが、容積率については緩和されません。

建蔽率の緩和

★下記❶、❷のいずれかを満たせば建蔽率が **10** %緩和される
❶建蔽率の最高限度が **80** %とされている地域 **外** で、**防火** 地域内にある **耐火** 建築物等
❷準防火地域内にある建築物で耐火建築物等または準耐火建築物等

★特定行政庁が指定する **角地** の場合には、建蔽率が **10** %緩和される

答 ○

建築物の敷地は、原則として、幅員**4**m以上の道路に**2**m以上接していなければなりません。

問題

11 都市計画区域および準都市計画区域内における建築基準法上の規制に関する次の記述のうち、最も不適切なものはどれか。

1. 第一種低層住居専用地域内においては、原則として、建築物の高さは10mまたは12mのうち、都市計画において定められた限度を超えてはならない。
2. 第一種低層住居専用地域内の建築物については、北側斜線制限(北側高さ制限)が適用される。
3. 都市計画区域内の建築物は、すべての用途地域において、隣地境界線までの水平距離に応じた高さ制限(隣地斜線制限)が適用される。
4. 建築物の敷地が異なる2つの用途地域にわたる場合においては、その敷地の全部について、敷地の過半の属する用途地域の建築物の用途に関する規定が適用される。

［2019年1月試験］

これはどう？

道路斜線制限(前面道路との関係についての建築物の各部分の高さの制限)は、原則として、第一種低層住居専用地域、第二種低層住居専用地域における建築物にのみ適用され、商業地域における建築物には適用されない。 **OX**

［2023年9月試験］

解答解説

II 答 3

1…適　切

2…適　切　北側斜線制限は、住宅地における日当たりを確保するための制限なので、住宅地(第一種・第二種低層住居専用地域、田園住居地域、第一種・第二種中高層住居専用地域)のみ適用があります。

3…不適切　隣地斜線制限は、高い建物間の空間を確保するための制限なので、低層住居地域(第一種・第二種低層住居専用地域)や田園住居地域には適用がありません。

4…適　切　建築物の敷地が2つの異なる用途地域にわたる場合、その敷地の全部について、敷地の**過半**の属する用途地域の建築物の用途に関する規定が適用されます。

高さ制限(斜線制限)

道路斜線制限	すべての区域で適用
隣地斜線制限	第一種・第二種低層住居専用地域、田園住居地域には適用なし
北側斜線制限	第一種・第二種低層住居専用地域、田園住居地域、第一種・第二種中高層住居専用地域(日影規制の適用を受けるものを除く)で適用

低層住居専用地域内の制限(絶対高さの制限)

★第一種・第二種低層住居専用地域内および田園住居地域内では、原則として、建物の高さは、10mまたは12mのうち、都市計画で定めた高さを超えることはできない

答 ×

道路斜線制限は、すべての用途地域において適用されます。

問題

12 建築基準法に基づいて下記の土地に耐火建築物である店舗を建築する場合の建築面積の限度として、正しいものはどれか。

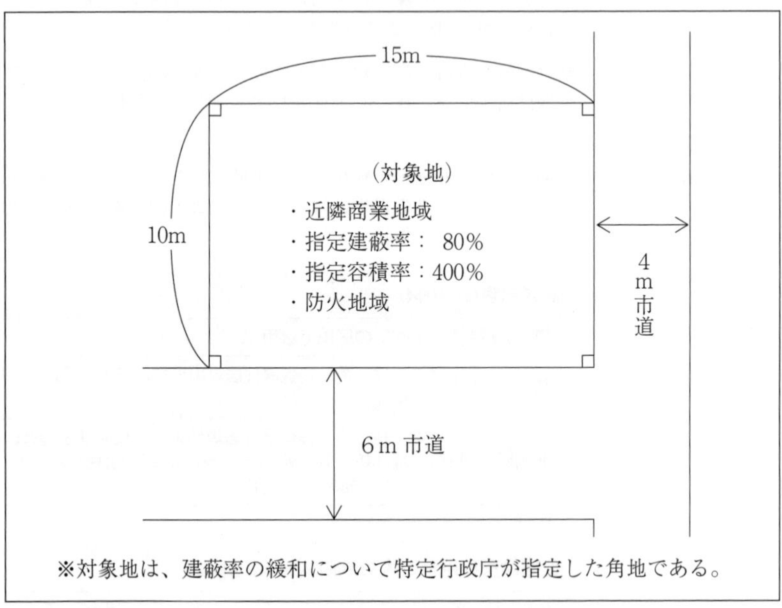

1. 120㎡
2. 135㎡
3. 150㎡
4. 540㎡

［2014年1月試験 ㊂］

解答解説

12 答 3

建築面積の限度を求めるときは、建蔽率を用います。本問の場合、指定建蔽率が**80**%で、**防火**地域内にある**耐火**建築物なので、建蔽率に制限はありません(建蔽率は100%で計算します)。

建築面積の限度：10ｍ×15ｍ×100%＝150㎡

建蔽率の制限がないもの
★建蔽率が **80** %とされている地域 **内** で、 **防火** 地域内にある **耐火** 建築物等
★派出所、公衆便所など
★公園、道路、川などの内にある建築物で安全上、防火上、衛生上支障がないと認められたもの

問題

13 建築基準法に基づいて下記の土地に耐火建築物である住宅を建築する場合の建築面積の限度として、最も適切なものはどれか。なお、前面道路は、同法第42条第２項により特定行政庁の指定を受けた道路であり、その中心線からの水平距離２ｍの線が道路の境界線とみなされるものとする。

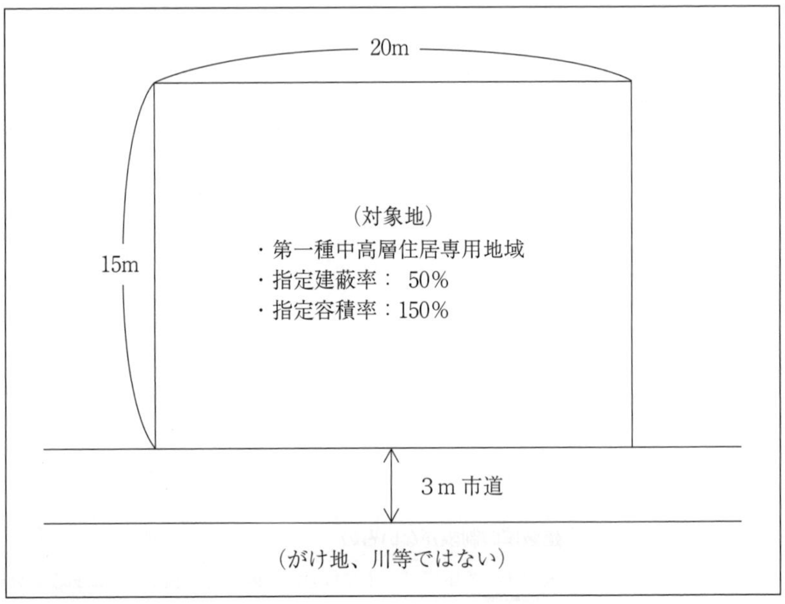

1. 130㎡
2. 140㎡
3. 145㎡
4. 150㎡

［2017年１月試験 ㊎］

解答解説

13 答 3

幅員が4m未満の2項道路では、道路の中心線から**2**m下がった線が、その道路の境界線とみなされます(セットバック)。本問では道路の幅員が3mなので、0.5m分を敷地面積から除いて計算します。

セットバックを除いた敷地面積：20m×(15m－0.5m)＝290㎡

建築面積の限度：290㎡×50%＝145㎡

不動産の税金

問題

1 不動産の取得に係る税金に関する次の記述のうち、最も適切なものはどれか。

1. 不動産取得税は、相続により不動産を取得した場合は課されるが、贈与により不動産を取得した場合は課されない。
2. 一定の要件を満たす戸建て住宅（認定長期優良住宅を除く）を新築した場合、不動産取得税の課税標準の算定に当たっては、1戸につき最高1,200万円を価格から控除することができる。
3. 登録免許税は、贈与により不動産を取得した場合の所有権移転登記では課されない。
4. 登録免許税は、建物を新築した場合の建物表題登記であっても課される。

［2023年1月試験］

これはどう？

不動産取得税は、原則として不動産を取得した者に対して、当該不動産の所在する都道府県によって課税される。OX

［2016年1月試験］

これはどう？

不動産に抵当権設定登記をする際の登録免許税の課税標準は、当該不動産の相続税評価額である。OX

［2019年5月試験］

解答解説

1 答 2

1…不適切　不動産取得税は、不動産を**相続**によって取得した場合には課されませんが、**贈与**によって取得した場合には課されます。

2…適　切　一定の要件を満たした新築住宅を取得した場合、不動産取得税の課税標準から最高**1,200**万円(認定長期優良住宅に該当する場合は1,300万円)を控除することができます。

3…不適切　登録免許税は売買のほか、相続(一定のものを除く)、贈与、法人の合併により不動産を取得した場合の所有権移転登記であっても課されます。

4…不適切　**表題**登記の場合には、登録免許税は課されません。

不動産取得税
★**相続**や**法人の合併**によって不動産を取得した場合は、不動産取得税は課されない
★新築住宅の場合、一定の要件を満たしたときは課税標準から1,200万円を控除することができる
★宅地を取得した場合、課税標準が2分の1に引き下げられる

登録免許税
★**表題**登記、滅失登記の場合には登録免許税は課されない

答 ○

不動産取得税の課税主体は不動産がある都道府県です。

答 ×

登録免許税の課税標準は、抵当権設定登記の場合は**債権金額**です。なお、所有権移転登記などの場合は**固定資産税評価額**です。

問題

2 不動産の取得に係る税金に関する次の記述のうち、最も不適切なものはどれか。

1. 不動産取得税は、贈与により不動産を取得した場合であっても課される。
2. 所有権移転登記に係る登録免許税の税率は、登記原因が贈与による場合の方が相続による場合に比べて高くなる。
3. 建物を新築して建物表題登記を申請する場合、登録免許税は課されない。
4. 個人が不動産会社から居住用建物を購入する場合、その売買取引は消費税の非課税取引とされる。

［2020年1月試験］

これはどう？

印紙税の課税文書に貼付されている印紙が消印されていない場合は、原則として、その印紙の額面金額の2倍に相当する金額の過怠税が課される。〇✕

［2019年9月試験］

解答解説

2 答 4

1…適　切　不動産取得税は贈与によって不動産を取得した場合でも課されます。なお、**相続**や**法人の合併**によって不動産を取得した場合には、不動産取得税は課されません。

2…適　切　登記原因が贈与による場合の登録免許税は2％、相続による場合の登録免許税は0.4％(本則)なので、贈与による場合のほうが、相続による場合よりも**高く**なっています。

3…適　切　**表題**登記や滅失登記の場合には、登録免許税は課されません。

4…不適切　居住用か否かにかかわらず、建物の売買取引は消費税の課税取引となります。

消費税の課税取引と非課税取引

課税取引	非課税取引
★建物の譲渡 ★建物貸付け(居住用を除く) ★不動産の仲介手数料　など	★土地の譲渡、土地の貸付け※ ★居住用賃貸住宅の貸付け※　など ※ 1カ月未満の貸付けは課税取引となる

答 ×

印紙が貼付されていなかった場合の過怠税は、その印紙の額面金額の**2倍**に相当する金額ですが、印紙が貼付されているものの、消印がなかった場合には、過怠税は印紙の**額面金額**となります。

問題

3 不動産に係る固定資産税および都市計画税に関する次の記述のうち、最も不適切なものはどれか。

1. 固定資産税の納税義務者が、年の中途にその課税対象となっている家屋を取り壊した場合であっても、当該家屋に係るその年度分の固定資産税の全額を納付する義務がある。
2. 住宅用地に係る固定資産税の課税標準については、住宅１戸当たり200㎡以下の部分について課税標準となるべき価格の３分の１相当額とする特例がある。
3. 都市計画税は、都市計画区域のうち、原則として市街化区域内に所在する土地または家屋の所有者に対して課される。
4. 都市計画税の税率は各地方自治体の条例で定められるが、制限税率である0.3%を超えることはできない。

［2023年５月試験］

4 不動産に係る固定資産税および都市計画税に関する次の記述のうち、最も適切なものはどれか。

1. 土地および家屋に係る固定資産税の標準税率は1.4%と定められているが、各市町村は条例によってこれと異なる税率を定めることができる。
2. 都市計画税は、都市計画区域のうち、原則として市街化調整区域内に所在する土地または家屋の所有者に対して課される。
3. 地方税法において、固定資産税における小規模住宅用地（住宅用地で住宅１戸当たり200㎡以下の部分）の課税標準については、課税標準となるべき価格の3分の1の額とする特例がある。
4. 地方税法において、所定の要件を満たす新築住宅に係る固定資産税は、１戸当たり120㎡以下の床面積に相当する部分の税額について、一定期間にわたり5分の1に軽減される特例がある。

［2020年１月試験］

解答解説

3 答 2

1…適　切　固定資産税の納税義務者は、毎年1月1日に固定資産課税台帳に所有者として登録されている人です。したがって、年の途中で固定資産を売却したり、取り壊した場合でも、その年の固定資産税を納付する義務があります。

2…不適切　固定資産税の課税標準について、住宅用地で**200**㎡以下の部分については、課税標準となるべき価格の**6**分の1の額とする特例があります。なお、200㎡を超える部分については、課税標準となるべき価格の**3**分の1の額となります。

3…適　切　都市計画税の納税義務者は、**市街化**区域にある土地、家屋の所有者です。

4…適　切　都市計画税の税率である0.3%（100分の0.3）は制限税率なので、これを超える税率を定めることはできません。

固定資産税と都市計画税の税率

固定資産税	1.4%（標準税率）←これを超えて定めることが **できる**
都市計画税	0.3%（制限税率）←これを超えて定めることが **できない**

4 答 1

1…適　切

2…不適切　都市計画税は、市街化調整区域内に所在する土地、家屋の所有者に対しては課されません。

3…不適切　固定資産税の課税標準について、住宅用地で**200**㎡以下の部分については、課税標準となるべき価格の「3分の1の額」ではなく、「**6**分の1の額」とする特例があります。

4…不適切　新築住宅を取得した場合で、一定の条件を満たしたときは、一定期間（5年間または3年間）、**120**㎡までの部分について税額が「5分の1」ではなく、「**2**分の1」に軽減される特例があります。

固定資産税の課税標準の特例と新築住宅の税額軽減特例

住宅用地の課税標準の特例	★200㎡以下の部分…課税標準の **6** 分の1 ★200㎡超の部分…課税標準の3分の1
新築住宅の税額軽減特例	新築住宅の取得で、一定の条件を満たしたときは、5年間または3年間、**120**㎡までの部分について税額が **2** 分の1に軽減される

問題

5 個人が土地を譲渡した場合の譲渡所得等に関する次の記述のうち、最も不適切なものはどれか。

1. 譲渡所得のうち、土地を譲渡した日の属する年の1月1日における所有期間が5年以下のものについては、短期譲渡所得に区分される。
2. 土地の譲渡が長期譲渡所得に区分される場合、課税長期譲渡所得金額に対し、原則として、20.42%の税率により所得税(復興特別所得税を含む)が課される。
3. 相続(限定承認に係るものを除く)により取得した土地を譲渡した場合、その土地の所有期間を判定する際の取得の日については、被相続人の取得時期がそのまま相続人に引き継がれる。
4. 譲渡するために直接要した仲介手数料は、譲渡所得の金額の計算上、譲渡費用に含まれる。

[2021年5月試験]

これはどう?

譲渡所得の金額の計算上、取得費が不明な場合には、譲渡収入金額の5%相当額を取得費とすることができる。 OX

[2020年9月試験]

これはどう?

相続により取得した土地を譲渡した場合、その土地の所有期間を判定する際の取得の日は、相続人が当該相続を登記原因として所有権移転登記をした日である。 OX

[2023年9月試験]

これはどう?

土地の譲渡に係る譲渡所得の金額は、当該土地の所有期間の長短にかかわらず、他の所得の金額と合算せず、分離して税額が計算される。 OX

[2020年9月試験]

解答解説

5 答 2

1…適　切　土地や建物の譲渡所得は、譲渡した年の1月1日において、所有期間が**5**年以下の場合は短期譲渡所得、**5**年を超える場合は長期譲渡所得に区分されます。

2…不適切　長期譲渡所得にかかる税率は**20.315%**(所得税15%、復興特別所得税0.315%、住民税5%)です。なお、短期譲渡所得にかかる税率は**39.63%**(所得税30%、復興特別所得税0.63%、住民税9%)です。

3…適　切　相続や贈与があった場合、被相続人や贈与者の取得費および取得日は相続人や受贈者に引き継がれます。

4…適　切　譲渡時の仲介手数料は譲渡費用に含まれます。

短期譲渡所得と長期譲渡所得

短期譲渡所得	譲渡した年の1月1日時点の所有期間が **5** 年以下 →税率は **39.63** %(所得税30%、復興特別所得税0.63%、住民税9%)
長期譲渡所得	譲渡した年の1月1日時点の所有期間が **5** 年超 →税率は **20.315** %(所得税15%、復興特別所得税0.315%、住民税5%)

答 ○

譲渡所得は**「収入金額－(取得費＋譲渡費用)」**で計算します。このとき、取得費が不明な場合には、譲渡収入金額の**5**%を取得費とすることができます。

答 ×

相続により取得した土地の譲渡の場合、取得日は被相続人の取得日を引き継ぎます。

答 ○

土地・建物の譲渡所得は分離課税の対象です。

問題

6 居住用財産を譲渡した場合の3,000万円の特別控除(以下「3,000万円特別控除」という)および居住用財産を譲渡した場合の長期譲渡所得の課税の特例(以下「軽減税率の特例」という)に関する次の記述のうち、最も不適切なものはどれか。なお、記載されたもの以外の要件はすべて満たしているものとする。

1. 3,000万円特別控除は、居住用財産を配偶者に譲渡した場合には適用を受けることができない。
2. 3,000万円特別控除は、譲渡した居住用財産の所有期間が、譲渡した日の属する年の1月1日において10年を超えていなければ、適用を受けることができない。
3. 軽減税率の特例では、課税長期譲渡所得金額のうち6,000万円以下の部分の金額について、所得税(復興特別所得税を含む) 10.21%、住民税4%の軽減税率が適用される。
4. 3,000万円特別控除と軽減税率の特例は、重複して適用を受けることができる。

[2023年1月試験]

これはどう?

3,000万円特別控除は、居住用財産で居住の用に供さなくなったものを譲渡する場合、居住の用に供さなくなった日の属する年の翌年の12月31日までに譲渡しなければ、適用を受けることができない。 **OX**

[2021年5月試験]

これはどう?

軽減税率の特例は、譲渡した日の属する年の1月1日における居住用財産の所有期間が20年を超えていなければ、適用を受けることができない。
OX

[2021年5月試験]

解答解説

6 答 2

1…適　切

2…不適切　「3,000万円特別控除」は**所有期間にかかわらず**適用を受けることができます。

3…適　切

4…適　切

居住用財産の3,000万円の特別控除のポイント（主なもの）

★譲渡した居住用財産の所有期間が短期でも長期でも利用できる

★「居住用財産の軽減税率の特例」と重複して適用できる

居住用財産の3,000万円の特別控除の適用要件（主なもの）

★居住用財産の譲渡であること

★配偶者、父母、子などへの譲渡ではないこと

★居住しなくなった日から **3** 年経過後の12月31日までに譲渡していること

居住用財産の軽減税率の特例

★譲渡した年の1月1日時点で所有期間が **10** 年超の居住用財産を譲渡した場合、**6,000** 万円以下の部分について14.21％（所得税10％、復興特別所得税0.21％、住民税4％）の軽減税率が適用される

答 ×

「3,000万円特別控除」は、居住しなくなった日から**3**年経過後の12月31日までに譲渡していれば適用を受けることができます。

答 ×

「軽減税率の特例」は、譲渡した日の属する年の1月1日における所有期間が「20年」ではなく、「**10**年」を超えていなければ、適用を受けることができません。

問題

1 不動産の有効活用の一般的な特徴に関する次の記述のうち、最も不適切なものはどれか。

1. 事業受託方式は、土地有効活用の企画、建設会社の選定および土地上に建設する建物の管理・運営をデベロッパーに任せることができるが、建設資金の調達は土地所有者が行う必要がある。
2. 建設協力金方式は、土地所有者が、建設する建物を貸し付ける予定のテナントから、建設資金の全部または一部を借り受けてビルや店舗等を建設する方式である。
3. 定期借地権方式では、土地所有者は土地を一定期間貸し付けることによって地代収入を得ることができ、当該土地上に建設される建物の建設資金を調達する必要はない。
4. 等価交換方式では、土地所有者は土地の出資割合に応じて、建設される建物の一部を取得することができるが、建設資金の調達は土地所有者が行う必要がある。

［2023年1月試験］

これはどう？

等価交換方式における部分譲渡方式は、土地所有者がいったん土地の全部をデベロッパーに譲渡し、その対価をもってその土地上にデベロッパーが建設した建物およびその土地の一部を譲り受ける譲渡方式である。 OX

［2020年9月試験］

解答解説

1 答 4

1…適　切

2…適　切

3…適　切

4…不適切　等価交換方式では、土地の所有者が土地を提供し、その土地にデベロッパーが建物を建設し、完成後の土地と建物の権利を資金提供割合によって分ける方式です。土地所有者は建物の建設資金の調達をする必要はありません。

不動産の有効活用の事業手法

自己建設方式	土地の所有者が、自分で自分の所有する土地に建物を建設し、賃貸業を行う方法
事業受託方式	土地の所有者が資金を調達し、土地活用のすべてを業者(デベロッパー)に任せてしまう方法
土地信託方式	信託銀行に土地を信託する方法 ★信託終了後は、土地・建物はそのまま土地の所有者に引き渡される
等価交換方式	土地の所有者が土地を提供し、その土地にデベロッパーが建物を建設し、完成後の土地と建物の権利を資金提供割合(土地の価額と建物の建設費の割合)で分ける方法
建設協力金方式	土地の所有者が、入居予定のテナントから保証金(建設協力金)を預かって、建物の建設費にあてる方式
定期借地権方式	定期借地権を設定して、土地を賃貸する方法 ★土地所有者は建物の建設資金を負担する必要がない

答 ×

等価交換方式には全部譲渡方式と部分譲渡方式があります。本問では、「土地の全部をデベロッパーに譲渡し」とあるので、全部譲渡方式の説明です。

等価交換方式(全部譲渡方式と部分譲渡方式)

全部譲渡方式	土地の所有者が所有する土地の**全部**をデベロッパーに譲渡し、建物完成後、譲渡した土地の価額に相当する分の土地と建物を取得する方法
部分譲渡方式	土地の所有者が所有する土地の**一部**をデベロッパーに譲渡し、建物完成後、譲渡した土地の価額に相当する分の建物を取得する方法

問題

2 不動産の投資判断の手法等に関する次の記述のうち、最も適切なものはどれか。

1. DCF法は、対象不動産の一期間の純収益を還元利回りで還元して対象不動産の収益価格を求める手法である。
2. NPV法(正味現在価値法)による投資判断においては、対象不動産から得られる収益の現在価値の合計額が投資額を上回っている場合、その投資は有利であると判定することができる。
3. NOI利回り(純利回り)は、対象不動産から得られる年間の総収入額を総投資額で除して算出される利回りであり、不動産の収益性を測る指標である。
4. DSCR(借入金償還余裕率)は、対象不動産から得られる収益による借入金の返済余裕度を評価する指標であり、対象不動産に係る当該指標の数値が1.0を下回っている場合は、対象不動産から得られる収益だけで借入金を返済することができる。

[2023年9月試験]

これはどう?

IRR法(内部収益率法)による投資判断においては、内部収益率が対象不動産に対する投資家の期待収益率を上回っている場合、その投資は有利であると判定することができる。 OX

[2020年1月試験]

解答解説

2 答 2

1…不適切　DCF法は、対象不動産から得られると期待される**複数年**の純収益を現在価値に割り引いて計算した値によって、投資の収益性を評価する方法です。

2…適　切　NPV法(正味現在価値法)では、投資期間中に得られる各年度の収益の現在価値の合計額が投資額を上回っている場合、その投資は有利であると判断されます。

各年度の収益の現在価値合計＞投資額 →有利

3…不適切　NOI利回り(純利回り)は、対象不動産から得られる年間の「総収入額」ではなく、「**純収入額**」を総投資額で除して算出される利回りです。なお、純収入額は年間収入合計から諸経費を控除した金額です。

4…不適切　DSCR(借入金償還余裕率)は、対象不動産から得られる収益による借入金の返済余裕度を評価する指標で、「元利金返済前キャッシュ・フロー÷元利金返済額」で計算します。したがって、数値が大きいほど、借入金の返済に余裕があることを示します。数値が1.0を下回っているということは、対象不動産から得られる収益で借入金の返済額がまかなえていないことを意味します。

DCF法(ディスカウント・キャッシュフロー法)

対象不動産から得られると期待される(複数年の)純収益を現在価値に割り引いて計算した値によって、投資の収益性を評価する方法

正味現在価値法(NPV法)	投資期間中に得られる各年度の収益(および最終年度の売却価額)を現在価値に割り引き、その合計額から投資額を差し引いた正味現在価値の大小によって投資の収益性を判断する方法
内部収益率法(IRR法)	投資期間中に得られる各年度の収益の現在価値合計と投資額が等しくなる割引率(内部収益率)を求め、内部収益率の大小によって投資の収益性を判断する方法 ★**内部収益率**が投資家の**期待収益率**を上回っている場合に、その投資は有利であると判定することができる

答 ○

IRR法(内部収益率法)では、**内部収益率**が**投資家の期待収益率**を上回っている場合に、その投資は有利であると判定することができます。

内部収益率＞期待収益率 →有利

個人1 次の設例に基づいて、下記の各問に答えなさい。

［2021年5月試験　第4問］

《設 例》

Aさん(60歳)は、3年前に父親の相続により取得したM市内(三大都市圏・既成市街地等)にある自宅(建物とその敷地である甲土地)およびアスファルト敷きの月極駐車場(乙土地)を所有している。

Aさんが居住する自宅の建物は、父親が40年前に建てたものである。Aさんは老朽化した自宅での生活に不便さを感じている。また、父親の存命中から賃貸している月極駐車場は満車の状態が続いているが、収益性は高くない。Aさんは、甲土地(自宅)・乙土地(駐車場)を売却し、駅前のタワーマンションを購入して移り住むことを考えているが、先祖代々の土地である甲土地・乙土地を売却することに、少し後ろめたさを感じている。Aさんは、先日、マンション開発業者(X社)の営業担当者から「甲土地・乙土地は、最寄駅から徒歩5分の好立地にあり、マンション用地として適地であり、需要は相当高いと考えています。Aさんが等価交換をご希望であれば、対応させていただきます」との提案を受けた。

〈甲土地および乙土地の概要〉

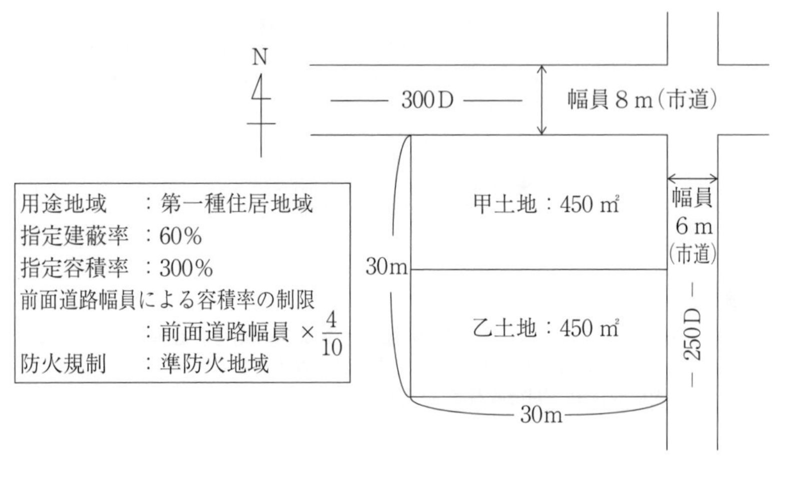

・甲土地、甲土地と乙土地を一体とした土地は、建蔽率の緩和について特定行政庁が指定する角地である。
・指定建蔽率および指定容積率とは、それぞれ都市計画において定められた数値である。
・特定行政庁が都道府県都市計画審議会の議を経て指定する区域ではない。

※上記以外の条件は考慮せず、各問に従うこと。

問1　甲土地と乙土地を一体とした土地上に耐火建築物を建築する場合における次の①、②を求めなさい（計算過程の記載は不要）。

①建蔽率の上限となる建築面積

②容積率の上限となる延べ面積

問2　自宅（建物とその敷地である甲土地）の譲渡に関する次の記述①～③について、適切なものには○印を、不適切なものには×印を解答用紙に記入しなさい。

①「仮に、Aさんがタワーマンションに転居し、その後、居住していない現在の自宅を譲渡した場合に、Aさんが居住用財産を譲渡した場合の3,000万円の特別控除の適用を受けるためには、家屋に自己が居住しなくなった日から3年を経過する日の属する年の12月31日までの譲渡であること等の要件を満たす必要があります」

②「Aさんが老朽化した自宅の建物を取り壊し、甲土地を更地にした場合、居住用財産を譲渡した場合の3,000万円の特別控除の適用を受けることはできません。本特例の適用を受けるためには、自宅の建物と甲土地を同時に譲渡する必要があります」

③「居住用財産を譲渡した場合の長期譲渡所得の課税の特例（軽減税率の特例）の適用を受けるためには、譲渡した年の1月1日において自宅の所有期間が20年を超えていなければなりません。相続により取得した不動産は取得時期を引き継ぐため、Aさんは軽減税率の特例の適用を受けることができます」

問３　等価交換方式による甲土地と乙土地を一体とした土地の有効活用に関する次の記述①～③について、適切なものには○印を、不適切なものには×印を解答用紙に記入しなさい。

①「等価交換方式とは、マンション開発業者のＸ社からＡさんが建設資金を借り受けて、マンションを建設し、完成した区分所有建物と土地の共有持分をＡさんとＸ社がそれぞれの出資割合に応じて取得する手法です」

②「等価交換方式により取得したマンション住戸を賃貸することで、賃料収入を得ることができます。また、複数のマンション住戸を区分所有していれば、相続時の遺産分割が比較的容易になるというメリットが考えられます」

③「Ａさんは、等価交換方式による有効活用にあたり、譲渡益に対する課税を100％繰り延べることができる『既成市街地等内にある土地等の中高層耐火建築物等の建設のための買換えの場合の譲渡所得の課税の特例（立体買換えの特例）』の適用を検討することができます」

個人1 解答解説

問1 ① 720㎡ ② 2,700㎡

① **建蔽率の上限となる建築面積**

防火地域・準防火地域内に耐火建築物等を建築する場合、建蔽率が**10**%緩和されます。また、特定行政庁が指定する角地に該当する場合にはさらに建蔽率が**10**%緩和されるので、本問の場合、建蔽率は80%(60%+10%+10%)で計算します。

建築面積:(450㎡+450㎡)×80%=720㎡

② **容積率の上限となる延べ面積**

前面道路の幅員が12m未満なので、前面道路の幅員による容積率の制限を受けます。また、前面道路が複数ある場合には、幅員が最大のものが前面道路の幅員となります。

❶指定容積率:300%

❷前面道路の幅員による容積率の制限:$8\text{m} \times \frac{4}{10} = 320\%$

❸300%<320% → 300%

延べ面積:(450㎡+450㎡)×300%=2,700㎡

問2 ① ○ ② × ③ ×

①…居住用財産の3,000万円の特別控除は、居住しなくなった日から3年経過後の12月31日までに譲渡していれば、適用を受けられます。

②…家屋を取り壊してその敷地だけを売った場合には、原則として居住用財産の3,000万円の特別控除は受けられませんが、一定の要件(❶家屋を取り壊した日から1年以内にその敷地を売る契約をしていること、❷その家屋に住まなくなった日から3年を経過する日の属する年の12月31日までに譲渡すること、❸その家屋を取り壊してから、その敷地を売る契約をした日まで、貸付けその他の用に使用していないことの全て)にあてはまるときは、この特例を受けることができます。

③…軽減税率の特例の適用を受けるには、譲渡した年の1月1日に、所有期間が**10**年超であることが必要です。なお、相続・贈与により財産を取得した場合には、その取得日、取得費を引き継ぎます。

問3 ① × ② ○ ③ ○

①…等価交換方式は、土地の所有者が土地を提供し、その土地にデベロッパーが建物を建設し、完成後の土地と建物の権利を資金提供割合で分ける方法をいいます。

③…三大都市圏の既成市街地等内にある土地や建物を売却し、一定の要件を満たした中高層耐火建築物や共同住宅およびその敷地を取得した場合、譲渡益の100%を繰り延べることができます(立体買換えの特例)。

個人2 次の設例に基づいて、下記の各問に答えなさい。

[2023年５月試験　第４問]

《設 例》

個人事業主のＡさん(50歳)は、２年前に父の相続により甲土地(600㎡)を取得している。甲土地は、父の代から月極駐車場として賃貸しているが、収益性は高くない。

Ａさんが甲土地の活用方法について検討していたところ、ハウスメーカーのＸ社から「甲土地は、最寄駅から徒歩３分の好立地にあり、相応の需要が見込めるため、賃貸マンションの建築を検討してみませんか。Ａさんが建築したマンションを弊社に一括賃貸(普通借家契約・マスターリース契約(特定賃貸借契約))していただければ、弊社が入居者の募集・建物管理等を行ったうえで、賃料を保証させていただきます」と提案を受けた。

Ａさんは、自ら賃貸マンションを経営することも考慮したうえで、Ｘ社の提案について検討したいと考えている。

〈甲土地の概要〉

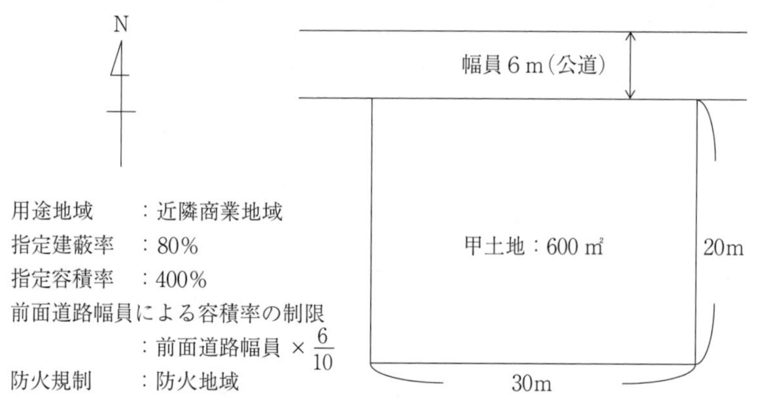

・指定建蔽率および指定容積率とは、それぞれ都市計画において定められた数値である。

・特定行政庁が都道府県都市計画審議会の議を経て指定する区域ではない。

※上記以外の条件は考慮せず、各問に従うこと。

問1　甲土地上に耐火建築物を建築する場合における次の①、②を求め、解答用紙に記入しなさい(計算過程の記載は不要)。

① 建蔽率の上限となる建築面積

② 容積率の上限となる延べ面積

問2　Ａさんが、甲土地上に賃貸マンションを建築する場合の留意点等に関する次の記述①～③について、適切なものには○印を、不適切なものには×印を解答用紙に記入しなさい。

①「Ａさんが、所有するマンションについて自ら建物の管理や入居者の募集、入居者との賃貸借契約を行う場合には、あらかじめ宅地建物取引業の免許を取得する必要がありますが、マスターリース契約(特定賃貸借契約)に基づき、Ｘ社に建物を一括賃貸する場合は、宅地建物取引業の免許は不要です」

②「ＡさんがＸ社と普通借家契約としてマスターリース契約(特定賃貸借契約)を締結し、当該契約において賃料が保証される場合であっても、Ｘ社から経済事情の変動等を理由として契約期間中に賃料の減額請求を受ける可能性があります」

③「不動産の収益性を測る指標の１つであるＮＯＩ利回り(純利回り)は、不動産投資によって得られる賃料等の年間総収入額を総投資額で除して算出されます。この指標では、簡便に不動産の収益性を把握することができますが、不動産投資に伴う諸経費は考慮されていないため、あくまで目安として利用するようにしてください」

問３　Ａさんが、甲土地上に賃貸マンションを建築する場合の課税に関する次の記述①～③について、適切なものには○印を、不適切なものには×印を解答用紙に記入しなさい。

①「Ａさんが甲土地に賃貸マンションを建築し、不動産取得税および登録免許税を支払った場合、不動産所得の金額の計算上、いずれも必要経費に算入することができます」

②「Ａさんが甲土地に賃貸マンションを建築した場合、相続税額の計算上、甲土地は貸家建付地として評価されます。甲土地の貸家建付地としての価額は、当該マンションの賃貸割合が高いほど、高く評価されます」

③「Ａさんが甲土地に賃貸マンションを建築した場合、甲土地に係る固定資産税の課税標準を、住宅１戸につき200㎡までの部分（小規模住宅用地）について課税標準となるべき価格の６分の１の額とする特例の適用を受けることができます」

個人2 解答解説

問1 ① 600㎡ ② 2,160㎡

① 建蔽率の上限となる建築面積

建蔽率が80%の地域で、防火地域内に耐火建築物を建築する場合、建蔽率に制限はありません。したがって建蔽率100%で建築物を建築することができます。

建築面積：600㎡×100%＝600㎡

② 容積率の上限となる延べ面積

前面道路の幅員が12m未満なので、前面道路の幅員による容積率の制限を受けます。

❶指定容積率：400%

❷前面道路の幅員による容積率の制限：$6\text{m}\times\frac{6}{10}=360\%$

❸400%＞360% → 360%

延べ面積：600㎡×360%＝2,160㎡

問2 ①× ②○ ③×

①…自ら所有する建物を自ら貸借する場合には、宅地建物取引業の免許は不要です。また、マスターリース契約にもとづいて業者に一括賃貸する場合も宅地建物取引業の免許は不要です。なお、マスターリースとは、転貸(サブリース)を前提とした一括賃貸借契約のことをいいます。

②…普通借家契約では、借主に賃料減額請求権が認められており、これは特約でも排除することはできないため、契約において賃料が保証されている場合でも、経済事情の変動等を理由として賃料の減額請求を受ける可能性があります。

③…NOI利回りは、総収入額から諸経費を差し引いた純収入額を総投資額で割って算出します。

問3 ①○ ②× ③○

①…不動産の取得に要した不動産取得税や登録免許税は、不動産所得の金額の計算上、必要経費に算入することができます。

②…自分の土地に賃貸マンションなどを建てて他人に貸している土地は、相続税額の計算上、貸家建付地として評価されます。貸家建付地の相続税評価額は、**「自用地評価額×(1－借地権割合×借家権割合×賃貸割合)」**で計算するので、賃貸割合が高いほど、評価額が**低く**なります。 【CH06.SEC04参照】

③…固定資産税では、住宅用地について、**200**㎡以下の部分につき、課税標準が**6**分の1になる特例があります。

資産1 公的な土地評価に関する下表の空欄(ア)～(エ)にあてはまる語句の組み合わせとして、最も適切なものはどれか。

価格の種類	公示価格	基準地標準価格	固定資産税評価額	相続税路線価
所管	国土交通省	都道府県	市町村（東京23区は東京都）	国税庁
評価時点	毎年1月1日	毎年（ア）	原則として基準年度の前年1月1日。（イ）に1度評価替え	毎年1月1日
評価割合	－	－	公示価格の（ウ）程度	公示価格の（エ）程度
目的	・一般の土地取引の指標 ・公共事業用地の適正補償額の算定基準	・国土利用計画法による土地取引の適正かつ円滑な実施 ・一般の土地取引の指標	・固定資産税等の課税のため	・相続税や贈与税の課税のため

1. (ア)4月1日　(イ)2年　(ウ)7割　(エ)8割
2. (ア)4月1日　(イ)3年　(ウ)8割　(エ)7割
3. (ア)7月1日　(イ)2年　(ウ)8割　(エ)7割
4. (ア)7月1日　(イ)3年　(ウ)7割　(エ)8割

［2020年9月試験　第3問　問7］

資産1 解答解説

解答4

資産2 下記〈資料〉は、中井さんが購入を検討しているマンションの登記事項証明書の一部である。この登記事項証明書に関する次の(ア)～(エ)の記述について、正しいものには○、誤っているものには×を解答欄に記入しなさい。

〈資料〉

全部事項証明書（建物）

表　題　部　（専有部分の建物の表示）				不動産番号	×××××××××××××
家屋番号	××二丁目２番３の305			余白	
建物の名称	305			余白	
①種類	②構造	③床面積㎡		原因及びその日付［登記の日付］	
居宅	鉄筋コンクリート造 １階建	３階部分　70	35	平成23年○月○○日新築 ［平成23年○月○○日］	
表　題　部　（敷地権の表示）					
①土地の符号	②敷地権の種類	③敷地権の割合		原因及びその日付［登記の日付］	
1	所有権	62187分の935		平成23年○月○○日敷地権 ［平成23年○月○○日］	
所 有 者	○○県△△市××二丁目３番５号　株式会社しあわせ不動産				

権　利　部（甲区）　（所有権に関する事項）			
順位番号	登記の目的	受付年月日・受付番号	権利者その他の事項
1	所有権保存	平成23年○月○○日 第○○○○○号	原因　平成23年○月○○日売買 所有者　○○県△△市××二丁目５番 7－305 小田孝

※下線のあるものは抹消事項であることを示す。

(ア)表題部に記載されている305号室の専有部分の床面積は、壁の中心(壁芯)から測った面積である。

(イ)登記記録上、このマンションの305号室の現在の所有者は、株式会社しあわせ不動産であることがわかる。

(ウ)中井さんが金融機関からの借入れによりこのマンションの305号室を購入して金融機関が抵当権を設定した場合、抵当権設定に関する登記事項は「権利部(甲区)」に記載される。

(エ)登記事項証明書の交付を請求することができるのは、利害関係者に限られる。

［2019年1月試験　第3問　問6］

資産2 解答解説

解答 (ア) × (イ) × (ウ) × (エ) ×

(ア)…登記簿上、マンションの専有部分の床面積は**内法**面積(壁の内側の面積)で記載されます。

(イ)…権利部(甲区)を見ると、「所有権保存」として所有者が小田孝さんになっているので、現在の所有者は小田孝さんです(株式会社しあわせ不動産は下線がひかれており、現在は抹消されています)。

(ウ)…抵当権や賃借権など、所有権以外の権利に関する事項は権利部**乙**区に記載されます。

(エ)…登記事項証明書は、手数料を支払えば誰でも交付の請求をすることができます。

資産3 下記〈資料〉は、大垣一郎さんが所有する土地の登記事項証明書の一部である。この登記事項証明書に関する次の(ア)～(エ)の記述について、適切なものには○、不適切なものには×を解答欄に記入しなさい。なお、〈資料〉に記載のない事項は一切考慮しないこととする。

〈資料〉

権利部（乙区）（＊＊＊）			
順位番号	登記の目的	受付年月日・受付番号	権利者その他の事項
1	抵当権設定	平成22年 11月15日 第9△457号	原因　平成22年11月15日 　　　金銭消費貸借同日設定 債権額　金4,000万円 利息　年1.275％（年365日日割計算） 損害金　年14％（年365日日割計算） 債務者　○○区△△三丁目××番○号 　青山二郎 抵当権者　××区○○一丁目□番□号 　株式会社ＰＫ銀行 共同担保　目録（×）第734□号

※問題作成の都合上、一部を「＊＊＊」としている。

(ア)登記事項証明書は、法務局などにおいて手数料を納付すれば、誰でも交付の請求をすることができる。

(イ)この土地には株式会社ＰＫ銀行の抵当権が設定されているが、別途、ほかの金融機関が抵当権を設定することも可能である。

(ウ)上記〈資料〉から、抵当権の設定当時、青山二郎さんがこの土地の所有者であったことが確認できる。

(エ)青山二郎さんが株式会社ＰＫ銀行への債務を完済すると、当該抵当権の登記は自動的に抹消される。

［2022年5月試験　第3問　問8］

資産3 解答解説

解答 (ア) ○　(イ) ○　(ウ) ×　(エ) ×

(イ)…ひとつの土地に複数の抵当権を設定することもできます。

(ウ)…抵当権の設定当時、青山二郎さんがこの土地を所有しているかどうかは、「権利部(甲区)」でわかるため、「権利部(乙区)」のみのこの資料からはわかりません。

(エ)…抵当権の登記を抹消するには、原則として抵当権抹消登記の申請を行う必要があります。

資産4 手付金に関する次の記述の空欄(ア)～(エ)にあてはまる語句の組み合わせとして、正しいものはどれか。

> 民法上、手付金は（　ア　）と解釈され、相手方が契約の履行に着手するまでは、買主は手付金を放棄することにより、売主は（　イ　）を現実に提供することにより、契約を解除することができる。
> なお、履行の着手とは、売主としては登記や引渡し、買主としては（　ウ　）をいう。また、宅地建物取引業者が自ら売主となり、宅地建物取引業者ではない者が買主である場合、手付金は売買代金の（　エ　）を超えてはならない。

1. (ア)証約手付　(イ)手付金の倍額
   (ウ)代金提供のための借入れ申込み　(エ) 2割
2. (ア)証約手付　(イ)手付金　(ウ)代金の提供　(エ) 1割
3. (ア)解約手付　(イ)手付金の倍額　(ウ)代金の提供　(エ) 2割
4. (ア)解約手付　(イ)手付金
   (ウ)代金提供のための借入れ申込み　(エ) 1割

[2018年5月試験　第3問　問8 ㊥]

資産4 解答解説

解答3

資産5 下記〈資料〉は、野村さんが購入を検討している中古マンションのインターネット上の広告(抜粋)である。この広告の内容等に関する次の(ア)～(エ)の記述について、適切なものには○、不適切なものには×を解答欄に記入しなさい。

〈資料〉

○○ハイツ305号室

所在地	埼玉県□□市○○町３－15	交通	△△線◇◇駅から徒歩５分
用途地域	準住居地域・第二種住居地域	価格	4,250万円（消費税込み）
間取り	３LDK		
専有面積	82.7㎡（壁芯）	バルコニー面積	12.12㎡
所在階数	３階	築年月	2015年５月
管理費	11,000円／月	修繕積立金	9,700円／月
土地権利	所有権	取引形態	媒介

(ア)この広告の物件の専有面積として記載されている壁芯面積は、登記簿上の内法面積より小さい。

(イ)この物件のように、建物の敷地が２つの用途地域にまたがる場合、制限のより厳しい用途地域における用途制限が適用される。

(ウ)この物件を購入した場合、野村さんは管理組合の構成員になるかどうかを選択できる。

(エ)この広告の物件を購入する場合、現在の区分所有者が管理費を滞納していると、新たな区分所有者となる野村さんは、滞納分の管理費の支払い義務を引き継ぐ。

［2021年１月試験　第３問　問７ 改］

資産5 解答解説

解答 (ア) ×　(イ) ×　(ウ) ×　(エ) ○

(ア)…壁芯面積は、内法面積より**大きく**なります。

(イ)…建築物の敷地が異なる２つの用途地域にまたがる場合、その敷地の全部について、敷地の**過半**の属する用途地域の建築物に関する規定が適用されます。

(ウ)…マンションを購入すると、区分所有者は当然に管理組合の構成員となります。

(エ)…区分所有者の特定承継人(新たな区分所有者)は、滞納管理費の支払い義務を引き継ぎます。

資産6 井川さんは、相続により取得した土地の有効活用を検討するに当たり、FPの飯田さんに、借地借家法に定める借地権について質問をした。下記の空欄(ア)～(エ)に入る適切な語句を語群の中から選び、その番号のみを解答欄に記入しなさい。なお、本問においては、同法第22条の借地権を一般定期借地権といい、第22条から第24条の定期借地権等以外の借地権を普通借地権という。

井川さん：「まず、普通借地権について教えてください。存続期間の定めはありますか。」
飯田さん：「普通借地権の最初の存続期間は（　ア　）ですが、契約でこれより長い期間を定めたときは、その期間とされます。」
井川さん：「地主から契約の更新を拒絶するに当たって、正当事由は必要でしょうか。」
飯田さん：「正当事由は（　イ　）です。」
井川さん：「次に、一般定期借地権の存続期間について教えてください。」
飯田さん：「一般定期借地権の存続期間は（　ウ　）以上です。契約を締結する際は、契約の更新がない旨などの特約を、（　エ　）行わなければなりません。」

〈語群〉

1．10年　2．20年　3．30年　4．50年

5．必要　6．不要

7．地方裁判所等の許可を得て

8．公正証書等の書面または電磁的記録によって

［2022年1月試験　第3問　問9 ㊈］

資産6 解答解説

解答 (ア) 3　(イ) 5　(ウ) 4　(エ) 8

(ア)…普通借地権の最初の存続期間は**30**年です。

(イ)…普通借地契約を更新しない旨の通知を、賃貸人からする場合には正当事由が**必要**です。なお、賃借人からする場合には正当事由は不要です。

(ウ)…一般定期借地権の存続期間は**50**年以上です。

(エ)…一般定期借地権の設定は、公正証書等の書面または電磁的記録によって行わなければなりません。

資産 7 建築基準法に従い、下記〈資料〉の土地に建築物を建てる場合の延べ面積（床面積の合計）の最高限度を計算しなさい。なお、記載のない条件は一切考慮しないこととする。

〈資料〉

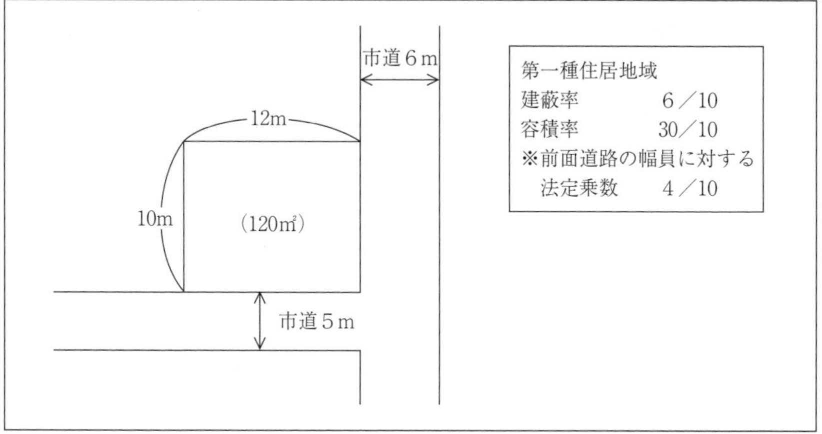

［2023年５月試験　第３問　問７ 改］

資産 7 解答解説

解答 288㎡

延べ面積の最高限度は容積率を用いて計算します。なお、前面道路の幅員（広いほう）が12m未満なので、指定容積率$\left(\frac{30}{10}\right)$と前面道路の幅員に乗数を掛けた率のうち**小さい**ほうの容積率で計算します。

❶容積率：$\frac{30}{10}$（300%）

❷6m × $\frac{4}{10}$ ＝240%

❸300%＞240% → 240%

延べ面積の最高限度：120㎡× 240%＝288㎡

資産8 建築基準法に従い、下記〈資料〉の土地に建物を建てる場合の建築面積の最高限度を計算しなさい。なお、〈資料〉に記載のない条件については一切考慮しないこととする。

〈資料〉

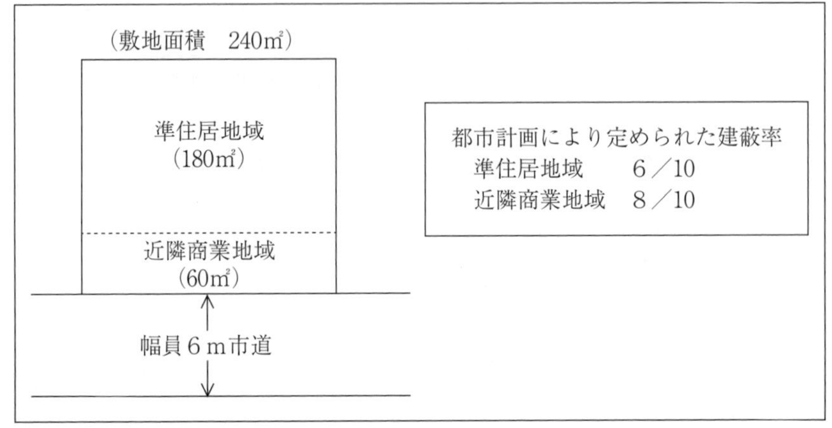

［2023年１月試験　第３問　問８ ㊎］

資産8 解答解説

解答 156㎡

建蔽率の異なる２つ以上の地域にまたがって建築物の敷地がある場合には、建蔽率は加重平均で計算します。

建築面積の最高限度：$180㎡ \times \frac{6}{10} + 60㎡ \times \frac{8}{10} = 156㎡$

資産 9 不動産取得税に関する次の記述の空欄（ア）～（エ）にあてはまる語句を語群の中から選び、その番号のみを解答欄に記入しなさい。

> 不動産取得税は、原則として不動産の所有権を取得した者に対して、その不動産が所在する（　ア　）が課税するものであるが、相続や（　イ　）等を原因とする取得の場合は非課税となる。課税標準は、原則として（　ウ　）である。また、一定の条件を満たした新築住宅（認定長期優良住宅ではない）を取得した場合、課税標準から１戸当たり（　エ　）を控除することができる。

〈語群〉

1．市町村	2．都道府県	3．国税局
4．贈与	5．売買	6．法人の合併
7．固定資産税評価額	8．公示価格	9．時価
10．1,000万円	11．1,200万円	12．1,500万円

［2023年９月試験　第３問　問９］

資産 9 解答解説

解答 ㈠ 2　㈡ 6　㈢ 7　㈣ 11

不動産取得税は、原則として不動産の所有権を取得した者に対して、その不動産が所在する **都道府県** が課税するものですが、相続や **法人の合併** 等を原因とする取得の場合は非課税となります。課税標準は、原則として **固定資産税評価額** です。また、一定の条件を満たした新築住宅（認定長期優良住宅ではない）を取得した場合、課税標準から１戸あたり **1,200万円** を控除することができます。

資産10 固定資産税に関する次の記述の空欄（ア）～（エ）に入る語句の組み合わせとして、適切なものはどれか。

> 固定資産税は、（　ア　）が、毎年（　イ　）現在の土地や家屋等の所有者に対して課税する。課税標準は固定資産税評価額だが、一定の要件を満たす住宅が建っている住宅用地（小規模住宅用地）は、住戸一戸当たり（　ウ　）以下の部分について、課税標準額が固定資産税評価額の（　エ　）になる特例がある。

1. （ア）市町村（東京23区は都）　（イ）1月1日　（ウ）200㎡　（エ）6分の1
2. （ア）市町村（東京23区は都）　（イ）4月1日　（ウ）240㎡　（エ）3分の1
3. （ア）都道府県　（イ）1月1日　（ウ）240㎡　（エ）6分の1
4. （ア）都道府県　（イ）4月1日　（ウ）200㎡　（エ）3分の1

［2021年1月試験　第3問　問10］

資産10 解答解説

解答 1

固定資産税は、**市町村**（**東京23区は都**）が、毎年 **1月1日** 現在の土地や家屋等の所有者に対して課税します。課税標準は固定資産税評価額ですが、一定の要件を満たす住宅が建っている住宅用地（小規模住宅用地）は、住戸一戸あたり **200㎡**までの部分について、固定資産税の課税標準額が固定資産税評価額の **6分の1** になる特例があります。

資産11 山岸さんは、7年前に相続により取得し、その後継続して居住している自宅の土地および建物の売却を検討している。売却に係る状況が下記〈資料〉のとおりである場合、所得税における課税長期譲渡所得の金額として、正しいものはどれか。なお、〈資料〉に記載のない事項は一切考慮しないこととする。

〈資料〉

・取得費：土地および建物とも不明であるため概算取得費とする。 ・譲渡価額（合計）：5,000万円 ・譲渡費用（合計）：200万円 ※居住用財産を譲渡した場合の3,000万円特別控除の特例の適用を受けるものとする。 ※所得控除は考慮しないものとする。

1. 1,740万円
2. 1,550万円
3. 1,480万円
4. 1,300万円

［2023年5月試験　第3問　問9］

資産11 解答解説

解答2

取得費が不明なので、概算取得費(譲渡価額×5%)で計算します。
概算取得費：5,000万円×5%＝250万円
課税長期譲渡所得：5,000万円－(250万円＋200万円)－3,000万円（特別控除額）
＝1,550万円

資産 12 倉田さんは、居住している自宅の土地および建物を売却する予定である。売却に係る状況が下記〈資料〉のとおりである場合、所得税における次の記述の空欄(ア)、(イ)にあてはまる数値または語句の組み合わせとして、正しいものはどれか。

〈資料〉

> ・取得日：2020年1月5日
> ・売却予定日：2025年2月1日
> ・取得費：5,500万円
> ・譲渡価額（合計）：9,800万円
> ・譲渡費用（合計）：300万円
> ※居住用財産を譲渡した場合の3,000万円特別控除の特例の適用を受けるものとする。
> ※所得控除は考慮しないものとする。

> 倉田さんがこの土地および建物を売却した場合の特別控除後の譲渡所得の金額は（　ア　）万円となり、課税（　イ　）譲渡所得金額として扱われる。

1．（ア）1,000　（イ）短期
2．（ア）1,300　（イ）短期
3．（ア）1,000　（イ）長期
4．（ア）1,300　（イ）長期

［2022年1月試験　第3問　問10 ㊎］

資産 12 解答解説

解答 1

(ア)…居住用財産の3,000万円特別控除の適用を受ける場合、課税譲渡所得は譲渡益(譲渡価額から取得費と譲渡費用を差し引いた金額)から最高**3,000**万円を差し引いて計算します。

譲渡益：9,800万円－(5,500万円＋300万円)＝4,000万円
課税譲渡所得：4,000万円－3,000万円＝1,000万円

(イ)…2020年1月5日に取得して、2025年2月1日に譲渡した場合、譲渡年(2025年)の1月1日における所有期間は5年以下となるので、**短期**譲渡所得に該当します。

資産13 橋口さんは、自身の居住用財産である土地・建物の譲渡を予定しており、FPで税理士でもある吉田さんに居住用財産を譲渡した場合の3,000万円特別控除の特例（以下「本特例」という）について質問をした。下記〈資料〉に基づく本特例に関する次の（ア）～（エ）の記述について、適切なものには○、不適切なものには×を解答欄に記入しなさい。

〈資料〉

土地・建物の所在地：○○県××市△△町１－２－３
取得日：2021年２月４日
取得費：2,500万円
譲渡時期：2024年中
譲渡金額：3,200万円

（ア）「2021年に本特例の適用を受けていた場合、2024年に本特例の適用を受けることはできません。」

（イ）「橋口さんの2024年の合計所得金額が3,000万円を超える場合、本特例の適用を受けることはできません。」

（ウ）「譲渡先が橋口さんの配偶者や直系血族の場合、本特例の適用を受けることはできません。」

（エ）「本特例の適用を受けられる場合であっても、譲渡益が3,000万円に満たないときは、その譲渡益に相当する金額が控除額になります。」

［2023年９月試験　第３問　問10 ㊅］

資産13 解答解説

解答 (ア) ×　(イ) ×　(ウ) ○　(エ) ○

(ア)…2023年（前年）または2022年（前々年）に3,000万円の特別控除の適用を受けた場合には、2024年にこの特例の適用を受けることはできませんが、2021年に適用を受けていた場合には、2024年にこの特例の適用を受けることができます。

(イ)…3,000万円の特別控除は、合計所得金額にかかわらず適用を受けることができます。

(エ)…たとえば譲渡益が2,000万円である場合には、2,000万円が控除額となります。

資産14 下記〈資料〉は、北村さんが購入を検討している投資用マンションの概要である。この物件の実質利回り(年利)を計算しなさい。なお、〈資料〉に記載のない事項については一切考慮しないこととする。また、計算結果については、小数点以下の端数が生じた場合は、小数点以下第3位を四捨五入することとし、解答の単位は%で表示すること。

〈資料〉

・購入費用の総額：1,500万円（消費税と仲介手数料等取得費用を含めた金額）
・想定される賃料（月額）：60,000円
・運営コスト（月額）：管理費・修繕積立金等　10,000円
　管理業務委託費　月額賃料の５％
・想定される固定資産税・都市計画税（年額）：36,000円

［2023年１月試験　第３問　問10 改］

資産14 解答解説

解答3.52%

$$実質利回り(\%)=\frac{年間収入合計-諸経費}{総投下資本(購入費用総額)}\times 100$$

年間収入合計：60,000円×12カ月＝720,000円
諸経費(年間)：10,000円×12カ月＋60,000円×５%×12カ月＋36,000円
＝192,000円

実質利回り：$\frac{720{,}000円-192{,}000円}{15{,}000{,}000円}\times 100=3.52\%$

CHAPTER
06

相続・事業承継

「教科書」CHAPTER06　相続・事業承継に対応する学科問題と実技問題のうち、よく出題される問題を確認しておきましょう。
なお、実技（金財）では「相続税の総額」を計算させる問題がよく出題されるので、計算の仕方をおさえておいてください。

学科 試験ではこの科目から四肢択一形式で10問出題されます。似たような問題で選択肢を1、2個変えて出題されることも多いので、「これはどう？」も解いておきましょう。

実技 実技問題です。問題文や資料が長いので、問題を正確に読み取る練習をしておきましょう。

学科

特におさえておきたい内容

1 相続の基本 「教科書」CH.06 SEC.01	■相続人と相続分 ■相続の承認と放棄 ■遺産分割 ■遺言と遺贈 ■遺留分
2 相続税 「教科書」CH.06 SEC.02	■相続税の課税対象 ■相続税の非課税財産 ■生命保険金の非課税額 ■債務控除 ■遺産に係る基礎控除 ■配偶者の税額軽減 ■相続税の申告と納付（延納、物納）

3 贈与税 「教科書」CH.06 SEC.03	■贈与の形態 ■贈与税の課税対象 ■贈与税の基礎控除 ■贈与税の配偶者控除 ■直系尊属から住宅取得等資金を受けた場合の非課税制度 ■相続時精算課税制度 ■教育資金の一括贈与に係る贈与税の非課税措置 ■贈与税の申告と納付
4 財産の評価 「教科書」CH.06 SEC.04	■路線価方式と倍率方式 ■宅地（自用地、借地権、貸宅地、貸家建付地）の評価 ■小規模宅地等の課税価格の計算の特例 ■株式の評価 ■その他の財産の評価
5 相続・事業承継対策 「教科書」CH.06 SEC.05	■相続対策 ■事業承継対策 ■非上場株式等の贈与税・相続税の納税猶予制度

実技

1 個人資産相談業務【金財】	■個人－1、2
2 生保顧客資産相談業務【金財】	■生保－1、2
3 資産設計提案業務【日本FP協会】	■資産－1～17

相続の基本

問題

1 民法における相続人等に関する次の記述のうち、最も不適切なものはどれか。

1. 相続開始時に胎児であった者は、すでに生まれたものとみなされ、相続権が認められる。
2. 相続の欠格によって相続権を失った場合、その者に直系卑属がいれば、その直系卑属が代襲相続人となる。
3. 被相続人に子がいる場合、その子は第1順位の相続人となる。
4. 被相続人と婚姻の届出をしていないが、事実上婚姻関係にある者は、被相続人の配偶者とみなされ、相続権が認められる。

［2017年5月試験］

---

2 民法上の相続人に関する次の記述のうち、最も不適切なものはどれか。

1. 被相続人に子がいる場合、その子は第1順位の相続人となる。
2. 被相続人の子が相続開始以前に廃除により相続権を失っているときは、その相続権を失った者に子がいても、その子(被相続人の孫)は代襲相続人とならない。
3. 特別養子縁組が成立した場合、原則として、養子と実方の父母との親族関係は終了し、その養子は実方の父母の相続人とならない。
4. 相続開始時における胎児は、すでに生まれたものとみなされるが、その後、死産となった場合には、相続人とならない。

［2020年1月試験］

解答解説

1 答 4

1…適　切　相続開始時に胎児であった者は、すでに生まれたものとみなされ、相続権が認められます。

2…適　切　相続の開始時に、相続人となることができる人がすでに**死亡**、**欠格**、**廃除**によって、相続権がなくなっている場合には、その人の直系卑属が代襲相続人となります。

3…適　切　被相続人に子がいる場合、その子は第1順位の相続人となります。

4…不適切　婚姻届が提出されていない事実婚関係や内縁関係の人は、相続人になれません。

相続人になれない人

★相続開始以前にすでに**死亡**している人
★**欠格**事由に該当する人
★相続人から**廃除**された人
→その人の子は代襲相続人に**なれる**

★相続を**放棄**した人→その人の子は代襲相続人に**なれない**

2 答 2

1…適　切　被相続人に子がいる場合、その子は第1順位の相続人となります。

2…不適切　相続の開始時に、相続人となることができる人がすでに**死亡**、**欠格**、**廃除**によって、相続権がなくなっている場合には、その人の直系卑属が代襲相続人となります。

3…適　切　特別養子縁組の場合、養子と実方の父母との親族関係は終了し、その養子は実方の父母の相続人となりません。

4…適　切　相続開始時に胎児であった者は、すでに生まれたものとみなされますが、その後、死産となった場合には、相続人となりません。

普通養子縁組と特別養子縁組

普通養子縁組	養子が実父母との親子関係を存続したまま、養父母との親子関係を作る →養子は実父母と養父母の両方の相続人となる
特別養子縁組	原則として、養子が実父母との親子関係を終了し、養父母との親子関係を作る →養子は**養父母**のみの相続人となる

問題

3 民法上の相続分に関する次の記述のうち、最も適切なものはどれか。

1. 代襲相続人が1人である場合、その代襲相続人の法定相続分は、被代襲者が受けるべきであった法定相続分の2分の1である。
2. 相続人が被相続人の配偶者と弟の合計2人である場合、配偶者および弟の法定相続分は、それぞれ2分の1である。
3. 被相続人と父母の一方のみを同じくする兄弟姉妹の法定相続分は、父母の双方を同じくする兄弟姉妹の法定相続分の2分の1である。
4. 養子の法定相続分は、実子の法定相続分の2分の1である。

［2021年5月試験］

4 民法上の相続人および相続分に関する次の記述のうち、最も不適切なものはどれか。

1. 相続人が被相続人の配偶者および母の合計2人である場合、配偶者の法定相続分は3分の2、母の法定相続分は3分の1である。
2. 相続人が被相続人の配偶者および姉の合計2人である場合、配偶者の法定相続分は4分の3、姉の法定相続分は4分の1である。
3. 相続人となるべき被相続人の弟が、被相続人の相続開始以前に死亡していた場合、その弟の子が代襲して相続人となる。
4. 相続人となるべき被相続人の子が相続の放棄をした場合、その放棄した子の子が代襲して相続人となる。

［2020年9月試験］

解答解説

3 答 3

1…不適切　代襲相続人の法定相続分は、被代襲者が受けるべきであった法定相続分と同じです。

2…不適切　相続人が配偶者と兄弟姉妹の場合の法定相続分は、配偶者**4**分の**3**、兄弟姉妹**4**分の**1**です。

3…適　切　半血兄弟姉妹の相続分は、全血兄弟姉妹の相続分の**2**分の**1**です。

4…不適切　養子の法定相続分は実子の法定相続分と同じです。

法定相続分

相続人	法定相続分
配偶者と子	配偶者：**2分の1**　子：**2分の1**
配偶者と直系尊属	配偶者：**3分の2**　直系尊属：**3分の1**
配偶者と兄弟姉妹	配偶者：**4分の3**　兄弟姉妹：**4分の1**

4 答 4

1…適　切　相続人が配偶者と直系尊属の場合の法定相続分は、配偶者**3**分の**2**、直系尊属**3**分の**1**です。

2…適　切　相続人が配偶者と兄弟姉妹の場合の法定相続分は、配偶者**4**分の**3**、兄弟姉妹**4**分の**1**です。

3…適　切　兄弟姉妹が死亡している場合は、兄弟姉妹の子までは代襲相続が発生します。

4…不適切　相続**放棄**の場合には、代襲相続は発生しません。

代襲相続

★直系卑属(子など)は、再代襲、再々代襲…がある

★兄弟姉妹が死亡している場合は、兄弟姉妹の子(被相続人の**甥**、**姪**)までしか代襲相続は認められない

★直系尊属(父、母)については、代襲相続という考え方はない

★相続**放棄**の場合は、代襲相続は発生しない

問題

5 民法上の相続分に関する次の記述のうち、最も適切なものはどれか。

1. 相続人が被相続人の配偶者、長男および長女の合計３人である場合、配偶者、長男および長女の法定相続分はそれぞれ３分の１である。
2. 相続人が被相続人の配偶者および父の合計２人である場合、配偶者の法定相続分は４分の３、父の法定相続分は４分の１である。
3. 相続人が被相続人の配偶者および兄の合計２人である場合、配偶者の法定相続分は３分の２、兄の法定相続分は３分の１である。
4. 相続人が被相続人の長男および孫(相続開始時においてすでに死亡している長女の代襲相続人)の合計２人である場合、長男および孫の法定相続分はそれぞれ２分の１である。

［2020年１月試験］

解答解説

5 答 4

1…不適切　相続人が配偶者と子の場合の法定相続分は、配偶者**2**分の**1**、子**2**分の**1**です。子が複数人いる場合には、子の相続分を子の人数で按分します。

長男・長女の法定相続分：$\frac{1}{2}\times\frac{1}{2}=\frac{1}{4}$

2…不適切　相続人が配偶者と直系尊属の場合の法定相続分は、配偶者**3**分の**2**、直系尊属**3**分の**1**です。

3…不適切　相続人が配偶者と兄弟姉妹の場合の法定相続分は、配偶者**4**分の**3**、兄弟姉妹**4**分の**1**です。

4…適　切　代襲相続人の法定相続分は、被代襲者が受けるべきであった法定相続分と同じです。したがって、本問の場合には、長男と孫(長女の代襲相続人)の法定相続分はそれぞれ2分の1となります。

問題

6 民法に規定する相続に関する次の記述のうち、最も適切なものはどれか。

1. 相続人が不存在である場合は、被相続人の相続財産は法人となり、特別縁故者の請求によってその財産の全部または一部が特別縁故者に対して分与されることがある。
2. 相続の単純承認をした相続人は、被相続人の財産のうち、積極財産のみを相続する。
3. 限定承認は、相続人が複数いる場合、限定承認を行おうとする者が単独ですることができる。
4. 相続の放棄をする場合は、相続人は相続の開始があったことを知った時から原則として6ヵ月以内に家庭裁判所に申述しなければならない。

［2023年1月試験］

これはどう？

推定相続人は、家庭裁判所に申述することにより、相続の開始前に相続の放棄をすることができる。 OX

［2014年9月試験］

これはどう？

相続人が相続の放棄をした場合、放棄をした者の子が、放棄をした者に代わって相続人となる。 OX

［2014年9月試験］

解答解説

6 答 1

1…適　切　相続人が不存在の場合(一人もいない場合)は、相続財産は「相続財産法人」という法人となり、家庭裁判所が選任した相続財産清算人が相続財産の管理や清算を行い、清算後に残った財産は国庫に帰属されることになります。ただし、特別縁故者(被相続人と特別な親しい関係にあった人など)からの請求があった場合には、その財産の全部または一部が特別縁故者に対して分与されることがあります。

2…不適切　相続の単純承認をした相続人は、積極財産と消極財産の両方を相続します。

3…不適切　限定承認は、相続の開始があったことを知った日から**3**カ月以内に、相続人**全員**で家庭裁判所にその旨を申述する必要があります。

4…不適切　相続の放棄をする場合は、相続の開始があったことを知った日から**3**カ月以内に家庭裁判所に申述する必要があります。

相続の承認と放棄

単純承認【原則】	被相続人の財産をすべて相続すること
限定承認	被相続人の資産の範囲内で負債を承継すること ★相続の開始があったことを知ったときから **3** カ月以内に、相続人 **全員** で家庭裁判所に申し出る
相続の放棄	被相続人の財産をすべて承継しないなど、相続人とならなかったものとすること ★相続の開始があったことを知ったときから **3** カ月以内に、家庭裁判所に申し出る ★相続の放棄は **単独** でできる ★相続の放棄をした場合には、 **代襲相続** は発生しない

答 ×

相続の開始前には相続の放棄をすることはできません。

答 ×

相続**放棄**の場合には、代襲相続は発生しません。

問題

7 遺産分割に関する次の記述のうち、最も適切なものはどれか。

1. 共同相続された預貯金は遺産分割の対象となり、相続開始と同時に当然に法定相続分に応じて分割されるものではない。
2. 代償分割は、現物分割を困難とする事由がある場合に、共同相続人が家庭裁判所に申し立て、その審判を受けることにより認められる分割方法である。
3. 相続財産である不動産を、共同相続人間で遺産分割するために譲渡して換価した場合、その譲渡による所得は、所得税において非課税所得とされている。
4. 被相続人は、遺言によって、相続開始の時から10年間、遺産の分割を禁ずることができる。

［2020年1月試験］

これはどう？

遺産の分割について、共同相続人間で協議が調わないとき、または協議をすることができないときは、各共同相続人はその分割を公証人に請求することができる。〇×

［2022年9月試験］

8 遺産分割協議に関する次の記述のうち、最も適切なものはどれか。

1. 遺産分割協議書は、民法で定められた形式に従って作成し、かつ、共同相続人全員が署名・捺印していなければ無効となる。
2. 遺産分割協議書は、相続人が相続の開始があったことを知った日の翌日から10カ月以内に作成し、家庭裁判所に提出しなければならない。
3. 遺産を現物分割する旨の遺産分割協議書を作成する際に、一定の場合を除き、遺産の一部についてのみ定めた遺産分割協議書を作成することができる。
4. 適法に成立した遺産分割協議については、共同相続人全員の合意があったとしても、当該協議を解除し、再度、遺産分割協議を行うことはできない。

［2022年5月試験］

解答解説

7 答 1

1…適　切　共同相続された預貯金は、相続開始と同時に当然に法定相続分に応じて分割されるものではなく、相続財産に含まれて遺産分割の対象となります。

2…不適切　代償分割は、共同相続人のうち特定の相続人が被相続人の遺産を現物で取得し、その他の相続人に自分の財産を支払う方法です。代償分割を行うにあたって、家庭裁判所への申立ては**不要**です。

3…不適切　相続財産である不動産を、遺産分割するために譲渡して換価したときの譲渡による所得は所得税の課税対象となります。

4…不適切　遺産分割を禁じることができる期間は最長**5**年間です。

答 ×

遺産分割について、共同相続人間で協議が調わないときは、**家庭裁判所**の**調停**によって分割(調停分割)が行われます。調停によってもまとまらない場合には、**家庭裁判所**の**審判**によって分割(審判分割)が行われます。

---

8 答 3

1…不適切　遺産分割協議書は、共同相続人全員が署名・捺印するのが一般的ですが、形式は特に決まりはありません。

2…不適切　遺産分割協議書の作成期限はありません。

3…適　切

4…不適切　共同相続人全員の合意があれば、再度、遺産分割協議を行うことができます。

問題

9 民法上の遺言および遺留分に関する次の記述のうち、最も不適切なものはどれか。

1. 遺言は、満15歳以上で、かつ、遺言をする能力があれば、誰でもすることができる。
2. 遺言者は、いつでも、遺言の方式に従って、遺言の全部または一部を撤回することができる。
3. 被相続人の兄弟姉妹に遺留分は認められない。
4. 遺留分権利者は、相続の開始があったことを知った時から３ヵ月以内に限り、家庭裁判所の許可を受けて遺留分の放棄をすることができる。

〔2019年９月試験〕

これはどう？

未成年者が遺言をするには、その法定代理人の同意を得なければならない。 OX

〔2021年９月試験〕

これはどう？

遺言書に認知する旨の記載をすることによって、遺言者は子の認知をすることができる。 OX

〔2021年９月試験〕

これはどう？

遺言による相続分の指定または遺贈によって、相続人の遺留分が侵害された場合、その遺言は無効となる。 OX

〔2022年５月試験〕

解答解説

9 答 4

1…適　切　遺言は、満**15**歳以上で、意思能力があれば誰でもすることができます。

2…適　切　遺言はいつでも全部または一部を撤回することができます。

3…適　切　**兄弟姉妹**には遺留分は認められません。

4…不適切　相続開始前に遺留分を放棄するには、家庭裁判所の許可を受ける必要がありますが、相続開始後は意思表示のみで行うことができます。

答 ×

遺言は、満**15**歳以上で、意思能力があればすることができます。法定代理人の同意は不要です。

答 ○

遺言書で子の認知をすることができます。

答 ×

遺言による相続分の指定や遺贈によって、相続人の遺留分が侵害された場合でも遺言は無効になりません。

問題

10 民法上の遺言に関する次の記述のうち、最も適切なものはどれか。

1. 相続人が自筆証書遺言を発見し、家庭裁判所の検認を受ける前に開封した場合、その遺言は無効となる。
2. 遺言者が自筆証書遺言に添付する財産目録をパソコンで作成する場合、当該目録への署名および押印は不要である。
3. 公正証書遺言の作成において、遺言者の推定相続人とその配偶者は証人として立ち会うことができない。
4. 公正証書遺言は、自筆証書遺言によって撤回することはできず、公正証書遺言によってのみ撤回することができる。

［2023年9月試験］

これはどう？

公正証書遺言を作成した遺言者が、自筆証書遺言も作成し、それぞれの内容が異なっている場合、その異なっている部分について作成日付の新しい遺言の内容が効力を有する。〇✕ ［2020年1月試験］

これはどう？

自筆証書遺言の内容を変更する場合には、遺言者が変更箇所を指示し、これを変更した旨を付記したうえでこれに署名し、かつ、その変更箇所に押印しなければならない。〇✕ ［2020年1月試験］

解答解説

10 答 3

1…不適切　自筆証書遺言を家庭裁判所の検認を受ける前に開封した場合、5万円以下の過料がかかることがありますが、遺言は無効にはなりません。

2…不適切　自筆証書遺言に添付する財産目録はパソコンで作成することができますが、毎ページに署名・押印が必要です。

3…適　切　公正証書遺言の作成において証人が2人以上必要ですが、❶**未成年者**、❷**推定相続人**や受遺者、❸❷の**配偶者**や直系血族等は証人になれません。

4…不適切　遺言はいつでも全部または一部を撤回することができ、公正証書遺言を作成した場合でも、自筆証書遺言によって撤回することができます。

遺言の種類とポイント

自筆証書遺言	★遺言者が遺言の全文、日付、氏名を自書し、押印する ★財産目録は、毎葉に署名・押印をすればその目録は**自書不要** ★証人は**不要** ★検認は**必要**（法務局に保管した場合は不要） ★原本は**法務局**で保管することもできる
公正証書遺言	★証人は**2**人以上必要 ★検認は**不要**
秘密証書遺言	★証人は**2**人以上必要 ★検認は**必要**

答 ○

遺言書が複数ある場合で、内容が異なる部分があるときは、その異なっている部分について、作成日の**新しい**ほうの遺言の内容が有効となります。

答 ○

遺言書の内容の変更はいつでも行うことができますが、法律で決められている方法によって行わなければなりません。自筆証書遺言の内容を変更する場合は、遺言者が❶変更箇所を**指示**し、❷変更した**旨**を付記したうえで**署名**し、❸変更箇所に**押印**しなければ変更の効力はありません。

問題

11 法定後見制度に関する次の記述の空欄(ア)～(ウ)にあてはまる語句の組み合わせとして、最も適切なものはどれか。

> ・法定後見制度は、本人の判断能力が(　ア　)に、家庭裁判所によって選任された成年後見人等が本人を法律的に支援する制度である。
> ・法定後見制度において、後見開始の審判がされたときは、その内容が(　イ　)される。
> ・成年後見人は、成年被後見人が行った法律行為について、原則として、(　ウ　)。

1. (ア)不十分になる前　(イ)戸籍に記載　(ウ)取り消すことができる
2. (ア)不十分になった後　(イ)登記　(ウ)取り消すことができる
3. (ア)不十分になった後　(イ)戸籍に記載　(ウ)取り消すことはできない
4. (ア)不十分になる前　(イ)登記　(ウ)取り消すことはできない

［2023年9月試験］

解答解説

II 答 2

(ア)…法定後見制度は、本人の判断能力が**不十分になった後**に、家庭裁判所によって選任された成年後見人等が本人を法律的に支援する制度です。

(イ)…法定後見制度において、後見開始の審判がされたときは、その内容が**登記**されます。

(ウ)…成年後見人は、成年被後見人が行った法律行為について、原則として、**取り消すことができます**。

問題

1 2024年中の相続税の課税財産に関する次の記述のうち、最も不適切なものはどれか。

1. 被相続人が交通事故により死亡し、加害者が加入していた自動車保険契約に基づき、相続人が受け取った対人賠償保険の保険金は、相続税の課税対象となる。
2. 契約者(＝保険料負担者)および被保険者を被相続人とする生命保険契約に基づき、相続の放棄をした者が受け取った死亡保険金は、相続税の課税対象となる。
3. 被相続人から相続時精算課税による贈与により取得した財産は、その者が相続または遺贈により財産を取得したかどうかにかかわらず、相続税の課税対象となる。
4. 相続または遺贈により財産を取得した者が、相続開始の２年前に被相続人から暦年課税による贈与により取得した財産は、原則として相続税の課税対象となる。

[2020年9月試験 改]

これはどう?

被相続人がその相続開始時に有していた事業上の売掛金は、相続税の課税対象となる。OX

[2017年1月試験]

これはどう?

被相続人の死亡によって被相続人に支給されるべきであった退職手当金で、被相続人の死亡後3年を超えてから支給が確定したものは、相続財産とみなされて相続税の課税対象となる。OX

[2018年1月試験]

解答解説

I 答 1

1…不適切　加害者が加入していた保険契約から遺族である相続人が受け取った対人賠償保険金は遺族である相続人の所得となるため、相続税の課税対象外となります。なお、遺族である相続人の所得税の計算上、賠償保険金は非課税となります。

2…適　切　死亡保険金はみなし相続財産として相続税の課税対象となります。なお、死亡保険金には一定の非課税額がありますが、相続を放棄した者が受け取った死亡保険金には非課税の適用はなく、全額が課税対象となります。

3…適　切　相続時精算課税による贈与により取得した財産は、その者が相続または遺贈によって財産を取得したかどうかにかかわらず、相続税の課税対象となります。

4…適　切　相続または遺贈によって財産を取得した者が、相続開始前一定期間内(2024年１月以降の贈与から段階的に延長され、最終的に７年以内)に被相続人から財産を贈与されていた場合、その贈与財産は相続税の課税対象となります。

相続税の課税対象

本来の相続財産	被相続人が生前に所有していた預貯金、株式、土地、建物、債権など
みなし相続財産	生命保険金、死亡退職金
相続時精算課税制度による贈与財産	★相続または遺贈によって財産を取得していなくても、相続税の課税対象となる
相続開始前７年以内の贈与財産	★相続または遺贈によって財産を取得していない場合には、相続税の課税対象とならない

答 ○

売掛金や貸付金は相続税の課税対象となります。

答 ×

被相続人の死亡によって支給される退職金で、被相続人の死後３年以内に支給が確定したものはみなし相続財産として相続税の課税対象となりますが、被相続人の死後３年を超えて支給が確定したものは相続税の課税対象と**なりません**(一時所得として所得税の課税対象となります)。

問題

2 相続税の非課税財産に関する次の記述のうち、最も不適切なものはどれか。

1. 被相続人の死亡によって被相続人に支給されるべきであった死亡退職金で、被相続人の死亡後３年以内に支給が確定したものを相続人が取得した場合は、死亡退職金の非課税金額の規定の適用を受けることができる。
2. 被相続人の死亡によって相続人に支給される弔慰金は、被相続人の死亡が業務上の死亡である場合、被相続人の死亡当時における普通給与の５年分に相当する金額まで相続税の課税対象とならない。
3. 相続の放棄をした者が受け取った死亡保険金については、死亡保険金の非課税金額の規定の適用を受けることができない。
4. 死亡保険金の非課税金額の規定による非課税限度額は、「500万円×法定相続人の数」の算式により計算した金額である。

［2019年９月試験］

3 相続税の課税財産等に関する次の記述のうち、最も不適切なものはどれか。

1. 契約者（＝保険料負担者）および被保険者が夫、死亡保険金受取人が妻である生命保険契約において、夫の死亡により妻が受け取った死亡保険金は、原則として、遺産分割の対象とならない。
2. 契約者（＝保険料負担者）および被保険者が父、死亡保険金受取人が子である生命保険契約において、子が相続の放棄をした場合は、当該死亡保険金について、死亡保険金の非課税金額の規定の適用を受けることができない。
3. 老齢基礎年金の受給権者である被相続人が死亡し、その者に支給されるべき年金給付で死亡後に支給期の到来するものを相続人が受け取った場合、当該未支給の年金は、相続税の課税対象となる。
4. 被相続人の死亡により、当該被相続人に支給されるべきであった退職手当金で被相続人の死亡後３年以内に支給が確定したものについて、相続人がその支給を受けた場合、当該退職手当金は、相続税の課税対象となる。

［2023年９月試験］

解答解説

2 答 2

1…適　切　死亡退職金のうち、被相続人の死亡後**3**年以内に支給が確定したものは、死亡退職金のうち一定額が非課税となります。

2…不適切　業務上の死亡の場合の弔慰金は、被相続人の死亡当時における普通給与の「5年分」ではなく「**3**年分」に相当する金額まで非課税となります。

3…適　切　相続を放棄した人が受け取った死亡保険金については、非課税金額の規定の適用を受けることができません。ただし、非課税金額を計算するさいの「法定相続人の数」には相続を放棄した人も**含めます**。

4…適　切　死亡保険金の非課税限度額は**「500万円×法定相続人の数」**で計算した金額となります。

弔慰金のうち非課税限度額

業務上の死亡の場合	死亡時の普通給与の **36** カ月(**3** 年)分
業務外の死亡の場合	死亡時の普通給与の **6** カ月分

3 答 3

1…適　切　死亡保険金は被相続人の財産ではなく、受取人の固有財産としてみなされるため、夫の死亡により妻が受け取った死亡保険金は、原則として、遺産分割の対象となりません。

2…適　切　相続を放棄した人が受け取った死亡保険金については、非課税金額の規定の適用を受けることはできません。

3…不適切　老齢基礎年金の受給権者が死亡した場合で、その被相続人に支給すべき年金のうち、まだ支給されていない年金を、死亡後に相続人が受け取ったときは、その相続人の一時所得となるため、相続税ではなく所得税の課税対象となります。

4…適　切　死亡退職金のうち、被相続人の死亡後3年以内に支給が確定したものは、死亡退職金のうち一定額が相続税の課税対象となります。

問題

4 Aさんの死亡に伴い、Aさんが契約者(＝保険料負担者)および被保険者である生命保険契約に基づき、妻が1,200万円、長女が300万円の死亡保険金を受け取った。法定相続人は、妻および長女の２人で、上記以外に死亡保険金を受け取った者はいない。また、長女は相続の放棄をしている。この場合、妻と長女が受け取った死亡保険金の金額のうち、相続税における生命保険金等の非課税規定(相続税法第12条の「相続税の非課税財産」の規定)の適用を受けた場合の各人の非課税金額として、最も適切なものはどれか。

1. 妻1,000万円　長女200万円
2. 妻1,000万円　長女は適用なし
3. 妻 800万円　長女200万円
4. 妻 800万円　長女は適用なし

［2017年１月試験］

解答解説

4 答 2

死亡保険金の非課税限度額は**「500万円×法定相続人の数」**で計算した金額となります。また、相続を放棄した人が受け取った死亡保険金については、非課税の規定の適用を受けることはできません。ただし、非課税限度額を計算するさいの「法定相続人の数」には相続を放棄した人の人数を**含めます**。

本問では、長女は相続を放棄しているので、長女が受け取った死亡保険金には非課税の規定の適用はありませんが、長女も「法定相続人の数」に含めるので、非課税限度額および各人の非課税金額は次のようになります。

非課税限度額：500万円×２人＝1,000万円
妻の非課税金額：1,000万円
長女の非課税金額：なし

死亡保険金の非課税限度額

非課税限度額＝500万円×法定相続人の数

★相続を放棄した人が受け取った死亡保険金には非課税の規定は適用しない

相続税計算上の法定相続人の数

★相続を放棄した人も「法定相続人の数」に含める

★養子がいる場合、被相続人に実子がいるときは「法定相続人の数」に含める養子の数は 1 人まで、被相続人に実子がいないときは「法定相続人の数」に含める養子の数は 2 人までとなる

問題

5 相続人が負担した次の費用等のうち、相続税の課税価格の計算上、相続財産の価額から債務控除をすることができるものはどれか。なお、相続人は債務控除の適用要件を満たしているものとする。

1. 被相続人が生前に購入した墓碑の購入代金で、相続開始時点で未払いのもの
2. 被相続人が所有していた不動産に係る固定資産税のうち、相続開始時点で納税義務は生じているが、納付期限が到来していない未払いのもの
3. 被相続人に係る初七日および四十九日の法要に要した費用のうち、社会通念上相当と認められるもの
4. 被相続人の相続に係る相続税の申告書を作成するために、相続人が支払った税理士報酬

［2023年5月試験］

---

6 次の費用等のうち、相続税の課税価格の計算上、相続財産の価額から債務控除できないものはどれか。なお、当該費用等は、相続により財産を取得した相続人が負担したものとし、相続人は債務控除の適用要件を満たしているものとする。

1. 被相続人に係る住民税で、相続開始時点で納税義務は生じているが、納期限が到来していない未払いのもの
2. 遺言執行者である弁護士に支払った被相続人の相続に係る遺言執行費用
3. 葬式に際して施与した金品で、被相続人の職業、財産その他の事情に照らして相当と認められるもの
4. 通夜にかかった費用などで、通常葬式に伴うものと認められるもの

［2020年1月試験］

解答解説

5 答 2

1…債務控除の対象とならない　被相続人が生前に購入した墓碑の未払い代金は債務控除の対象となりません。

2…債務控除の対象となる　未払いの税金は債務控除の対象となります。

3…債務控除の対象とならない　初七日や四十九日などの法要費用は債務控除の対象となりません。

4…債務控除の対象とならない　被相続人の相続に係る相続税の申告書を作成するために、相続人が支払った税理士報酬は債務控除の対象となりません。

債務控除の対象となるものとならないもの（例）

	控除できるもの	控除できないもの
債　務	○借入金 ○未払いの医療費 ○未払いの税金	×（生前に購入した）墓地等の未払金 ×遺言執行費用
葬式費用	○通夜・告別式・火葬・納骨費用 ○死体捜索費用	×香典返戻費用 ×法要費用（初七日、四十九日等）

6 答 2

1…債務控除の対象となる　未払いの税金は債務控除の対象となります。

2…債務控除の対象とならない　遺言執行費用は債務控除の対象となりません。

3…債務控除の対象となる　葬式にさいして施与した金品で、被相続人の職業、財産等に照らして相当と認められるものは債務控除の対象となります。

4…債務控除の対象となる　通夜にかかった費用は債務控除の対象となります。

問題

7 下記〈親族関係図〉において、Aさんの相続が開始した場合の相続税額の計算における遺産に係る基礎控除額として、最も適切なものはどれか。なお、Cさんは相続の放棄をしている。また、Eさんは、Aさんの普通養子(特別養子縁組以外の縁組による養子)である。

〈親族関係図〉

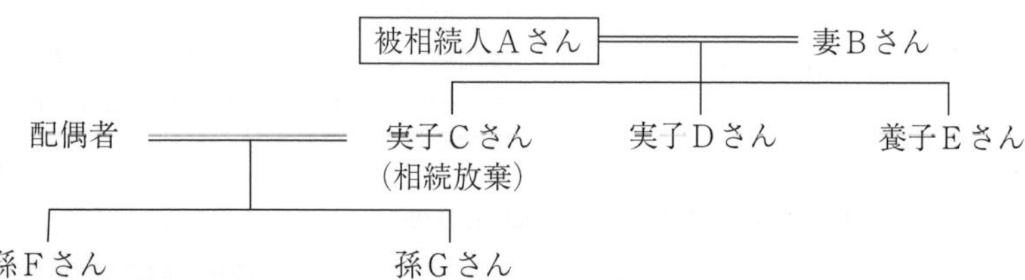

1. 4,200万円
2. 4,800万円
3. 5,400万円
4. 6,000万円

[2023年5月試験]

8 相続税の計算に関する次の記述のうち、最も不適切なものはどれか。

1. 遺産に係る基礎控除額の計算上、法定相続人の数は、相続人が相続の放棄をした場合には、その放棄がなかったものとした場合における相続人の数である。
2. 遺産に係る基礎控除額の計算上、法定相続人の数に含めることができる養子の数は、被相続人に実子がなく、養子が2人以上いる場合には1人である。
3. 遺産に係る基礎控除額の計算上、被相続人の特別養子となった者は実子とみなされる。
4. 遺産に係る基礎控除額の計算上、被相続人の子がすでに死亡し、代襲して相続人となった被相続人の孫は実子とみなされる。

[2023年9月試験]

解答解説

7 答 3

遺産に係る基礎控除額は**「3,000万円＋600万円×法定相続人の数」**で計算します。このときの「法定相続人の数」には相続を放棄した人の人数を**含めます**。

また、実子がいる場合、「法定相続人の数」に含める養子の数は**1**人までとなるため、本問の「法定相続人の数」は、妻Bさん、実子Cさん、実子Dさん、養子Eさんの合計4人となります。

遺産に係る基礎控除額：3,000万円＋600万円×4人＝5,400万円

遺産に係る基礎控除額

遺産に係る基礎控除額＝3,000万円＋600万円×法定相続人の数

相続税計算上の法定相続人の数

★相続を放棄した人も「法定相続人の数」に含める

★養子がいる場合、被相続人に実子がいるときは「法定相続人の数」に含める養子の数は1人まで、被相続人に実子がいないときは「法定相続人の数」に含める養子の数は2人までとなる

8 答 2

1…適　切　相続を放棄した人がいる場合でも、遺産に係る基礎控除額の計算上、法定相続人の数には相続を放棄した人の人数も含めます（放棄がなかったものとして計算します）。

2…不適切　法定相続人の数に含めることができる養子の数は、実子がいる場合には**1**人まで、実子がいない場合には**2**人までとなっています。

3…適　切　特別養子は実子とみなされます。

4…適　切　代襲相続人である孫は、相続人となるべきであった子の立場をひきつぐので、遺産に係る基礎控除額の計算上、実子とみなされます。

養子でも実子とみなされる場合

★特別養子縁組によって養子となった人

★配偶者の実子で、被相続人の養子となった人

★代襲相続人で、被相続人の養子となった人　　など

問題

9 相続税の計算に関する次の記述のうち、最も不適切なものはどれか。なお、各選択肢において、ほかに必要とされる要件等は満たしているものとする。

1. すでに死亡している被相続人の子を代襲して相続人となった被相続人の孫は、相続税額の２割加算の対象となる。
2. 相続人が被相続人から相続開始前一定の期間内に贈与を受け、相続税の課税価格に加算された贈与財産について納付していた贈与税額は、その者の相続税額から控除することができる。
3. 相続人が未成年者の場合、その者の相続税額から控除される未成年者控除額は、原則として、その者が18歳に達するまでの年数(年数に１年未満の期間があるときは切上げ)に10万円を乗じた金額である。
4. 相続開始時の相続人が被相続人の配偶者のみで、その配偶者がすべての遺産を取得した場合、「配偶者に対する相続税額の軽減」の適用を受ければ、相続により取得した財産額の多寡にかかわらず、配偶者が納付すべき相続税額は生じない。

［2019年１月試験 ㊚］

これはどう？

「配偶者に対する相続税額の軽減」の適用を受けることができる配偶者は、被相続人と法律上の婚姻の届出をした者に限られる。 OX

［2018年５月試験］

解答解説

9 答 1

1…不適切　被相続人の**配偶者**および**1**親等の血族(子、父母)以外の人が、相続または遺贈によって財産を取得した場合には、算出税額の**2**割が加算されます(相続税の2割加算)。なお、子には代襲相続人を含むため、本肢の孫(子の代襲相続人)は、2割加算の対象者と**なりません。**

2…適　切　相続人が被相続人から相続開始前一定期間内(最終的に7年以内)に贈与を受け、相続税の課税価格に加算された贈与財産について納付していた贈与税額は、その者の相続税額から控除することができます。

3…適　切　未成年者控除額は、原則として**「(18歳－相続開始時の年齢)×10万円」**で計算します。

4…適　切　「配偶者に対する相続税額の軽減」は、被相続人の配偶者が財産を取得した場合に、法定相続分相当額または**1億6,000万**円のいずれか**多い**ほうまでは、相続税がかからないという制度です。したがって、相続人が配偶者のみ(相続人が1人)で、すべての遺産を相続する場合には、相続により取得した財産の額にかかわらず、相続税は発生しません。

相続税の2割加算

★被相続人の**配偶者**および**1**親等の血族(子、父母)以外の人が、相続または遺贈によって財産を取得した場合には、算出税額の**2**割が加算される

★子の代襲相続人である孫は2割加算の**対象外**となる

配偶者の税額軽減

★配偶者の取得した財産が**1億6,000万**円以下または配偶者の法定相続分以下の場合には、相続税がかからない

答 ○

「配偶者に対する相続税額の軽減」の適用を受けることができる配偶者は、被相続人と法律上の婚姻の届出をした者に限られます。内縁関係にある者は適用を受けることができません。

問題

10 相続税の計算における税額控除等に関する次の記述のうち、最も適切なものはどれか。

1. 遺産に係る基礎控除額は、「5,000万円＋600万円×法定相続人の数」の算式によって計算される。
2. すでに死亡している被相続人の子を代襲して相続人となった被相続人の孫は、相続税額の２割加算の対象者となる。
3. 被相続人の配偶者が「配偶者に対する相続税額の軽減」の適用を受けた場合、配偶者が相続等により取得した財産の価額が、１億6,000万円または配偶者の法定相続分相当額のいずれか多い金額までであれば、原則として、配偶者の納付すべき相続税額はないものとされる。
4. 「配偶者に対する相続税額の軽減」の適用を受けるためには、相続が開始した日において被相続人との婚姻期間が20年以上でなければならない。

［2016年９月試験 改］

11 相続税の申告と納付に関する次の記述のうち、最も適切なものはどれか。

1. 相続税の計算において、「配偶者に対する相続税額の軽減」の規定の適用を受けると配偶者の納付すべき相続税額が０（ゼロ）となる場合、相続税の申告書を提出する必要はない。
2. 相続税を金銭で納付するために、相続により取得した土地を譲渡した場合、その譲渡に係る所得は、所得税の課税対象とならない。
3. 期限内申告書に係る相続税の納付は、原則として、相続人がその相続の開始があったことを知った日の翌日から10ヵ月以内にしなければならない。
4. 相続税は金銭により一時に納付することが原則であるが、それが困難な場合には、納税義務者は、任意に延納または物納を選択することができる。

［2018年９月試験］

解答解説

10 答 3

1…不適切　遺産に係る基礎控除額は「**3,000万円＋600万円×法定相続人の数**」で計算します。

2…不適切　被相続人の子の代襲相続人である孫は、２割加算の対象者と**なりません**。

3…適　切　「配偶者に対する相続税額の軽減」は、被相続人の配偶者が財産を取得した場合に、法定相続分相当額または**1億6,000万**円のいずれか**多い**ほうまでは、相続税がかからないという制度です。

4…不適切　「配偶者に対する相続税額の軽減」には配偶者の婚姻期間の要件はありません。

---

11 答 3

1…不適切　「配偶者に対する相続税額の軽減」の規定の適用を受けるときは、納付すべき相続税額がゼロとなる場合でも、相続税の申告書を提出しなければなりません。

2…不適切　相続税を金銭で納付するために、相続により取得した土地を譲渡した場合、譲渡所得として所得税の課税対象となります。

3…適　切　相続税の納付期限は、相続の開始があったことを知った日の翌日から**10**カ月以内です。

4…不適切　相続税は金銭一括納付が困難で、一定の要件を満たす場合には延納が認められます。また、延納によっても金銭納付が困難な場合には、物納が認められます。延納か物納かを選択することはできません。

相続税の申告と納付

★相続税の申告書は、相続の開始があったことを知った日の翌日から**10**カ月以内に**被相続人**の死亡時における住所地の所轄税務署長に提出する

問題

12 相続税の納税対策に関する次の記述のうち、最も不適切なものはどれか。

1. 相続により土地を取得した者がその相続に係る相続税を延納する場合、取得した土地以外の土地を延納の担保として提供することはできない。
2. 相続税は金銭による一括納付が原則であるが、一括納付や延納が困難な場合、納税義務者は、物納を申請することができる。
3. 相続時精算課税制度の適用を受けた贈与財産は、物納に充てることができない。
4. 「小規模宅地等についての相続税の課税価格の計算の特例」の適用を受けた宅地を物納する場合の収納価額は、特例適用後の価額である。

[2021年9月試験]

これはどう？

延納の許可を受けた相続税額について、所定の要件を満たせば、延納から物納へ変更することができる。○×

[2021年1月試験]

解答解説

12 答 1

1…不適切　延納の担保は相続財産でも、相続財産でなくてもかまいません。

2…適　切　相続税は金銭一括納付が原則ですが、一括納付が困難な場合で要件を満たしたときは**延納**が認められます。また、延納によっても金銭納付が困難な場合には**物納**が認められます。

3…適　切　相続時精算課税制度の適用を受けた贈与財産は物納にあてることはできません。

4…適　切　物納財産の収納価額は原則として相続税評価額です。「小規模宅地等についての相続税の課税価格の計算の特例」の適用を受けた宅地を物納する場合の収納価額は、**特例適用後**の価額となります。

答 ○

原則として延納から物納への変更はできませんが、申告期限から**10**年以内である場合で、延納による納付が困難になった場合には、延納から物納(特定物納)に変更することができます。

贈与税

問題

1 民法上の贈与に関する次の記述のうち、最も適切なものはどれか。

1. 書面によらない贈与は、その履行の終わった部分についても、各当事者が解除をすることができる。
2. 負担付贈与とは、贈与者が受贈者に対して一定の債務を負担させることを条件とする贈与をいい、その受贈者の負担により利益を受ける者は贈与者に限られる。
3. 死因贈与とは、贈与者の死亡によって効力が生じる贈与をいい、贈与者のみの意思表示により成立する。
4. 定期贈与とは、贈与者が受贈者に対して定期的に財産を給付することを目的とする贈与をいい、贈与者または受贈者の死亡によって、その効力を失う。

［2023年9月試験］

これはどう？

贈与契約は、当事者の一方が自己の財産を無償で相手方に与える意思表示をすることにより成立し、相手方が受諾する必要はない。 OX

［2019年5月試験］

これはどう？

負担付贈与では、受贈者がその負担である義務を履行しない場合において、贈与者が相当の期間を定めてその履行の催告をし、その期間内に履行がないときは、贈与者は、原則として、当該贈与の契約の解除をすることができる。 OX

［2021年9月試験］

解答解説

I 答 4

1…不適切　書面によらない贈与(口頭による贈与)は、履行が終わっていない部分については各当事者が解除することができますが、履行が終わった部分については解除することはできません。

2…不適切　負担付贈与において、受贈者の負担により利益を受ける者は、贈与者に限られません。

3…不適切　死因贈与も贈与契約の一種なので、贈与者と受贈者の合意によって成立します。

4…適　切　定期贈与とは、定期的に一定の財産を贈与することをいいます。定期贈与は、贈与者または受贈者のいずれかの死亡で効力が失われます。

答 ×

贈与契約は、当事者の一方がある財産を無償で相手方に与える意思表示をし、相手方がこれを**受諾**することによって成立します。

贈与契約

★贈与は**合意**によって成立するので、贈与契約は口頭でも書面でも有効となる

答 ○

負担付贈与では、受贈者が義務を履行しない場合には、贈与者が相当の期間を定めて履行の催告をし、その期間内に履行がないときには、贈与者は贈与契約を解除することができます。

問題

2 民法上の贈与に関する次の記述のうち、最も不適切なものはどれか。

1. 贈与契約は、当事者の一方がある財産を無償で相手方に与える意思を表示し、相手方が受諾をすることによって、その効力を生ずる。
2. 負担付贈与契約は、贈与者が、その負担の限度において、売買契約の売主と同様の担保責任を負う。
3. 定期の給付を目的とする贈与契約は、贈与者または受贈者の死亡によって、その効力を失う。
4. 贈与契約は、契約方法が書面か口頭かを問わず、いまだその履行が終わっていない場合であっても、各当事者がこれを解除することができない。

［2021年5月試験］

これはどう？

書面によらない贈与契約においては、その履行がなされた部分についても、各当事者はいつでも解除することができる。〇×

［2019年9月試験 ㊎］

これはどう？

相続税法上、書面によらない贈与における財産の取得時期は、原則として、履行の有無にかかわらず、受贈者が当該贈与を受ける意思表示をした時とされる。〇×

［2021年1月試験］

解答解説

2 答 4

1…適　切　贈与契約は、当事者の一方がある財産を無償で相手方に与える意思表示をし、相手方がこれを**受諾**することによって成立します。なお、贈与契約は口頭でも書面でも有効となります。

2…適　切　負担付贈与契約の贈与者は、その負担の限度において、売買契約の売主と同様の担保責任を負います。

3…適　切　定期贈与は、贈与者または受贈者の**いずれか**の死亡で効力が失われます。

4…不適切　書面による贈与契約は、原則として各当事者が解除をすることはできませんが、**口頭**による贈与契約(書面によらない贈与契約)は、**履行が終わっていない**部分については各当事者が解除をすることができます。

贈与契約

書面による贈与契約	口頭による贈与契約
★契約を解除することはできない	★**履行が終わっていない**部分については各当事者が契約を解除することができる

答 ×

書面によらない贈与契約(口頭による贈与契約)では、**履行が終わっていない**部分については各当事者が解除することができますが、**履行が終わった**部分については解除することはできません。

答 ×

書面によらない贈与(口頭による贈与)における財産の取得時期は、贈与の**履行**があったときとなります。

贈与における財産の取得時期

★口頭による贈与→ 贈与の**履行**があったとき

★書面による贈与→ 贈与契約の**効力**が生じたとき(贈与契約を交わしたとき)

問題

3 贈与税の非課税財産等に関する次の記述のうち、最も不適切なものはどれか。

1. 扶養義務者相互間において生活費または教育費に充てるためにした贈与により取得した財産のうち、通常必要と認められるものは、贈与税の課税対象とならない。
2. 個人から受ける社交上必要と認められる香典や見舞金等の金品で、贈与者と受贈者との関係等に照らして社会通念上相当と認められるものは、贈与税の課税対象とならない。
3. 離婚に伴う財産分与により取得した財産は、その価額が婚姻中の夫婦の協力によって得た財産の額等の事情を考慮して社会通念上相当な範囲内である場合、原則として、贈与税の課税対象とならない。
4. 父が所有する土地の名義を無償で子の名義に変更した場合、その名義変更により取得した土地は、原則として、贈与税の課税対象とならない。

[2023年9月試験]

これはどう?

死因贈与により取得した財産は、贈与税の課税対象となる。OX

[2020年1月試験]

これはどう?

遺贈により取得した財産は、贈与税の課税対象となる。OX

[2020年1月試験]

これはどう?

相続税法上、個人の債務者が資力を喪失して債務を弁済することが困難になり、その債務の免除を受けた場合、債務免除益のうち債務を弁済することが困難である部分についても、贈与により取得したものとみなされ、贈与税の課税対象となる。OX

[2022年9月試験]

解答解説

3 答 4

1…適　切

2…適　切

3…適　切

4…不適切　無償で土地の名義を変更した場合は、原則として、子が贈与により土地を**時価**で取得したものとして、その土地は**贈与**税の課税対象となります。

贈与税の非課税財産
★扶養義務者から受け取った**生活**費や**教育**費のうち、通常必要と認められる金額
★社会通念上必要と認められる祝い金、香典、見舞い金等
★法人から贈与された財産→ **所得**税の課税対象となる
★相続や遺贈によって財産を取得した人が、相続開始年に被相続人から受け取った贈与財産 → **相続**税における生前贈与加算の対象となる

答 ×

死因贈与により取得した財産は、**相続**税の課税対象となります。

答 ×

遺贈により取得した財産は、**相続**税の課税対象となります。

答 ×

借金をしている人が、その借金を免除してもらった場合の免除してもらった金額(債務免除益)は贈与税の課税対象(みなし贈与財産)となりますが、債務者が資力を喪失して債務を弁済することが困難になり、その債務の免除を受けた場合は、債務免除益のうち債務を弁済することが困難である部分については贈与税の課税対象となりません。

問題

4 贈与税の計算に関する次の記述のうち、最も不適切なものはどれか。

1. 暦年課税に係る贈与税額の計算上、適用される税率は、超過累進税率である。
2. 子が同一年中に父と母のそれぞれから贈与を受けた場合、同年分の子の暦年課税に係る贈与税額の計算上、課税価格から控除する基礎控除額は、各贈与者につき最高110万円となる。
3. 妻が夫から受けた贈与について贈与税の配偶者控除の適用を受けたことがある場合、その後、同一の夫から贈与を受けても、再び贈与税の配偶者控除の適用を受けることはできない。
4. 相続時精算課税制度に係る贈与税額の計算上、適用される税率は、一律20%である。

［2022年1月試験］

これはどう？

子が同一年中に父と母のそれぞれから贈与を受けた場合、同年分の子の暦年課税による贈与税額の計算上、課税価格から控除する基礎控除額は、最高で220万円である。 〇✕

［2020年9月試験］

これはどう？

贈与税の配偶者控除の適用を受けた場合、贈与税額の計算上、課税価格から基礎控除額のほかに配偶者控除として最高で3,000万円を控除することができる。 〇✕

［2021年5月試験］

解答解説

4 答 2

1…適　切　暦年課税による贈与税の税率は、贈与税の課税価格に応じた超過累進税率となっています。

2…不適切　贈与税の基礎控除額は、贈与者が複数人いる場合でも、**受贈**者１人あたり年間最高**110**万円です。

3…適　切　贈与税の配偶者控除は、同一の配偶者からの贈与につき１回のみ適用することができます。

4…適　切　相続時精算課税制度の適用を受けた場合、適用される税率は一律**20**%です。

贈与税の基礎控除

★受贈者１人あたり年間 110 万円

答 ×

贈与税の基礎控除額は**受贈**者１人あたり年間**110**万円なので、父と母から贈与を受けた場合でも最高で年間**110**万円です。

答 ×

贈与税の配偶者控除の適用を受けた場合には、基礎控除(110万円)のほか最高で「3,000万円」ではなく、「**2,000**万円」を控除することができます。

問題

5 贈与税の配偶者控除(以下「本控除」という)に関する次の記述のうち、最も適切なものはどれか。なお、各選択肢において、本控除の適用を受けるためのほかに必要とされる要件はすべて満たしているものとする。

1. 受贈者が本控除の適用を受けるためには、贈与時点において、贈与者との婚姻期間が20年以上であることが必要とされている。
2. 配偶者が所有する居住用家屋およびその敷地の用に供されている土地のうち、土地のみについて贈与を受けた者は、本控除の適用を受けることができない。
3. 本控除の適用を受け、その贈与後一定期間内に贈与者が死亡して相続が開始し、受贈者がその相続により財産を取得した場合、本控除に係る控除額相当額は、受贈者の相続税の課税価格に加算される。
4. 本控除の適用を受けた場合、贈与税額の計算上、贈与により取得した財産の合計額から、基礎控除額も含めて最高2,000万円の配偶者控除額を控除することができる。

[2019年1月試験 ㊓]

これはどう?

贈与税の配偶者控除の適用を受けることにより納付すべき贈与税額が算出されない場合であっても、当該控除の適用を受けるためには、贈与税の申告書を提出する必要がある。 ○×

[2020年1月試験]

解答解説

5 答 1

1…適　切　贈与税の配偶者控除の適用を受けるには、贈与者との婚姻期間が**20**年以上であることが必要とされています。

2…不適切　贈与税の配偶者控除は、配偶者から居住用不動産の贈与があった場合に適用を受けることができます。居住用家屋の敷地(土地)のみの贈与であっても適用を受けることができます。

3…不適切　贈与税の配偶者控除の適用を受けた部分については、相続税の生前贈与加算の対象となりません。

4…不適切　贈与税の配偶者控除の適用を受けた場合には、基礎控除(110万円)の**ほか**最高で**2,000**万円を控除することができます。したがって、最高**2,110**万円の控除を受けることができます。

贈与税の配偶者控除のポイント

★配偶者との婚姻期間が**20**年以上あることが必要

★同じ配偶者からの贈与に対しては1回しか適用できない

★基礎控除(110万円)のほか**2,000**万円を控除することができる(基礎控除とあわせて**2,110**万円まで控除することができる)

★この特例を受けた贈与財産(2,000万円以下の部分)については、相続税の生前贈与加算の対象とならない

★この特例を適用し、贈与税額が0円となる場合でも、贈与税の申告書の提出が必要

答 ○

贈与税の配偶者控除を適用し、贈与税額が0円となる場合でも、贈与税の申告書を提出する必要があります。

問題

6 直系尊属から住宅取得等資金の贈与を受けた場合の贈与税の非課税の特例(以下「本特例」という)に関する次の記述のうち、最も不適切なものはどれか。

1. 受贈者の配偶者の父母(義父母)から住宅取得資金の贈与を受けた場合、本特例の適用を受けることができない。
2. 受贈者が自己の居住の用に供する家屋とともにその敷地の用に供される土地を取得する場合において、その土地の取得の対価に充てるための金銭については、本特例の適用を受けることができない。
3. 新築した家屋が店舗併用住宅で、その家屋の登記簿上の床面積の２分の１超に相当する部分が店舗の用に供される場合において、その家屋の新築の対価に充てるための金銭については、本特例の適用を受けることができない。
4. 住宅取得資金の贈与者が死亡した場合において、その相続人が贈与を受けた住宅取得資金のうち、本特例の適用を受けて贈与税が非課税とされた金額については、その贈与が暦年課税または相続時精算課税制度のいずれの適用を受けていたとしても、相続税の課税価格に加算されない。

［2021年９月試験］

これはどう?

「直系尊属から住宅取得等資金の贈与を受けた場合の贈与税の非課税」の適用を受けるためには、贈与を受けた年の１月１日において、贈与者が60歳以上でなければならない。 OX

［2021年１月試験］

解答解説

6 答 2

1…適　切　義父母は受贈者の直系尊属ではないため、義父母から住宅取得資金の贈与を受けた場合には、この特例の適用を受けることはできません。

2…不適切　居住用の家屋の敷地として土地を取得する場合、その土地の取得のための資金の贈与についても本特例の適用を受けることができます。

3…適　切　床面積の**2**分の１以上が**居住**用でなければ本特例の適用を受けることはできないので、床面積の２分の１超を店舗用とする場合には、本特例の適用を受けることはできません。

4…適　切　本特例の適用を受けて贈与税が非課税とされた金額については、暦年課税または相続時精算課税制度のいずれの適用を受けていたとしても、相続税の課税価格に加算されません。

直系尊属から住宅取得等資金の贈与を受けた場合の非課税のポイント

★贈与者は **直系尊属** であること

★受贈者は満 **18** 歳以上で、贈与を受けた年の合計所得金額が **2,000** 万円以下であること

★適用住宅は床面積が **40** ㎡以上 **240** ㎡以下であること（ただし、**40** ㎡以上 **50** ㎡未満の場合は、合計所得金額が **1,000** 万円以下の受贈者に限る）

★床面積の **2** 分の１以上が **居住** 用であること

答 ×

「直系尊属から住宅取得等資金の贈与を受けた場合の非課税」の適用を受けるためには、受贈者は贈与を受けた年の１月１日において18歳以上でなければなりませんが、贈与者については年齢要件はありません。

問題

7 2024年中の贈与に係る相続時精算課税制度に関する次の記述のうち、最も適切なものはどれか。

1. 父から財産の贈与を受けた子が、その贈与に係る贈与税について相続時精算課税制度の適用を受けるためには、その子の年齢が贈与を受けた年の1月1日において16歳以上でなければならない。
2. 相続時精算課税制度を選択した受贈者は、その翌年以降において特定贈与者から贈与により取得した財産の価額の合計額(年110万円超の場合に限る)が特別控除額以下の金額であったときは、その年分の贈与税の申告書を提出する必要はない。
3. 相続時精算課税制度を選択した受贈者が、特定贈与者から贈与により取得した財産の価額の合計額から控除する特別控除額(基礎控除額110万円を除く)は、特定贈与者ごとに2,500万円までである。
4. 相続時精算課税制度を選択した受贈者が、その年中において特定贈与者から贈与により取得した財産に係る贈与税額の計算上、贈与税の税率は、贈与税の課税価格に応じた超過累進税率である。

[2019年9月試験 ㊊]

---

8 贈与税の申告と納付に関する次の記述のうち、最も適切なものはどれか。

1. 贈与税の納付は、贈与税の申告書の提出期限までに贈与者が行わなければならない。
2. 贈与税の申告書の提出期間は、原則として、贈与があった年の翌年2月16日から3月15日までである。
3. 贈与税を延納するためには、納付すべき贈与税額が10万円を超えていなければならない。
4. 贈与税の納付について、金銭による一括納付や延納による納付を困難とする事由がある場合、その納付を困難とする金額を限度として物納が認められる。

[2023年5月試験]

解答解説

7 答 3

1…不適切　受贈者の要件は、贈与を受けた年の1月1日において、「16歳以上」ではなく、「**18歳以上**」です。

2…不適切　相続時精算課税制度を選択した場合、その翌年以降において特定贈与者から贈与により取得した財産の価額の合計額が特別控除額以下であったときでも、その年分の贈与税の申告書を提出する必要があります。なお、2024年1月1日以後は年110万円以下の贈与であれば贈与税の申告書の提出は不要です。

3…適　切　相続時精算課税制度の適用を受けた場合の特別控除額は、基礎控除額110万円を除き贈与者ごとに累計で**2,500**万円です。

4…不適切　相続時精算課税制度を適用した場合の贈与税の税率は一律**20**%です。

---

8 答 3

1…不適切　贈与税の申告・納付は**受贈者**が行わなければなりません。

2…不適切　贈与税の申告期限は翌年**2**月**1**日から**3**月**15**日までです。

3…適　切　贈与税を延納するためには、納付すべき贈与税額が**10**万円を超えていなければなりません。

4…不適切　贈与税では物納は認められていません。

贈与税の申告と納付のポイント

- ★申告期限は贈与を受けた年の翌年**2**月**1**日から**3**月**15**日まで
- ★申告書の提出先は、**受贈者**の住所地の所轄税務署長
- ★延納期間は最長**5**年
- ★贈与税では物納は認められない

財産の評価

問題

1 相続税における宅地の評価に関する次の記述のうち、最も適切なものはどれか。

1. 宅地の価額は、その宅地が登記上は２筆の宅地であっても一体として利用している場合は、その２筆の宅地全体を１画地として評価する。
2. 宅地の評価方法には、路線価方式と倍率方式とがあり、それぞれの評価において用いる路線価および倍率は、いずれも路線価図により公表されている。
3. 路線価方式における路線価とは、路線に面している標準的な宅地の１坪当たりの価額である。
4. 倍率方式における倍率とは、評価する宅地の公示価格に乗ずる倍率のことをいう。

［2017年９月試験］

これはどう？

宅地の評価方法には、路線価方式と倍率方式とがあり、どちらの方式を採用するかについては、納税者が任意に選択することができる。 ○×

［2021年１月試験］

これはどう？

倍率方式によって評価する宅地が不整形地である場合の価額は、原則として、その宅地の固定資産税評価額に一定倍率を乗じた価額に宅地の形状に応じた補正率を乗じて算出する。 ○×

［2021年１月試験］

これはどう？

二方面に路線がある角地を路線価方式によって評価する場合、それぞれの路線価に奥行価格補正率を乗じた価額を比較し、低い方の路線価が正面路線価となる。 ○×

［2021年１月試験］

解答解説

I 答 1

1…適　切　登記上は2筆の宅地であっても一体として利用している場合は、その2筆の宅地全体を1画地として評価します。

2…不適切　路線価は**路線価図**、倍率は**評価倍率表**により公表されています。

3…不適切　路線価は、宅地が面する道路ごとに付された**1㎡**あたりの価額です。

4…不適切　倍率方式は、市街地以外の、路線価が定められていない郊外地や農村部などにある宅地の評価方法で、**固定資産税評価額**に一定の倍率を掛けて、評価額を計算する方法です。

答 ×

宅地の評価は、宅地ごとに路線価方式または倍率方式のいずれかで評価することが課税当局によりあらかじめ定められており、任意で選択することはできません。

答 ×

倍率方式の場合には、固定資産税評価額に不整形地補正率が織込み済みなので、補正率は用いません。

答 ×

二方面に路線がある角地を路線価方式によって評価する場合、それぞれの「路線価×奥行価格補正率」を計算して、いずれか**高い**ほうが正面路線価となります。

問題

2 下記の甲宅地の相続税評価額として、最も適切なものはどれか。なお、「小規模宅地等についての相続税の課税価格の計算の特例」は考慮しないものとする。

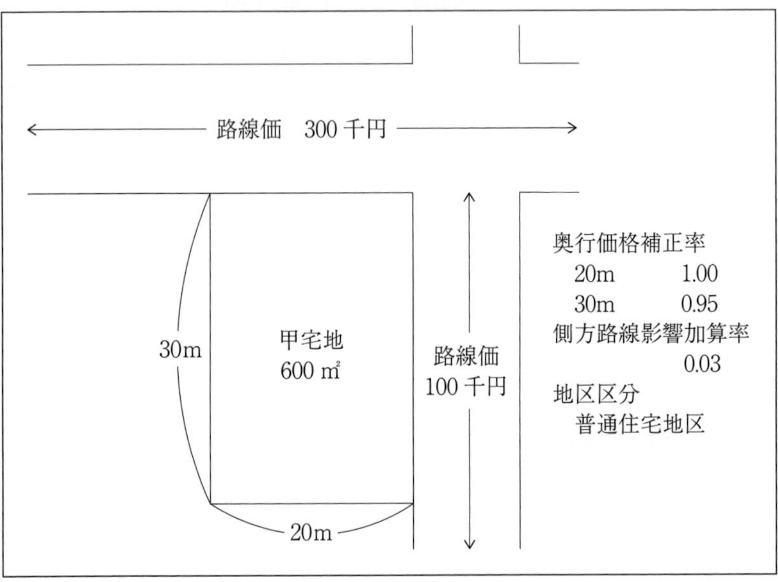

1. 181,764千円
2. 172,800千円
3. 65,292千円
4. 64,200千円

［2016年1月試験 改］

これはどう？

路線価図において、路線に「200D」と記載されている場合、「200」はその路線に面する標準的な宅地の1㎡当たりの価額が20万円であることを示している。OX

［2015年5月試験］

解答解説

2 答 2

正面と側面が道路に面している宅地の評価額は、次の式によって計算します。

評価額＝{(正面路線価×奥行価格補正率)＋(側方路線価×奥行価格補正率×側方路線影響加算率)}×地積

なお、正面の判定については、「路線価×奥行価格補正率」を計算して、いずれか高いほうが正面路線価となります。

【正面の判定】

❶300千円×0.95＝285千円
❷100千円×1.00＝100千円
❸❶＞❷→❶が正面路線価

【評価額の計算】

評価額：{(300千円×0.95)＋(100千円×1.00×0.03)}×600㎡
＝172,800千円

答 ○

路線価の単位は「千円」なので、「200D」の「200」はその路線に面する標準的な宅地1㎡あたりの価額が200千円(20万円)ということを示しています。

問題

3 Aさんの相続が開始した場合の相続税額の計算における土地の評価に関する次の記述のうち、最も不適切なものはどれか。

1. Aさんが、自己が所有する土地の上に自宅を建築して居住していた場合、この土地は自用地として評価する。
2. Aさんが、自己が所有する土地に建物の所有を目的とする賃借権を設定し、借地人がこの土地の上に自宅を建築して居住していた場合、この土地は貸宅地として評価する。
3. Aさんの子が、Aさんが所有する土地を使用貸借で借り受け、自宅を建築して居住していた場合、この土地は貸宅地として評価する。
4. Aさんが、自己が所有する土地の上に店舗用建物を建築し、当該建物を第三者に賃貸していた場合、この土地は貸家建付地として評価する。

［2022年1月試験］

これはどう？

Bさんが所有する従前宅地であった土地を、車庫などの施設がない青空駐車場として提供していた場合において、Bさんの相続が開始したときには、相続税額の計算上、その土地の価額は、貸宅地として評価する。 OX

［2021年1月試験］

解答解説

3 答 3

1…適　切　土地の所有者が自分のために使用している土地は、**自用地**として評価します。

2…適　切　借地権が設定されている土地は、**貸宅地**として評価します。

3…不適切　使用貸借によって、土地を無償で貸した場合の土地は、**自用地**として評価します。

4…適　切　自分の土地にアパートや店舗用建物などを建てて他人に貸している場合の土地は、**貸家建付地**として評価します。

宅地の分類と評価

自用地	土地の所有者が自分のために使用している土地
借地権	借地権が設定されている場合の土地の賃借権 **評価額＝自用地評価額× 借地権割合**
貸宅地	借地権が設定されている土地 **評価額＝自用地評価額×（1－借地権割合）**
貸家建付地	自分の土地にアパートなどを建てて他人に貸している場合の土地 **評価額＝自用地評価額×（1－借地権割合×借家権割合×賃貸割合）**

答 ×

青空駐車場として使用している土地は、相続税の計算上、「貸宅地」ではなく、「**自用地**」として評価します。

問題

4 小規模宅地等についての相続税の課税価格の計算の特例に関する次の空欄(ア) ～ (エ)にあてはまる語句の組み合わせとして、最も適切なものはどれか。なお、宅地等の適用面積の調整は考慮しないものとする。

特例対象宅地等の区分	減額の対象となる限度面積	減額割合
特定事業用宅地等	400㎡	(ア)
特定居住用宅地等	(イ)	80%
特定同族会社事業用宅地等	(ウ)	80%
貸付事業用宅地等	200㎡	(エ)

1. (ア) 50%　(イ) 330㎡　(ウ) 400㎡　(エ) 50%
2. (ア) 50%　(イ) 400㎡　(ウ) 200㎡　(エ) 80%
3. (ア) 80%　(イ) 330㎡　(ウ) 400㎡　(エ) 50%
4. (ア) 80%　(イ) 400㎡　(ウ) 200㎡　(エ) 80%

[2021年5月試験]

---

5 小規模宅地等についての相続税の課税価格の計算の特例(以下「本特例」という)に関する次の記述のうち、最も不適切なものはどれか。なお、記載のない事項については、本特例の適用要件を満たしているものとする。

1. 被相続人の配偶者が、被相続人が居住の用に供していた宅地を相続により取得した場合、相続税の申告期限までにその宅地を売却したとしても、本特例の適用を受けることができる。
2. 相続開始の直前において被相続人と同居していなかった被相続人の配偶者が、被相続人が居住の用に供していた宅地を相続により取得した場合、本特例の適用を受けることはできない。
3. 被相続人の子が相続により取得した宅地が、本特例における特定事業用宅地等に該当する場合、その宅地のうち400㎡までを限度面積として、評価額の80%相当額を減額した金額を、相続税の課税価格に算入すべき価額とすることができる。
4. 相続人以外の親族が、被相続人が居住の用に供していた宅地を遺贈により取得した場合であっても、本特例の適用を受けることができる。

[2023年1月試験]

解答解説

4 答 3

表を埋めると、次のとおりです。

特例対象宅地等の区分	減額の対象となる限度面積	減額割合
特定事業用宅地等	400㎡	**80**%
特定居住用宅地等	**330**㎡	80%
特定同族会社事業用宅地等	**400**㎡	80%
貸付事業用宅地等	200㎡	**50**%

5 答 2

1…適　切　配偶者が、被相続人の居住の用に供されていた宅地を相続により取得した場合は、申告期限まで所有していなくても「小規模宅地等についての相続税の課税価格の計算の特例」の適用を受けることができます。なお、申告期限まで居住する必要もありません。

2…不適切　配偶者が、被相続人の居住の用に供されていた宅地を相続により取得した場合、相続開始の直前において同居していなかったとしても「小規模宅地等についての相続税の課税価格の計算の特例」の適用を受けることができます。

3…適　切　特定事業用宅地等の減額割合は**80**%、限度面積は**400**㎡です。

4…適　切　「小規模宅地等についての相続税の課税価格の計算の特例」は、相続人以外の親族が相続または遺贈により宅地を取得した場合にも適用を受けることができます。

問題

6 Aさんの死亡により、配偶者のBさんは、下記の甲土地を相続により取得した。甲土地が特定居住用宅地等に該当し、その限度面積まで「小規模宅地等についての相続税の課税価格の計算の特例」(以下「本特例」という)の適用を受けた場合、相続税の課税価格に算入すべき甲土地の価額として、最も適切なものはどれか。

〈甲土地の概要〉

面積：420㎡ 自用地の価額（本特例適用前の価額）：210,000千円

1. 210,000千円 $-$ 210,000千円 $\times \frac{400㎡}{420㎡} \times$ 80% = 50,000千円
2. 210,000千円 $-$ 210,000千円 $\times \frac{330㎡}{420㎡} \times$ 80% = 78,000千円
3. 210,000千円 $-$ 210,000千円 $\times \frac{240㎡}{420㎡} \times$ 50% = 150,000千円
4. 210,000千円 $-$ 210,000千円 $\times \frac{200㎡}{420㎡} \times$ 50% = 160,000千円

［2022年1月試験］

これはどう？

子が、居住の用に供する宅地を親から贈与された場合、贈与税の申告の際、その宅地について「小規模宅地等についての相続税の課税価格の計算の特例」の適用を受けることができる。OX

［2015年9月試験］

解答解説

6 答 2

甲土地は特定居住用宅地等として、**330㎡**を限度(計算式の分子が330㎡になる)に、**80%**を減額することができます。

減額割合と限度面積

宅地等の利用区分	減額割合	限度面積
特定居住用宅地等	80 %	330 ㎡
特定事業用宅地等	80 %	400 ㎡
特定同族会社事業用宅地等	80 %	400 ㎡
貸付事業用宅地等	50 %	200 ㎡

答 ×

小規模宅地等についての相続税の課税価格の計算の特例は、相続によって一定の者が一定の宅地を取得した場合に適用を受けることができるものです。贈与によって取得した場合には適用を受けることはできません。

問題

7 相続税における家屋等の評価に関する次の記述のうち、最も不適切なものはどれか。

1. 自用家屋の価額は、原則として、「その家屋の固定資産税評価額×1.0」の算式により計算した金額によって評価する。
2. 貸家の価額は、「自用家屋としての価額×借家権割合×賃貸割合」の算式により計算した金額によって評価する。
3. 建築中の家屋の価額は、「その家屋の費用現価×70%」の算式により計算した金額によって評価する。
4. 構築物の価額は、原則として、「(その構築物の再建築価額－建築の時から課税時期までの期間に応ずる償却費の額の合計額または減価の額)×70%」の算式により計算した金額によって評価する。

［2021年9月試験］

解答解説

7 答 2

1…適　切

2…不適切　貸家は**「自用家屋としての価額×（1－借家権割合×賃貸割合）」**で評価します。

3…適　切

4…適　切

建物、構築物の評価

財産	評価方法
自用家屋	評価額＝固定資産税評価額×**1.0**
貸　家	評価額＝自用家屋の評価額×（**1**－借家権割合×賃貸割合）
建設中の家屋	評価額＝その家屋の費用現価×**70**％
構築物	評価額＝（再建築価額－建築時から課税期間までの償却費の合計額または減価の額）×**70**％

問題

8 各種金融資産等の相続税評価に関する次の記述のうち、最も不適切なものはどれか。

1. 外貨預金の邦貨換算については、原則として、取引金融機関が公表する課税時期における最終の対顧客直物電信買相場(TTB)またはこれに準ずる相場による。
2. ゴルフ会員権のうち、株式の所有を必要とせず、かつ、譲渡できない会員権で、返還を受けることができる預託金等がなく、ゴルフ場施設を利用して単にプレーができるだけのものについては評価しない。
3. 金融商品取引所に上場されている利付公社債の価額は、発行価額と源泉所得税相当額控除後の既経過利息の額との合計額によって評価する。
4. 相続開始時において、保険事故が発生していない生命保険契約に関する権利の価額は、原則として、相続開始時においてその契約を解約するとした場合に支払われることとなる解約返戻金の額によって評価する。

[2021年1月試験]

これはどう?

既経過利子の額が少額である普通預金の価額は、課税時期現在の預入高により評価する。○×

[2021年9月試験]

これはどう?

上場されている証券投資信託の受益証券の価額は、上場株式の評価方法に準じて評価する。○×

[2018年1月試験]

解答解説

8 答 3

1…適　切　外貨建ての財産は、相続開始時のTTBで円換算した金額で評価します。

2…適　切　取引相場のあるゴルフ会員権は、**「課税時期の取引価格×70%」**で評価しますが、ゴルフ会員権のうち、株式の所有を必要とせず、かつ、譲渡不可で返還される預託金等がなく、ゴルフ場施設を利用して単にプレーができるだけのもの、という条件を満たすものについては評価しません。

3…不適切　金融商品取引所に上場されている利付公社債の価額は、「発行価額」ではなく、「**課税時期の最終価額**」と源泉所得税相当額控除後の既経過利息の額との合計額によって評価します。

4…適　切　保険事故が発生していない生命保険契約に関する権利の価額は、**解約返戻金**相当額で評価します。

その他の金融資産の評価

財産	評価方法
生命保険に関する権利	評価額＝**解約返戻金**の額
定期預金等	評価額＝預入残高＋(相続開始までの既経過利息－源泉徴収税額)
利付公社債	評価額＝課税時期の最終価額＋(既経過利息－源泉徴収税額)
外貨建ての財産	評価額＝相続開始時の**TTB**で円換算した金額

答 ○

普通預金の既経過利息は少額であるため、普通預金は課税時期現在の**預入高**によって評価します。

答 ○

上場投資信託の評価方法は、上場株式の評価方法と同様です。

問題

9 ×3年10月17日(月)に死亡した被相続人が保有していた上場株式の1株当たりの相続税評価額として、最も適切なものはどれか。なお、記載のない事項については考慮しないものとする。

〈上場株式1株当たりの最終価格等〉

×3年10月14日（金）の最終価格	2,430円
×3年10月17日（月）の最終価格	2,510円
×3年10月18日（火）の最終価格	2,490円
×3年10月の最終価格の月平均額	2,530円
×3年 9 月の最終価格の月平均額	2,480円
×3年 8 月の最終価格の月平均額	2,450円

1. 2,430円
2. 2,450円
3. 2,510円
4. 2,530円

［2022年1月試験 改］

解答解説

9 答 2

上場株式は以下の❶～❹のうち、最も**低**い価額で評価します。

❶ 課税時期(相続開始時)の最終価格 ❷ 課税時期の属する月の毎日の最終価格の平均 ❸ 課税時期の属する月の前月の毎日の最終価格の平均 ❹ 課税時期の属する月の前々月の毎日の最終価格の平均	いずれか最も低い価額

❶課税時期(相続開始時：10月17日)の最終価格　：2,510円
❷課税時期の属する月(10月)の毎日の最終価格の平均　：2,530円
❸課税時期の属する月の前月(9月)の毎日の最終価格の平均　：2,480円
❹課税時期の属する月の前々月(8月)の毎日の最終価格の平均：2,450円

問題

10 相続税における取引相場のない株式の評価に関する次の記述のうち、最も適切なものはどれか。なお、特定の評価会社の株式には該当しないものとする。

1. 類似業種比準方式における比準要素は、１株当たりの配当金額、１株当たりの利益金額および１株当たりの純資産価額(帳簿価額によって計算した金額)である。
2. 会社規模が大会社である会社において、中心的な同族株主が取得した株式の価額は、原則として、類似業種比準方式と純資産価額方式の併用方式によって評価する。
3. 会社規模が小会社である会社において、中心的な同族株主が取得した株式の価額は、原則として、類似業種比準方式によって評価する。
4. 同族株主のいる会社において、同族株主以外の株主が取得した株式の価額は、その会社規模にかかわらず、原則として、純資産価額方式によって評価する。

［2023年５月試験］

これはどう？

自社の所有している空き地に社宅を建築し、従業員の福利厚生施設とした場合、純資産価額方式による自社株式の価額の計算上、その社宅の敷地の価額は貸家建付地として評価されるため、純資産価額の引下げ効果がある。 ○×

［2021年１月試験］

解答解説

10 答 1

1…適　切　類似業種比準方式における比準要素は、1株あたりの「配当」「利益」「簿価純資産」です。

2…不適切　会社規模が大会社である会社において、中心的な同族株主が取得した株式の価額は、**類似業種比準**方式(または**純資産価額**方式)で評価します。

3…不適切　会社規模が小会社である会社において、中心的な同族株主が取得した株式の価額は、**純資産価額**方式(または類似業種比準方式と純資産価額方式の**併用**方式)で評価します。

4…不適切　同族株主のいる会社において、同族株主以外の株主が取得した株式の価額は、会社規模にかかわらず、**配当還元**方式で評価します。

取引相場のない株式の評価方法

株式の取得者	会社の規模	原則的な評価方法
同族株主等のうち一定の者	大会社	**類似業種比準** 方式(または純資産価額方式)
	中会社	併用方式(または純資産価額方式)
	小会社	**純資産価額** 方式(または **併用** 方式)
同族株主以外の株主等		配当還元方式

答 ×

従業員の福利厚生施設として利用している社宅の敷地は、「貸家建付地」ではなく「**自用地**」として評価されます。自用地のほうが評価額が高いので、純資産価額の引下げ効果はありません。

問題

1 不動産に係る相続対策等に関する次の記述のうち、最も不適切なものはどれか。

1. 相続により土地を取得した者がその相続に係る相続税を延納する場合、担保として不適格なものでなければ、取得した土地を延納の担保として提供することができる。
2. 相続税は金銭による一括納付が原則であるが、一括納付が困難な場合には、納税義務者は、任意に延納または物納を選択することができる。
3. 「小規模宅地等についての相続税の課税価格の計算の特例」の適用を受けた宅地等を物納する場合の収納価額は、特例適用後の価額である。
4. 相続時精算課税制度は、所定の要件を満たせば、「直系尊属から住宅取得等資金の贈与を受けた場合の贈与税の非課税の特例」と併用して適用を受けることができる。

［2020年9月試験］

これはどう？

不動産を物納する際の収納価額は課税時期の時価であり、不動産の有効活用や小規模宅地等についての相続税の課税価格の計算の特例の適用を受けて相続税評価額を引き下げる対策は、物納を利用する場合に有効である。 OX

［2014年1月試験］

これはどう？

相続税を金銭で納付するために相続により取得した土地を譲渡した場合、その譲渡に係る所得は、所得税の課税対象とならない。 OX

［2019年9月試験］

解答解説

1 答 2

1…適　切　相続により取得した土地は、相続税の延納の担保とすることができます。

2…不適切　相続税の納付は、原則として金銭による一括納付で、それが困難な場合は**延納**が認められます。また、延納による納付が困難な場合は**物納**が認められますが、延納と物納を任意に選択することはできません。

3…適　切　「小規模宅地等についての相続税の課税価格の計算の特例」の適用を受けた宅地等を物納する場合の収納価額は、特例適用**後**の価額です。

4…適　切　一定の要件を満たせば、相続時精算課税制度は「直系尊属から住宅取得等資金の贈与を受けた場合の贈与税の非課税の特例」と併用して適用を受けることができます。

延納と物納

★相続税では、金銭一括納付が困難な場合には**延納**が認められる。**物納**は**延納**による納付も困難な場合に認められる

★贈与税では、金銭一括納付が困難な場合には**延納**が認められるが、物納制度はない

答 ×

物納財産の収納価額は相続税評価額なので、小規模宅地等の課税価格の計算の特例の適用を受けている場合、原則として特例適用**後**の価額となります。特例の適用を受けると相続税評価額が低くなり、物納を利用するさいにも低い評価額となるため、物納を利用する場合には、不動産の有効活用や小規模宅地等の課税価格の計算の特例は、有効ではありません。

答 ×

相続税を納付するために相続財産を譲渡し、譲渡益が発生したときは、譲渡益に対して**所得**税がかかります。ただし、相続税の申告期限から**3**年以内に相続(または遺贈)により取得した資産を売却した場合、譲渡資産の相続税相当額を譲渡所得計算上の**取得費**に加算することができます(相続税の取得費加算)。

個人1 次の設例に基づいて、下記の各問に答えなさい。

［2023年5月試験　第5問 改］

《設　例》

非上場企業であるX株式会社（以下、「X社」という）の代表取締役社長であったAさんは、2024年4月25日（木）に病気により75歳で死亡した。Aさんは、自宅に自筆証書遺言を残しており、相続人等は自筆証書遺言の内容に従い、Aさんの財産を下記のとおり取得する予定である。なお、妻Bさんは、死亡保険金および死亡退職金を受け取っている。また、長女Dさんは、Aさんの相続開始前に死亡している。

〈Aさんの親族関係図〉

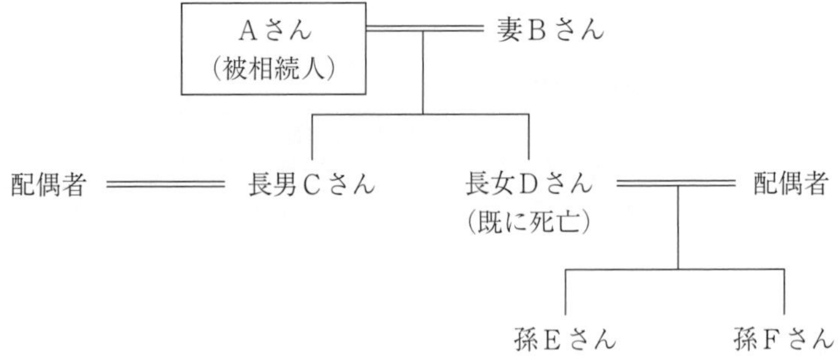

〈各人が取得する予定の相続財産（みなし相続財産を含む）〉

①妻Bさん（76歳）

現金および預貯金 ………… 2,500万円
自宅（敷地300㎡） ………… 7,500万円（「小規模宅地等についての相続税の課税価格の計算の特例」適用前の金額）
自宅（建物） ………………… 1,500万円（固定資産税評価額）
死亡保険金 ………………… 1,500万円（受取額。契約者（＝保険料負担者）・被保険者はAさん、死亡保険金受取人は妻Bさん）
死亡退職金 ………………… 3,000万円（受取額）

②長男Cさん(51歳)
現金および預貯金…………5,000万円
X社株式……………………… 1億円(相続税評価額)

③孫Eさん(25歳)
現金および預貯金…………2,000万円

④孫Fさん(23歳)
現金および預貯金…………2,000万円

※上記以外の条件は考慮せず、各問に従うこと。

問1 Aさんの相続等に関する次の記述①～③について、適切なものには○印を、不適切なものには×印を解答用紙に記入しなさい。

① 「妻Bさんや長男Cさんが、Aさんの相続について単純承認する場合、原則として、相続の開始があったことを知った時から3カ月以内に、家庭裁判所にその旨を申述しなければなりません」

② 「Aさんの2024年分の所得税について確定申告書を提出しなければならない場合に該当するとき、相続人は、原則として、相続の開始があったことを知った日の翌日から4カ月以内に準確定申告書を提出しなければなりません」

③ 「妻Bさんが受け取った死亡退職金は、みなし相続財産として相続税の課税対象となります。妻Bさんが受け取った死亡退職金3,000万円のうち、相続税の課税価格に算入される金額は1,500万円となります」

問2　Aさんの相続に係る相続税の総額を試算した下記の表の空欄①～③に入る最も適切な数値を求めなさい。なお、課税遺産総額(相続税の課税価格の合計額－遺産に係る基礎控除額)は2億円とし、問題の性質上、明らかにできない部分は「□□□」で示してある。

(a)相続税の課税価格の合計額	□□□万円
(b)遺産に係る基礎控除額	(　①　)万円
課税遺産総額((a)－(b))	2億円
相続税の総額の基となる税額	
妻Bさん	□□□万円
長男Cさん	□□□万円
孫Eさん	□□□万円
孫Fさん	(　②　)万円
(c)相続税の総額	(　③　)万円

〈資料〉相続税の速算表(一部抜粋)

法定相続分に応ずる取得金額			税率	控除額
万円超		万円以下		
	～	1,000	10%	－
1,000	～	3,000	15%	50万円
3,000	～	5,000	20%	200万円
5,000	～	10,000	30%	700万円
10,000	～	20,000	40%	1,700万円
20,000	～	30,000	45%	2,700万円

問3　Aさんの相続等に関する以下の文章の空欄①～③に入る最も適切な語句を、下記の〈語句群〉のなかから選び、その記号を解答用紙に記入しなさい。

Ⅰ「妻Bさんが『配偶者に対する相続税額の軽減』の適用を受ける場合、原則として、妻Bさんが相続により取得した財産の金額が、配偶者の法定相続分相当額と1億6,000万円のいずれか(　①　)金額を超えない限り、妻Bさんが納付すべき相続税額は算出されません」

Ⅱ「孫Eさんおよび孫Fさんは、相続税額の2割加算の対象に(　②　)」

Ⅲ 「Aさんに係る相続税の申告書の提出期限は、原則として、2025年（ ③ ）になります。申告書の提出先は、Aさんの死亡時の住所地を所轄する税務署長です」

〈語句群〉

イ．多い　ロ．少ない　ハ．なります　ニ．なりません
ホ．２月25日（火）　ヘ．３月31日（月）　ト．４月25日（金）

個人1 解答解説

問1 ①× ②○ ③×

①…単純承認の場合には、家庭裁判所に申述する必要はありません。相続の開始があったことを知った日から３カ月以内に、放棄や限定承認を行わなかった場合には単純承認したものとみなされます。

②…所得税の確定申告をしなければならない人が、確定申告書を提出しないで死亡した場合、相続人は原則として相続の開始があったことを知った日の翌日から**４**カ月以内に準確定申告書を提出しなければなりません。

③…死亡退職金の非課税限度額は**「500万円×法定相続人の数」**で求めた金額になります。本問の法定相続人は妻Bさん、長男Cさん、孫Eさん、孫Fさんの４人です。

非課税限度額：500万円×４人＝2,000万円

したがって、相続税の課税価格に算入される金額は、1,000万円（3,000万円－2,000万円）となります。

問2 ① 5,400万円 ② 325万円 ③ 3,750万円

表を埋めると、次のとおりです。

（a）相続税の課税価格の合計額	□□□万円
（b）遺産に係る基礎控除額	（① **5,400**）万円
課税遺産総額（（a）－（b））	２億円
相続税の総額の基となる税額	
妻Bさん	□□□万円
長男Cさん	□□□万円
孫Eさん	□□□万円
孫Fさん	（② **325**）万円
（c）相続税の総額	（③ **3,750**）万円

相続人が配偶者と子の場合の法定相続分は、配偶者 **2**分の**1**、子**2**分の**1**です。

【遺産に係る基礎控除額】

遺産に係る基礎控除額：3,000万円＋600万円×４人＝5,400万円…①

【相続税の総額】

妻Bさんの法定相続分：２億円×$\frac{1}{2}$＝１億円

妻Bさんの税額：１億円×30%－700万円＝2,300万円

長男Cさんの法定相続分：2億円×$\frac{1}{2}$×$\frac{1}{2}$＝5,000万円

長男Cさんの税額：5,000万円×20%－200万円＝800万円

孫Eさん、孫Fさんの法定相続分：2億円×$\frac{1}{2}$×$\frac{1}{2}$×$\frac{1}{2}$＝2,500万円

孫Eさん、孫Fさんの税額：2,500万円×15%－50万円＝325万円…②

相続税の総額：2,300万円＋800万円＋325万円×２人＝3,750万円…③

問3 ① イ　② ニ　③ ホ

①…「配偶者に対する相続税の軽減」は、配偶者の取得した財産が配偶者の法定相続分と１億6,000万円のいずれか**多い**金額を超えなければ、配偶者に相続税がかからないという制度です。

②…被相続人の配偶者および１親等の血族(子、父母)以外の人が相続または遺贈によって財産を取得した場合には、算出税額の２割が加算されますが、子の代襲相続人である孫は２割加算の対象となりません。本問の孫Eさんと孫Fさんは、長女Dさんの代襲相続人であるため、孫Eさんと孫Fさんは２割加算の対象となりません。

③…相続税の申告期限は、相続の開始があったことを知った日の翌日から**10**カ月以内なので、2024年４月25日に相続の開始があったことを知った場合、申告期限は2025年２月25日となります。

個人2 次の設例に基づいて、下記の各問に答えなさい。

［2022年9月試験　第5問 改］

《設 例》

X株式会社（非上場会社・製造業、以下、「X社」という）の代表取締役社長であるAさん（67歳）は、自宅で妻Bさん（66歳）および長男Cさん（42歳）夫婦と同居している。Aさんは、3年後をめどに、X社の専務取締役である長男Cさんに事業を承継する予定である。また、将来、妻Bさんには自宅および相応の現預金等を相続させ、長男CさんにはX社に有償で貸し付けているX社本社敷地・建物を相続させるつもりでいる。

長女Dさん（41歳）は、1年前に夫と死別し、地元企業に勤務しながら、1人で孫Eさん（19歳）を育てている。Aさんは、長女Dさん親子のために、教育資金等の援助をしたいと思っている。

〈Aさんの親族関係図〉

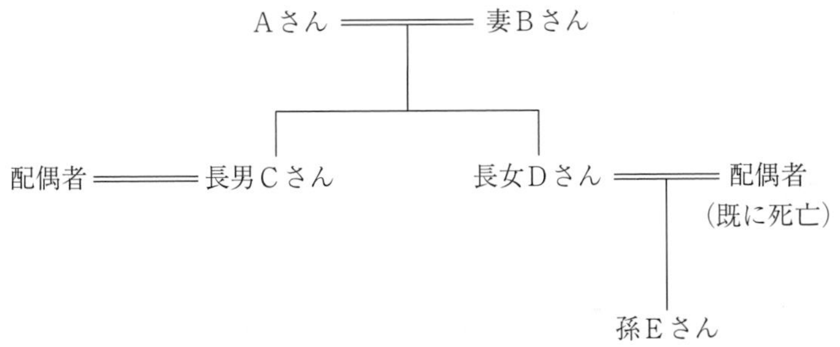

〈Aさんの主な所有財産（相続税評価額）〉

現預金等	：	2億円	
X社株式	：	4億円	
自宅敷地（330㎡）	：	6,000万円	（注）
自宅建物	：	2,500万円	
X社本社敷地（400㎡）	：	7,000万円	（注）
X社本社建物	：	4,500万円	
合計		8億円	

（注）「小規模宅地等についての相続税の課税価格の計算の特例」適用前の金額

※上記以外の条件は考慮せず、各問に従うこと。

問1　Aさんの相続・事業承継等に関する以下の文章の空欄①～④に入る最も適切な語句を、下記の〈語句群〉のなかから選び、その記号を解答用紙に記入しなさい。

Ⅰ「遺言により、自宅および現預金等を妻Bさん、X社関連の資産を長男Cさんに相続させた場合、長女Dさんの遺留分を侵害するおそれがあります。仮に、遺留分を算定するための財産の価額が8億円の場合、長女Dさんの遺留分の金額は、(　①　)となります」

Ⅱ「長男CさんがX社本社敷地を相続により取得し、当該敷地について、特定同族会社事業用宅地等として『小規模宅地等についての相続税の課税価格の計算の特例』の適用を受けた場合、当該敷地(相続税評価額7,000万円)について、課税価格に算入すべき価額は(　②　)となります。なお、自宅敷地とX社本社敷地について、『小規模宅地等についての相続税の課税価格の計算の特例』の適用を受けようとする場合、(　③　)」

Ⅲ「長男Cさん夫婦には子がいないので、将来の後継者確保のため、養子縁組をすることを検討してみてはいかがでしょうか。長男Cさん夫婦が孫Eさん(長女Dさんの子)と養子縁組(特別養子縁組でない縁組)をする場合、孫Eさんと長女Dさんとの法律上の親子関係は(　④　)」

〈語句群〉

イ．1,400万円　　ロ．2,380万円　　ハ．5,000万円　　ニ．5,250万円
ホ．1億円　　ヘ．2億円　　ト．終了しません　　チ．終了します
リ．適用対象面積は所定の算式により調整され、完全併用はできません
ヌ．それぞれの宅地の適用対象の限度面積まで適用を受けることができます

問2　「直系尊属から教育資金の一括贈与を受けた場合の贈与税の非課税の特例」(以下、「本特例」という)に関する次の記述①～③について、適切なものには○印を、不適切なものには×印を解答用紙に記入しなさい。

①「孫Eさんが本特例の適用を受けるためには、孫Eさんが教育資金の贈与を受けた年の前年分の長女Dさんの所得税に係る合計所得金額が1,000万円以下でなければなりません」

②「孫EさんがAさんから教育資金の贈与を受ける場合、所定の要件を満たせば、本特例と併せて相続時精算課税制度の適用を受けることができます」

③「教育資金管理契約期間中にAさんが死亡した場合、教育資金管理契約に係る非課税拠出額から教育資金支出額を控除した残額(管理残額)は、相続税の課税対象

となります」

問3　現時点(2024年９月11日)において、Ａさんの相続が開始した場合における相続税の総額を試算した下記の表の空欄①～③に入る最も適切な数値を求めなさい。なお、相続税の課税価格の合計額は８億円とし、問題の性質上、明らかにできない部分は「□□□」で示してある。

(ａ)相続税の課税価格の合計額	８億円
(ｂ)遺産に係る基礎控除額	(　①　)万円
課税遺産総額((ａ)－(ｂ))	□□□万円
相続税の総額の基となる税額	
妻Ｂさん	□□□万円
長男Ｃさん	(　②　)万円
長女Ｄさん	□□□万円
(ｃ)相続税の総額	(　③　)万円

〈資料〉相続税の速算表(一部抜粋)

法定相続分に応ずる取得金額			税率	控除額
万円超		万円以下		
	～	1,000	10%	－
1,000	～	3,000	15%	50万円
3,000	～	5,000	20%	200万円
5,000	～	10,000	30%	700万円
10,000	～	20,000	40%	1,700万円
20,000	～	30,000	45%	2,700万円
30,000	～	60,000	50%	4,200万円

問1 ① ホ ② イ ③ ヌ ④ ト

①…遺留分割合は、相続人が直系尊属のみの場合を除いて **2** 分の **1** です。長女Dさんの法定相続分は4分の1($\frac{1}{2}\times\frac{1}{2}$)なので、長女Dさんの遺留分割合は8分の1($\frac{1}{2}\times\frac{1}{4}$)となります。

長女Dさんの遺留分の額：8億円$\times\frac{1}{8}$＝1億円

②…「小規模宅地等についての相続税の課税価格の計算の特例」を適用すると、特定同族会社事業用宅地等については**400㎡**を上限に**80%**を減額することができます。

評価減の額：7,000万円$\times\frac{400㎡}{400㎡}\times$80%＝5,600万円

特例適用後の評価額：7,000万円－5,600万円＝1,400万円

③…特定居住用宅地等と、特定事業用宅地等や特定同族会社事業用宅地等を併用する場合は、それぞれの限度面積(最大730㎡)まで適用することができます。

④…普通養子縁組では、養子と実父母との親子関係は終了しません。

問2 ① × ② ○ ③ ○

①…「直系尊属から教育資金の一括贈与を受けた場合の贈与税の非課税」の適用を受ける場合、**受贈者**(**孫Eさん**)の前年の合計所得金額が **1,000** 万円以下でなければなりません。

問3 ① 4,800万円 ② 5,820万円 ③ 26,240万円

表を埋めると、次のとおりです。

(a)相続税の課税価格の合計額	8億円
(b)遺産に係る基礎控除額	(① **4,800**)万円
課税遺産総額((a)－(b))	7億5,200万円
相続税の総額の基となる税額	
妻Bさん	14,600万円
長男Cさん	(② **5,820**)万円
長女Dさん	5,820万円
(c)相続税の総額	(③ **26,240**)万円

本問の法定相続人は妻Bさん、長男Cさん、長女Dさんの3人です。また、相続人が配偶者と子の場合の法定相続分は、配偶者**2**分の**1**、子**2**分の**1**です。

【遺産に係る基礎控除額】

遺産に係る基礎控除額：3,000万円＋600万円×3人＝4,800万円…①

【課税遺産総額】

課税遺産総額：8億円－4,800万円＝7億5,200万円

【相続税の総額】

妻Bさんの法定相続分：7億5,200万円×$\frac{1}{2}$＝3億7,600万円

妻Bさんの税額：3億7,600万円×50%－4,200万円＝1億4,600万円

長男Cさん、長女Dさんの法定相続分：7億5,200万円×$\frac{1}{2}$×$\frac{1}{2}$

＝1億8,800万円

長男Cさん、長女Dさんの税額：1億8,800万円×40%－1,700万円

＝5,820万円…②

相続税の総額：1億4,600万円＋5,820万円×2人＝2億6,240万円

→26,240万円…③

生保1 次の設例に基づいて、下記の各問に答えなさい。

［2021年1月試験　第5問 改］

《設 例》

Aさんは、2024年9月28日に病気により75歳で死亡した。Aさんは、生前に自筆証書遺言を作成し、自筆証書遺言書保管制度により法務局（遺言書保管所）に保管しており、財産は妻Bさん（72歳）、長女Dさん（44歳）、孫Gさん（17歳）および孫Hさん（15歳）に取得させ、疎遠になっていた長男Cさん（47歳）には財産は取得させない内容となっている。Aさんの親族関係図や相続財産は、以下のとおりである。なお、二女Eさんは、Aさんの相続開始前に死亡している。

〈Aさんの親族関係図〉

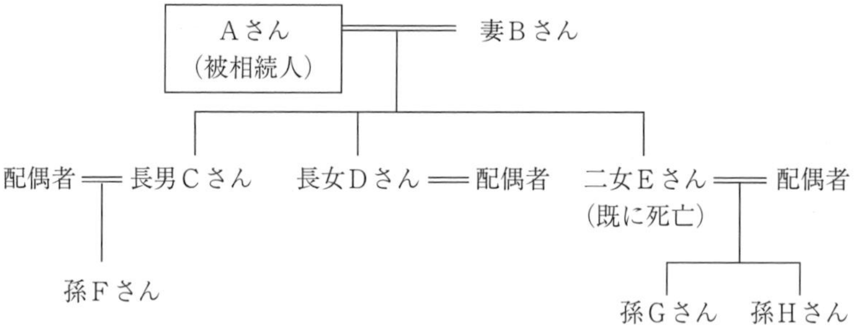

〈Aさんの主な相続財産（相続税評価額）〉

1. 現預金　　　　：9,500万円
2. 自宅
   ①敷地（440㎡）：8,000万円（注）
   ②建物　　　　：　600万円
3. 死亡保険金　　：3,500万円（契約者（＝保険料負担者）・被保険者：Aさん、死亡保険金受取人：妻Bさん）

（注）「小規模宅地等についての相続税の課税価格の計算の特例」適用前の金額

※上記以外の条件は考慮せず、各問に従うこと。

問1　Aさんの相続に関する次の記述①～③について、適切なものには○印を、不適切なものには×印を解答用紙に記入しなさい。

①「相続税の申告書の提出期限は、原則として、相続の開始があったことを知った日の翌日から4カ月以内です。申告書の提出先は、Aさんの死亡時の住所地を所轄する税務署長になります」

②「孫Gさんおよび孫HさんはAさんの孫にあたりますが、二女Eさんの代襲相続人ですので、相続税額の2割加算の対象にはなりません」

③「法務局(遺言書保管所)に保管されている自筆証書遺言は相続開始後、相続人が遅滞なく、家庭裁判所に提出して、その検認の請求をしなければなりません」

問2　Aさんの相続に関する以下の文章の空欄①～③に入る最も適切な語句または数値を、下記の〈語句群〉のなかから選び、その記号を解答用紙に記入しなさい。

i)『遺留分』

「遺言により取得する財産がないとされた長男Cさんが遺留分侵害額請求権を行使する場合、長男Cさんの遺留分の額は、遺留分を算定するための財産の価額に（　①　）を乗じた額となります」

ii)『死亡保険金』

「妻Bさんが受け取る死亡保険金(3,500万円)のうち、相続税の課税価格に算入される金額は（　②　）万円です」

iii)『小規模宅地等についての相続税の課税価格の計算の特例』

「妻Bさんが自宅の敷地を相続により取得し、特定居住用宅地等として小規模宅地等についての相続税の課税価格の計算の特例の適用を受けた場合、その敷地のうち（　③　）㎡までを限度面積として、評価額の80%相当額を減額した金額を、相続税の課税価格に算入すべき価額とすることができます」

〈語句群〉

イ．200　ロ．330　ハ．400　ニ．500　ホ．1,000　ヘ．1,500
ト．6分の1　チ．8分の1　リ．12分の1

問３　Ａさんの相続における相続税の総額を試算した下記の表の空欄①～④に入る最も適切な数値を求めなさい。なお、相続税の課税価格の合計額は１億5,000万円とし、問題の性質上、明らかにできない部分は「□□□」で示してある。

（ａ）相続税の課税価格の合計額	1億5,000万円
（ｂ）遺産に係る基礎控除額	（　①　）万円
課税遺産総額（ａ）－（ｂ）	□□□万円
相続税の総額の基となる税額	
妻Ｂさん	□□□万円
長男Ｃさん	（　②　）万円
長女Ｄさん	□□□万円
孫Ｇさん	（　③　）万円
孫Ｈさん	□□□万円
（ｃ）相続税の総額	（　④　）万円

〈資料〉相続税の速算表

法定相続分に応ずる取得金額			税率	控除額
万円超		万円以下		
	～	1,000	10%	—
1,000	～	3,000	15%	50万円
3,000	～	5,000	20%	200万円
5,000	～	10,000	30%	700万円
10,000	～	20,000	40%	1,700万円
20,000	～	30,000	45%	2,700万円
30,000	～	60,000	50%	4,200万円
60,000	～		55%	7,200万円

生保 1 解答解説

問1 ① × ② ○ ③ ×

①…相続税の申告期限は、原則として、相続の開始があったことを知った日の翌日から**10**カ月以内です。

②…孫は原則として２割加算の対象となりますが、代襲相続人である孫は２割加算の対象となりません。

③…遺言書保管所に保管されている自筆証書遺言は、改ざんのおそれがないことから検認は**不要**とされています。

問2 ① リ ② ホ ③ ロ

①…相続人が直系尊属のみの場合を除いて、遺留分の額は、遺留分を算定するための基礎となる財産の**2**分の**1**相当額となります。また、相続人が配偶者と子なので、法定相続分は配偶者**2**分の**1**、子**2**分の**1**です。さらに、子は３人(長男Ｃさん、長女Ｄさん、二女Ｅさん)なので、長男Ｃさんの遺留分は12分の１となります。

長男Ｃさんの法定相続分：$\frac{1}{2} \times \frac{1}{3} = \frac{1}{6}$

長男Ｃさんの遺留分：$\frac{1}{2} \times \frac{1}{6} = \frac{1}{12}$

②…相続人が死亡保険金や死亡退職金を受け取ったときは、それぞれについて、**「500万円×法定相続人の数」**で求めた金額が非課税限度額となります。

本問の法定相続人は、妻Ｂさん、長男Ｃさん、長女Ｄさん、孫Ｇさん、孫Ｈさんの５人なので、相続税の課税価格に算入される死亡保険金の額は、次のようになります。

死亡保険金の非課税限度額：500万円×５人＝ 2,500万円

課税価格に算入される死亡保険金の額：3,500万円－2,500万円
＝1,000万円

③…特定居住用宅地等は、**330**㎡までを限度面積として、評価額の**80**％相当額が相続税の課税価格から減額されます。

問3 ① 6,000万円　② 175万円　③ 75万円　④ 1,200万円

表を埋めると、次のとおりです。

（a）相続税の課税価格の合計額	1億5,000万円
（b）遺産に係る基礎控除額	（① **6,000**）万円
課税遺産総額（a）－（b）	9,000万円
相続税の総額の基となる税額	
妻Bさん	700万円
長男Cさん	（② **175**）万円
長女Dさん	175万円
孫Gさん	（③ **75**）万円
孫Hさん	75万円
（c）相続税の総額	（④ **1,200**）万円

本問の法定相続人は妻Bさん、長男Cさん、長女Dさん、二女Eさんの代襲相続人である孫Gさんと孫Hさんの5人です。また、相続人が配偶者と子の場合の法定相続分は、配偶者 **2** 分の **1** 、子 **2** 分の **1** です。

【遺産に係る基礎控除額】

遺産に係る基礎控除額：3,000万円＋600万円×5人＝6,000万円…①

【課税遺産総額】

1億5,000万円－6,000万円＝9,000万円

【相続税の総額】

妻Bさんの法定相続分：9,000万円×$\frac{1}{2}$＝4,500万円

妻Bさんの税額：4,500万円×20%－200万円＝700万円

長男Cさん、長女Dさんの法定相続分：9,000万円×$\frac{1}{2}$×$\frac{1}{3}$＝1,500万円

長男Cさん、長女Dさんの税額：1,500万円×15%－50万円＝175万円…②

孫Gさん、孫Hさんの法定相続分：9,000万円×$\frac{1}{2}$×$\frac{1}{3}$×$\frac{1}{2}$＝750万円

孫Gさん、孫Hさんの税額：750万円×10%＝75万円…③

相続税の総額：700万円＋175万円×2人＋75万円×2人＝1,200万円…④

生保2 次の設例に基づいて、下記の各問に答えなさい。

［2023年1月試験　第5問 改］

《設 例》

非上場企業であるX株式会社（以下、「X社」という）の代表取締役社長であったAさんは、2024年8月23日（金）に病気により83歳で死亡した。

Aさんが保有していたX社株式（発行済株式数の全部）は、後継者である長男Cさんが相続により取得する予定である。なお、長女Dさんは、Aさんの相続開始前に死亡している。

〈Aさんの親族関係図〉

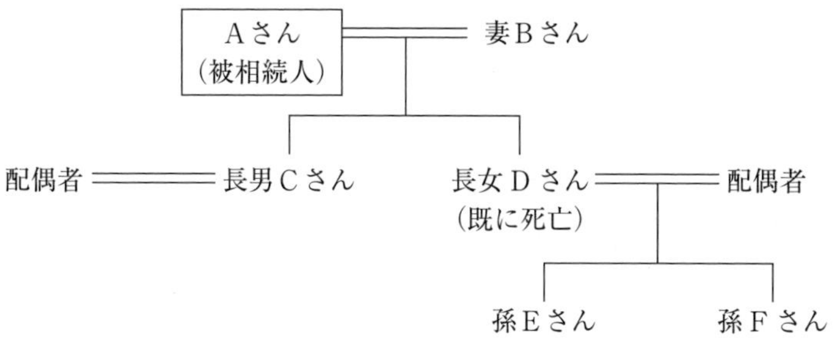

〈各人が取得する予定の相続財産（みなし相続財産を含む）〉

①妻Bさん（79歳）

現金および預貯金 …… 1,000万円

自宅（敷地330㎡） …… 1,000万円（「小規模宅地等についての相続税の課税価格の計算の特例」適用後の金額）

自宅（建物） ………… 1,000万円（固定資産税評価額）

死亡保険金 ………… 2,000万円（契約者（＝保険料負担者）・被保険者はAさん、死亡保険金受取人は妻Bさん）

死亡退職金 ………… 5,000万円

②長男Cさん（53歳）

現金および預貯金 …… 8,000万円

X社株式 …………… 2億円（相続税評価額）

※相続税におけるX社株式の評価上の規模区分は「大会社」であり、特定の評価会社には該当しない。

③孫Eさん（22歳）

現金および預貯金 …… 2,000万円

④孫Fさん(20歳)
　現金および預貯金　……　2,000万円
※上記以外の条件は考慮せず、各問に従うこと。

問1　相続人は、《設例》の記載のとおり、Aさんの財産を取得した。Aさんの相続に係る相続税の総額を計算した下記の表の空欄①～④に入る最も適切な数値を、解答用紙に記入しなさい。なお、問題の性質上、明らかにできない部分は「□□□」で示してある。

妻Bさんに係る課税価格	(　①　)万円
長男Cさんに係る課税価格	2億8,000万円
孫Eさんに係る課税価格	2,000万円
孫Fさんに係る課税価格	2,000万円
(a) 相続税の課税価格の合計額	□□□万円
(b) 遺産に係る基礎控除額	(　②　)万円
課税遺産総額((a)－(b))	□□□万円
相続税の総額の基となる税額	
妻Bさん	□□□万円
長男Cさん	(　③　)万円
孫Eさん	□□□万円
孫Fさん	□□□万円
(c) 相続税の総額	(　④　)万円

〈資料〉相続税の速算表

法定相続分に応ずる取得金額			税率	控除額
万円超		万円以下		
	～	1,000	10%	—
1,000	～	3,000	15%	50万円
3,000	～	5,000	20%	200万円
5,000	～	10,000	30%	700万円
10,000	～	20,000	40%	1,700万円
20,000	～	30,000	45%	2,700万円
30,000	～	60,000	50%	4,200万円
60,000	～		55%	7,200万円

問2　Aさんの相続等に関する以下の文章の空欄①～③に入る最も適切な語句を、下記の〈語句群〉のなかから選び、その記号を解答用紙に記入しなさい。

Ⅰ「X社株式の相続税評価額は、原則として類似業種比準方式により評価されます。類似業種比準価額は、類似業種の株価ならびに1株当たりの配当金額、(　①　)および簿価純資産価額を基として計算します」

Ⅱ「『配偶者に対する相続税額の軽減』の適用を受けた場合、妻Bさんが相続により取得した財産の金額が、配偶者の法定相続分相当額と1億6,000万円とのいずれか(　②　)金額までであれば、原則として、妻Bさんが納付すべき相続税額は算出されません」

Ⅲ「Aさんに係る相続税の申告書の提出期限は、原則として、2025年(　③　)になります。申告書の提出先は、Aさんの死亡時の住所地を所轄する税務署長です」

〈語句群〉

イ．売上金額　　ロ．資本金等の額　　ハ．利益金額
ニ．多い　　ホ．少ない　　ヘ．5月23日(金)　　ト．6月23日(月)
チ．7月23日(水)

問3　Aさんの相続等に関する次の記述①～③について、適切なものには○印を、不適切なものには×印を解答用紙に記入しなさい。

①「妻Bさんが相続により取得した自宅の敷地を、相続税の申告期限までに売却した場合、当該敷地は特定居住用宅地等として『小規模宅地等についての相続税の課税価格の計算の特例』の適用を受けることができなくなります」

②「相続税の総額は、各相続人の実際の取得割合によって計算されることから、分割内容により異なる額が算出されます」

③「孫Eさんおよび孫FさんはAさんの孫にあたりますが、長女Dさんの代襲相続人ですので、相続税額の2割加算の対象となりません」

問1 ① 6,000万円　② 5,400万円　③ 1,745万円　④ 7,795万円

表を埋めると、次のとおりです。

	妻Bさんに係る課税価格	(① **6,000**)万円
	長男Cさんに係る課税価格	2億8,000万円
	孫Eさんに係る課税価格	2,000万円
	孫Fさんに係る課税価格	2,000万円
(a)相続税の課税価格の合計額		**3億8,000**万円
	(b)遺産に係る基礎控除額	(② **5,400**)万円
課税遺産総額((a)−(b))		**3億2,600**万円
	相続税の総額の基となる税額	
	妻Bさん	**4,820**万円
	長男Cさん	(③ **1,745**)万円
	孫Eさん	**615**万円
	孫Fさん	**615**万円
(c)相続税の総額		(④ **7,795**)万円

長女Dさんがすでに死亡しているため、孫Eさんと孫Fさんが代襲相続人となります。したがって、相続人は、妻Bさん、長男Cさん、孫Eさん、孫Fさんの4人となります。

なお、代襲相続人(孫Eさん、孫Fさん)の法定相続分は、被代襲者(長女Dさん)の本来の相続分を頭数で按分して求めます。

妻Bさんの法定相続分：$\frac{1}{2}$

長男Cさんの法定相続分：$\frac{1}{2}\times\frac{1}{2}=\frac{1}{4}$

孫Eさん、孫Fさんの法定相続分：$\frac{1}{2}\times\frac{1}{2}\times\frac{1}{2}=\frac{1}{8}$

【妻Bさんに係る課税価格】

死亡保険金と死亡退職金の非課税限度額はそれぞれ**「500万円×法定相続人の数」**で求めた金額になります。

死亡保険金の非課税限度額：500万円×4人＝2,000万円
死亡退職金の非課税限度額：500万円×4人＝2,000万円

妻Bさんにかかる課税価格：
1,000万円(現金および預貯金)＋1,000万円(自宅(敷地))＋1,000万円(自宅(建物))＋(2,000万円(死亡保険金)−2,000万円(非課税限度額))
＋(5,000万円(死亡退職金)−2,000万円(非課税限度額))＝6,000万円…①

【遺産に係る基礎控除額】

遺産に係る基礎控除額：3,000万円＋600万円×４人＝5,400万円…②

【課税遺産総額】

課税遺産総額：３億8,000万円－5,400万円＝３億2,600万円

【相続税の総額】

妻Ｂさんの法定相続分：３億2,600万円×$\frac{1}{2}$＝１億6,300万円

妻Ｂさんの税額：１億6,300万円×40%－1,700万円＝4,820万円

長男Ｃさんの法定相続分：３億2,600万円×$\frac{1}{4}$＝8,150万円

長男Ｃさんの税額：8,150万円×30%－700万円＝1,745万円…③

孫Ｅさん、孫Ｆさんの法定相続分：３億2,600万円×$\frac{1}{8}$＝4,075万円

孫Ｅさん、孫Ｆさんの税額：4,075万円×20%－200万円＝615万円
相続税の総額：4,820万円＋1,745万円＋615万円×２人＝7,795万円…④

問2 ① ハ　② ニ　③ ト

①…類似業種比準方式では、上場している類似業種企業の株価をもとにして、配当金額、**利益金額**、簿価純資産価額の３つの要素を加味して評価額を算定します。

②…「配偶者に対する相続税額の軽減」の適用を受けた場合、配偶者が取得した財産が**法定相続分**相当額と**１億6,000**万円のいずれか**多い**金額までであれば、相続税がかかりません。

③…相続税の申告期限は、相続の開始があったことを知った日の翌日から**10**カ月以内(2025年6月23日まで)です。

問3 ①× ②× ③○

①…配偶者が、被相続人の居住の用に供されていた宅地を相続により取得した場合については、申告期限まで所有していなくても「小規模宅地等についての相続税の課税価格の計算の特例」の適用を受けることができます。なお、申告期限まで居住する必要もありません。

②…相続税の総額は、各相続人の法定相続分によって計算されるため、実際の分割内容にかかわらず一定の額となります。

③…被相続人の孫は２割加算の対象となりますが、子の代襲相続人である孫は２割加算の対象とはなりません。

3 資産設計提案業務【日本FP協会】

資産1 木内さんは、父の相続が開始した後の手続き等について、FPで税理士でもある高倉さんに質問をした。下記の空欄(ア)～(ウ)に入る適切な語句を語群の中から選び、その番号のみを解答欄に記入しなさい。

木内さん:「相続発生後の手続きについて教えてください。」
高倉さん:「相続人は、相続の開始があったことを知った時から、原則として(ア)以内に、相続について単純承認、限定承認、相続放棄のうちいずれかを選びます。その期間内に限定承認も相続放棄もしない場合は、単純承認したものとみなされます。」
木内さん:「限定承認や相続放棄をする場合はどうするのですか。」
高倉さん:「(イ)にその旨の申述を行います。」
木内さん:「被相続人の子どもが相続権を失うことはあるのでしょうか。」
高倉さん:「欠格や廃除によって相続権を失うことがあります。」
木内さん:「その場合、欠格や廃除により相続権を失った人の子どもに代襲相続は認められますか。」
高倉さん:「(ウ)。」

〈語群〉

1. 3ヵ月	2. 4ヵ月	3. 10ヵ月
4. 所轄税務署長	5. 地方裁判所	6. 家庭裁判所
7. 認められます	8. 認められません	

[2020年9月試験 第6問 問19]

資産1 解答解説

解答 (ア) 1 (イ) 6 (ウ) 7

(ア)(イ)…限定承認や相続放棄をするときは、相続の開始があったことを知ったときから**3**カ月以内に**家庭裁判所**に対して、その旨を申述します。なお、この期間に限定承認も相続放棄もしなかった場合には単純承認したものとみなされます。

(ウ)……**相続放棄**の場合には代襲相続は認められませんが、**欠格**、**廃除**によって相続権を失った場合には代襲相続が認められます。

資産2 自筆証書遺言と公正証書遺言に関する次の記述のうち、最も適切なものはどれか。

1. 自筆証書遺言を作成する際には証人が不要であるが、公正証書遺言を作成する際には証人が２人以上必要である。
2. 家庭裁判所の検認が不要になるのは、遺言書が公正証書遺言である場合に限られる。
3. 自筆証書遺言を作成する場合において、財産目録を添付するときは、その目録も自書しなければ無効となる。
4. 公正証書遺言は公証役場に原本が保管されるが、自筆証書遺言についての保管制度は存在しない。

［2023年５月試験　第６問　問21］

資産2 解答解説

解答 1

1…自筆証書遺言を作成するさいには証人は不要ですが、公正証書遺言を作成するさいには証人が２人以上必要です。
2…自筆証書遺言を法務局で保管した場合も検認が不要となります。
3…財産目録を添付するさい、毎ページに署名・押印をすれば、その目録はパソコン等で作成することができます。
4…自筆証書遺言の原本を法務局で保管する制度もあります。

資産3 下記〈親族関係図〉の場合において、民法の規定に基づく法定相続分および遺留分に関する次の記述の空欄(ア)～(ウ)に入る適切な語句または数値を語群の中から選び、その番号のみを解答欄に記入しなさい。なお、同じ番号を何度選んでもよいこととする。

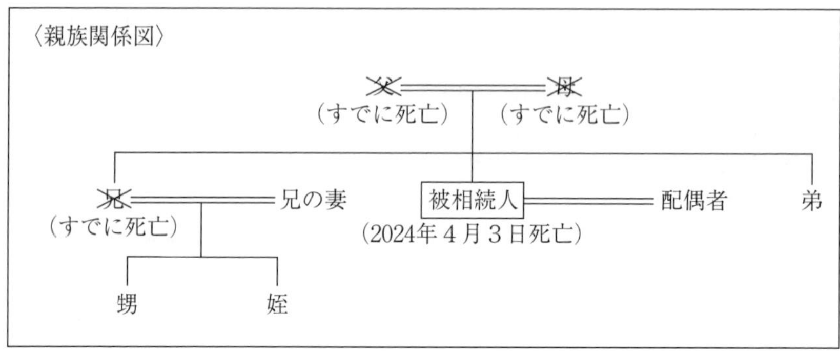

[各人の法定相続分および遺留分]

・被相続人の配偶者の法定相続分は(ア)

・被相続人の甥の法定相続分は(イ)

・被相続人の弟の遺留分は(ウ)

〈語群〉

1. なし	2. 1／2	3. 1／3	4. 1／4	5. 1／6
6. 1／8	7. 1／12	8. 1／16	9. 2／3	10. 3／4

[2023年5月試験　第6問　問19 改]

資産3 解答解説

解答 (ア) 10 (イ) 8 (ウ) 1

(ア)(イ)…被相続人に子がなく、父母はすでに死亡しているため、配偶者と兄弟が相続人となります。相続人が配偶者と兄弟姉妹の場合の相続分は、配偶者4分の3、兄弟姉妹4分の1です。また、兄がすでに死亡していることから甥と姪が代襲相続するため、法定相続人は、配偶者、弟、甥、姪の4人となります。なお、代襲相続人(甥、姪)の法定相続分は、被代襲者(兄)の本来の相続分を頭数で按分して求めます。

配偶者の法定相続分：$\frac{3}{4}$

弟の法定相続分：$\frac{1}{4}\times\frac{1}{2}=\frac{1}{8}$

甥、姪の法定相続分：$\frac{1}{4}\times\frac{1}{2}\times\frac{1}{2}=\frac{1}{16}$

(ウ)……兄弟姉妹には遺留分はありません。

資産4 馬場さんは、FPで税理士でもある藤原さんに、相続税において相続財産から控除できる債務等に関する質問をした。下記の空欄(ア)～(エ)に入る適切な語句を語群の中から選び、その番号のみを解答欄に記入しなさい。なお、同じ番号を何度選んでもよいこととする。

馬場さん：「相続税を計算するとき、被相続人の債務は、相続財産から控除できると聞きました。亡くなった父の医療費が未払いになっているのですが、相続財産から控除することはできますか。」

藤原さん：「被相続人に係る未払い医療費は、相続財産から控除することが(　ア　)。」

馬場さん：「父が生前に購入した墓地の代金が未払いのままです。こちらはどうですか。」

藤原さん：「被相続人が生前に購入した墓地の未払い代金は、相続財産から控除することが(　イ　)。」

馬場さん：「父はアパート経営をしていました。父が預かっていた、将来返金することになる敷金を相続財産から控除できますか。」

藤原さん：「(　ウ　)。」

馬場さん：「葬式に関する費用について、控除できるものはありますか。」

藤原さん：「例えば(　エ　)は、葬式費用として相続財産から控除することができます。」

〈語群〉

1. できます
2. できません
3. 四十九日の法要のための費用
4. 通夜のための費用
5. 香典返戻のための費用

［2023年1月試験　第6問　問20］

資産 4 解答解説

解答 (ア) **1** (イ) **2** (ウ) **1** (エ) **4**

(ア)…被相続人にかかる未払い医療費は債務控除の対象になります。

(イ)…相続税法上、墓地は非課税財産です。非課税財産にかかる未払い代金は、債務控除の対象となりません。

(ウ)…将来返金する敷金は債務控除の対象になります。

(エ)…葬式費用のうち、通夜のための費用は債務控除の対象になります。なお、四十九日の法要のための費用や香典返戻費用は債務控除の対象になりません。

債務控除の対象となるものとならないもの（例）

	控除できるもの	控除できないもの
債　　務	○借入金 ○未払いの医療費 ○未払いの税金	×（生前に購入した）墓地等の未払金 ×遺言執行費用
葬式費用	○通夜・告別式・火葬・納骨費用 ○死体捜索費用	×香典返戻費用 ×法要費用（初七日、四十九日等）

資産 5 相続の放棄をした者に係る相続税の取扱いに関する次の記述のうち、最も不適切なものはどれか。

1. 相続を放棄した者が、現実に負担した被相続人の葬式費用については、遺産総額から控除することができる。
2. 相続を放棄した者が、遺贈により生命保険金等を取得したものとみなされる場合には、生命保険金等の非課税の規定の適用を受けることができる。
3. 相続税の基礎控除額の計算における法定相続人の数は、相続の放棄をした者がいても、その放棄がなかったものとした場合の相続人の数である。
4. 配偶者が相続を放棄した場合でも、その配偶者が遺贈により財産を取得したときには、配偶者の税額軽減の規定の適用を受けることができる。

［2019年1月試験　第6問　問19］

資産 5 解答解説

解答2

1…相続を放棄した場合でも、葬式費用を負担したときには、債務控除の対象となります。
2…相続を放棄した人が受け取った生命保険金等については非課税の適用はありません。
3…相続税の基礎控除額や生命保険金等の非課税限度額の計算における法定相続人の数は、相続の放棄があった場合でも、放棄がなかったものとして法定相続人の数に算入します。
4…配偶者が相続を放棄した場合でも、配偶者が遺贈によって財産を取得したときには、配偶者の税額軽減の適用を受けることができます。

資産6 下記の相続事例（2024年８月９日相続開始）における各人の相続税の課税価格の組み合わせとして、正しいものはどれか。なお、記載のない条件については一切考慮しないこととする。

〈課税価格の合計額を算出するための財産等の相続税評価額〉

マンション（建物および建物敷地権）：3,500万円
現預金：1,000万円
死亡保険金：1,500万円
死亡退職金：2,000万円
債務および葬式費用：400万円

〈親族関係図〉

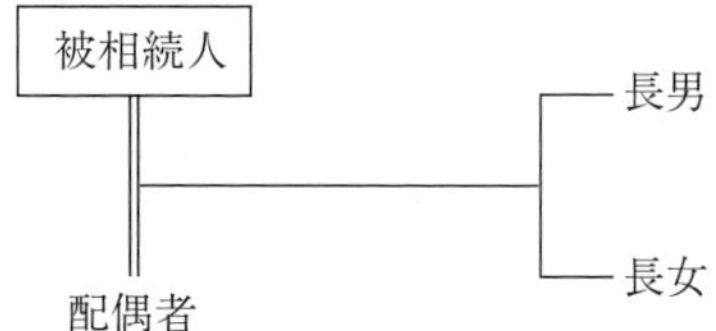

※マンションの評価額は、「小規模宅地等の特例」適用後の金額であり、死亡保険金および死亡退職金は、非課税限度額控除前の金額である。
※マンションは配偶者が相続する。
※現預金は、長男および長女が２分の１ずつ受け取っている。
※死亡保険金は、配偶者、長男、長女がそれぞれ３分の１ずつ受け取っている。
※死亡退職金は、配偶者が受け取っている。
※相続開始前７年以内に被相続人からの贈与により財産を取得した相続人はおらず、相続時精算課税制度を選択した相続人もいない。また相続を放棄した者もいない。
※債務および葬式費用は、すべて被相続人の配偶者が負担している。

1. 配偶者：3,600万円　長男：500万円　長女：500万円
2. 配偶者：3,600万円　長男：1,000万円　長女：1,000万円
3. 配偶者：5,100万円　長男：500万円　長女：500万円
4. 配偶者：5,100万円　長男：1,000万円　長女：1,000万円

［2023年１月試験　第６問　問22 改］

解答 1

相続人は、配偶者、長男、長女の３人となります。死亡保険金と死亡退職金の非課税限度額はそれぞれ**「500万円×法定相続人の数」**で求めた金額になります。

死亡保険金の非課税限度額：500万円×３人＝1,500万円
死亡保険金の課税価格：1,500万円－1,500万円＝0円
死亡退職金の非課税限度額：500万円×３人＝1,500万円
死亡退職金の課税価格：2,000万円－1,500万円＝500万円

【配偶者にかかる課税価格】

3,500万円（マンション）＋ 0円（死亡保険金）＋ 500万円（死亡退職金）－ 400万円（債務および葬式費用）＝ 3,600万円

【長男、長女にかかる課税価格】

1,000万円（現預金）$\times \frac{1}{2}$ ＋ 0円（死亡保険金）＝ 500万円

資産7 各相続人の相続税の納付税額を計算する際における「配偶者に対する相続税額の軽減」に関する次の記述の空欄(ア)～(ウ)にあてはまる語句の組み合わせとして、最も適切なものはどれか。

・被相続人とその配偶者の婚姻期間については、(　ア　)。
・配偶者に対する相続税額の軽減の適用を受けると、被相続人の配偶者が遺産分割や遺贈により実際に取得した正味の遺産額が、1億6,000万円または配偶者の法定相続分相当額のどちらか(　イ　)金額まで、配偶者に相続税がかからない。
・相続税の申告期限までに分割されていない財産は、配偶者に対する相続税額の軽減の対象にならないが、所定の届出を行ったうえで申告期限から(　ウ　)以内に分割されたときは、その対象となる。

1.(ア)20年以上あることが必要となる　(イ)多い方の　(ウ)10ヵ月
2.(ア)要件は定められていない　(イ)多い方の　(ウ)3年
3.(ア)要件は定められていない　(イ)少ない方の　(ウ)3年
4.(ア)20年以上あることが必要となる　(イ)少ない方の　(ウ)10ヵ月

[2017年5月試験　第6問　問20]

資産7 解答解説

解答2

(ア)…「配偶者に対する相続税額の軽減」では、被相続人と配偶者の婚姻期間の要件はありません。
(イ)…配偶者の取得した財産が **1億6,000** 万円または配偶者の法定相続分相当額のいずれか **多い** 金額までであれば配偶者に相続税はかかりません。
(ウ)…相続税の申告期限までに遺産分割が行われていない場合には、「配偶者に対する相続税額の軽減」や「小規模宅地等の評価減の特例」の適用を受けることはできませんが、所定の届出を行い、申告期限から **3** 年以内に分割されたときは、適用を受けることができます。

資産8 安藤邦彦さんの父の誠治さんは先月、死亡した。誠治さんの遺産等が下記のとおりである場合、誠治さんの相続に係る相続税の総額(各相続人等の納付税額を計算する前の金額)として、正しいものはどれか。なお、相続を放棄した者はいないものとする。

〈安藤家の親族関係図〉

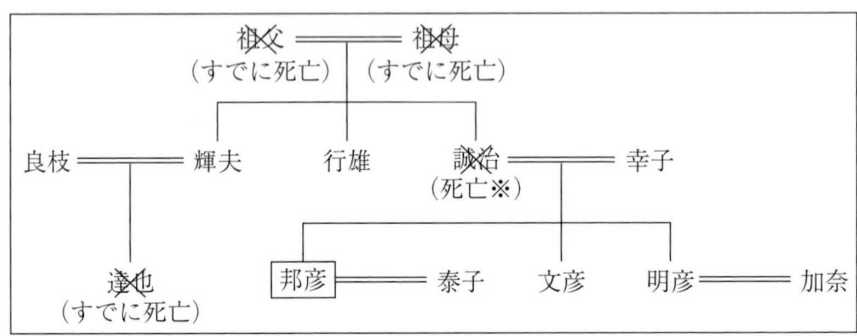

※邦彦さんの父の誠治さんは2024年8月21日に死亡している。

〈誠治さんの遺産等の内訳(相続税評価額)〉

金融資産	8,000万円
不動産(自宅敷地および建物)	1,600万円(小規模宅地等の評価減特例適用後の金額)
生命保険金	1,200万円 ※保険契約者および被保険者は誠治さん、保険金受取人は幸子さんである。
その他の資産(動産等)	200万円
葬式費用	200万円 ※通夜および本葬に係る費用であり、幸子さんが全額負担した。

〈相続税の速算表〉

法定相続分に応ずる取得金額	税率	控除額
1,000万円 以下	10%	−
1,000万円 超 3,000万円 以下	15%	50万円
3,000万円 超 5,000万円 以下	20%	200万円
5,000万円 超 1億円 以下	30%	700万円
1億円 超 2億円 以下	40%	1,700万円
2億円 超 3億円 以下	45%	2,700万円
3億円 超 6億円 以下	50%	4,200万円
6億円 超	55%	7,200万円

1. 0円　2. 475万円　3. 640万円　4. 1,330万円

［2016年1月試験　第10問　問37 改］

資産8 解答解説

解答 2

本問の法定相続人は、幸子さん、邦彦さん、文彦さん、明彦さんの4人です。また、法定相続人が配偶者と子の場合の法定相続分は、配偶者：**2**分の**1**、子：**2**分の**1**です。

【課税価額の合計額】

死亡保険金(生命保険金)の非課税限度額：**500**万円×4人＝2,000万円

課税価格の合計額：

8,000万円(金融資産)＋1,600万円(不動産)＋(1,200万円(生命保険金)－1,200万円(非課税))＋200万円(その他の資産)－200万円(葬式費用)

＝9,600万円

【遺産に係る基礎控除額】

遺産に係る基礎控除額：**3,000**万円＋**600**万円×4人＝5,400万円

【課税遺産総額】

課税遺産総額：9,600万円－5,400万円＝4,200万円

【相続税の総額】

幸子さんの法定相続分：4,200万円×$\frac{1}{2}$＝2,100万円

幸子さんの税額：2,100万円×15%－50万円＝265万円

邦彦さん、文彦さん、明彦さんの法定相続分：4,200万円×$\frac{1}{2}$×$\frac{1}{3}$＝700万円

邦彦さん、文彦さん、明彦さんの税額：700万円×10%＝70万円

相続税の総額：265万円＋70万円×3人＝475万円

資産9 三上さんは、相続開始後の手続き等について、FPで税理士でもある吉田さんに質問をした。下記の空欄(ア)～(ウ)に入る適切な語句を語群の中から選び、その番号のみを解答欄に記入しなさい。なお、同じ語句を何度選んでもよいこととする。

三上さん：「相続税の申告書は、いつまでに提出する必要がありますか。」

吉田さん：「相続税の申告書は、相続人等が、その相続の開始があったことを知った日の翌日から、原則として、(　ア　)以内に提出しなければなりません。」

三上さん：「所得税の準確定申告書は、いつまでに提出する必要がありますか。」

吉田さん：「所得税の準確定申告書は、相続人等が、その相続の開始があったことを知った日の翌日から、原則として、(　イ　)以内に提出しなければなりません。」

三上さん：「相続人は、相続について限定承認や相続放棄をすることができると聞きましたが、いつまでにどのような手続きを行う必要がありますか。」

吉田さん：「相続人は、自己のために相続の開始があったことを知った時から、原則として、(　ウ　)以内に、家庭裁判所にその旨を申述することになります。」

〈語群〉

1. 1ヵ月　　2. 3ヵ月　　3. 4ヵ月
4. 6ヵ月　　5. 10ヵ月　　6. 1年

［2022年1月試験　第6問　問22］

資産9 解答解説

解答 (ア) 5　(イ) 3　(ウ) 2

(ア)…相続税の申告期限は、相続の開始があったことを知った日の翌日から**10**カ月以内です。

(イ)…所得税の準確定申告の期限は、相続の開始があったことを知った日の翌日から**4**カ月以内です。

(ウ)…相続について限定承認や相続放棄をする場合は、相続の開始があったことを知った時から**3**カ月以内に**家庭裁判所**に申述する必要があります。

資産10 贈与税の配偶者控除に関する次の記述の空欄(ア)～(ウ)に入る適切な語句または数値を語群の中から選び、その番号のみを解答欄に記入しなさい。

> 贈与税の配偶者控除は、婚姻期間が（　ア　）以上の配偶者から自己の居住用不動産または居住用不動産を取得するための金銭の贈与を受け、一定の期間内に居住する等の所定の要件を満たした場合に適用を受けることができる。
> 贈与税の配偶者控除の適用を受けると、贈与を受けた財産の価格から、贈与税の基礎控除110万円（　イ　）、最高（　ウ　）万円まで控除をすることができる。

〈語群〉

1. 10年	2. 20年	3. 30年	
4. を含めて	5. とは別に		
6. 1,000	7. 2,000	8. 2,500	9. 3,000

［2016年1月試験　第6問　問20］

資産10 解答解説

解答 (ア) **2**　(イ) **5**　(ウ) **7**

(ア)……贈与税の配偶者控除では婚姻期間の要件は**20**年以上となっています。
(イ)(ウ)…贈与税の配偶者控除の適用を受けると、贈与税の基礎控除**110**万円**とは別に**、最高**2,000**万円まで控除することができます(合計**2,110**万円まで控除することができます)。

資産11 青山さんは、自宅の取得に当たり、FPで税理士でもある谷口さんに「直系尊属から住宅取得等資金の贈与を受けた場合の贈与税の非課税」について質問をした。下記の空欄（ア）～（エ）に入る適切な語句を語群の中から選び、その番号のみを解答欄に記入しなさい。

青山さん：「2024年11月にマンションを購入する契約をしたいので、『直系尊属から住宅取得等資金の贈与を受けた場合の贈与税の非課税』制度を利用して資金援助を受けたいと考えています。」
谷口さん：「非課税の適用を受けるためには、いくつかの要件があります。例えば、取得したマンションの専有部分の床面積が、40㎡（所得要件あり）以上（　ア　）以下であることなどです。」
青山さん：「床面積の要件は満たしているので大丈夫そうですね。あと、資金援助について祖父からの贈与を検討していますが、両親以外の者からの贈与であってもこの制度を適用することはできますか。」
谷口さん：「祖父からの資金援助については、この特例制度の適用を（　イ　）。」
青山さん：「この特例制度の適用を受けたい場合、他に気を付けることはありますか。」
谷口さん：「例えば、贈与税の確定申告の期間は、原則として、贈与を受けた年の翌年（　ウ　）から３月15日までとなります。」
青山さん：「納税額が０円の場合でも、贈与税の確定申告が必要ですか。」
谷口さん：「（　エ　）。」

〈語群〉

1. 240㎡　2. 280㎡　3. 330㎡
4. 受けることができます　5. 受けることはできません
6. ２月１日　7. ２月16日
8. その場合でも、申告が必要です　9. その場合には、申告は不要です

［2021年９月試験　第６問　問22 ㊇］

資産11 解答解説

解答 (ア) **1**　(イ) **4**　(ウ) **6**　(エ) **8**

(ア)…直系尊属から住宅取得等資金の贈与を受けた場合の贈与税の非課税の適用を受けるさいの、取得する家屋の床面積の要件は40㎡以上**240㎡**以下です。
(イ)…祖父母は「直系尊属」に該当するため、祖父母からの資金援助についてもこの制度を適用することができます。

資産12 志田孝一さん(37歳)は、父(68歳)と叔父(65歳)から下記〈資料〉の贈与を受けた。孝一さんの2024年分の贈与税額を計算しなさい。なお、父からの贈与については、2023年から相続時精算課税制度の適用を受けている。また、解答については円単位で解答すること。

〈資料〉

［2023年中の贈与］
・父から贈与を受けた金銭の額：1,000万円
［2024年中の贈与］
・父から贈与を受けた金銭の額：1,800万円
・叔父から贈与を受けた金銭の額：700万円

※2023年中および2024年中に上記以外の贈与はないものとする。
※上記の贈与は、住宅取得等資金や結婚・子育てに係る資金の贈与ではない。

〈贈与税の速算表〉

（イ）18歳以上の者が直系尊属から贈与を受けた財産の場合

基礎控除後の課税価格		税率	控除額
	200万円 以下	10%	－
200万円 超	400万円 以下	15%	10万円
400万円 超	600万円 以下	20%	30万円
600万円 超	1,000万円 以下	30%	90万円
1,000万円 超	1,500万円 以下	40%	190万円
1,500万円 超	3,000万円 以下	45%	265万円
3,000万円 超	4,500万円 以下	50%	415万円
4,500万円 超		55%	640万円

（ロ）上記（イ）以外の場合

基礎控除後の課税価格		税率	控除額
	200万円 以下	10%	−
200万円 超	300万円 以下	15%	10万円
300万円 超	400万円 以下	20%	25万円
400万円 超	600万円 以下	30%	65万円
600万円 超	1,000万円 以下	40%	125万円
1,000万円 超	1,500万円 以下	45%	175万円
1,500万円 超	3,000万円 以下	50%	250万円
3,000万円 超		55%	400万円

［2020年1月試験　第6問　問20 ㊌］

資産12 解答解説

解答 1,500,000円

父からの贈与は相続時精算課税制度を選択しているので、贈与を受けた額から特別控除額（**2,500**万円）を控除した金額に一律**20**%を掛けて贈与税額を計算します。なお、2024年1月1日以降に贈与を受けた場合、特別控除額の控除前に、課税価格から基礎控除110万円を控除することができます。本問では2023年に父から1,000万円の贈与を受けているので、2024年の特別控除額は1,500万円（2,500万円－1,000万円）となります。

贈与税額：（1,800万円－110万円－1,500万円）×20%＝38万円

叔父からの贈与は暦年課税で、直系尊属からの贈与ではないため、一般の贈与財産として（ロ）の税率を用いて贈与税を計算します。

基礎控除後の課税価格：700万円－110万円＝590万円

贈与税額：590万円× 30%－65万円＝112万円

以上より、2024年分の贈与税額は150万円となります。

2024年分の贈与税額：38万円＋112万円＝150万円→1,500,000円

資産13 工藤さん(59歳)は、2024年12月に夫から居住用不動産(財産評価額2,750万円)の贈与を受けた。工藤さんが贈与税の配偶者控除の適用を受けた場合の2024年分の贈与税額として、正しいものはどれか。なお、2024年においては、このほかに工藤さんが受けた贈与はないものとする。また、納付すべき贈与税額が最も少なくなるように計算すること。

〈贈与税の速算表〉

(イ)18歳以上の者が直系尊属から贈与を受けた財産の場合(特例贈与財産、特例税率)

基礎控除後の課税価格		税率	控除額
	200万円 以下	10%	—
200万円 超	400万円 以下	15%	10万円
400万円 超	600万円 以下	20%	30万円
600万円 超	1,000万円 以下	30%	90万円
1,000万円 超	1,500万円 以下	40%	190万円
1,500万円 超	3,000万円 以下	45%	265万円
3,000万円 超	4,500万円 以下	50%	415万円
4,500万円 超		55%	640万円

(ロ)上記(イ)以外の場合(一般贈与財産、一般税率)

基礎控除後の課税価格		税率	控除額
	200万円 以下	10%	—
200万円 超	300万円 以下	15%	10万円
300万円 超	400万円 以下	20%	25万円
400万円 超	600万円 以下	30%	65万円
600万円 超	1,000万円 以下	40%	125万円
1,000万円 超	1,500万円 以下	45%	175万円
1,500万円 超	3,000万円 以下	50%	250万円
3,000万円 超		55%	400万円

1. 14万円
2. 102万円
3. 131万円
4. 175万円

[2023年1月試験 第6問 問21 ㊢]

解答 3

贈与税の配偶者控除の適用を受けた場合、基礎控除（**110**万円）とは別に、配偶者控除額として最高で**2,000**万円の控除を受けることができます。

また、夫（直系尊属ではない）からの贈与なので㈺の速算表によって贈与税額を計算します。

配偶者控除、基礎控除後の課税価格：2,750万円－2,000万円－110万円
＝640万円

贈与税額：640万円×40%－125万円＝131万円

資産14 下記〈資料〉の土地に係る路線価方式による普通借地権の相続税評価額の計算式として、正しいものはどれか。

〈資料〉

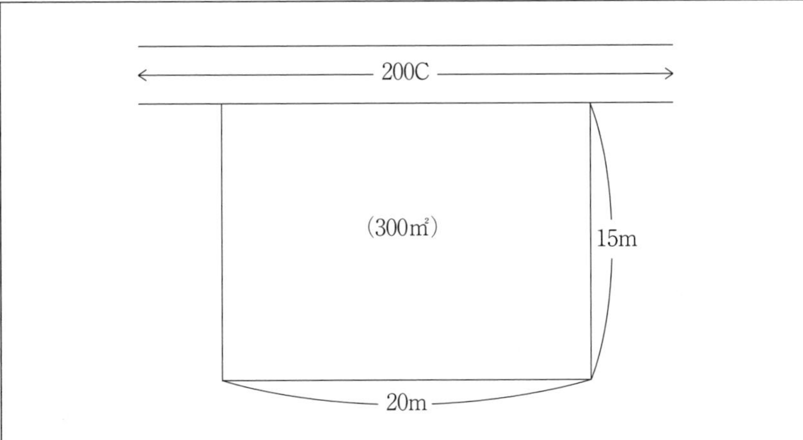

注1：奥行価格補正率 14m以上16m未満　1.00
注2：借地権割合　70%
注3：借家権割合　30%
注4：その他の記載のない条件は、一切考慮しないこと。

1. 200千円×1.00×300㎡
2. 200千円×1.00×300㎡×70%
3. 200千円×1.00×300㎡×(1－70%)
4. 200千円×1.00×300㎡×(1－70%×30%×100%)

［2023年1月試験　第6問　問19］

資産14 解答解説

解答 2

路線価の単位は千円(200C→200千円)。アルファベットは借地権割合を表します。

借地権の評価額＝自用地評価額×借地権割合

自用地評価額＝路線価×奥行価額補正率×地積

相続税評価額：200千円×1.00×300㎡×70%＝42,000千円
（自用地評価額＝200千円×1.00×300㎡）

資産15 下記〈資料〉の宅地(貸家建付地)に係る路線価方式による相続税評価額の計算式として、正しいものはどれか。

〈資料〉

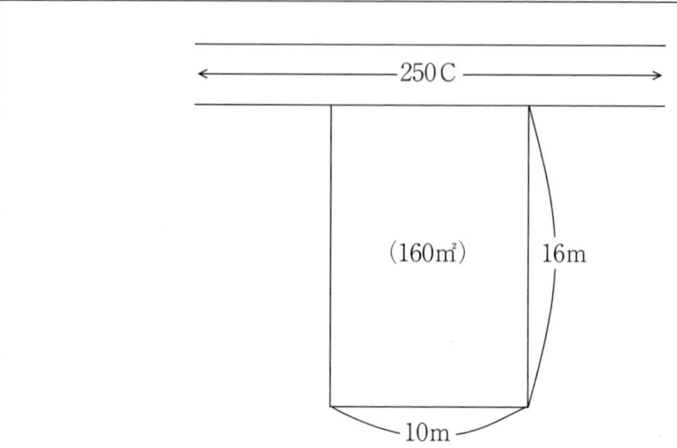

注1：奥行価格補正率　1.00

注2：借地権割合　70%

注3：借家権割合　30%

注4：この宅地には宅地所有者の所有する賃貸アパートが建っており、現在すべて賃貸中となっている。

注5：その他の記載のない条件は一切考慮しないものとする。

1. 250,000円×1.00×160㎡
2. 250,000円×1.00×160㎡×70%
3. 250,000円×1.00×160㎡×(1－70%)
4. 250,000円×1.00×160㎡×(1－70%×30%×100%)

［2022年1月試験　第6問　問19］

資産15 **解答解説**

解答 4

貸家建付地の評価額＝自用地評価額×(1－借地権割合×借家権割合×賃貸割合)

相続税評価額：250,000円×1.00×160㎡×(1－70%×30%×100%)
（250,000円×1.00×160㎡：自用地評価額）
＝31,600,000円

資産16 相続税における「小規模宅地等の評価減の特例」に関する下表の空欄(ア)～(ウ)にあてはまる数値の組み合わせとして、正しいものはどれか。

宅地等の区分	適用限度面積	減額割合
特定事業用宅地等※	400㎡	(ウ)%
特定同族会社事業用宅地等		
特定居住用宅地等	(ア)㎡	
貸付事業用宅地等※	(イ)㎡	50%

※特定事業用宅地等と貸付事業用宅地等については、一定の場合に該当しない限り、相続開始前3年以内に新たに(貸付)事業の用に供された宅地等を除く。

1. (ア) 330 (イ) 240 (ウ) 70
2. (ア) 330 (イ) 200 (ウ) 80
3. (ア) 300 (イ) 240 (ウ) 70
4. (ア) 300 (イ) 200 (ウ) 80

[2022年5月試験 第6問 問21]

実技 CH06 相続・事業承継

資産16 解答解説

解答2

特定事業用宅地等と特定同族会社事業用宅地等については、**400**㎡を限度に**80**%を減額することができます。

特定居住用宅地等については、**330**㎡を限度に**80**%を減額することができます。

貸付事業用宅地等については、**200**㎡を限度に**50**%を減額することができます。

なお、特定事業用宅地等と貸付事業用宅地等については、原則として、相続開始前**3**年以内に新たに事業の用に供された宅地等を除きます。

資産17 啓二さんは、自宅(敷地および建物)および福岡商店の店舗(敷地および建物)を博子さんの死亡に伴う相続により取得している。下記〈資料〉を基に、博子さんの死亡による相続に係る相続税の計算において、申告すべき自宅敷地および店舗敷地の相続税評価額の合計額として、正しいものはどれか。なお、解答に当たっては、自宅敷地および店舗敷地ともに「小規模宅地等の相続税の課税価格の計算の特例」を上限まで適用すること。

〈資料：啓二さんが相続した自宅敷地および店舗敷地のデータ〉

	面積	路線価 (1㎡当たり)	備考
自宅敷地	300㎡	100,000円	特定居住用宅地等に該当する宅地等である。
店舗敷地	500㎡	100,000円	特定事業用宅地等に該当する宅地等である。

1. 1,600万円　　2. 2,160万円　　3. 2,400万円　　4. 4,800万円

［2017年5月試験　第10問　問37］

資産17 解答解説

解答 3

「小規模宅地等の相続税の課税価格の計算の特例」を適用すると、特定居住用宅地等については**330**㎡を限度に**80**%の減額、特定事業用宅地等については**400**㎡を限度に**80**%の減額となります。

また、特定居住用宅地等と特定事業用宅地等を併用するときは、合計730㎡(330㎡+400㎡)まで適用することができます。

【特定居住用宅地等】

①減額前の課税価格：100,000円×300㎡＝30,000,000円

②減額される金額：30,000,000円×$\frac{300㎡}{300㎡}$×80%＝24,000,000円

【特定事業用宅地等】

①減額前の課税価格：100,000円×500㎡＝50,000,000円

②減額される金額：50,000,000円×$\frac{400㎡}{500㎡}$×80%＝32,000,000円

【相続税評価額】

①減額される金額合計：24,000,000円＋32,000,000円＝56,000,000円

②相続税評価額：30,000,000円＋50,000,000円－56,000,000円
＝24,000,000円

memo

memo

memo

memo

memo

目 次 contents

第3部 総合問題編

問題

解答解説

第3部

総合問題編

問　題

総合問題編

ファイナンシャル・プランニング技能検定
(2024年1月本試験問題)

２級学科試験

試験時間：２時間

※　解答用紙は実技問題のあとに掲載しています。
※　学科・実技ともに、一部問題について改題をしている場合があります。

問題　1

ファイナンシャル・プランナー（以下「FP」という）の顧客に対する行為に関する次の記述のうち、関連法規に照らし、最も不適切なものはどれか。

1．社会保険労務士の登録を受けていないFPのAさんは、顧客の求めに応じ、老齢基礎年金や老齢厚生年金の受給要件や請求方法を無償で説明した。
2．税理士の登録を受けていないFPのBさんは、個人事業主である顧客からの依頼に基づき、当該顧客が提出すべき確定申告書を有償で代理作成した。
3．金融商品取引業の登録を受けていないFPのCさんは、顧客からiDeCo（確定拠出年金の個人型年金）について相談を受け、iDeCoの運用商品の一般的な特徴について無償で説明した。
4．司法書士の登録を受けていないFPのDさんは、顧客から将来判断能力が不十分になった場合の財産の管理を依頼され、有償で当該顧客の任意後見受任者となった。

問題　2

ライフプランニングにおける各種係数を用いた必要額の算出に関する次の記述の空欄（ア）、（イ）にあてはまる語句の組み合わせとして、最も適切なものはどれか。なお、算出に当たっては下記〈資料〉の係数を乗算で使用し、手数料や税金等については考慮しないものとする。

> ・Aさんが60歳から65歳になるまでの5年間、年率2％で複利運用しながら、毎年200万円を受け取る場合、60歳時点の元金として（　ア　）が必要となる。
> ・Bさんが45歳から毎年一定額を積み立てながら年率2％で複利運用し、15年後の60歳時に1,000万円を準備する場合、毎年の積立金額は（　イ　）となる。

〈資料〉年率2％の各種係数

	5年	15年
終価係数	1.1041	1.3459
現価係数	0.9057	0.7430
減債基金係数	0.1922	0.0578
資本回収係数	0.2122	0.0778
年金終価係数	5.2040	17.2934
年金現価係数	4.7135	12.8493

1．（ア）9,057,000円　（イ）578,000円
2．（ア）9,057,000円　（イ）778,000円
3．（ア）9,427,000円　（イ）578,000円
4．（ア）9,427,000円　（イ）778,000円

問題　3

全国健康保険協会管掌健康保険（協会けんぽ）に関する次の記述のうち、最も適切なものはどれか。

1．一般保険料率は全国一律であるのに対し、介護保険料率は都道府県によって異なる。
2．被保険者の配偶者の父母が被扶養者と認定されるためには、主としてその被保険者により生計を維持され、かつ、その被保険者と同一の世帯に属していなければならない。
3．退職により被保険者資格を喪失した者は、所定の要件を満たせば、最長で3年間、任意継続被保険者となることができる。
4．退職により被保険者資格を喪失した者が任意継続被保険者となるためには、資格喪失日の前日まで継続して1年以上の被保険者期間がなければならない。

問題　4

在職老齢年金に関する次の記述のうち、最も適切なものはどれか。

1．在職老齢年金の仕組みにおいて、支給停止調整額は、受給権者が65歳未満の場合と65歳以上の場合とでは異なっている。
2．在職老齢年金の仕組みにより老齢厚生年金の全部が支給停止される場合、老齢基礎年金の支給も停止される。
3．65歳以上70歳未満の厚生年金保険の被保険者が受給している老齢厚生年金の年金額は、毎年9月1日を基準日として再計算され、その翌月から改定される。
4．厚生年金保険の被保険者が、70歳で被保険者資格を喪失した後も引き続き厚生年金保険の適用事業所に在職する場合、総報酬月額相当額および基本月額の合計額にかかわらず、在職老齢年金の仕組みにより老齢厚生年金が支給停止となることはない。

問題 5

公的年金制度の障害給付および遺族給付に関する次の記述のうち、最も不適切なものはどれか。

1．障害等級１級または２級に該当する程度の障害の状態にある障害厚生年金の受給権者が、所定の要件を満たす配偶者を有する場合、その受給権者に支給される障害厚生年金には加給年金額が加算される。
2．障害厚生年金の額を計算する際に、その計算の基礎となる被保険者期間の月数が300月に満たない場合、300月として計算する。
3．遺族基礎年金を受給することができる遺族は、国民年金の被保険者等の死亡の当時、その者によって生計を維持され、かつ、所定の要件を満たす「子のある配偶者」または「子」である。
4．遺族厚生年金の受給権者が、65歳到達日に老齢厚生年金の受給権を取得した場合、65歳以降、その者の選択によりいずれか一方の年金が支給され、他方の年金は支給停止となる。

問題 6

確定拠出年金に関する次の記述のうち、最も不適切なものはどれか。

1．企業型年金において、加入者が掛金を拠出することができることを規約で定める場合、加入者掛金の額は、その加入者に係る事業主掛金の額を超える額とすることができない。
2．企業型年金や確定給付企業年金等を実施していない一定規模以下の中小企業の事業主は、労使の合意かつ従業員の同意を基に、従業員が加入している個人型年金の加入者掛金に事業主掛金を上乗せして納付することができる。
3．個人型年金に加入できるのは、国内に居住する国民年金の被保険者に限られる。
4．個人型年金の加入者が60歳から老齢給付金を受給するためには、通算加入者等期間が10年以上なければならない。

問題　7

公的年金等に係る税金に関する次の記述のうち、最も不適切なものはどれか。

1．遺族基礎年金および遺族厚生年金は、所得税の課税対象とならない。
2．確定拠出年金の老齢給付金は、年金として受給する場合、雑所得として所得税の課税対象となる。
3．老齢基礎年金および老齢厚生年金の受給者が死亡した場合、その者に支給されるべき年金給付のうち、まだ支給されていなかったもの（未支給年金）は、当該年金を受け取った遺族の一時所得として所得税の課税対象となる。
4．老齢基礎年金を受給権発生日から数年後に請求し、遡及してまとめて年金が支払われた場合、所得税額の計算上、その全額が、支払われた年分において収入すべき金額となる。

問題　8

A銀行の住宅ローン（変動金利型）を返済中であるBさんの、別の金融機関の住宅ローンへの借換えに関する次の記述のうち、最も不適切なものはどれか。

1．「フラット35」や「フラット50」などの住宅金融支援機構と民間金融機関が提携して提供する住宅ローンは、すべての商品が住宅取得時における利用に限定されているため、住宅ローンの借換先として選択することができない。
2．全期間固定金利型の住宅ローンに借り換えた場合、借換後の返済期間における市中金利の上昇によって返済負担が増加することはない。
3．住宅ローンの借換えに際して、A銀行の抵当権を抹消し、借換先の金融機関の抵当権を新たに設定する場合、登録免許税等の諸費用が必要となる。
4．A銀行の住宅ローンの借入時と比較してBさんの収入が減少し、年収に占める住宅ローンの返済額の割合が上昇している場合、住宅ローンの借換えができない場合がある。

問題　9

下記〈A社の貸借対照表〉に関する次の記述のうち、最も不適切なものはどれか。なお、A社の売上高は年間7.5億円であるものとする。

〈A社の貸借対照表〉　　　　　　　　　　　　　　　　　　（単位：百万円）

科目	金額	科目	金額
（資産の部）		（負債の部）	
流動資産		流動負債	
現金及び預金	200	買掛金	30
売掛金	20	短期借入金	170
商品	20	流動負債合計	200
流動資産合計	240	固定負債	
		固定負債合計	220
固定資産		負債合計	420
固定資産合計	360	（純資産の部）	
		株主資本	
		資本金	100
		利益剰余金	80
		純資産合計	180
資産合計	600	負債・純資産合計	600

1．A社の自己資本比率は、30%である。
2．A社の流動比率は、120%である。
3．A社の総資本回転率は、0.8回である。
4．A社の固定比率は、200%である。

問題　10

クレジットカード会社（貸金業者）が発行するクレジットカードの一般的な利用に関する次の記述のうち、最も不適切なものはどれか。

1．クレジットカードで商品を購入（ショッピング）した場合の返済方法の一つである定額リボルビング払い方式は、カード利用時に代金の支払回数を決め、利用代金をその回数で分割して支払う方法である。
2．クレジットカードで無担保借入（キャッシング）をする行為は、貸金業法上、総量規制の対象となる。
3．クレジットカード会員規約では、クレジットカードは他人へ貸与することが禁止されており、クレジットカード会員が生計を維持している親族に対しても貸与することはできない。
4．クレジットカード会員の信用情報は、クレジットカード会社が加盟する指定信用情報機関により管理されており、会員は自己の信用情報について所定の手続きにより開示請求をすることができる。

問題　11

保険法に関する次の記述のうち、最も不適切なものはどれか。

1．保険金受取人の変更は、遺言によってもすることができる。
2．死亡保険契約の保険契約者または保険金受取人が、死亡保険金を受け取ることを目的として被保険者を故意に死亡させ、または死亡させようとした場合、保険会社は当該保険契約を解除することができる。
3．死亡保険契約において、保険契約者と被保険者が離婚し、被保険者が当該保険契約に係る同意をするに当たって基礎とした事情が著しく変更した場合、被保険者は保険契約者に対して当該保険契約を解除することを請求することができる。
4．生命保険契約の締結に際し、保険契約者または被保険者になる者は、保険会社から告知を求められた事項以外の保険事故の発生の可能性に関する重要な事項について、自発的に判断して事実の告知をしなければならない。

問題　12

生命保険の一般的な商品性に関する次の記述のうち、最も不適切なものはどれか。なお、特約については考慮しないものとする。

1．外貨建て終身保険では、死亡保険金を円貨で受け取る場合、受け取る金額は為替相場によって変動する。
2．変額保険（終身型）では、資産の運用実績に応じて死亡保険金額が変動するが、契約時に定めた保険金額（基本保険金額）は保証される。
3．こども保険（学資保険）では、契約者（＝保険料負担者）が死亡した場合であっても、保険契約は継続し、被保険者である子の成長に合わせて祝金（学資金）等を受け取ることができる。
4．低解約返戻金型終身保険では、他の契約条件が同一であれば、低解約返戻金型ではない終身保険と比較して、保険料払込期間満了後も解約返戻金額が低く設定されている。

問題　13

総合福祉団体定期保険および団体定期保険（Bグループ保険）の一般的な商品性に関する次の記述のうち、最も不適切なものはどれか。

1．総合福祉団体定期保険は、企業（団体）が保険料を負担し、従業員等を被保険者とする1年更新の定期保険である。
2．総合福祉団体定期保険のヒューマン・ヴァリュー特約では、被保険者である従業員等が不慮の事故によって身体に障害を受けた場合や傷害の治療を目的として入院した場合に、所定の保険金が従業員等に支払われる。
3．団体定期保険（Bグループ保険）は、従業員等が任意に加入する1年更新の定期保険であり、毎年、保険金額を所定の範囲内で見直すことができる。
4．団体定期保険（Bグループ保険）の加入に際して、医師の診査は不要である。

問題　14

個人年金保険の税金に関する次の記述のうち、最も適切なものはどれか。なお、いずれも契約者（＝保険料負担者）および年金受取人は同一人であり、個人であるものとする。

1．個人年金保険の年金に係る雑所得の金額は、その年金額から、その年金額に対応する払込保険料および公的年金等控除額を差し引いて算出する。
2．個人年金保険の年金に係る雑所得の金額が25万円以上である場合、その年金の支払時に当該金額の20.315％相当額が源泉徴収等される。
3．個人年金保険（10年確定年金）において、年金受取人が年金受取開始日後に将来の年金給付の総額に代えて受け取った一時金は、一時所得として所得税の課税対象となる。
4．個人年金保険（保証期間付終身年金）において、保証期間中に年金受取人が死亡して遺族が取得した残りの保証期間の年金受給権は、雑所得として所得税の課税対象となる。

問題　15

契約者（＝保険料負担者）を法人とする生命保険に係る保険料等の経理処理に関する次の記述のうち、最も不適切なものはどれか。なお、いずれの保険契約も保険料は年払いかつ全期払いで、2024年10月に締結したものとする。

1．被保険者が役員、死亡保険金受取人が法人である終身保険の支払保険料は、その全額を資産に計上する。
2．被保険者が役員・従業員全員、死亡保険金受取人が被保険者の遺族、満期保険金受取人が法人である養老保険の支払保険料は、その全額を損金の額に算入することができる。
3．被保険者が役員・従業員全員、給付金受取人が法人である医療保険について、法人が受け取った入院給付金および手術給付金は、その全額を益金の額に算入する。
4．被保険者が役員、死亡保険金受取人が法人で、最高解約返戻率が80％である定期保険（保険期間30年）の支払保険料は、保険期間の前半4割相当期間においては、その60％相当額を資産に計上し、残額を損金の額に算入することができる。

問題　16

任意加入の自動車保険の一般的な商品性に関する次の記述のうち、最も不適切なものはどれか。なお、記載のない事項については考慮しないものとする。

1．自動車保険のノンフリート等級別料率制度では、人身傷害保険の保険金が支払われる場合、３等級ダウン事故となる。
2．記名被保険者が被保険自動車を運転中に、ハンドル操作を誤って散歩をしていた同居の父に接触してケガをさせた場合、対人賠償保険の補償の対象とならない。
3．台風による高潮で被保険自動車に損害が生じた場合、一般条件の車両保険の補償の対象となる。
4．記名被保険者が被保険自動車を運転中に対人事故を起こし、法律上の損害賠償責任を負担する場合、自動車損害賠償責任保険等により補償される部分を除いた額が、対人賠償保険の補償の対象となる。

問題　17

傷害保険の一般的な商品性に関する次の記述のうち、最も不適切なものはどれか。なお、特約については考慮しないものとする。

1．普通傷害保険では、海外旅行中に転倒したことによるケガは補償の対象とならない。
2．家族傷害保険では、保険期間中に誕生した契約者（＝被保険者本人）の子は被保険者となる。
3．海外旅行傷害保険では、海外旅行中に罹患したウイルス性食中毒は補償の対象となる。
4．国内旅行傷害保険では、国内旅行中に発生した地震および地震を原因とする津波によるケガは補償の対象とならない。

問題　18

契約者（＝保険料負担者）を法人、被保険者を従業員とする損害保険に係る保険金の経理処理に関する次の記述のうち、最も適切なものはどれか。

1．業務中の事故によるケガが原因で入院をした従業員が、普通傷害保険の入院保険金を保険会社から直接受け取った場合、法人は当該保険金相当額を益金の額に算入する。
2．業務中の事故で従業員が死亡したことにより、法人が普通傷害保険の死亡保険金を受け取った場合、法人は当該保険金相当額を益金の額に算入する。
3．従業員が法人の所有する自動車で対人事故を起こし、その相手方に保険会社から自動車保険の対人賠償保険の保険金が直接支払われた場合、法人は当該保険金相当額を益金の額に算入する。
4．従業員が法人の所有する自動車で交通事故を起こし、法人が、当該車両が全損したことにより受け取った自動車保険の車両保険の保険金で業務用機械設備を取得した場合、圧縮記帳が認められる。

問題　19

第三分野の保険の一般的な商品性に関する次の記述のうち、最も適切なものはどれか。なお、記載のない特約については考慮しないものとする。

1．所得補償保険では、勤務先企業の倒産によって失業した場合、保険金は支払われない。
2．更新型の医療保険では、保険期間中に入院給付金を受け取った場合、保険契約を更新することができない。
3．先進医療特約では、契約時点において先進医療に該当していた治療であれば、療養を受けた時点において先進医療に該当しない場合であっても、保険金の支払対象となる。
4．がん保険では、通常、180日間または6ヵ月間の免責期間が設けられている。

問題　20

損害保険を活用した事業活動のリスク管理に関する次の記述のうち、最も不適切なものはどれか。

1．生活用品を製造する事業者が、製造した製品の欠陥が原因で顧客がケガをして、法律上の損害賠償責任を負担する場合に備えて、生産物賠償責任保険（PL保険）を契約した。
2．建設業を営む事業者が、建設中の建物が火災により損害を被る場合に備えて、建設工事保険を契約した。
3．清掃業務を請け負っている事業者が、清掃業務中の事故により従業員がケガをして、法律上の損害賠償責任を負担する場合に備えて、請負業者賠償責任保険を契約した。
4．ボウリング場を運営する事業者が、設備の管理不備に起因する事故により顧客がケガをして、法律上の損害賠償責任を負担する場合に備えて、施設所有（管理）者賠償責任保険を契約した。

問題　21

銀行等の金融機関で取り扱う預貯金の一般的な商品性に関する次の記述のうち、最も不適切なものはどれか。

1．決済用預金は、「無利息」「要求払い」「決済サービスを提供できること」という3つの条件を満たした預金である。
2．当座預金は、株式の配当金の自動受取口座として利用することができる。
3．スーパー定期預金は、預入期間が3年以上の場合、単利型と半年複利型があるが、半年複利型を利用することができるのは法人に限られる。
4．大口定期預金は、最低預入金額が1,000万円に設定された固定金利型の定期預金である。

問題　22

公募株式投資信託の費用に関する次の記述のうち、最も不適切なものはどれか。

1．購入時手数料がかからない投資信託は、一般に、ノーロード型（ノーロードファンド）と呼ばれる。
2．運用管理費用（信託報酬）は投資信託の銘柄ごとに定められており、一般に、インデックス型投資信託よりもアクティブ型投資信託の方が高い傾向がある。
3．会計監査に必要な費用（監査報酬）や組入有価証券に係る売買委託手数料は、信託財産から支出されるため、受益者（投資家）の負担となる。
4．信託財産留保額は、長期に投資信託を保有する投資家との公平性を確保するための費用であり、すべての投資信託に設定されている。

問題　23

固定利付債券の利回り（単利・年率）に関する次の記述の空欄（ア）、（イ）にあてはまる語句の組み合わせとして、最も適切なものはどれか。なお、手数料、経過利子、税金等については考慮しないものとし、計算結果は表示単位の小数点以下第３位を四捨五入するものとする。

表面利率が0.90％、償還までの残存期間が10年の固定利付債券を、額面100円当たり103円で購入した投資家が、購入から4年後に額面100円当たり102円で売却した場合の所有期間利回りは（　ア　）であり、償還期限まで10年保有した場合の最終利回りよりも（　イ　）。

1．（ア）0.63％　（イ）高い
2．（ア）0.63％　（イ）低い
3．（ア）0.58％　（イ）高い
4．（ア）0.58％　（イ）低い

問題　24

東京証券取引所の市場区分等に関する次の記述のうち、最も適切なものはどれか。

1．プライム市場の上場維持基準では、新規上場から一定期間経過後の株主数および流通株式数について、新規上場基準よりも高い数値基準が設定されている。
2．プライム市場の新規上場基準では、上場申請会社の直近事業年度におけるROEの数値基準について、8％以上と定められている。
3．スタンダード市場の上場会社がプライム市場へ市場区分の変更を申請することはできるが、プライム市場の上場会社がスタンダード市場へ市場区分の変更を申請することはできない。
4．JPX日経インデックス400は、プライム市場、スタンダード市場、グロース市場を主市場とする普通株式の中から、ROEや営業利益等の指標等により選定された400銘柄を対象として算出される。

問題　25

下記〈X社のデータ〉に基づき算出される投資指標に関する次の記述のうち、最も不適切なものはどれか。

〈X社のデータ〉

株価	4,500円
発行済株式数	0.8億株
売上高	2,500億円
営業利益	180億円
当期純利益	120億円
自己資本（＝純資産）	2,000億円
配当金総額	36億円

1．ROEは、6％である。
2．PERは、20倍である。
3．PBRは、1.8倍である。
4．配当利回りは、1％である。

問題　26

オプション取引の一般的な特徴に関する次の記述のうち、最も不適切なものはどれか。

1．オプション取引において、コール・オプションは「権利行使価格で買う権利」であり、プット・オプションは「権利行使価格で売る権利」である。
2．オプション取引のうち、満期日だけに権利行使ができるものはヨーロピアンタイプと呼ばれ、満期日までの権利行使期間中であればいつでも権利行使ができるものはアメリカンタイプと呼ばれる。
3．コール・オプションおよびプット・オプションは、他の条件が同一であれば、いずれも満期までの期間が長いほど、プレミアム（オプション料）が高くなる。
4．プット・オプションの売り手の最大利益は無限定であるが、コール・オプションの売り手の最大利益はプレミアム（オプション料）に限定される。

問題　27

ポートフォリオ理論に関する次の記述のうち、最も不適切なものはどれか。

1．システマティック・リスクは、市場全体の変動の影響を受けるリスクであり、分散投資によっても消去しきれないリスクとされている。
2．ポートフォリオのリスクは、組み入れた各資産のリスクを組入比率で加重平均した値以下となる。
3．異なる２資産からなるポートフォリオにおいて、２資産間の相関係数が－１である場合、ポートフォリオを組成することによる分散投資の効果（リスクの低減）は得られない。
4．同一期間における収益率が同じ２つのファンドをシャープ・レシオで比較する場合、収益率の標準偏差の値が小さいファンドの方が、収益率の標準偏差の値が大きいファンドよりも当該期間において効率的に運用されていたと評価することができる。

問題　28

上場株式等の譲渡および配当等（一定の大口株主等が受けるものを除く）に係る税金に関する次の記述のうち、最も不適切なものはどれか。なお、本問においては、NISA（少額投資非課税制度）により投資収益が非課税となる口座をNISA口座という。

1．上場株式の配当に係る配当所得の金額について、総合課税を選択して所得税の確定申告をした場合、特定口座内で生じた上場株式等に係る譲渡損失の金額と損益通算することができる。
2．NISA口座で保有する上場株式の配当金を非課税扱いにするためには、配当金の受取方法として株式数比例配分方式を選択しなければならない。
3．上場株式等に係る配当所得等の金額と損益通算してもなお控除しきれない上場株式等に係る譲渡損失の金額は、所得税の確定申告をすることにより、翌年以後3年間にわたって繰り越すことができる。
4．NISA口座で取得した上場株式等を売却したことにより生じた損失の金額については、特定口座内で保有する上場株式等の配当等に係る配当所得の金額と損益通算することができない。

問題　29

わが国における個人による金融商品取引に係るセーフティネットに関する次の記述のうち、最も不適切なものはどれか。

1．日本国内に本店のある銀行の海外支店や外国銀行の在日支店に預け入れた預金は、その預金の種類にかかわらず、預金保険制度の保護の対象とならない。
2．日本国内に本店のある銀行の国内支店に預け入れた外貨預金は、その金額の多寡にかかわらず、預金保険制度による保護の対象とならない。
3．日本国内の証券会社が破綻し、分別管理が適切に行われていなかったために、一般顧客の資産の一部または全部が返還されない事態が生じた場合、日本投資者保護基金により、補償対象債権に係る顧客資産について一般顧客1人当たり1,000万円を上限として補償される。
4．日本国内の証券会社が保護預かりしている一般顧客の外国株式は、日本投資者保護基金による補償の対象とならない。

問題　30

物価等に関する次の記述の空欄（ア）～（ウ）に当てはまる語句の組み合わせとして、最も適切なものはどれか。

・財やサービスの価格（物価）が継続的に上昇する状態をインフレーション（インフレ）という。インフレには、その発生原因に着目した分類として、好景気等を背景とした需要の増大が原因となる（　ア　）型や、賃金や材料費の上昇等が原因となる（　イ　）型などがある。
・消費者物価指数（CPI）と（　ウ　）は、いずれも物価変動に係る代表的な指標であるが、消費者物価指数（CPI）がその対象に輸入品の価格を含む一方、（　ウ　）は、国内生産品の価格のみを対象とする点などで違いがある。なお、（　ウ　）は、国内要因による物価動向を反映することから、ホームメイド・インフレを示す指標と呼ばれる。

1．（ア）コストプッシュ　（イ）ディマンドプル　（ウ）企業物価指数
2．（ア）ディマンドプル　（イ）コストプッシュ　（ウ）GDPデフレーター
3．（ア）コストプッシュ　（イ）ディマンドプル　（ウ）GDPデフレーター
4．（ア）ディマンドプル　（イ）コストプッシュ　（ウ）企業物価指数

問題　31

所得税の基本的な仕組みに関する次の記述のうち、最も適切なものはどれか。

1．所得税では、納税者が申告した所得金額に基づき、納付すべき税額を税務署長が決定する賦課課税方式が採用されている。
2．所得税の課税対象は国内において生じた所得のみであり、国外において生じた所得が課税対象となることはない。
3．所得税における居住者とは、国内に住所を有し、または現在まで引き続いて1年以上居所を有する個人をいう。
4．所得税額の計算において課税総所得金額に乗じる税率には、課税総所得金額が大きくなるにつれて段階的に税率が高くなる超過累進税率が採用されており、その最高税率は30％である。

問題　32

所得税における各種所得に関する次の記述のうち、最も適切なものはどれか。

1．不動産の貸付けをしたことに伴い敷金の名目により収受した金銭の額のうち、その全部または一部について、返還を要しないことが確定した金額は、その確定した日の属する年分の不動産所得の金額の計算上、総収入金額に算入する。
2．老齢基礎年金の受給者の公的年金等に係る雑所得以外の所得に係る合計所得金額が1,000万円を超える場合、雑所得の金額の計算上、老齢基礎年金に係る収入金額から公的年金等控除額は控除されない。
3．退職一時金を受け取った退職者が、「退職所得の受給に関する申告書」を提出している場合、所得税および復興特別所得税として、退職一時金の支給額の20.42％が源泉徴収される。
4．為替予約を締結していない外貨定期預金を満期時に円貨で払い戻した結果生じた為替差益は、一時所得として総合課税の対象となる。

問題　33

所得税の損益通算に関する次の記述のうち、最も適切なものはどれか。

1．先物取引に係る雑所得の金額の計算上生じた損失の金額は、不動産所得の金額と損益通算することができる。
2．業務用車両を譲渡したことによる譲渡所得の金額の計算上生じた損失の金額は、事業所得の金額と損益通算することができる。
3．不動産所得の金額の計算上生じた損失の金額のうち、不動産所得を生ずべき土地の取得に要した負債の利子の額に相当する部分の金額は、事業所得の金額と損益通算することができる。
4．生命保険の解約返戻金を受け取ったことによる一時所得の金額の計算上生じた損失の金額は、不動産所得の金額と損益通算することができる。

問題　34

所得税における寡婦控除に関する次の記述のうち、最も不適切なものはどれか。なお、記載されたもの以外の要件はすべて満たしているものとする。

1．夫と死別した後に婚姻をしていない納税者は、扶養親族を有していない場合であっても、寡婦控除の適用を受けることができる。
2．夫と離婚した後に婚姻をしていない納税者は、納税者と事実上婚姻関係と同様の事情にあると認められる一定の者がいる場合であっても、寡婦控除の適用を受けることができる。
3．納税者の合計所得金額が500万円を超えている場合、寡婦控除の適用を受けることはできない。
4．寡婦控除とひとり親控除は、重複して適用を受けることができない。

問題　35

次のうち、青色申告者のみが適用を受けることができる所得税の青色申告の特典として、最も不適切なものはどれか。

1．棚卸資産の評価における低価法の選択
2．純損失の繰戻還付
3．雑損失の繰越控除
4．中小事業者の少額減価償却資産の取得価額の必要経費算入

問題　36

法人税の仕組みに関する次の記述のうち、最も適切なものはどれか。

1．法人は、法人税の納税地に異動があった場合、原則として、異動前および異動後の納税地の所轄税務署長にその旨を届け出なければならない。
2．新設法人が設立事業年度から青色申告の適用を受けようとする場合は、設立の日から1ヵ月以内に、「青色申告の承認申請書」を納税地の所轄税務署長に提出し、その承認を受けなければならない。
3．期末資本金の額等が1億円以下の一定の中小法人に対する法人税の税率は、所得金額のうち年800万円以下の部分について軽減税率が適用される。
4．青色申告法人は、仕訳帳・総勘定元帳等の帳簿を備えて取引に関する事項を記録するとともに、当該帳簿を、その事業年度の確定申告書の提出期限の翌日から事業の廃止日後7年を経過するまで保存しなければならない。

問題　37

法人税の益金に関する次の記述のうち、最も不適切なものはどれか。なお、法人は内国法人（普通法人）であるものとする。

1．法人が法人税の還付を受けた場合、その還付された金額は、原則として、還付加算金を除き、益金の額に算入する。
2．法人が個人から債務の免除を受けた場合、その免除された債務の金額は、原則として、益金の額に算入する。
3．法人が個人から無償で土地の譲渡を受けた場合、その土地の時価に相当する金額は、原則として、益金の額に算入する。
4．法人が支払いを受けた完全支配関係のある他の法人の株式等(完全子法人株式等)に係る配当等の額は、所定の手続により、その全額が益金不算入となる。

問題　38

消費税に関する次の記述のうち、最も不適切なものはどれか。

1．消費税の課税事業者が行う居住の用に供する家屋の貸付けは、その貸付期間が1ヵ月以上であれば、消費税の課税取引に該当する。
2．簡易課税制度の適用を受けることができるのは、消費税の課税期間に係る基準期間における課税売上高が5,000万円以下の事業者である。
3．消費税の課税事業者が行う金融商品取引法に規定する有価証券の譲渡は、消費税の非課税取引に該当する。
4．消費税の課税事業者である法人は、原則として、消費税の確定申告書を各課税期間の末日の翌日から2ヵ月以内に、納税地の所轄税務署長に提出しなければならない。

問題　39

会社と役員間の取引に係る所得税・法人税に関する次の記述のうち、最も不適切なものはどれか。

1．会社が役員に対して無利息で金銭の貸付けを行った場合、原則として、通常収受すべき利息に相当する金額が、会社の益金の額に算入される。
2．役員が会社の所有する社宅に無償で居住している場合、原則として、通常の賃貸料相当額が、その役員の給与所得の収入金額に算入される。
3．会社が役員に対して支給する当該会社の株式上場に係る記念品（現物に代えて支給する金銭は含まない）であって、社会通念上記念品としてふさわしく、かつ、その価額が１万円以下のものは、役員の給与所得の収入金額に算入しない。
4．役員が所有する建物を適正な時価の２分の１以上かつ適正な時価未満の価額で会社に譲渡した場合、その役員は、適正な時価により当該土地を譲渡したものとして譲渡所得の計算を行う。

問題　40

貸借対照表および損益計算書の一般的な特徴に関する次の記述のうち、最も不適切なものはどれか。

1．貸借対照表の無形固定資産は、物理的な形態を持たない特許権や商標権等の資産の金額を表示している。
2．貸借対照表の固定負債は、返済期限が決算日の翌日から起算して１年以内に到来しない借入金等の負債の金額を表示している。
3．損益計算書の営業利益は、売上総利益金額から販売費及び一般管理費の合計額を控除した金額を表示している。
4．損益計算書の税引前当期純利益は、経常利益または経常損失の金額に営業外収益・営業外費用を加算・減算した金額を表示している。

問題　41

土地の価格に関する次の記述のうち、最も適切なものはどれか。

1．地価公示の公示価格は、毎年４月１日を標準地の価格判定の基準日としている。
2．都道府県地価調査の標準価格は、毎年７月１日を基準地の価格判定の基準日としている。
3．相続税路線価は、地価公示の公示価格の70％を価格水準の目安としている。
4．固定資産税評価額は、全国の各地域を管轄する国税局長が、固定資産評価基準に基づき決定する。

問題　42

宅地建物取引業法に関する次の記述のうち、最も適切なものはどれか。なお、買主は宅地建物取引業者ではないものとする。

1．アパートやマンションの所有者が、当該建物の賃貸を自ら業として行うためには、あらかじめ宅地建物取引業の免許を取得しなければならない。
2．宅地建物取引業者が、自ら売主となる宅地の売買契約の締結に際して手付を受領したときは、その手付がいかなる性質のものであっても、買主が契約の履行に着手する前であれば、当該宅地建物取引業者はその手付を返還することで、契約の解除をすることができる。
3．専任媒介契約を締結した宅地建物取引業者は、依頼者に対し、当該専任媒介契約に係る業務の処理状況を、５日間に１回以上報告しなければならない。
4．宅地建物取引業者は、自ら売主となる宅地の売買契約の締結に際して、代金の額の10分の２を超える額の手付を受領することができない。

問題　43

民法および借地借家法に関する次の記述のうち、最も不適切なものはどれか。なお、本問においては、借地借家法第38条における定期建物賃貸借契約を定期借家契約といい、それ以外の建物賃貸借契約を普通借家契約という。また、記載のない特約については考慮しないものとする。

1．賃借人は、建物の引渡しを受けた後の通常の使用および収益によって生じた建物の損耗ならびに経年変化については、賃貸借が終了したときに原状に復する義務を負わない。
2．普通借家契約において、賃借人が賃貸人の同意を得て建物に付加した造作について、賃貸借終了時、賃借人が賃貸人に、その買取りを請求しない旨の特約をした場合、その特約は無効である。
3．定期借家契約を締結するときは、賃貸人は、あらかじめ、賃借人に対し、契約の更新がなく、期間満了により賃貸借が終了することについて、その旨を記載した書面を交付し、または、賃借人の承諾を得て当該書面に記載すべき事項を電磁的方法により提供して、説明しなければならない。
4．定期借家契約において、経済事情の変動があっても賃貸借期間中は賃料を増減額しないこととする特約をした場合、その特約は有効である。

問題　44

都市計画法に関する次の記述のうち、最も適切なものはどれか。

1．すべての都市計画区域について、都市計画に市街化区域と市街化調整区域の区域区分を定めなければならない。
2．都市計画区域のうち、市街化調整区域は、おおむね10年以内に優先的かつ計画的に市街化を図るべき区域である。
3．開発許可を受けた開発区域内の土地においては、開発工事完了の公告があるまでの間は、原則として、建築物を建築することができない。
4．市街化調整区域内において、農業を営む者の居住の用に供する建築物の建築を目的として行う開発行為は、開発許可を受ける必要がある。

問題　45

都市計画区域および準都市計画区域内における建築基準法の規定に関する次の記述のうち、最も不適切なものはどれか。

1．建築基準法第42条第２項により道路境界線とみなされる線と道路との間の敷地部分（セットバック部分）は、建蔽率を算定する際の敷地面積に算入することができない。
2．建築物の敷地が２つの異なる用途地域にわたる場合、その全部について、敷地の過半の属する用途地域の建築物の用途に関する規定が適用される。
3．防火地域内にある耐火建築物は、いずれの用途地域内にある場合であっても、建蔽率の制限に関する規定の適用を受けない。
4．商業地域内の建築物には、北側斜線制限（北側高さ制限）は適用されない。

問題　46

建物の区分所有等に関する法律に関する次の記述のうち、最も不適切なものはどれか。

1．管理者は、少なくとも毎年１回、集会を招集しなければならない。
2．区分所有者は、敷地利用権が数人で有する所有権である場合、規約に別段の定めがない限り、敷地利用権を専有部分と分離して処分することができない。
3．共用部分に対する各区分所有者の共有持分は、各共有者が有する専有部分の床面積の割合によるものとされ、規約で別段の定めをすることはできない。
4．専有部分が数人の共有に属するときは、共有者は、議決権を行使すべき者１人を定めなければならない。

問題　47

不動産に係る固定資産税および都市計画税に関する次の記述のうち、最も不適切なものはどれか。

1．年の中途に固定資産税の課税対象となる土地または家屋が譲渡された場合、その譲受人は、原則として、その年度内の所有期間に応じた当年度分の固定資産税を納付しなければならない。
2．住宅用地に係る固定資産税の課税標準については、小規模住宅用地（住宅１戸当たり200㎡以下の部分）について、課税標準となるべき価格の６分の１相当額とする特例がある。
3．土地および家屋に係る固定資産税の標準税率は1.4％と定められているが、各市町村はこれと異なる税率を定めることができる。
4．都市計画税は、都市計画区域のうち、原則として、市街化区域内に所在する土地または家屋の所有者に対して課される。

問題　48

個人が土地を譲渡した場合の譲渡所得に関する次の記述のうち、最も不適切なものはどれか。

1．土地の譲渡に係る所得については、その土地を譲渡した日の属する年の１月１日における所有期間が10年以下の場合、短期譲渡所得に区分される。
2．譲渡所得の金額の計算上、譲渡した土地の取得費が不明な場合には、譲渡収入金額の５％相当額を取得費とすることができる。
3．相続（限定承認に係るものを除く）により取得した土地を譲渡した場合、その土地の所有期間を判定する際の取得の時期は、被相続人の取得の時期が引き継がれる。
4．土地を譲渡する際に支出した仲介手数料は、譲渡所得の金額の計算上、譲渡費用に含まれる。

問題　49

不動産の譲渡に係る各種特例に関する次の記述のうち、最も適切なものはどれか。なお、記載されたもの以外の要件はすべて満たしているものとする。

1．自宅を譲渡して「居住用財産を譲渡した場合の3,000万円の特別控除」の適用を受ける場合、当該自宅の所有期間は、譲渡した日の属する年の1月1日において10年を超えていなければならない。
2．自宅を譲渡して「居住用財産を譲渡した場合の長期譲渡所得の課税の特例」(軽減税率の特例）の適用を受ける場合、同年に取得して入居した家屋について住宅借入金等特別控除の適用を受けることはできない。
3．「居住用財産を譲渡した場合の3,000万円の特別控除」と「居住用財産を譲渡した場合の長期譲渡所得の課税の特例」(軽減税率の特例）は、重複して適用を受けることができない。
4．相続により取得した土地について、「相続財産に係る譲渡所得の課税の特例」(相続税の取得費加算の特例）の適用を受けるためには、当該土地を、当該相続の開始があった日の翌日から相続税の申告期限の翌日以後1年を経過する日までの間に譲渡しなければならない。

問題　50

不動産の投資判断手法等に関する次の記述のうち、最も適切なものはどれか。

1．NOI利回り（純利回り）は、対象不動産から得られる年間の総収入を総投資額で除して算出される利回りであり、不動産の収益性を測る指標である。
2．DCF法は、連続する複数の期間に発生する総収入および復帰価格を、その発生時期に応じて現在価値に割り引き、それぞれを合計して対象不動産の収益価格を求める手法である。
3．借入金併用型投資では、投資の収益率が借入金の金利を下回っている場合、レバレッジ効果により、自己資金に対する投資の収益率向上を期待することができる。
4．IRR（内部収益率）とは、投資によって得られる将来のキャッシュフローの現在価値と投資額が等しくなる割引率をいう。

問題　51

民法上の贈与に関する次の記述のうち、最も適切なものはどれか。

1. 贈与は、当事者の一方が、ある財産を無償で相手方に与える意思表示をすることにより効力が生じ、相手方が受諾する必要はない。
2. 定期贈与は、贈与者または受贈者のいずれか一方が生存している限り、その効力を失うことはない。
3. 死因贈与は、民法の遺贈に関する規定が準用されるため、書面によってしなければならない。
4. 書面によらない贈与は、その履行の終わった部分を除き、各当事者が解除をすることができる。

問題　52

みなし贈与財産等に関する次の記述のうち、最も不適切なものはどれか。

1. 負担付贈与があった場合において、受贈者の負担額が贈与者以外の第三者の利益に帰すときは、原則として、当該第三者が受贈者の負担額に相当する金額を贈与によって取得したこととなり、贈与税の課税対象となる。
2. 子が父から著しく低い価額の対価で土地を譲り受けた場合には、原則として、その相続税評価額と支払った対価の額との差額を、子が父から贈与により取得したものとみなされ、贈与税の課税対象となる。
3. 債務者である個人が資力を喪失して債務を弁済することが困難になり、債権者である個人から当該債務の免除を受けた場合、当該免除を受けた金額のうちその債務を弁済することが困難である部分の金額は、贈与税の課税対象とならない。
4. 離婚による財産分与により取得した財産は、その価額が婚姻中の夫婦の協力によって得た財産の額その他一切の事情を考慮して社会通念上相当な範囲内である場合、原則として、贈与税の課税対象とならない。

問題　53

贈与税の配偶者控除（以下「本控除」という）に関する次の記述のうち、最も不適切なものはどれか。

1．本控除は、贈与を受けた年の1月1日時点において婚姻期間が20年以上である配偶者から受けた贈与でなければ、適用を受けることができない。
2．配偶者から受けた贈与について本控除の適用を受けたことがある場合、その後、同一の配偶者から贈与を受けても、再び本控除の適用を受けることはできない。
3．本控除の適用を受けた場合、贈与税額の計算上、贈与税の課税価格から、基礎控除額のほかに最高2,000万円を控除することができる。
4．本控除の適用を受け、その翌年に贈与者の相続が開始した場合、本控除の適用を受けた財産のうち、その控除額に相当する金額は、相続税の課税価格に加算されない。

問題　54

民法上の相続人等に関する次の記述のうち、最も適切なものはどれか。なお、記載のない事項については考慮しないものとする。

1．離婚した元配偶者との間に出生した被相続人の子が当該元配偶者の親権に服している場合、その子は相続人とならない。
2．特別養子縁組による養子は、実方の父母および養親の相続人となる。
3．被相続人の子が廃除により相続権を失った場合、その者に被相続人の直系卑属である子がいるときは、その子（被相続人の孫）は代襲相続人となる。
4．被相続人と婚姻の届出をしていないが、被相続人といわゆる内縁関係にあった者は、被相続人の配偶者とみなされて相続人となる。

問題　55

相続税の非課税財産に関する次の記述のうち、最も適切なものはどれか。

1．被相続人の死亡により、相続人が被相続人に支給されるべきであった退職手当金の支給を受けた場合、当該退職手当金の支給が被相続人の死亡後５年以内に確定したものであれば、相続人は、当該退職手当金について死亡退職金の非課税金額の規定の適用を受けることができる。

2．死亡退職金の非課税金額の規定による非課税限度額は、被相続人の死亡が業務上の死亡である場合、被相続人の死亡時における賞与以外の普通給与の３年分に相当する金額である。

3．契約者（＝保険料負担者）および被保険者を被相続人とする生命保険契約に基づき、相続の放棄をした者が受け取った死亡保険金については、死亡保険金の非課税金額の規定は適用されない。

4．死亡保険金の非課税金額の規定による非課税限度額の計算上の相続人の数には、相続の放棄をした者は含まれない。

問題　56

下記〈親族関係図〉において、Aさんの相続が開始した場合の相続税額の計算における遺産に係る基礎控除額として、最も適切なものはどれか。なお、CさんはAさんの相続開始前に死亡している。また、Eさんは、Aさんの普通養子（特別養子縁組以外の縁組による養子）であり、相続の放棄をしている。

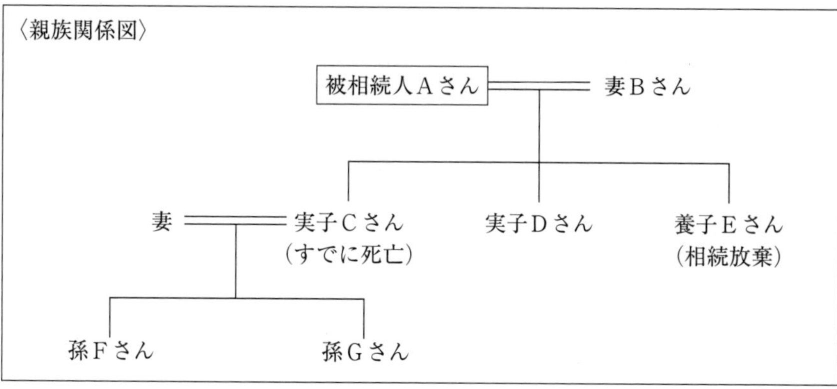

1．4,200万円
2．4,800万円
3．5,400万円
4．6,000万円

問題　57

相続税における取引相場のない株式の評価等に関する次の記述のうち、最も適切なものはどれか。なお、評価の対象となる株式は、特定の評価会社の株式には該当しないものとする。

1．株式を取得した株主が同族株主に該当するかどうかは、その株主およびその同族関係者が有する議決権割合により判定する。
2．会社規模が小会社である会社において、中心的な同族株主が取得した株式の価額は、原則として、類似業種比準方式によって評価する。
3．同族株主のいる会社において、同族株主以外の株主が取得した株式の価額は、その会社規模にかかわらず、原則として、純資産価額方式によって評価する。
4．配当還元方式では、株式の１株当たりの年配当金額を５％の割合で還元して元本である株式の価額を評価する。

問題　58

宅地の相続税評価額の算定方法等に関する次の記述のうち、最も適切なものはどれか。

1．宅地の評価方法には、路線価方式と倍率方式があり、どちらの方式を採用するかについては、納税者が任意に選択することができる。
2．倍率方式は、固定資産税評価額に国税局長が一定の地域ごとに定める倍率を乗じて計算した金額によって評価する方式である。
3．正面と側方に路線がある宅地（角地）を路線価方式によって評価する場合、原則として、それぞれの路線価に奥行価格補正率を乗じた価額を比較し、低い方の路線価が正面路線価となる。
4．路線価は、路線に面する標準的な宅地の１坪当たりの価額であり、千円単位で表示される。

問題　59

非上場企業の事業承継のための自社株移転等に関する次の記述のうち、最も不適切なものはどれか。

1．「非上場株式等についての贈与税の納税猶予及び免除の特例」の適用を受けるためには、特例承継計画を策定し、所定の期限までに都道府県知事に提出して、その確認を受ける必要がある。
2．「非上場株式等についての贈与税の納税猶予及び免除の特例」と相続時精算課税は、重複して適用を受けることができない。
3．経営者が保有している自社株式を後継者である子に譲渡した場合、当該株式の譲渡による所得に対して、申告分離課税により所得税および住民税が課される。
4．株式の発行会社が、経営者の親族以外の少数株主が保有する自社株式を買い取ることにより、当該会社の株式の分散を防止または抑制することができる。

問題　60

会社法に関する次の記述のうち、最も不適切なものはどれか。

1．すべての株式会社は、取締役会を置かなければならない。
2．株式会社において株主は、その有する株式の引受価額を限度として責任を負う。
3．定時株主総会は、毎事業年度終了後一定の時期に招集しなければならないが、臨時株主総会は、必要がある場合にいつでも招集することができる。
4．取締役は、いつでも、株主総会の決議によって解任することができる。

ファイナンシャル・プランニング技能検定
（2024年１月本試験問題）

２級実技試験　❶
【金財】個人資産相談業務

試験時間：90分

※　「２級実技試験❶」は、金融財政事情研究会（金財）の個人資産相談業務を受検する方用です。
　金財の生保顧客資産相談業務を受検する方は「２級実技試験❷」、日本FP協会の資産設計提案業務を受検する方は「２級実技試験❸」の問題を解いてください。
　なお、解答用紙は実技問題のあとに掲載しています。

【第１問】 次の設例に基づいて、下記の各問（《問１》～《問３》）に答えなさい。

《設　例》

Ａさん（43歳）は、大学卒業後に14年勤めた会社を2018年３月末日に退職し、個人事業主として独立した。現在、事業は軌道に乗り、収入は安定している。

Ａさんは、最近、公的年金制度について理解したうえで、老後の収入を増やすことができる各種制度を利用したいと考えている。

そこで、Ａさんは、ファイナンシャル・プランナーのＭさんに相談することにした。

〈Ａさんとその家族に関する資料〉

⑴　Ａさん（43歳、個人事業主）

・1981年７月18日生まれ

・公的年金加入歴：下図のとおり（60歳までの見込みを含む）
なお、20歳から22歳の大学生であった期間（33月）は国民年金の学生納付特例制度の適用を受けており、その期間の保険料については追納していない。

20歳　　　22歳	22歳　　　36歳	36歳　　　60歳
国民年金 学生納付特例期間 （33月）	厚生年金保険 被保険者期間 （168月） 平均標準報酬額：30万円	国民年金 保険料納付済期間 （279月）
	2004年４月～	2018年４月～

⑵　妻Ｂさん（41歳、会社員）

・1983年12月８日生まれ

・公的年金加入歴：20歳から22歳の大学生であった期間（28月）は国民年金の第１号被保険者として保険料を納付し、22歳から現在に至るまでの期間は厚生年金保険に加入している。
また、65歳になるまでの間、厚生年金保険の被保険者として勤務する見込みである。

※妻Ｂさんは、現在および将来においても、Ａさんと同居し、Ａさんと生計維持関係にあるものとする。

※Ａさんと妻Ｂさんは、現在および将来においても、公的年金制度における障害等級に該当する障害の状態にないものとする。

※上記以外の条件は考慮せず、各問に従うこと。

《問１》 Aさんが、原則として65歳から受給することができる老齢基礎年金および老齢厚生年金の年金額（2024年度価額）を計算した次の〈計算の手順〉の空欄①～④に入る最も適切な数値を解答用紙に記入しなさい。なお、計算にあたっては、《設例》の〈Aさんとその家族に関する資料〉および下記の〈資料〉に基づくこと。また、問題の性質上、明らかにできない部分は「□□□」で示してある。

〈計算の手順〉

1．老齢基礎年金の年金額（円未満四捨五入）

（　①　）円

2．老齢厚生年金の年金額

(1)　報酬比例部分の額（円未満四捨五入）

（　②　）円

(2)　経過的加算額（円未満四捨五入）

（　③　）円

(3)　基本年金額（上記「(1)＋(2)」の額）

□□□円

(4)　加給年金額（要件を満たしている場合のみ加算すること）

(5)　老齢厚生年金の年金額

（　④　）円

〈資料〉

○老齢基礎年金の計算式（４分の１免除月数、４分の３免除月数は省略）

$$816{,}000\text{円}\times\frac{\text{保険料納付済月数}+\text{保険料半額免除月数}\times\frac{\square}{\square}+\text{保険料全額免除月数}\times\frac{\square}{\square}}{480}$$

○老齢厚生年金の計算式（本来水準の額）

ⅰ）報酬比例部分の額（円未満四捨五入）＝ⓐ＋ⓑ

ⓐ　2003年３月以前の期間分

$$\text{平均標準報酬月額}\times\frac{7.125}{1{,}000}\times\text{2003年3月以前の被保険者期間の月数}$$

ⓑ　2003年４月以後の期間分

$$\text{平均標準報酬額}\times\frac{5.481}{1{,}000}\times\text{2003年4月以後の被保険者期間の月数}$$

ⅱ）経過的加算額（円未満四捨五入）＝1,701円×被保険者期間の月数

$$-\,816{,}000\text{円}\times\frac{\text{1961年4月以後で20歳以上60歳未満の厚生年金保険の被保険者期間の月数}}{480}$$

ⅲ）加給年金額＝408,100円（要件を満たしている場合のみ加算すること）

《問２》 **Ｍさんは、Ａさんに対して、公的年金制度等の各種取扱いについて説明した。Ｍさんが説明した次の記述①～③について、適切なものには○印を、不適切なものには×印を解答用紙に記入しなさい。**

①「Ａさんは、国民年金の付加保険料を納付することができます。仮に、Ａさんが月額400円の付加保険料を180月納付し、65歳から老齢基礎年金を受け取る場合、老齢基礎年金の額に付加年金として年額36,000円が上乗せされます」

②「老齢基礎年金および老齢厚生年金は、繰下げ支給の申出により、繰り下げた月数に応じて増額された年金を受給することができます。Ａさんの場合、65歳１カ月以降に繰下げ支給の申出をすることができ、その増額率は、繰り下げた月数に応じて最小で0.7%、最大で84.0%となります」

③「小規模企業共済制度は、個人事業主が廃業等した場合に必要となる資金を準備しておくための制度です。支払った掛金が所得控除の対象になることはメリットですが、契約者本人の都合で任意に解約ができないことに注意が必要です」

《問３》 **Ｍさんは、Ａさんに対して、国民年金基金について説明した。Ｍさんが説明した以下の文章の空欄①～③に入る最も適切な語句または数値を、下記の〈語句群〉のなかから選び、その記号を解答用紙に記入しなさい。なお、問題の性質上、明らかにできない部分は「□□□」で示してある。**

「国民年金基金は、老齢基礎年金に上乗せする年金を支給する任意加入の年金制度です。加入は口数制となっており、１口目は、保証期間のある（　①　）年金Ａ型と保証期間のない（　①　）年金Ｂ型のいずれかの給付の型を選択します。２口目以降は、２種類の（　①　）年金と５種類の□□□年金のなかから選択することができます。掛金の額は、加入者が選択した給付の型や口数、加入時の年齢等で決まり、掛金の拠出限度額は月額（　②　）円です。なお、国民年金基金に加入している間は、国民年金の付加保険料を納付することができません。

国民年金基金の給付には、老齢年金のほかに遺族一時金があります。遺族一時金は、加入員が年金を受け取る前に死亡した場合などに、その遺族に対して支払われます。遺族が受け取った遺族一時金は、（　③　）」

〈語句群〉

イ．12,000　　ロ．23,000　　ハ．30,000　　ニ．68,000　　ホ．70,000
ヘ．確定　　ト．有期　　チ．終身
リ．所得税の課税対象となります　　ヌ．相続税の課税対象となります
ル．所得税と相続税のいずれの課税対象にもなりません

【第２問】 次の設例に基づいて、下記の各問（《問４》～《問６》）に答えなさい。

《設　例》

会社員のＡさん（30歳）は、将来に向けた資産形成のため、株式や債券への投資による資産運用を考えている。株式については同業種の上場会社であるＸ社とＹ社の株式に、債券については上場会社であるＺ社の社債に興味を持ったが、実際に投資する前に、投資指標や売買等に係る税金について理解しておきたいと考えている。

そこで、Ａさんは、ファイナンシャル・プランナーのＭさんに相談することにした。

〈Ｘ社およびＹ社に関する資料〉

・財務データ　（単位：百万円）

	Ｘ社	Ｙ社
資産の部合計	310,000	470,000
負債の部合計	60,000	180,000
純資産の部合計	250,000	290,000
売上高	180,000	360,000
営業利益	20,000	34,000
経常利益	21,000	35,000
当期純利益	17,000	24,000
配当金総額	6,300	7,000

※純資産の金額と自己資本の金額は同じである。

・株式に関する情報

Ｘ社：株価1,500円、発行済株式数１億8,000万株、１株当たり年間配当金35円

Ｙ社：株価2,400円、発行済株式数１億株、１株当たり年間配当金70円

〈Ｚ社債に関する資料〉

・購入価格　：　99.30円（額面100円当たり）
・表面利率　：　0.55％
・利払日　　：　年２回
・残存期間　：　４年
・償還価格　：　100円（額面100円当たり）

※Ｚ社債は、特定公社債に該当する。

※上記以外の条件は考慮せず、各問に従うこと。

《問４》　Ｍさんは、Ａさんに対して、《設例》のデータに基づいて、株式の投資指標について説明した。Ｍさんが説明した次の記述①〜③について、適切なものには○印を、不適切なものには×印を解答用紙に記入しなさい。

① 「Ｘ社およびＹ社のROEはいずれも８％を上回っています。一般に、ROEが高い会社ほど、自己資本の効率的な活用がなされていると判断することができます」

② 「Ｘ社株式およびＹ社株式のPBRはいずれも１倍を下回っています。一般に、PBRが低いほど株価は割安と判断されますが、PBRが１倍を大きく下回る株式は、その企業の資本収益性や成長性に対する投資家の評価が低い可能性があります」

③ 「配当性向は、Ｘ社のほうがＹ社よりも高くなっています。一般に、配当性向が高いほど、株主への利益還元の度合いが高いと考えることができます」

《問５》　Ｍさんは、Ａさんに対して、株式および債券の売買等に係る税金について説明した。Ｍさんが説明した次の記述①〜③について、適切なものには○印を、不適切なものには×印を解答用紙に記入しなさい。

① 「Ａさんが特定口座（源泉徴収あり）においてＸ社株式を株価1,500円で500株購入し、購入した年に株価1,700円で全株売却する場合、その他の取引や手数料等を考慮しなければ、売却益となる10万円の20.315％相当額が源泉徴収等されます」

② 「ＡさんがＸ社株式やＹ社株式を購入して配当金の支払を受けた場合、その配当金について、申告分離課税を選択して所得税の確定申告をすることにより、配当控除の適用を受けることができます」

③ 「Ｚ社債の利子は、源泉分離課税の対象となり、その支払を受ける際に当該利子額の20.315％相当額が源泉徴収等されることで納税が完結するため、Ｘ社株式やＹ社株式などの上場株式の譲渡損失の金額と損益通算することはできません」

《問６》　Ｚ社債を《設例》の〈Ｚ社債に関する資料〉に基づいて購入した場合において、次の①、②をそれぞれ求め、解答用紙に記入しなさい（計算過程の記載は不要）。なお、〈答〉は、表示単位の小数点以下第３位を四捨五入し、小数点以下第２位までを解答すること。また、税金等は考慮しないものとする。

①　Ｚ社債を償還まで保有した場合の最終利回り（年率・単利）

②　Ｚ社債を２年後に額面100円当たり99.90円で売却した場合の所有期間利回り（年率・単利）

【第３問】 次の設例に基づいて、下記の各問（《問７》～《問９》）に答えなさい。

《設　例》

Ｘ株式会社（以下、「Ｘ社」という）に勤務する会社員のＡさん（60歳）は、妻Ｂさん（58歳）および母Ｃさん（84歳）との３人暮らしである。Ａさんは、2024年10月に定年を迎え、Ｘ社から退職金の支給を受けたが、同社の継続雇用制度を利用して、引き続き勤務している。

〈Ａさんとその家族に関する資料〉

Ａさん　（60歳）：会社員

妻Ｂさん（58歳）：パートタイマー。2024年中に給与収入90万円を得ている。

母Ｃさん（84歳）：2024年中の収入は、公的年金の老齢給付のみであり、その収入金額は60万円である。

〈Ａさんの2024年分の収入等に関する資料〉

(1)　給与収入の金額　：　900万円
　※給与所得の金額は、705万円である。

(2)　上場株式の譲渡損失の金額　：　80万円
　※2024年中に金融商品取引業者等を通じて譲渡したことにより生じた損失の金額であり、全額が特定口座（源泉徴収あり）内で生じている。

(3)　確定拠出年金の老齢給付金の年金額　：　6万円
　※2024年中に支払った掛金の額は、12万円である。

(4)　個人年金保険契約に基づく年金収入　：　90万円（必要経費は60万円）

(5)　Ｘ社から支給を受けた退職金の額　：2,500万円
　※退職所得の金額は500万円であり、退職金の受給時に「退職所得の受給に関する申告書」を提出している。

※妻Ｂさんおよび母Ｃさんは、Ａさんと同居し、生計を一にしている。
※Ａさんとその家族は、いずれも障害者および特別障害者には該当しない。
※Ａさんとその家族の年齢は、いずれも2024年12月31日現在のものである。
※上記以外の条件は考慮せず、各問に従うこと。

《問7》　Aさんの2024年分の所得税の課税に関する次の記述①～③について、適切なものには○印を、不適切なものには×印を解答用紙に記入しなさい。

① 「Aさんは、退職金の受給時に『退職所得の受給に関する申告書』を提出しているため、退職金の額の20.42％相当額が源泉徴収されていますが、他の所得とあわせて確定申告をすることで所得税の還付を受けられる可能性があります」

② 「Aさんが、特定口座（源泉徴収あり）内で生じた上場株式の譲渡損失の金額について、翌年分以後の上場株式等に係る譲渡所得等の金額および上場株式等に係る配当所得等の金額から繰越控除するためには、当該損失の金額について確定申告をする必要があります」

③ 「Aさんの給与収入の金額は850万円を超えているため、総所得金額の計算上、給与所得の金額から所定の算式により算出した所得金額調整控除額を控除します」

《問8》　Aさんの2024年分の所得金額について、次の①、②を求め、解答用紙に記入しなさい（計算過程の記載は不要）。なお、〈答〉は万円単位とすること。

①　雑所得の金額

②　総所得金額

〈資料〉公的年金等控除額の速算表（一部抜粋）

公的年金等に係る雑所得以外の所得に係る合計所得金額が 1,000万円超2,000万円以下		
年金を受け取る人の年齢	公的年金等の収入金額 （A）	公的年金等控除額
65歳未満	130万円以下	500,000円
	130万円超　410万円以下	A × 25% + 175,000円
	410万円超　770万円以下	A × 15% + 585,000円
	770万円超　1,000万円以下	A × 5％ + 1,355,000円
	1,000万円超	1,855,000円

《問９》　Ａさんの2024年分の所得税における所得控除に関する以下の文章の空欄①～④に入る最も適切な語句または数値を、下記の〈語句群〉のなかから選び、その記号を解答用紙に記入しなさい。

Ⅰ「Ａさんが支払った確定拠出年金の掛金は、小規模企業共済等掛金控除の対象となります。Ａさんが適用を受けることができる小規模企業共済等掛金控除の控除額は、（　①　）万円です」

Ⅱ「Ａさんは、妻Ｂさんについて配偶者控除の適用を受けることが（　②　）」

Ⅲ「母Ｃさんは、老人扶養親族のうち同居老親等に該当します。Ａさんが適用を受けることができる扶養控除の控除額は、（　③　）万円です」

Ⅳ「Ａさんの合計所得金額は2,400万円以下であるため、基礎控除の控除額は（　④　）万円となります」

〈語句群〉

イ．4　ロ．6　ハ．12　ニ．38　ホ．48　ヘ．58　ト．63

チ．できます　リ．できません

【第４問】　次の設例に基づいて、下記の各問（《問10》～《問12》）に答えなさい。

《設　例》

会社員のＡさん（52歳）は、２年前に父親の相続により取得した甲土地（600㎡）を所有している。甲土地は、月極駐車場として賃貸しているが、収益性は高くない。

Ａさんが甲土地について売却することを検討していたところ、先日、知り合いの不動産会社の社長から、「甲土地は最寄駅から近く、店舗や賃貸マンションの立地に適している。定期借地権方式による土地活用を検討してみてはどうか」との提案を受けた。

〈甲土地の概要〉

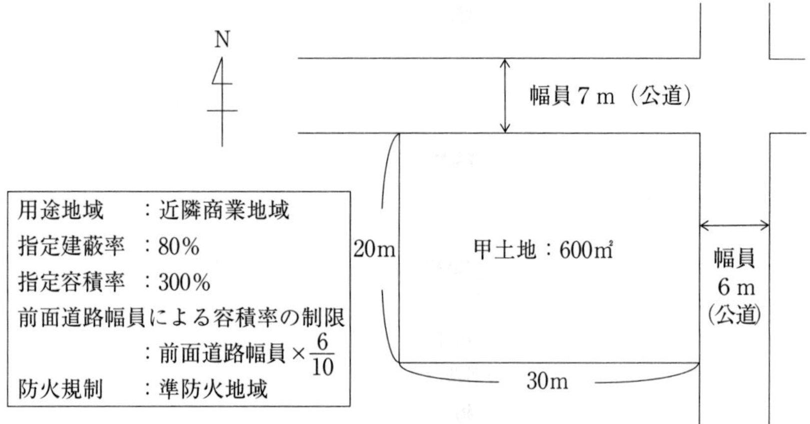

・甲土地は、建蔽率の緩和について特定行政庁が指定する角地である。
・指定建蔽率および指定容積率とは、それぞれ都市計画において定められた数値である。
・特定行政庁が都道府県都市計画審議会の議を経て指定する区域ではない。

※上記以外の条件は考慮せず、各問に従うこと。

《問10》 甲土地上に耐火建築物を建築する場合における次の①、②を求め、解答用紙に記入しなさい（計算過程の記載は不要）。

① 建蔽率の上限となる建築面積

② 容積率の上限となる延べ面積

《問11》 定期借地権方式による甲土地の有効活用に関する次の記述①～③について、適切なものには○印を、不適切なものには×印を解答用紙に記入しなさい。

① 「定期借地権方式は、事業者等に対して甲土地を一定期間賃貸する手法です。仮に、Aさんが甲土地に事業用定期借地権を設定する場合、その契約は公正証書によってしなければなりません」

② 「事業用定期借地権は、ドラッグストアやコンビニ等の店舗だけでなく、賃貸マンションや老人ホーム等の居住用の施設を有する建物を建築する場合にも設定することができます」

③ 「甲土地に建物譲渡特約付借地権を設定した場合、その設定後30年以上を経過した日に、Aさんが甲土地上の建物を借地権者から買い取ったときは、借地契約が終了します。買い取った建物は賃貸することで家賃収入を得ることができますが、建物の維持管理の状態などによっては、十分な収益が見込めない可能性があります」

《問12》 定期借地権方式により甲土地を有効活用する場合の課税等に関する次の記述①～③について、適切なものには○印を、不適切なものには×印を解答用紙に記入しなさい。

① 「Aさんが甲土地に定期借地権を設定した場合、甲土地上の建物については借地権者が、甲土地については借地権割合に基づきAさんと借地権者が、それぞれ固定資産税の納税義務者となります」

② 「Aさんが甲土地に事業用定期借地権を設定し、その存続期間中にAさんの相続が開始した場合、相続税額の計算上、甲土地は貸家建付地として評価されます」

③ 「Aさんが甲土地に事業用定期借地権を設定した場合、当該借地契約は、借地権者から申出があっても更新することはできませんが、Aさんと借地権者の合意のもと、借地借家法で定められた事業用定期借地権の存続期間内で存続期間を延長することや、存続期間満了時において再契約することは可能です」

【第５問】 次の設例に基づいて、下記の各問（《問13》～《問15》）に答えなさい。

《設　例》

Ａさん（75歳）は、妻Ｂさん（71歳）、長男Ｄさん（45歳）および孫Ｅさん（19歳）とＸ市内の自宅で同居している。長男Ｄさんは、孫Ｅさんの母親と５年前に離婚した。Ａさんは、50年前に先妻と離婚しており、先妻が引き取った長女Ｃさん（52歳）とは、離婚後一度も会っていない。

Ａさんは、すべての財産を妻Ｂさんおよび長男Ｄさんに相続させたいと思っているが、遺産争いを避けるため、長女Ｃさんに、所有する上場株式を相続させることを検討している。

〈Ａさんの親族関係図〉

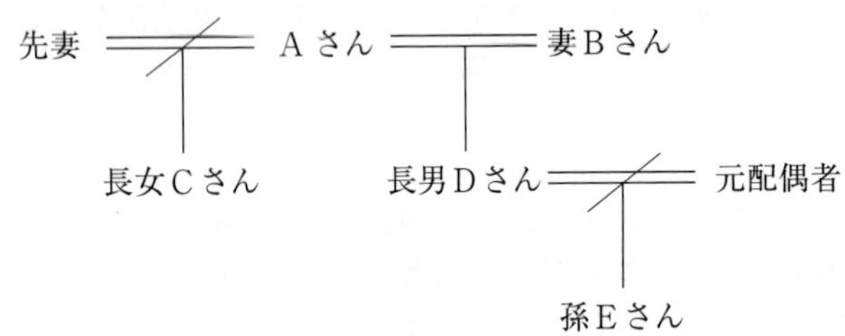

〈Ａさんの主な所有財産（相続税評価額）〉

1．現預金	：	4,500万円
2．上場株式	：	2,500万円
3．自宅		
①敷地（350㎡）	：	7,000万円（注）
②建物	：	1,000万円
4．賃貸マンション		
①敷地（400㎡）	：	6,600万円（注）
②建物	：	2,400万円
合計	：	2億4,000万円

（注）「小規模宅地等についての相続税の課税価格の計算の特例」適用前の金額

※上記以外の条件は考慮せず、各問に従うこと。

《問13》 遺言に関する次の記述①～③について、適切なものには○印を、不適切なものには×印を解答用紙に記入しなさい。

① 「遺産分割をめぐる争いを防ぐ手段として、遺言書の作成をお勧めします。公正証書遺言は、証人２人以上の立会いのもと、遺言者が遺言の趣旨を公証人に口授し、公証人がこれを筆記して作成するものですが、推定相続人である妻Ｂさんや長男Ｄさんだけでなく、孫Ｅさんも証人になることはできません」

② 「自筆証書遺言は、所定の手続により、法務局（遺言書保管所）に保管することができます。法務局に保管された自筆証書遺言は、遺言者の相続開始後、家庭裁判所における検認が不要となります」

③ 「遺言者は、遺言において遺言執行者を指定することができます。推定相続人は、未成年者および破産者に該当しない場合であっても、遺言執行者になることができませんので、遺言執行者を指定する場合は、信頼できる知人等に依頼することをご検討ください」

《問14》 現時点（2024年９月28日）において、Ａさんの相続が開始した場合における相続税の総額を試算した下記の表の空欄①～③に入る最も適切な数値を求めなさい。なお、課税遺産総額（相続税の課税価格の合計額－遺産に係る基礎控除額）は１億4,000万円とし、問題の性質上、明らかにできない部分は「□□□」で示してある。

（a）相続税の課税価格の合計額	□□□万円
（b）遺産に係る基礎控除額	（　①　）万円
課税遺産総額（(a)－(b)）	1億4,000万円
相続税の総額の基となる税額	
妻Bさん	□□□万円
長女Cさん	（　②　）万円
長男Dさん	□□□万円
（c）相続税の総額	（　③　）万円

〈資料〉相続税の速算表（一部抜粋）

法定相続分に応ずる取得金額			税率	控除額
万円超		万円以下		
	～	1,000	10%	－
1,000	～	3,000	15%	50万円
3,000	～	5,000	20%	200万円
5,000	～	10,000	30%	700万円
10,000	～	20,000	40%	1,700万円

《問15》　Aさんの相続等に関する以下の文章の空欄①～④に入る最も適切な語句または数値を、下記の〈語句群〉のなかから選び、その記号を解答用紙に記入しなさい。なお、問題の性質上、明らかにできない部分は「□□□」で示してある。

Ⅰ「遺言により上場株式のみを長女Cさんに相続させる場合、長女Cさんの遺留分を侵害する可能性があります。仮に、遺留分を算定するための財産の価額を2億4,000万円とした場合、長女Cさんの遺留分の金額は、（　①　）万円となります。なお、遺留分侵害額請求権は、長女Cさんが相続の開始および遺留分を侵害する贈与または遺贈があったことを知った時から（　②　）間行使しないときは、時効によって消滅します」

Ⅱ「妻Bさんが『配偶者に対する相続税額の軽減』の適用を受ける場合、原則として、妻Bさんが相続により取得した財産の金額が、妻Bさんの法定相続分相当額と1億6,000万円のいずれか（　③　）金額を超えない限り、妻Bさんが納付すべき相続税額は算出されません」

Ⅲ「長男Dさんが自宅の敷地および建物を相続により取得し、自宅の敷地（相続税評価額7,000万円）について、特定居住用宅地等として限度面積まで『小規模宅地等についての相続税の課税価格の計算の特例』の適用を受けた場合、相続税の課税価格に算入すべき当該敷地の価額は（　④　）万円となります」

〈語句群〉

イ．1,400　ロ．1,720　ハ．2,000　ニ．3,000　ホ．3,500
ヘ．5,600　ト．6,000　チ．10カ月　リ．1年　ヌ．3年
ル．多い　ヲ．少ない

ファイナンシャル・プランニング技能検定
（2024年１月本試験問題）

２級実技試験　❷
【金財】生保顧客資産相談業務

試験時間：90分

※　「２級実技試験❷」は、金融財政事情研究会（金財）の生保顧客資産相談業務を受検する方用です。

金財の個人資産相談業務を受検する方は「２級実技試験❶」、日本FP協会の資産設計提案業務を受検する方は「２級実技試験❸」の問題を解いてください。

なお、解答用紙は実技問題のあとに掲載しています。

【第１問】 次の設例に基づいて、下記の各問（《問１》～《問３》）に答えなさい。

《設 例》

Ｘ株式会社（以下、「Ｘ社」という）に勤務するＡさん（55歳）は、妻Ｂさん（58歳）および父Ｃさん（77歳）との３人暮らしである。Ａさんは、大学卒業後、Ｘ社に入社し、現在に至るまで同社に勤務している。Ａさんは、65歳の定年までＸ社で働くつもりであり、今後の資金計画を検討するにあたって、公的年金制度からの老齢給付について理解を深めたいと思っている。

また、Ａさんは、父Ｃさんが近い将来、介護が必要な状態となることを心配しており、介護休業を取得した場合の雇用保険からの給付についても知りたいと思っている。

そこで、Ａさんは、ファイナンシャル・プランナーのＭさんに相談することにした。

〈Ａさんとその家族に関する資料〉

(1) Ａさん（1969年８月13日生まれ、会社員）
- 公的年金加入歴：下図のとおり（65歳までの見込みを含む）
  20歳から大学生であった期間（32月）は国民年金に任意加入していない。
- 全国健康保険協会管掌健康保険の被保険者である。
- 雇用保険の一般被保険者である。

20歳　22歳　65歳

国民年金	厚生年金保険	
未加入期間（32月）	被保険者期間（132月）	被保険者期間（376月）
	（2003年３月以前の平均標準報酬月額28万円）	（2003年４月以後の平均標準報酬額50万円）

(2) 妻Ｂさん（1966年２月６日生まれ、パートタイマー）
- 公的年金加入歴：18歳からＡさんと結婚するまでの11年間（132月）は、厚生年金保険に加入。結婚後は、国民年金に第３号被保険者として加入している。
- 全国健康保険協会管掌健康保険の被扶養者である。

(3) 父Ｃさん（1947年９月10日生まれ）
- 後期高齢者医療制度の被保険者である。

※妻Bさんおよび父Cさんは、現在および将来においても、Aさんと同居し、Aさんと生計維持関係にあるものとする。
※Aさんとその家族は、現在および将来においても、公的年金制度における障害等級に該当する障害の状態にないものとする。
※上記以外の条件は考慮せず、各問に従うこと。

《問1》　Aさんが、原則として65歳から受給することができる老齢基礎年金および老齢厚生年金の年金額（2024年度価額）を計算した次の〈計算の手順〉の空欄①～④に入る最も適切な数値を解答用紙に記入しなさい。計算にあたっては、《設例》の〈Aさんとその家族に関する資料〉および下記の〈資料〉に基づくこと。なお、問題の性質上、明らかにできない部分は「□□□」で示してある。

〈計算の手順〉

1．老齢基礎年金の年金額（円未満四捨五入）
　（　①　）円

2．老齢厚生年金の年金額
　(1)　報酬比例部分の額（円未満四捨五入）
　　（　②　）円
　(2)　経過的加算額（円未満四捨五入）
　　（　③　）円
　(3)　基本年金額（上記「(1)+(2)」の額）
　　□□□円
　(4)　加給年金額（要件を満たしている場合のみ加算すること）
　(5)　老齢厚生年金の年金額
　　（　④　）円

〈資料〉

○老齢基礎年金の計算式（4分の1免除月数、4分の3免除月数は省略）

$$816{,}000\text{円}\times\frac{\text{保険料納付済月数}+\text{保険料半額免除月数}\times\frac{\square}{\square}+\text{保険料全額免除月数}\times\frac{\square}{\square}}{480}$$

○老齢厚生年金の計算式（本来水準の額）

ｉ）報酬比例部分の額（円未満四捨五入）＝ⓐ＋ⓑ

ⓐ　2003年3月以前の期間分

平均標準報酬月額 $\times\frac{7.125}{1{,}000}\times$ 2003年3月以前の被保険者期間の月数

ⓑ　2003年4月以後の期間分

平均標準報酬額 $\times\frac{5.481}{1{,}000}\times$ 2003年4月以後の被保険者期間の月数

ⅱ）経過的加算額（円未満四捨五入）＝1,701円×被保険者期間の月数

$$-\,816{,}000\text{円}\times\frac{\text{1961年4月以後で20歳以上60歳未満の厚生年金保険の被保険者期間の月数}}{480}$$

ⅲ）加給年金額＝408,100円（要件を満たしている場合のみ加算すること）

《問2》　Mさんは、Aさんに対して、公的年金制度からの老齢給付について説明した。Mさんが説明した次の記述①～③について、適切なものには○印を、不適切なものには×印を解答用紙に記入しなさい。

①「Aさんは特別支給の老齢厚生年金を受給することができませんが、妻Bさんは64歳から報酬比例部分のみの特別支給の老齢厚生年金を受給することができます」

②「Aさんが、65歳以後も引き続き厚生年金保険の被保険者としてX社に勤務し、かつ、65歳から老齢厚生年金を受給し、Aさんの老齢厚生年金の基本月額と総報酬月額相当額との合計額が28万円（2024年度価額）を超えた場合、老齢厚生年金の一部または全部が支給停止となります」

③「Aさんが希望すれば、66歳以後、老齢基礎年金および老齢厚生年金の繰下げ支給の申出をすることができます。仮に、Aさんが72歳0カ月で老齢基礎年金の繰下げ支給の申出をした場合、年金の増額率は58.8%となります」

《問３》 Ｍさんは、Ａさんに対して、雇用保険の介護休業給付について説明した。Ｍさんが説明した次の記述①～③について、適切なものには○印を、不適切なものには×印を解答用紙に記入しなさい。

①「Ａさんが父Ｃさんについて介護休業を分割して取得する場合、介護休業給付金は、介護休業を開始した日から通算して93日を限度に３回までに限り支給されます」

②「介護休業期間中に、Ｘ社から賃金が支払われなかった場合、介護休業給付金の額は、１支給単位期間について、休業開始時賃金日額に支給日数を乗じて得た額の67％相当額です」

③「介護休業期間中に、Ｘ社から休業開始時賃金日額に支給日数を乗じて得た額の75％相当額以上の賃金が支払われた場合、当該賃金が支払われた支給単位期間について、介護休業給付金は支給されません」

【第２問】 次の設例に基づいて、下記の各問（《問４》～《問６》）に答えなさい。

《設 例》

会社員のＡさん（45歳）は、妻Ｂさん（45歳）との２人暮らしである。Ａさんは、先日、生命保険会社の営業担当者から下記の生命保険の提案を受けた。

Ａさんは、妻Ｂさんも会社員として働いていること、子どもがいないことを理由に、死亡保障はあまり必要ないと考えているが、自身が病気や要介護状態になった場合の保障については必要性を感じている。

そこで、Ａさんは、ファイナンシャル・プランナーのＭさんに相談することにした。

〈Ａさんが提案を受けた生命保険に関する資料〉

保険の種類　　　　　　　：５年ごと配当付特約組立型総合保険（注１）
月払保険料　　　　　　　：16,800円
保険料払込期間（更新限度）：90歳満了
契約者（＝保険料負担者）・被保険者：Ａさん
死亡保険金受取人　　　　：妻Ｂさん
指定代理請求人　　　　　：妻Ｂさん

特約の内容	保障金額	保険期間
終身保険特約	100万円	終身
定期保険特約	500万円	10年
生活介護収入保障特約（注２）	年額60万円×65歳まで	10年
重度疾病保障特約（注３）	一時金　200万円	10年
総合医療特約（180日型）	１日目から日額10,000円	10年
先進医療特約	先進医療の技術費用と同額	10年
指定代理請求特約	－	－
リビング・ニーズ特約	－	－

（注１）複数の特約を組み合わせて加入することができる保険

（注２）身体障害者福祉法の身体障害者障害程度等級１級または２級の「身体障害者手帳」を交付された場合、公的介護保険の要介護２以上に認定された場合、または所定の要介護状態になった場合に年金額が支払われる（死亡保険金の支払はない）。最低支払保証期間は５年。

（注３）所定のがん（悪性新生物）、急性心筋梗塞、脳卒中、重度の糖尿病、重度の高血圧性疾患、肝硬変、慢性腎不全、慢性すい炎のいずれかを保障する（死亡保険金の支払はない）。

※上記以外の条件は考慮せず、各問に従うこと。

《問４》 Ｍさんは、Ａさんに対して、公的年金制度からの給付および公的介護保険からの保険給付について説明した。Ｍさんが説明した次の記述①～③について、適切なものには○印を、不適切なものには×印を解答用紙に記入しなさい。なお、各記述において、ほかに必要とされる要件等は満たしていることとする。

① 「Ａさんが死亡した場合、妻Ｂさんに対して、遺族厚生年金が支給されます。遺族厚生年金の額は、原則として、Ａさんの厚生年金保険の被保険者記録を基礎として計算した老齢厚生年金の報酬比例部分の額の３分の２相当額になります」

② 「Ａさんが病気やケガで重度の障害状態となり、その障害の程度が障害等級１級と認定された場合、Ａさんは障害厚生年金を受給することができますが、Ａさんには子どもがいないため、障害基礎年金を受給することはできません」

③ 「Ａさんのような公的介護保険の第２号被保険者は、要介護状態または要支援状態となった原因が特定疾病によって生じたものでなければ、公的介護保険からの保険給付は受けられません。特定疾病の具体例として、末期がん、脳血管疾患、初老期における認知症などが挙げられます」

《問５》 Ｍさんは、Ａさんに対して、Ａさんが提案を受けた生命保険の内容等について説明した。Ｍさんが説明した次の記述①～④について、適切なものには○印を、不適切なものには×印を解答用紙に記入しなさい。

① 「Ａさんが死亡した場合、妻Ｂさんに支払われる死亡保険金額は、600万円となります。Ａさんが死亡した場合の必要保障額を算出し、準備すべき死亡保障の額を確認したうえで、死亡保険金額をご検討ください」

② 「Ａさんが病気やケガで重度の障害状態となって働けなくなった場合、Ａさんの収入が減るだけでなく、妻Ｂさんの仕事にも影響がでることが想定されます。現在提案を受けている生活介護収入保障特約など、重い障害や介護に備えることができる保障を準備することは検討に値します」

③ 「がん等の重度疾病については、再発のリスクがあり、治療期間も長期にわたるケースがあります。そのため、重度疾病の保障を準備する際には、再発時の保障の有無や、保険金等が支払われる疾病の種類および状態を確認する必要があります」

④ 「Ａさんが厚生労働大臣により定められた先進医療による療養を受けたとき、その先進医療の技術に係る費用と同額を先進医療給付金として受け取ることができます。ただし、先進医療特約の対象は入院を伴った治療のみであり、外来での治療は対象外となります」

《問６》 Ｍさんは、Ａさんに対して、Ａさんが提案を受けた生命保険の課税関係について説明した。Ｍさんが説明した以下の文章の空欄①～③に入る最も適切な語句または数値を、下記の〈語句群〉のなかから選び、その記号を解答用紙に記入しなさい。

Ⅰ 「支払保険料のうち、終身保険特約および定期保険特約に係る保険料は一般の生命保険料控除の対象となります。他方、生活介護収入保障特約、重度疾病保障特約および総合医療特約等に係る保険料は介護医療保険料控除の対象となります。それぞれの適用限度額は、所得税で（ ① ）円、住民税で（ ② ）円です」

Ⅱ 「被保険者であるＡさんが入院給付金などを請求することができない特別な事情がある場合には、指定代理請求人である妻ＢさんがＡさんに代わって請求することができます。妻Ｂさんが指定代理請求人として受け取る入院給付金は、（ ③ ）となります」

〈語句群〉

イ．25,000　ロ．28,000　ハ．30,000　ニ．40,000　ホ．48,000
ヘ．50,000　ト．所得税の課税対象　チ．贈与税の課税対象　リ．非課税

【第３問】 次の設例に基づいて、下記の各問（《問７》～《問９》）に答えなさい。

《設　例》

Ａさん（45歳）は、Ｘ株式会社（以下、「Ｘ社」という）の創業社長である。Ｘ社は、現在、Ａさん自身の退職金準備を目的とした生命保険に加入している。

先日、Ａさんは、生命保険会社の営業担当者であるファイナンシャル・プランナーのＭさんから、事業保障資金の確保を目的として、下記の〈資料〉の生命保険の提案を受けた。

〈資料〉Ａさんが提案を受けた生命保険に関する資料

保険の種類：無配当特定疾病保障定期保険（特約付加なし）	
契約者（＝保険料負担者）	：Ｘ社
被保険者	：Ａさん
死亡保険金受取人	：Ｘ社
死亡・高度障害・特定疾病保険金額	：5,000万円
保険期間・保険料払込期間	：98歳満了
年払保険料	：180万円
最高解約返戻率	：83％

※死亡・所定の高度障害状態に該当した場合に加え、がん（悪性新生物）と診断確定された場合、または急性心筋梗塞・脳卒中で所定の状態に該当した場合に保険金が契約者に支払われる。

※所定の範囲内で、契約者貸付制度を利用することができる。

※上記以外の条件は考慮せず、各問に従うこと。

《問７》 仮に、将来Ｘ社がＡさんに役員退職金5,000万円を支給した場合、Ａさんが受け取る役員退職金について、次の①、②を求め、解答用紙に記入しなさい（計算過程の記載は不要）。〈答〉は万円単位とすること。なお、Ａさんの役員在任期間（勤続年数）を26年２カ月とし、これ以外に退職手当等の収入はなく、障害者になったことが退職の直接の原因ではないものとする。

① 退職所得控除額

② 退職所得の金額

《問８》 Ｍさんは、Ａさんに対して、〈資料〉の生命保険について説明した。Ｍさんが説明した次の記述①～③について、適切なものには○印を、不適切なものには×印を解答用紙に記入しなさい。

① 「X社が受け取る特定疾病保険金は、Aさんががん等の治療で不在の間、事業を継続させるための資金として活用することができます」

② 「X社が特定疾病保険金を受け取った場合、法人税法上、当該保険金は非課税所得となりますので、益金に計上する必要はありません」

③ 「保険期間中にX社に緊急の資金需要が発生し、契約者貸付制度を利用する場合、当該制度により借り入れることができる金額は、利用時点での既払込保険料相当額が限度となります」

《問９》 Ｍさんは、Ａさんに対して、〈資料〉の生命保険の支払保険料の経理処理について説明した。Ｍさんが説明した以下の文章の空欄①～④に入る最も適切な数値を、下記の〈数値群〉のなかから選び、その記号を解答用紙に記入しなさい。

「法人を契約者（＝保険料負担者）および死亡保険金受取人とし、役員または従業員を被保険者とする保険期間が３年以上の定期保険で、最高解約返戻率が（ ① ）％を超えるものの支払保険料の経理処理については、最高解約返戻率が『（ ① ）％超70％以下』『70％超（ ② ）％以下』『（ ② ）％超』となる場合の３つの区分に応じて取り扱います。

〈資料〉の定期保険の最高解約返戻率は『70％超（ ② ）％以下』であるため、保険期間開始日から保険期間の（ ③ ）割に相当する期間を経過する日までは、当期分支払保険料の（ ④ ）％相当額を前払保険料として資産に計上し、残額は損金の額に算入します。（ ③ ）割に相当する期間経過後は、当期分支払保険料の全額を損金の額に算入するとともに、資産に計上した金額については、保険期間の7.5割に相当する期間経過後から保険期間終了日までにおいて均等に取り崩し、損金の額に算入します」

〈数値群〉

イ．4　ロ．5　ハ．6　ニ．30　ホ．40　ヘ．50　ト．60
チ．75　リ．85　ヌ．90　ル．105

【第４問】 次の設例に基づいて、下記の各問（《問10》～《問12》）に答えなさい。

《設　例》

　会社員のＡさんは、妻Ｂさん、長女Ｃさんおよび母Ｄさんとの４人家族である。Ａさんは、住宅ローンを利用して2024年９月に新築マンションを取得し、同月中に入居した。

〈Ａさんとその家族に関する資料〉

Ａさん	（40歳）	：会社員
妻Ｂさん	（38歳）	：パートタイマー。2024年中に給与収入100万円を得ている。
長女Ｃさん	（６歳）	：2024年中の収入はない。
母Ｄさん	（73歳）	：2024年中の収入は、公的年金の老齢給付のみであり、その収入金額は70万円である。

〈Ａさんの2024年分の収入に関する資料〉

給与収入の金額：760万円

〈Ａさんが取得した新築マンションに関する資料〉

取得価額	：4,000万円
土地	：40㎡（敷地利用権の割合相当の面積）
建物	：70㎡（専有部分の床面積）
資金調達方法	：自己資金1,500万円、銀行からの借入金2,500万円
住宅ローン	：2024年12月末の借入金残高2,480万円、返済期間25年（団体信用生命保険に加入）
留意点	：当該マンションは、認定長期優良住宅に該当する。また、住宅借入金等特別控除の適用要件は、すべて満たしている。

※妻Ｂさん、長女Ｃさんおよび母Ｄさんは、Ａさんと同居し、生計を一にしている。
※Ａさんとその家族は、いずれも障害者および特別障害者には該当しない。
※Ａさんとその家族の年齢は、いずれも2024年12月31日現在のものである。
※上記以外の条件は考慮せず、各問に従うこと。

《問10》 住宅借入金等特別控除（以下、「本控除」という）に関する以下の文章の空欄①〜③に入る最も適切な数値を、下記の〈数値群〉のなかから選び、その記号を解答用紙に記入しなさい。

「住宅ローンを利用して新築住宅を取得等し、2024年中に居住した場合、所定の要件を満たせば、居住の用に供した年分以後、最大で（　①　）年間、本控除の適用を受けることができます。控除額の計算上、住宅ローンの年末残高には、限度額が設けられています。Aさんのように子育て特例対象個人（夫婦のいずれかが40歳未満の者または19歳未満の扶養親族を有する者）が認定長期優良住宅に該当する新築住宅を取得し、2024年中に居住した場合の年末残高の限度額は（　②　）万円です。

Aさんの場合、住宅ローンの年末残高は（　②　）万円よりも少ないため、住宅ローンの年末残高に控除率を乗じて得た金額を、所得税額から控除することができます。また、仮に、当該控除額がその年分の所得税額から控除しきれない場合は、その控除しきれない金額を、所得税の課税総所得金額等の合計額の（　③　）％相当額または97,500円のいずれか少ないほうの額を限度として、翌年度分の住民税の所得割額から控除することができます」

〈数値群〉

イ．5　　ロ．10　　ハ．13　　ニ．15　　ホ．20　　ヘ．3,000　　ト．4,000
チ．5,000

《問11》 Aさんの2024年分の所得税の課税等に関する次の記述①〜③について、適切なものには○印を、不適切なものには×印を解答用紙に記入しなさい。

① 「母Dさんは老人扶養親族の同居老親等に該当しますので、Aさんが適用を受けることができる母Dさんに係る扶養控除の額は、58万円です」

② 「Aさんが住宅ローンの借入れの際に加入した団体信用生命保険の支払保険料は、一般の生命保険料控除の対象となります」

③ 「Aさんが2024年分の所得税において住宅借入金等特別控除の適用を受けるためには、所得税の確定申告を行う必要がありますが、2025年分以後の所得税については、年末調整においてその適用を受けることができます」

《問12》　Aさんの2024年分の所得税額を計算した下記の表の空欄①～④に入る最も適切な数値を求めなさい。なお、問題の性質上、明らかにできない部分は「□□□」で示してある。

（a）	総所得金額	□□□円
	社会保険料控除	□□□円
	生命保険料控除	□□□円
	地震保険料控除	□□□円
	配偶者控除	（　①　）円
	扶養控除	□□□円
	基礎控除	（　②　）円
（b）	所得控除の額の合計額	2,600,000円
（c）	課税総所得金額（（a）－（b））	□□□円
（d）	算出税額（（c）に対する所得税額）	（　③　）円
（e）	税額控除（住宅借入金等特別控除）	（　④　）円
（f）	差引所得税額	□□□円
（g）	復興特別所得税額	□□□円
（h）	所得税および復興特別所得税の額	□□□円

〈資料〉給与所得控除額

給与収入金額			給与所得控除額
万円超		万円以下	
	～	180	収入金額×40%－10万円（55万円に満たない場合は、55万円）
180	～	360	収入金額×30%＋8万円
360	～	660	収入金額×20%＋44万円
660	～	850	収入金額×10%＋110万円
850	～		195万円

〈資料〉所得税の速算表（一部抜粋）

課税総所得金額			税率	控除額
万円超		万円以下		
	～	195	5%	－
195	～	330	10%	9万7,500円
330	～	695	20%	42万7,500円
695	～	900	23%	63万6,000円

【第５問】　次の設例に基づいて、下記の各問（《問13》～《問15》）に答えなさい。

《設　例》

Ａさん（70歳）は、飲食店Ｘ屋を営む個人事業主（青色申告者）である。Ｘ屋は、Ａさんが父親（既に他界）から承継したもので、地元住民だけでなく、遠方からの常連客も多い繁盛店である。

Ａさんは、体力の衰えを感じており、長男Ｃさんに事業を承継させることを決意した。Ａさんは、所有財産のうち、妻Ｂさんには自宅の建物およびその敷地を相続させ、長男ＣさんにはＸ屋の店舗およびその敷地を相続させたいと考えている。

なお、長男Ｃさんと長女Ｄさんは、日頃から折り合いが悪く、Ａさんは自身の相続が起こった際に遺産分割で争いが生じるのではないかと心配している。

〈Ａさんの推定相続人〉

妻Ｂさん　（69歳）：Ｘ屋勤務。Ａさんと自宅で同居している。
長男Ｃさん（45歳）：Ｘ屋勤務。妻と子２人がおり、Ａさん夫妻と同居している。
長女Ｄさん（44歳）：会社員。夫と子の３人で賃貸マンションに住んでいる。

〈Ａさんの主な所有財産（相続税評価額、下記の生命保険を除く）〉

現預金	：	1億2,000万円
自宅敷地（300㎡）	：	9,000万円（注）
自宅建物	：	2,000万円
Ｘ屋店舗敷地（420㎡）	：	1億2,000万円（注）
Ｘ屋店舗建物	：	5,000万円

（注）「小規模宅地等についての相続税の課税価格の計算の特例」適用前の金額

〈Ａさんが現在加入している生命保険に関する資料〉

保険の種類	：一時払終身保険
契約者（＝保険料負担者）・被保険者	：Ａさん
死亡保険金受取人	：妻Ｂさん
死亡保険金額	：2,000万円

※上記以外の条件は考慮せず、各問に従うこと。

《問13》 現時点（2024年９月28日）において、Ａさんの相続が開始した場合における相続税の総額を試算した下記の表の空欄①～③に入る最も適切な数値を求めなさい。なお、相続税の課税価格の合計額は４億円とし、問題の性質上、明らかにできない部分は「□□□」で示してある。

（ａ）相続税の課税価格の合計額	４億円
（ｂ）遺産に係る基礎控除額	（　①　）万円
課税遺産総額（（ａ）－（ｂ））	□□□万円
相続税の総額の基となる税額	
妻Ｂさん	（　②　）万円
長男Ｃさん	□□□万円
長女Ｄさん	□□□万円
（ｃ）相続税の総額	（　③　）万円

〈資料〉相続税の速算表（一部抜粋）

法定相続分に応ずる取得金額			税率	控除額
万円超		万円以下		
	～	1,000	10%	－
1,000	～	3,000	15%	50万円
3,000	～	5,000	20%	200万円
5,000	～	10,000	30%	700万円
10,000	～	20,000	40%	1,700万円
20,000	～	30,000	45%	2,700万円
30,000	～	60,000	50%	4,200万円

《問14》 Ａさんの相続に関する次の記述①～③について、適切なものには○印を、不適切なものには×印を解答用紙に記入しなさい。

① 「遺産分割をめぐる争いを防ぐ手段として、遺言書の作成をお勧めします。自筆証書遺言については、法務局における保管制度がありますが、当該制度を利用するためには証人２人以上の立会いが必要です」

② 「遺言により、相続財産の大半を妻Ｂさんおよび長男Ｃさんが相続した場合、長女Ｄさんの遺留分を侵害するおそれがあります。仮に、遺留分を算定するための財産の価額が４億円である場合、長女Ｄさんの遺留分の金額は１億円となります」

③ 「妻Ｂさんが受け取る一時払終身保険の死亡保険金（2,000万円）は、みなし相続財産として相続税の課税対象となりますが、死亡保険金の非課税金額の規定の適用

を受けることで、相続税の課税価格に算入される金額は、500万円となります」

《問15》　X屋の事業承継に関する以下の文章の空欄①～④に入る最も適切な語句または数値を、下記の〈語句群〉のなかから選び、その記号を解答用紙に記入しなさい。

Ⅰ「長男Cさんが Aさんの相続によりX屋店舗敷地を取得した場合、所定の要件を満たせば、当該敷地は特定事業用宅地等に該当し、『小規模宅地等についての相続税の課税価格の計算の特例』の適用を受けることができます。特定事業用宅地等に該当するX屋店舗敷地は、(　①　）㎡までの部分について、その敷地の相続税評価額から80%相当額を減額した金額を、相続税の課税価格に算入すべき価額とすることができます」

Ⅱ「『個人の事業用資産についての贈与税・相続税の納税猶予および免除の特例』の適用を受けた場合、後継者が先代事業者から贈与または相続等により取得した特定事業用資産に係る贈与税・相続税の（　②　）の納税が猶予されます。本特例の適用を受けるためには、後継者は、個人事業承継計画を（　③　）に提出し、その確認を受ける等の所定の要件を満たす必要があります」

Ⅲ「『個人の事業用資産についての相続税の納税猶予および免除の特例』の適用を受けて相続等により取得した事業用の宅地は、特定事業用宅地等に係る『小規模宅地等についての相続税の課税価格の計算の特例』の対象（　④　）」

〈語句群〉

イ．330　　ロ．400　　ハ．500　　ニ．60%相当額　　ホ．80%相当額
ヘ．全額　　ト．経済産業大臣　　チ．所轄税務署長　　リ．都道府県知事
ヌ．となります　　ル．となりません

ファイナンシャル・プランニング技能検定
（2024年１月本試験問題）

２級実技試験　3
【日本FP協会】資産設計提案業務

試験時間：90分

※　「２級実技試験3」は、日本FP協会の資産設計提案業務を受検する方用です。
　金融財政事情研究会（金財）の個人資産相談業務を受検する方は「２級実技試験1」、金財の生保顧客資産相談業務を受検する方は「２級実技試験2」の問題を解いてください。
　なお、解答用紙は実技問題のあとに掲載しています。

【第１問】下記の（問１）、（問２）について解答しなさい。

問１

ファイナンシャル・プランナー（以下「FP」という）は、ファイナンシャル・プランニング業務を行ううえで関連業法等を順守することが重要である。FPの行為に関する次の（ア）～（エ）の記述について、適切なものには○、不適切なものには×を解答欄に記入しなさい。

（ア）弁護士または司法書士の登録を受けていないFPが、顧客から報酬を受け取り、相続財産である不動産の登記申請を代行した。

（イ）税理士の登録を受けていないFPが、参加費有料の相続セミナーを開催し、一般的な相続税の計算方法の説明と仮定の事例に基づく相続税の計算手順について解説した。

（ウ）社会保険労務士の登録を受けていないFPが、参加費無料の年金セミナーを開催し、一般的な社会保障制度に関する説明と年金相談に応じた。

（エ）金融サービス仲介業または生命保険募集人、保険仲立人の登録を受けていないFPが、保険募集を目的として生命保険商品の説明を行い、具体的な保険設計書を用いて顧客に保険の加入を促した。

問２

「金融サービスの提供及び利用環境の整備等に関する法律（金融サービス提供法）」に関する次の記述のうち、最も不適切なものはどれか。

1．金融サービス仲介業を行う場合、内閣総理大臣の登録を受けなければならない。
2．金融商品販売業者等が重要事項の説明義務を怠ったことにより顧客に損害が生じた場合、金融商品販売業者等が損害賠償責任を負う。
3．デリバティブ取引や外国為替証拠金取引（FX）は、金融サービス提供法が適用される。
4．金融サービス提供法による保護の対象は個人に限られ、原則として、事業者は保護の対象とならない。

【第２問】下記の（問３）～（問６）について解答しなさい。

問３

経済統計等に関する下表の空欄（ア）～（エ）にあてはまる語句を語群の中から選び、その番号のみを解答欄に記入しなさい。

名称	発表機関	概要
国内総生産（GDP）	内閣府	一定期間中に国内で生み出された財およびサービスなどの付加価値の合計である。ここから物価の変動による影響を取り除いたものを（　ア　）GDPという。
マネーストック統計	（　イ　）	金融機関・中央政府を除く経済主体（一般法人、個人、地方公共団体など）が保有する通貨量の残高を集計したものである。
全国企業短期経済観測調査（日銀短観）	日本銀行	全国の企業動向を的確に把握し金融政策の適切な運営のために統計法に基づいて行われる調査であり、全国の約１万社の企業を対象に、（　ウ　）実施される。
（　エ　）	内閣府	生産、雇用など様々な経済活動での重要かつ景気に敏感に反応する指標の動きを統合することによって作成された指標であり、コンポジット・インデックス（CI）を中心として公表される。

〈語群〉

1．名目	2．実質	
3．金融庁	4．財務省	5．日本銀行
6．毎月	7．四半期ごとに	8．半期ごとに
9．景気ウォッチャー調査	10．景気動向指数	11．業況判断指数・ＤＩ

問4

安藤さんは、2024年以降、NISA（少額投資非課税制度）を活用して投資を開始することを検討しており、FPの皆川さんに質問をした。NISAに関する次の（ア）〜（ウ）の記述について、適切なものには○、不適切なものには×を解答欄に記入しなさい。

（ア）「2024年に購入し、NISA口座で保有している金融商品を値下がり後に売却したことによる損失は、ほかの一般口座や特定口座で保有している金融商品の配当金や売却によって得た利益と損益通算できます。」

（イ）「2024年以降のNISAの成長投資枠は、年間投資額で240万円まで、かつ、非課税保有限度額1,800万円のうち1,200万円までです。」

（ウ）「国内外の株式や社債は、2024年以降のNISAの成長投資枠の投資対象商品となっています。」

問5

下記〈資料〉の債券を取得日から５年後に売却した場合における所有期間利回り（単利・年率）を計算しなさい。なお、手数料や税金等については考慮しないものとし、計算結果については小数点以下第４位を切り捨てること。また、解答に当たっては、解答用紙に記載されている単位に従うこと（解答用紙に記載されているマス目に数値を記入すること）。

〈資料〉

表面利率：年 0.8%
額面：100 万円
購入価格：額面 100 円につき 98.00 円
売却価格：額面 100 円につき 98.85 円
所有期間：５年

問6

柴田さんは、下記〈資料〉の投資信託の購入を検討しており、FPの唐沢さんに質問をした。投資信託の手数料等に関する次の（ア）〜（ウ）の記述について、適切なものには○、不適切なものには×を解答欄に記入しなさい。

〈資料〉

投資信託説明書（交付目論見書）

YX 米国成長株ファンド（為替ヘッジなし）

追加型投信／海外／株式

（中略）

ファンドの費用

［投資者が直接的に負担する費用］

購入時手数料	購入価額に3.3％（税抜3.0％）を乗じた額です。購入時手数料は販売会社によるファンドの募集・販売の取扱い事務等の対価です。
信託財産留保額	ありません。

［投資者が信託財産で間接的に負担する費用］

<table>
<tr><td rowspan="4">運用管理費用
（信託報酬）</td><td colspan="3">ファンドの純資産総額に年1.65％（税抜1.50％）の率を乗じた額とします。
〈配分（税抜）および役務の内容〉</td></tr>
<tr><td>委託会社</td><td>年率0.70％</td><td>ファンドの運用・調査、基準価額の算出等</td></tr>
<tr><td>販売会社</td><td>年率0.70％</td><td>各種法定書面の送付、顧客口座の管理等</td></tr>
<tr><td>受託会社</td><td>年率0.10％</td><td>ファンドの財産の保管および管理等</td></tr>
<tr><td></td><td colspan="3">※毎計算期末または信託終了のときに、信託財産中から支払われます。</td></tr>
<tr><td>その他の
費用・手数料</td><td colspan="3">・監査法人等に支払われるファンドの監査費用
・金融商品等の売買委託手数料／外国証券の保管等に要する費用等</td></tr>
</table>

（ア）「このファンドを10万円購入する場合の購入時手数料は、税込3,300円です。」
（イ）「運用管理費用（信託報酬）は、日々の基準価額には影響せず、計算期末と信託終了時のみ基準価額にマイナスに影響します。」
（ウ）「その他の費用・手数料は、ファンドによって投資者が負担する費用項目や内容が違うことがあります。」

【第３問】下記の（問７）～(問10）について解答しなさい。

問７

建築基準法に従い、下記〈資料〉の甲土地に建物を建築する場合の建築面積の最高限度を計算しなさい。なお、記載のない事項については一切考慮しないものとする。また、解答に当たっては、解答用紙に記載されている単位に従うこと。

〈資料〉

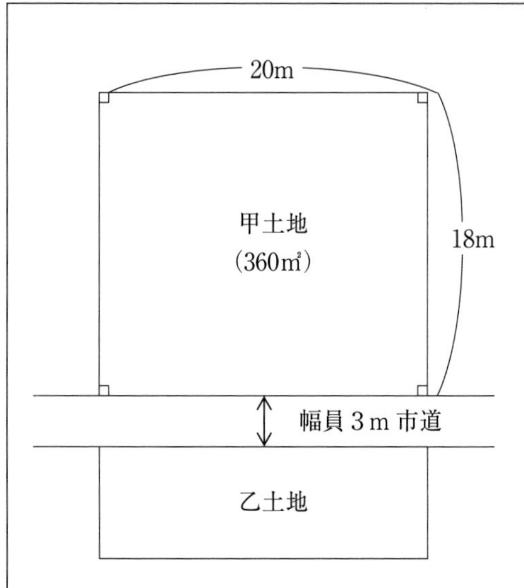

・第一種住居地域
・指定建蔽率　　60%
・指定容積率　200%
・前面道路の幅員に対する法定乗数　4／10

※甲土地・乙土地が面する道路は建築基準法第42条第２項に該当する道路で、甲土地・乙土地はともにセットバックを要する。
また、道路中心線は現況道路の中心に位置するものとする。なお、特定行政庁が指定する幅員６m指定区域ではない。

問8

山岸さんは、所有しているマンションを賃貸している。下記〈資料〉に基づく2024年分の所得税に係る不動産所得の金額として、正しいものはどれか。なお、〈資料〉以外の収入および支出等はないものとし、青色申告特別控除は考慮しないものとする。

〈資料：2024年分の賃貸マンションに係る収入および支出等〉

・賃料収入（総収入金額）：126万円
・支出
　銀行へのローン返済金額：73万円（元金50万円、利息23万円）
　管理費等：18,000円
　管理業務委託費：63,000円
　火災保険料：7,000円
　固定資産税：125,000円
　修繕費：38,500円
・減価償却費：246,000円
※支出等のうち必要経費となるものは、すべて2024年分の所得に係る必要経費に該当するものとする。

1．　32,500円
2．278,500円
3．532,500円
4．778,500円

問9

浜松さんは、居住している自宅マンションを売却する予定である。売却に係る状況が下記〈資料〉のとおりである場合、所得税に関する次の記述の空欄（ア）、（イ）にあてはまる数値または語句の組み合わせとして、最も適切なものはどれか。なお、記載のない事項については一切考慮しないものとする。

〈資料〉

> 取得日：2020年2月5日
> 売却予定日：2025年2月9日
> 取得費：4,800万円
> 譲渡価額：8,300万円
> 譲渡費用：290万円
> ※居住用財産を譲渡した場合の3,000万円特別控除の特例の適用を受けるものとする。

> 浜松さんがこのマンションを売却した場合の特別控除後の譲渡所得の金額は（　ア　）万円となり、課税（　イ　）譲渡所得として扱われる。

1．（ア）210　（イ）短期
2．（ア）500　（イ）短期
3．（ア）210　（イ）長期
4．（ア）500　（イ）長期

問10

下記〈資料〉は、横川さんが購入を検討している中古マンションのインターネット上の広告（抜粋）である。この広告の内容等に関する次の（ア）〜（エ）の記述について、適切なものには○、不適切なものには×を解答欄に記入しなさい。

〈資料〉

○○マンション 302号室

販売価格	3,480万円	所在地	◎◎県××市○○町3－1
交通	××線△△駅まで徒歩9分	間取り	3LDK
専有面積	71.66㎡（壁芯）	バルコニー面積	14.28㎡
階／階建て	3階／5階	築年月	1994年6月
総戸数	42戸	構造	鉄筋コンクリート造
管理費	20,200円／月	修繕積立金	15,600円／月
土地権利	所有権	取引形態	売主

（ア）この物件の出入り口から××線△△駅までの道路距離は、720m超800m以下である。

（イ）この物件の専有面積として記載されている面積は、登記簿上の面積と同じである。

（ウ）この物件は専有部分と共用部分により構成されるが、バルコニーは共用部分に当たる。

（エ）この物件を購入する場合、売主である宅地建物取引業者に仲介手数料を支払う必要がない。

【第４問】下記の（問11）～（問14）について解答しなさい。

問11

井上隆也さん（38歳）が加入の提案を受けた生命保険の保障内容は下記〈資料〉のとおりである。この生命保険に加入した場合、次の記述の空欄（ア）～（ウ）にあてはまる数値を解答欄に記入しなさい。なお、各々の記述はそれぞれ独立した問題であり、相互に影響を与えないものとする。

〈資料／生命保険提案書〉

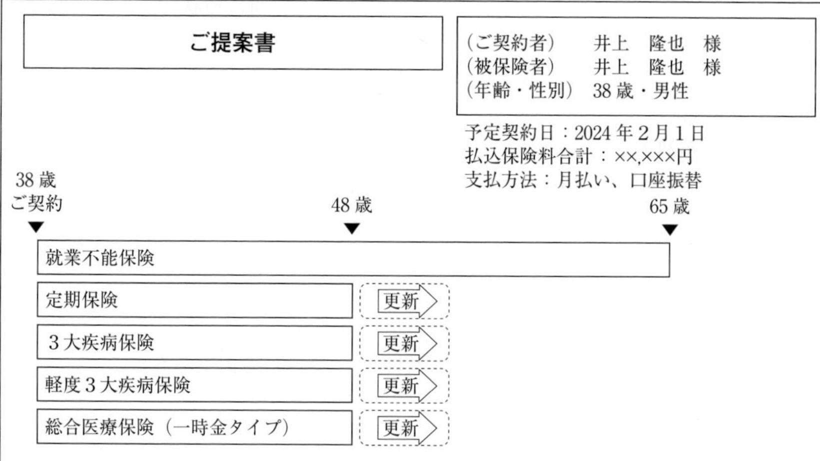

◇ご提案内容

ご契約内容	保険期間	保険金・給付金名称	主なお支払事由など	保険金額・給付金額
就業不能保険	65歳まで	就業不能給付金	就業不能状態（※１）が30日以上継続した場合	30万円
定期保険	10年	死亡保険金	死亡したとき	1,000万円
３大疾病保険	10年	３大疾病保険金	所定の３大疾病に罹患したとき（がん（悪性新生物）と診断確定された場合、急性心筋梗塞・脳卒中で所定の状態となった場合）	500万円
軽度３大疾病保険	10年	軽度３大疾病保険金	上皮内がん（上皮内新生物）と診断確定された場合、心疾患・脳血管疾患で所定の公的医療保険の対象となる手術を受けた場合	50万円

総合医療保険（一時金タイプ）	10年	総合入院給付金	1回の入院（※2）につき、入院日数が1日以上に達したとき	20万円
		手術給付金	所定の公的医療保険の対象となる手術を受けたとき	2万円
		通院給付金	総合入院給付金が支払われる入院前後の通院をしたとき	3,000円×最大30日

（※1）就業不能状態とは、①入院②公的医療保険の対象となる在宅医療（在宅患者診療・指導料が算定されること）を指します。
（※2）支払事由に該当する入院を60日以内に2回以上したときは継続した「1回の入院」とみなします。ただし、退院日の翌日から60日経過後に開始した入院は、別の入院とします。

・井上さんが骨折により8日間継続して入院し、その間に約款所定の公的医療保険の対象となる手術を受け、退院から1ヵ月後に肺炎で5日間継続して入院した場合、保険会社から支払われる保険金・給付金の合計は（　ア　）万円である。
・井上さんが初めて上皮内がん（上皮内新生物）と診断され、治療のため5日間継続して入院し、その間に約款所定の公的医療保険の対象となる手術を1回受けた場合、保険会社から支払われる保険金・給付金の合計は（　イ　）万円である。
・井上さんがケガにより医師の指示に基づき自宅で40日間療養し、当該期間について公的医療保険の在宅患者診療・指導料が算定されている場合、保険会社から支払われる保険金・給付金の合計は（　ウ　）万円である。

問12

少額短期保険に関する次の記述の空欄（ア）～（エ）にあてはまる語句の組み合わせとして、最も適切なものはどれか。

- 少額短期保険業者が、１人の被保険者について引き受ける死亡保険金額および疾病を原因とする重度障害保険の保険金額の上限はそれぞれ（　ア　）で、低発生率保険を除いたすべての保険契約の保険金額を合計して1,000万円を超えてはならない。
- 保険期間の上限は、生命保険・医療保険が（　イ　）、損害保険は（　ウ　）である。
- 保険料は、生命保険料控除・地震保険料控除の対象と（　エ　）。

1．（ア）300万円　（イ）１年　（ウ）２年　（エ）ならない
2．（ア）500万円　（イ）１年　（ウ）１年　（エ）なる
3．（ア）300万円　（イ）２年　（ウ）１年　（エ）ならない
4．（ア）500万円　（イ）２年　（ウ）２年　（エ）なる

問13

加瀬さん（45歳）は、下記〈資料〉の自動車保険に加入している。下記〈資料〉に基づく次の（ア）～（エ）の記述のうち、適切なものには○、不適切なものには×を解答欄に記入しなさい。なお、〈資料〉に記載のない特約については考慮しないものとする。

〈資料〉

自動車保険証券

保険契約者	
住所　××××　○－○○ 氏名　加瀬　朋広　様	記名被保険者 （表示のない場合は契約者に同じ）

運転者年齢条件	35歳以上補償／ 35歳以上の方が運転中の事故を補償します。

証券番号　××－×××××

保険期間　2024年　1月15日　午後4時から 2025年　1月15日　午後4時まで 1年間	合計保険料　△△,△△△円

被保険自動車	
登録番号 車台番号	東京　○○○　に　×××× △△△－△△△△△
車名	×××
用途車種	自家用小型乗用
適用している割増・割引	ノンフリート契約　20等級（割引60％） 運転者家族限定割引（本人・配偶者・同居の親族・別居の未婚の子）
安全装置	エアバッグ　ABS

補償種目・免責金額（自己負担額）など		保険金額
車両	免責金額　1回目　0円 2回目　10万円	一般車両保険（一般条件） 150万円
対人賠償（1名につき）		無制限
無保険車傷害		人身傷害で補償されます
自損事故傷害		人身傷害で補償されます
対物賠償	免責金額　0円	無制限
人身傷害（1名につき）	搭乗中のみ担保	1億円
その他の補償		
弁護士費用特約		補償されます　300万円

ファミリーバイク特約	補償されます(対人・対物に同じ)
事故付随費用特約	補償されません

(ア) 加瀬さんの友人（50歳）が被保険自動車を運転中、他人にケガをさせ法律上の損害賠償責任を負った場合、補償の対象となる。

(イ) 加瀬さんが被保険自動車を運転中、飛び石により窓ガラスが破損し、車両保険金のみが支払われた場合、当該事故はノンフリート等級別料率制度における「1等級ダウン事故」に該当する。

(ウ) 加瀬さんが被保険自動車を運転中、他人が運転する自動車と衝突し、加瀬さんがケガをした場合、過失割合にかかわらず治療費用の補償を受けることができる。

(エ) 加瀬さんが所有する原動機付自転車を加瀬さんの妻（40歳）が運転中、他人にケガをさせ法律上の損害賠償責任を負った場合、補償の対象とならない。

問14

羽田涼介さんが2024年中に支払った終身保険と終身医療保険の保険料は下記〈資料〉のとおりである。涼介さんの2024年分の所得税の計算における生命保険料控除額として、正しいものはどれか。なお、下記〈資料〉の保険について、これまでに契約内容の変更はないものとする。また、2024年分の生命保険料控除額が最も多くなるように計算すること。

〈資料〉

[終身保険（無配当）] 契約日：2010年5月1日 保険契約者：羽田 涼介 被保険者：羽田 涼介 死亡保険金受取人：羽田 絵梨花（妻） 2024年の年間支払保険料：129,600円	[終身医療保険（無配当）] 契約日：2019年3月1日 保険契約者：羽田 涼介 被保険者：羽田 涼介 死亡保険金受取人：羽田 絵梨花（妻） 2024年の年間支払保険料：75,120円

〈所得税の生命保険料控除額の速算表〉

(1) 2011年12月31日以前に締結した保険契約(旧契約)等に係る控除額

年間の支払保険料の合計		控除額
	25,000円 以下	支払保険料の全額
25,000円 超	50,000円 以下	支払保険料×1／2＋12,500円
50,000円 超	100,000円 以下	支払保険料×1／4＋25,000円
100,000円 超		50,000円

(2) 2012年1月1日以後に締結した保険契約(新契約)等に係る控除額

年間の支払保険料の合計		控除額
	20,000円 以下	支払保険料の全額
20,000円 超	40,000円 以下	支払保険料×1／2＋10,000円
40,000円 超	80,000円 以下	支払保険料×1／4＋20,000円
80,000円 超		40,000円

(注) 支払保険料とは、その年に支払った金額から、その年に受けた剰余金や割戻金を差し引いた残りの金額をいう。

1．78,780円

2．83,780円

3．88,780円

4．93,780円

【第５問】下記の（問15）～（問17）について解答しなさい。

問15

西山さん（67歳）の2024年分の収入等が下記〈資料〉のとおりである場合、西山さんの2024年分の所得税における総所得金額として、正しいものはどれか。なお、記載のない事項については一切考慮しないものとする。

〈資料〉

内容	金額
老齢基礎年金	70 万円
遺族厚生年金	110 万円
生命保険の満期保険金（一時金）	250 万円

※生命保険は、養老保険（保険期間 20 年、保険契約者および満期保険金受取人は西山さん）の満期保険金であり、既払込保険料（西山さんが全額負担している）は160 万円である。

〈公的年金等控除額の速算表〉

納税者区分	公的年金等の収入金額（A）	公的年金等控除額 公的年金等に係る雑所得以外の所得に係る合計所得金額 1,000 万円以下
65 歳以上の者	330 万円以下	110 万円
	330 万円 超　410 万円以下	（A）× 25% + 27.5 万円
	410 万円 超　770 万円以下	（A）× 15% + 68.5 万円
	770 万円 超　1,000 万円以下	（A）× 5% + 145.5 万円
	1,000 万円 超	195.5 万円

1．20万円
2．40万円
3．45万円
4．90万円

問16

個人事業主の大久保さんが事業開始に当たり取得した建物の状況等は下記〈資料〉のとおりである。下記〈資料〉に基づく大久保さんの2024年分の所得税における事業所得の計算上、必要経費に算入すべき減価償却費を計算しなさい。なお、建物は事業にのみ使用しているものとする。また、解答に当たっては、解答用紙に記載されている単位に従うこと。

〈資料〉

［建物の状況］

取得価額：7,500万円

法定耐用年数：25年

取得年月日：2024年4月1日

※事業開始の遅延により、同年10月1日から事業の用に供している。

［耐用年数表（抜粋）］

法定耐用年数	定額法の償却率	定率法の償却率
25年	0.040	0.080

問17

役員等以外の者の所得税における退職所得に関する次の（ア）～（エ）の記述のうち、適切なものには○、不適切なものには×を解答欄に記入しなさい。なお、復興特別所得税および記載のない事項については一切考慮しないものとする。

（ア）退職所得控除額の計算に当たり、勤続年数に1年未満の端数がある場合、その端数は切り捨てて勤続年数を計算する。

（イ）勤続年数30年で退職した場合の退職所得控除額は、「70万円×勤続年数」により計算する。

（ウ）退職所得の金額は、勤続年数にかかわらず、すべて退職一時金等の収入金額から退職所得控除額を控除した残額の2分の1に相当する額となる。

（エ）退職一時金を受け取った場合、原則として確定申告をしなければならない。

【第6問】下記の（問18）～（問21）について解答しなさい。

問18

下記〈親族関係図〉の場合において、民法の規定に基づく法定相続分および遺留分に関する次の記述の空欄（ア）～（ウ）にあてはまる適切な語句または数値を語群の中から選び、その番号のみを解答欄に記入しなさい。なお、同じ番号を何度選んでもよいものとする。

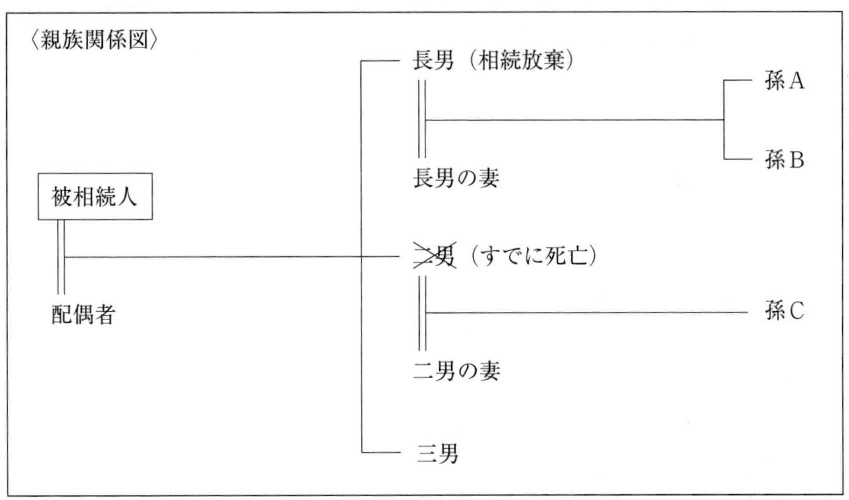

［相続人の法定相続分および遺留分］
・被相続人の孫Aおよび孫Bの各法定相続分は（　ア　）である。
・被相続人の配偶者の遺留分は（　イ　）、被相続人の孫Cの遺留分は（　ウ　）である。

〈語群〉

1．ゼロ	2．1／2	3．1／3	4．1／4	5．1／6
6．1／8	7．2／3	8．1／12	9．1／16	

問19

下記〈資料〉の宅地（貸家建付地）に係る路線価方式による相続税評価額の計算式として、正しいものはどれか。なお、記載のない事項については一切考慮しないものとする。

〈資料〉

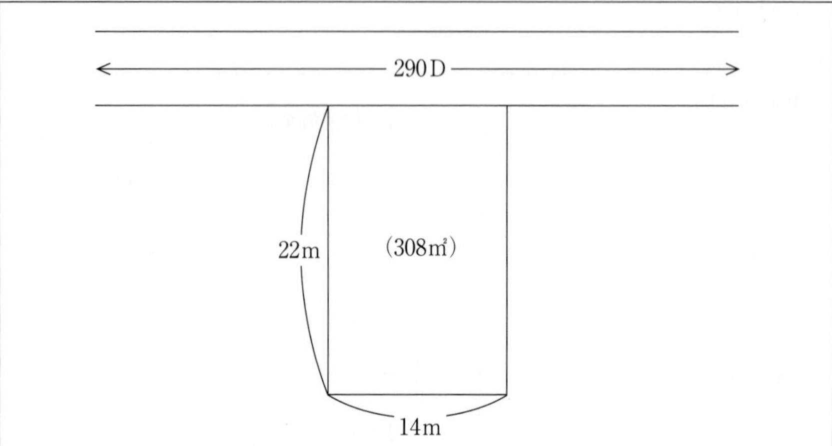

注１：奥行価格補正率（20m 以上 24m 未満）1.00
注２：借地権割合　60％
注３：借家権割合　30％
注４：この宅地には宅地所有者の所有する賃貸アパートが建っており、現在すべて賃貸中となっている。

1．290,000円×1.00×308㎡
2．290,000円×1.00×308㎡×60％
3．290,000円×1.00×308㎡×（1－60％）
4．290,000円×1.00×308㎡×（1－60％×30％×100％）

問20

下記の相続事例（2024年12月10日相続開始）における相続税の課税価格の合計額として、正しいものはどれか。なお、記載のない事項については一切考慮しないものとする。

〈課税価格の合計額を算出するための財産等の相続税評価額〉

土地：7,000万円（小規模宅地等の特例適用後：1,400万円）
建物：1,000万円
現預金：3,200万円
死亡保険金：1,800万円（生命保険金等の非課税限度額控除前）
債務および葬式費用：1,200万円

〈親族関係図〉

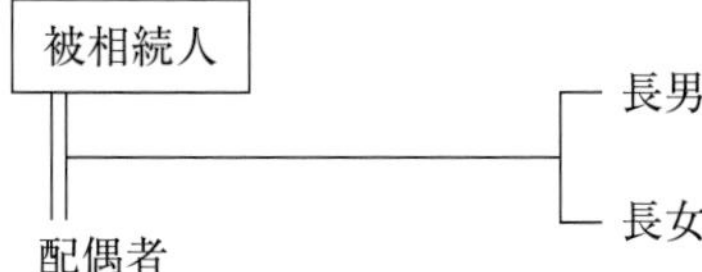

※小規模宅地等の特例の適用対象となる要件はすべて満たしており、その適用を受けるものとする。
※死亡保険金はすべて被相続人の配偶者が受け取っている。
※すべての相続人は、相続により財産を取得している。
※相続開始前7年以内に被相続人からの贈与により財産を取得した相続人はおらず、相続時精算課税制度を選択した相続人もいない。また、相続を放棄した者もいない。
※債務および葬式費用はすべて長男が負担している。

1．　4,700万円
2．　5,900万円
3．　6,200万円
4．10,300万円

問21

住吉さんは、FPの宮本さんに配偶者居住権について質問をした。配偶者居住権に関する次の記述の空欄（ア）〜（エ）にあてはまる語句の組み合わせとして、最も適切なものはどれか。なお、記載のない事項については、配偶者居住権の要件を満たしているものとする。

・配偶者居住権は、遺贈により、配偶者に取得させること（　ア　）。また、配偶者居住権を有する者が死亡した場合、配偶者居住権は、その者の相続に係る相続財産と（　イ　）。
・配偶者居住権の存続期間は、原則として（　ウ　）までとされ、配偶者居住権を取得した者はその建物の所有者に対して、配偶者居住権の設定の登記を請求すること（　エ　）。

1．（ア）ができる　（イ）なる　（ウ）相続開始時から6ヵ月後
　（エ）はできない
2．（ア）ができる　（イ）ならない　（ウ）配偶者の死亡時
　（エ）ができる
3．（ア）はできない　（イ）なる　（ウ）配偶者の死亡時
　（エ）はできない
4．（ア）はできない　（イ）ならない　（ウ）相続開始時から6ヵ月後
　（エ）ができる

【第７問】下記の（問22）～（問24）について解答しなさい。

〈杉田家の家族データ〉

氏名	続柄	生年月日	備考
杉田　康人	本人	1974 年 10 月 14 日	会社員
志津子	妻	1975 年　8 月 24 日	パートタイマー
圭太	長男	2009 年　5 月 10 日	高校生
ひな	長女	2011 年 11 月 22 日	中学生

〈杉田家のキャッシュフロー表〉　（単位：万円）

経過年数			基準年	1 年	2 年	3 年	4 年
西暦（年）			2024 年	2025 年	2026 年	2027 年	2028 年
家族構成／年齢	杉田　康人	本人	50 歳	51 歳	52 歳	53 歳	54 歳
	志津子	妻	49 歳	50 歳	51 歳	52 歳	53 歳
	圭太	長男	15 歳	16 歳	17 歳	18 歳	19 歳
	ひな	長女	13 歳	14 歳	15 歳	16 歳	17 歳
ライフイベント		変動率	ひな 中学入学	圭太 高校入学	自動車の 買替え	ひな 高校入学	圭太 大学入学
収入	給与収入（本人）	1 %	572				（　ア　）
	給与収入（妻）	－	180				
	収入合計	－	752		763		
支出	基本生活費	2 %	257	262	267		
	住居費	－	163		163		
	教育費	－	48		80		
	保険料	－	72		72		
	一時的支出	－			201		
	その他支出	1 %	39		40		
	支出合計	－	579		823		
年間収支		－	173				
金融資産残高		1 %	605	781	（　イ　）		

※年齢および金融資産残高は各年 12 月 31 日現在のものとする。

※給与収入は可処分所得で記載している。

※記載されている数値は正しいものとする。また、問題作成の都合上、一部を空欄としている。

問22

杉田家のキャッシュフロー表の空欄（ア）にあてはまる数値を計算しなさい。なお、計算過程においては端数処理をせず計算し、計算結果については万円未満を四捨五入すること。

問23

杉田家のキャッシュフロー表の空欄（イ）にあてはまる数値を計算しなさい。なお、計算過程においては端数処理をせず計算し、計算結果については万円未満を四捨五入すること。

問24

康人さんは、教育費の負担が心配になり、奨学金について調べることにした。日本学生支援機構の奨学金に関する次の記述のうち、最も適切なものはどれか。

1. 給付型奨学金の収入基準の判定は、申込人と父母の３人家族の場合、父母のどちらか収入の高い方１名を生計維持者として、判定を行う。
2. 給付型奨学金の「予約採用」は、学力基準である「高等学校等における全履修科目の評定平均値が一定以上」という要件を満たしていない場合、申し込むことができない。
3. 貸与型奨学金には、利息が付く「第一種」と利息が付かない「第二種」がある。
4. 貸与型奨学金は、「第一種」と「第二種」を併用することができる。

【第８問】下記の（問25）～（問27）について解答しなさい。

下記の係数早見表を乗算で使用し、各問について計算しなさい。なお、税金は一切考慮しないこととし、解答に当たっては、解答用紙に記載されている単位に従うこと。

［係数早見表（年利1.0％）］

	終価係数	現価係数	減債基金係数	資本回収係数	年金終価係数	年金現価係数
1年	1.010	0.990	1.000	1.010	1.000	0.990
2年	1.020	0.980	0.498	0.508	2.010	1.970
3年	1.030	0.971	0.330	0.340	3.030	2.941
4年	1.041	0.961	0.246	0.256	4.060	3.902
5年	1.051	0.951	0.196	0.206	5.101	4.853
6年	1.062	0.942	0.163	0.173	6.152	5.795
7年	1.072	0.933	0.139	0.149	7.214	6.728
8年	1.083	0.923	0.121	0.131	8.286	7.652
9年	1.094	0.914	0.107	0.117	9.369	8.566
10年	1.105	0.905	0.096	0.106	10.462	9.471
15年	1.161	0.861	0.062	0.072	16.097	13.865
20年	1.220	0.820	0.045	0.055	22.019	18.046
25年	1.282	0.780	0.035	0.045	28.243	22.023
30年	1.348	0.742	0.029	0.039	34.785	25.808

※記載されている数値は正しいものとする。

問25

大津さんは、受け取った退職金1,300万円を老後の生活資金として将来使用する予定である。この金額を10年間、年利1.0％で複利運用する場合、10年後の合計額はいくらになるか。

問26

細井さんは、受け取った退職金3,800万円を今後25年間、年利1.0％で複利運用しながら毎年年末に均等に生活資金として取り崩したいと考えている。毎年取り崩すことができる最大金額はいくらになるか。

問27

香川さんは、子どもの大学進学資金として、10年後に300万円を用意しようと考えている。年利1.0%で複利運用しながら毎年年末に一定額を積み立てる場合、毎年いくらずつ積み立てればよいか。

【第9問】下記の（問28）～（問34）について解答しなさい。

〈設例〉

牧村耕治さんは、民間企業に勤務する会社員である。耕治さんと妻の琴美さんは、今後の生活設計や資産形成などについて、FPで税理士でもある吉田さんに相談をした。なお、下記のデータはいずれも2024年9月1日現在のものである。

［家族構成］

氏名	続柄	生年月日	年齢	備考
牧村　耕治	本人	1987年 8月20日	37歳	会社員（正社員）
琴美	妻	1988年10月 8日	35歳	会社員（正社員）
雄大	長男	2018年12月13日	5歳	保育園児

［収入金額（2023年）］

耕治さん：給与収入670万円（手取り額）。給与収入以外の収入はない。
琴美さん：給与収入400万円（手取り額）。給与収入以外の収入はない。

［金融資産（時価）］

耕治さん名義
- 銀行預金（普通預金）　：80万円
- 銀行預金（定期預金）　：110万円
- 財形年金貯蓄　：120万円
- 個人向け国債（変動10年）：60万円

琴美さん名義
- 銀行預金（普通預金）：230万円
- 公募株式投資信託　：40万円
- 上場株式　：90万円

［住宅ローン］
契約者：耕治さん
借入先：HA 銀行
借入時期：2022 年 10 月（居住開始時期：2022 年 10 月）
借入金額：2,600 万円
返済方法：元利均等返済（ボーナス返済なし）
金利：全期間固定金利型（年 1.4%）
返済期間：30 年間

［保険］
・定期保険Ａ：保険金額 1,500 万円（リビング・ニーズ特約付き）。保険契約者（保険料負担者）および被保険者は耕治さん、保険金受取人は琴美さんである。
・収入保障保険Ｂ：年金月額 10 万円。保険契約者（保険料負担者）および被保険者は耕治さん、年金受取人は琴美さんである。
・火災保険Ｃ：保険金額 2,000 万円。保険の目的は建物、保険契約者（保険料負担者）は耕治さんである。
・医療保険Ｄ：入院給付金日額 5,000 円、保険契約者（保険料負担者）および被保険者は琴美さんであり、先進医療特約が付加されている。

問28

FPの吉田さんは、個人に対する所得税の仕組みについて耕治さんから質問を受けた。吉田さんが下記〈イメージ図〉を使用して行った所得税に関する次の（ア）～（エ）の説明のうち、適切なものには○、不適切なものには×を解答欄に記入しなさい。

〈イメージ図〉

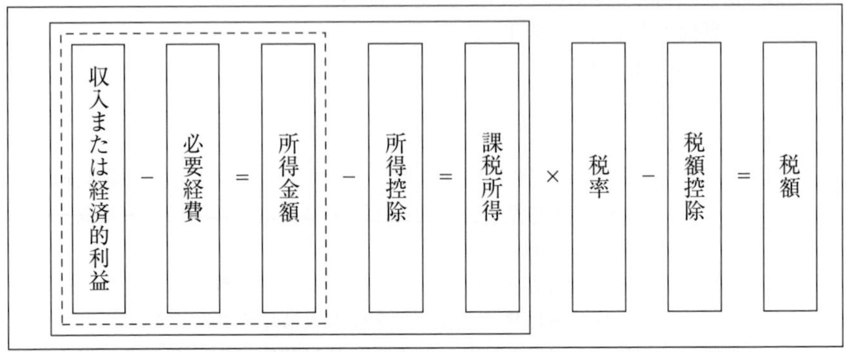

（出所：財務省「所得税の基本的な仕組み」を基に作成）

（ア）「耕治さんが収入保障保険の保険料を支払ったことにより受けられる生命保険料控除は、所得控除として、一定金額を所得金額から差し引くことができます。」

（イ）「耕治さんが琴美さんの医療費を支払ったことにより受けられる医療費控除は、所得控除として、一定金額を所得金額から差し引くことができます。」

（ウ）「耕治さんがふるさと納税をしたことにより受けられる寄附金控除は、税額控除として、一定金額を所得税額から差し引くことができます。」

（エ）「耕治さんが振り込め詐欺による被害にあったことにより受けられる雑損控除は、所得控除として、一定金額を所得金額から差し引くことができます。」

問29

耕治さんは、財形年金貯蓄について、FPの吉田さんに質問をした。財形年金貯蓄に関する下表の空欄（ア）～（エ）にあてはまる数値に関する次の記述のうち、最も不適切なものはどれか。なお、復興特別所得税については考慮しないものとする。

	財形年金貯蓄
契約締結の年齢要件	満（　ア　）歳未満
積立期間	毎月の給与や賞与から定期的に（　イ　）年以上の期間
非課税の限度額	［貯蓄型］ 財形住宅貯蓄と合算して元利合計（　ウ　）万円まで ［保険型］ 払込保険料累計額385万円まで、かつ財形住宅貯蓄と合算して払込保険料累計額（　ウ　）万円まで
目的外の払出時の原則的取扱い	［貯蓄型］ 過去（　エ　）年間に支払われた利息について、さかのぼって所得税および住民税が源泉徴収される。 ［保険型］ 積立開始時からの利息相当分すべてが一時所得扱いとなる。

1．（ア）にあてはまる数値は、「60」である。
2．（イ）にあてはまる数値は、「５」である。
3．（ウ）にあてはまる数値は、「550」である。
4．（エ）にあてはまる数値は、「５」である。

問30

耕治さんは、教育資金が不足する事態に備えて、個人向け国債（変動10年）の中途換金について、FPの吉田さんに質問をした。個人向け国債（変動10年）の中途換金に関する吉田さんの次の説明のうち、最も不適切なものはどれか。

1．「発行から１年経過すれば、原則としていつでも中途換金することができます。」
2．「中途換金は、全額または額面１万円単位ですることができます。」
3．「市場金利が低下すると個人向け国債（変動10年）の債券価格は上昇し、中途換金の際に値上がり益が生じることもあります。」
4．「中途換金する場合の換金額は、原則として、額面金額と経過利子相当額の合計額から中途換金調整額が差し引かれますが、中途換金調整額は直前２回分の各利子（税引前）相当額を基に算出されます。」

問31

耕治さんは、生命保険の解約返戻金について、FPの吉田さんに質問をした。吉田さんが、生命保険の解約返戻金相当額について説明する際に使用した下記のイメージ図のうち、耕治さんが契約している定期保険Aの解約返戻金相当額の推移に係る図として、最も適切なものはどれか。

1.

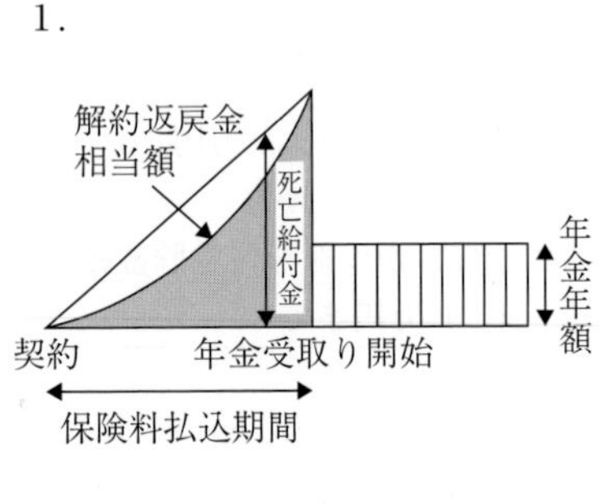

2.

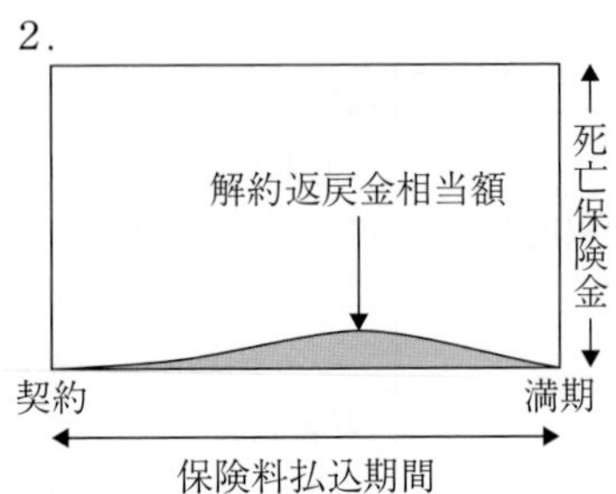

3.

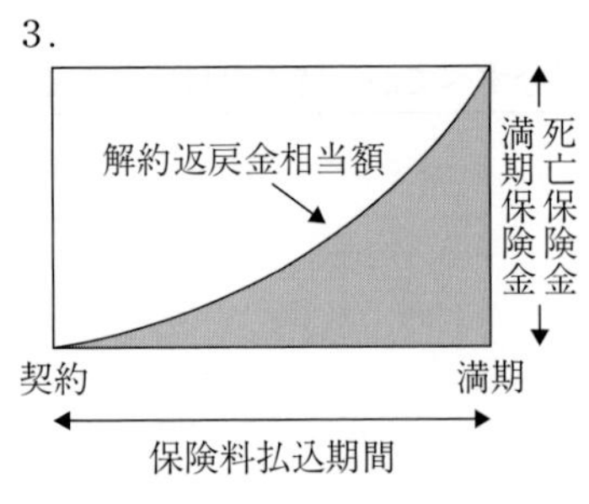

4.

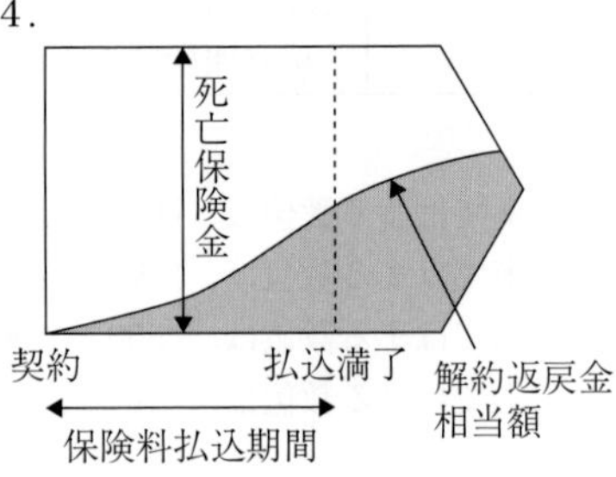

問32

耕治さんは、契約している定期保険Aのリビング・ニーズ特約について、FPの吉田さんに質問をした。吉田さんが行ったリビング・ニーズ特約の一般的な説明として、最も不適切なものはどれか。

1.「リビング・ニーズ特約の特約保険料は、無料です。」
2.「リビング・ニーズ特約は、被保険者の余命が6ヵ月以内と診断されたときに死亡保険金の一部または全部を生前に受け取ることができる特約です。」
3.「リビング・ニーズ特約の請求により被保険者が受け取った生前給付金は、所得税の課税対象となります。」
4.「一般的に、リビング・ニーズ特約により請求できる金額は保険金額の範囲内で、1被保険者当たり3,000万円が限度となります。」

問33

耕治さんは、2024年９月に病気（私傷病）療養のため休業したことから、健康保険の傷病手当金についてFPの吉田さんに相談をした。下記〈資料〉に基づき、耕治さんが受け取ることができる傷病手当金に関する次の記述の空欄（ア）～（ウ）にあてはまる適切な語句を語群の中から選び、その番号のみを解答欄に記入しなさい。なお、耕治さんは、全国健康保険協会管掌健康保険（協会けんぽ）の被保険者である。また、記載のない事項については一切考慮しないものとする。

〈資料〉

［耕治さんの2024年９月の出勤状況］

7日（土）	8日（日）	9日（月）	10日（火）	11日（水）	12日（木）	13日（金）	14日（土）	15日（日）
休業	休業	出勤	休業	出勤	休業	休業	休業	休業

［耕治さんのデータ］

・支給開始月以前の直近の継続した12ヵ月間の各月の標準報酬月額の平均額は、540,000円である。
・上記の休業した日について、１日当たり3,000円の給与が支給された。
・上記以外に休業した日はなく、上記の休業した日については、労務不能と認められている。

［傷病手当金の１日当たりの額の計算式］

支給開始月以前の直近の継続した12ヵ月間の各月の標準報酬月額の平均額$\times\frac{1}{30}\times\frac{2}{3}$

・耕治さんへの傷病手当金は、（　ア　）より支給が開始される。
・耕治さんへ支給される傷病手当金の額は、１日当たり（　イ　）である。
・耕治さんに同一の疾病に係る傷病手当金が支給される期間は、支給を始めた日から通算して（　ウ　）である。

〈語群〉
1．9月12日　2．9月14日　3．9月15日
4．9,000円　5．12,000円　6．18,000円
7．1年間　8．1年6ヵ月間　9．2年間

問34

耕治さんは、現在の勤務先を2024年9月に自己都合退職した場合に受給することができる雇用保険の基本手当についてFPの吉田さんに質問をした。雇用保険の基本手当に関する次の記述の空欄（ア）～（ウ）にあてはまる適切な語句を語群の中から選び、その番号のみを解答欄に記入しなさい。なお、個別延長給付等の記載のない事項については一切考慮しないものとする。

〈資料〉

［耕治さんのデータ］
・現在の勤務先に22歳から勤務し、継続して雇用保険に加入しており、基本手当の受給要件はすべて満たしているものとする。
・これまでに雇用保険の給付を受けたことはない。

［基本手当の所定給付日数（抜粋）］
○一般受給資格者

算定基礎期間 / 離職時の満年齢	1年以上10年未満	10年以上20年未満	20年以上
全年齢	90日	120日	150日

○特定受給資格者および一部の特定理由離職者

算定基礎期間 / 離職時の満年齢	1年未満	1年以上5年未満	5年以上10年未満	10年以上20年未満	20年以上
30歳未満	90日	90日	120日	180日	－
30歳以上35歳未満		120日	180日	210日	240日
35歳以上45歳未満		150日		240日	270日

・基本手当を受給する場合、離職後、住所地を管轄する公共職業安定所（ハローワーク）において求職の申込みをしたうえで、勤務先から受領した（　ア　）を提出しなければならない。
・耕治さんが受給することができる基本手当の所定給付日数は（　イ　）であり、求職の申込みをした日から７日間の待期期間および原則として（　ウ　）の給付制限期間を経て支給が開始される。

〈語群〉

1．離職票	2．雇用保険被保険者証	3．離職証明書
4．120日	5．210日	6．240日
7．1ヵ月	8．2ヵ月	9．3ヵ月

【第10問】下記の（問35）～（問40）について解答しなさい。

〈設例〉

国内の上場企業に勤務する池谷雅之さんは、今後の生活などについて、FPで税理士でもある最上さんに相談をした。なお、下記のデータは2025年1月1日現在のものである。

Ⅰ．家族構成（同居家族）

氏名	続柄	生年月日	年齢	備考
池谷　雅之	本人	1968年 6 月27日	56歳	会社員（正社員）
博子	妻	1968年10月18日	56歳	専業主婦
里香	長女	2001年 5 月11日	23歳	会社員（正社員）
和哉	長男	2005年12月12日	19歳	大学生

Ⅱ．池谷家の親族関係図

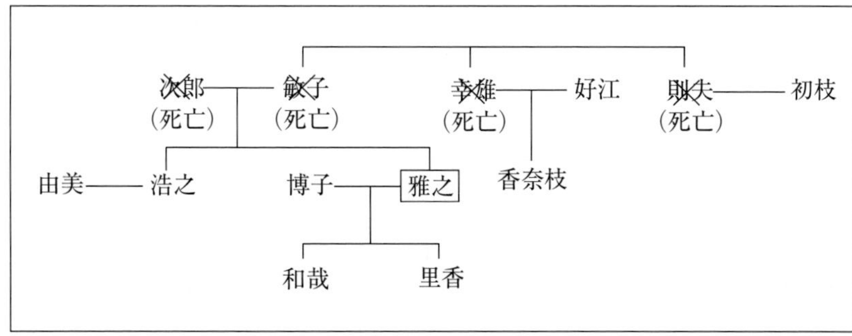

Ⅲ．池谷家（雅之さんと博子さん）の財産の状況

［資料１：保有資産（時価）］　（単位：万円）

	雅之	博子
金融資産		
現金・預貯金	3,600	820
株式・投資信託	1,100	250
生命保険（解約返戻金相当額）	［資料３］を参照	［資料３］を参照
不動産		
土地（自宅の敷地）	6,000	
建物（自宅の家屋）	520	
その他		
動産等	180	210

［資料２：負債残高］

住宅ローン:680万円（債務者は雅之さん。団体信用生命保険が付保されている）

自動車ローン：70万円（債務者は雅之さん）

［資料３：生命保険］　（単位：万円）

保険種類	保険契約者	被保険者	死亡保険金受取人	保険金額	解約返戻金相当額
定期保険特約付終身保険Ａ （終身保険部分） （定期保険部分）	雅之	雅之	博子	 200 2,000	 120 −
個人年金保険Ｂ	雅之	雅之	博子	−	500
医療保険Ｃ	雅之	雅之	−	−	−

注１：解約返戻金相当額は、2025年１月１日現在で解約した場合の金額である。

注２：個人年金保険Ｂは、据置期間中に被保険者が死亡した場合、払込保険料相当額が死亡保険金として支払われるものである。

注３：すべての契約について、保険契約者が保険料を全額負担している。

注４：契約者配当および契約者貸付については考慮しないこと。

Ⅳ．その他

上記以外の情報については、各設問において特に指示のない限り一切考慮しないこと。また、復興特別所得税については考慮しないこと。

問35

FPの最上さんは、まず2025年1月1日現在における池谷家（雅之さんと博子さん）のバランスシート分析を行うこととした。下表の空欄（ア）にあてはまる数値を計算しなさい。

〈池谷家（雅之さんと博子さん）のバランスシート〉　（単位：万円）

[資産]		[負債]	
金融資産		住宅ローン	×××
現金・預貯金	×××	自動車ローン	×××
株式・投資信託	×××		
生命保険（解約返戻金相当額）	×××	負債合計	×××
不動産			
土地（自宅の敷地）	×××		
建物（自宅の家屋）	×××	[純資産]	（　ア　）
その他（動産等）	×××		
資産合計	×××	負債・純資産合計	×××

問36

博子さんは、2024年８月末に正社員として勤務していたRX株式会社を退職し、その後再就職はしていない。退職後、RX株式会社から交付された源泉徴収票（一部省略）は下記〈資料〉のとおりである。雅之さんの2024年分の所得税の計算において、適用を受けることのできる配偶者特別控除の額として、正しいものはどれか。なお、雅之さんの2024年分の所得金額は900万円以下であるものとする。また、博子さんには、RX株式会社からの給与以外に申告すべき所得はない。

〈資料〉

令和６年分　**給与所得の源泉徴収票**

支払を受ける者	住所又は居所	（受給者番号） （役職名） 氏名 （フリガナ） イケタニ　ヒロコ 池谷　博子

種別	支払金額	給与所得控除後の金額（調整控除後）	所得控除の額の合計額	源泉徴収税額
給料・賞与	内　千　円 1　880　000	千　円	千　円	内　千　円

(源泉)控除対象配偶者の有無等		老人	配偶者(特別)控除の額	控除対象扶養親族の数（配偶者を除く。） 特定		老人			その他		16歳未満扶養親族の数	障害者の数（本人を除く。） 特別		その他	非居住者である親族の数
有	従有		千　円	人	従人	内	人	従人	人	従人	人	内	人	人	人

社会保険料等の金額	生命保険料の控除額	地震保険料の控除額	住宅借入金等特別控除の額
内　千　円 286　464	千　円	千　円	千　円

（摘要）
年調未済

〈給与所得控除額の速算表〉

給与等の収入金額	給与所得控除額
162.5万円 以下	55万円
162.5万円 超　180万円 以下	収入金額×40%－　10万円
180万円 超　360万円 以下	収入金額×30%＋　8万円
360万円 超　660万円 以下	収入金額×20%＋　44万円
660万円 超　850万円 以下	収入金額×10%＋　110万円
850万円 超	195万円（上限）

〈配偶者特別控除額（所得税）の早見表〉

納税者の合計所得金額 ＼ 配偶者の合計所得金額	900万円以下
48万円超　95万円以下	38万円
95万円超　100万円以下	36万円
100万円超　105万円以下	31万円
105万円超　110万円以下	26万円
110万円超　115万円以下	21万円
115万円超　120万円以下	16万円
120万円超　125万円以下	11万円
125万円超　130万円以下	6万円
130万円超　133万円以下	3万円

1．　0円
2．11万円
3．31万円
4．38万円

問37

雅之さんは、2021年10月に購入した国内公募追加型株式投資信託RRファンドの売却を検討している。下記〈資料〉に基づき、RRファンドを一部解約した場合の譲渡所得の金額として、正しいものはどれか。なお、解答に当たっては、円未満の端数が生じた場合には、円未満の端数を切り捨てること。

〈資料〉

[購入時の条件]

口数（当初1口＝1円）	240万口
基準価額（1万口当たり）	8,950円
購入時手数料率（消費税込み、外枠）	2.2%

[解約時の条件]

口数（当初1口＝1円）	120万口
基準価額（1万口当たり）	9,752円
解約時手数料	なし

1．48,984円
2．58,090円
3．72,612円
4．96,240円

問38

雅之さんが2022年から2024年の間に行った国内公募追加型株式投資信託RQファンドの取引は、下記〈資料〉のとおりである。2024年末時点におけるRQファンドの個別元本（1万口当たり）として、正しいものはどれか。なお、記載のない事項については一切考慮しないものとする。

〈資料〉

取引年月	取引内容	基準価額（1万口当たり）	購入時手数料等（消費税込み、外枠）
2022年5月	250万口購入	10,000円	55,000円
2023年9月	100万口売却	11,000円	−
2024年3月	50万口購入	12,000円	13,200円

1．10,500円
2．10,731円
3．11,000円
4．11,242円

問題　総合問題編　実技3【日本FP協会】資産設計提案業務

問39

雅之さんは、現在の勤務先で、60歳の定年を迎えた後も継続雇用制度を利用し、厚生年金保険に加入しつつ70歳まで働き続ける場合の在職老齢年金について、FPの最上さんに質問をした。下記〈資料〉に基づく条件で支給調整された老齢厚生年金の受給額（年額）として、正しいものはどれか。

〈資料〉

[雅之さんに関するデータ]

65歳以降の給与（標準報酬月額）	38万円
65歳以降の賞与（1年間の標準賞与額）	108万円 ※6月と12月にそれぞれ54万円
老齢厚生年金の受給額（年額）	120万円
老齢基礎年金の受給額（年額）	78万円

[在職老齢年金に係る計算式]

基本月額：老齢厚生年金（報酬比例部分）÷ 12

総報酬月額相当額：その月の標準報酬月額＋その月以前の1年間の標準賞与額の合計÷ 12

支給停止額：（基本月額＋総報酬月額相当額－ 50万円）× 1／2

支給調整後の老齢厚生年金の受給額（年額）：（基本月額－支給停止額）× 12

※雅之さんは、老齢年金を65歳から受給するものとする。
※記載以外の老齢年金の受給要件はすべて満たしているものとする。
※老齢厚生年金の受給額は、加給年金額および経過的加算額を考慮しないものとする。

1．　540,000円
2．　780,000円
3．　930,000円
4．1,050,000円

問40

博子さんは、現在、雅之さんが加入する全国健康保険協会管掌健康保険（協会けんぽ）の被扶養者となっている。今後、博子さんがパートタイマーとして地元の中小企業PE株式会社で働き始めた場合でも、引き続き雅之さんが加入する健康保険の被扶養者となるための条件について、FPの最上さんに質問をした。健康保険の被保険者および被扶養者に関する次の説明の空欄（ア）～（ウ）にあてはまる語句または数値の組み合わせとして、最も適切なものはどれか。なお、PE株式会社の従業員数は50人以下であり、任意特定適用事業所ではないものとする。また、問題作成の都合上、一部を「＊＊＊」にしてある。

> 「博子さんがパートタイマーとしてPE株式会社で働く場合、週の所定労働時間および月の所定労働日数が通常の労働者の（　ア　）以上となるときは、健康保険の被保険者とされます。
> また、健康保険の被扶養者となるには、主に被保険者の収入により生計を維持していることおよび原則として日本国内に住所を有していることが必要です。生計維持の基準としては、被扶養者となる人が被保険者と同一世帯に属している場合、原則として、被扶養者となる人の年間収入が（　イ　）万円未満（60歳以上の者や一定の障害者は＊＊＊万円未満）で、かつ、被保険者の収入の（　ウ　）未満であることとされています。」

1.（ア）3分の2　（イ）103　（ウ）2分の1
2.（ア）3分の2　（イ）130　（ウ）3割
3.（ア）4分の3　（イ）103　（ウ）3割
4.（ア）4分の3　（イ）130　（ウ）2分の1

総合問題編
2級学科試験　解答用紙

問題番号	解　答　番　号			
問題 1	1	2	3	4
問題 2	1	2	3	4
問題 3	1	2	3	4
問題 4	1	2	3	4
問題 5	1	2	3	4
問題 6	1	2	3	4
問題 7	1	2	3	4
問題 8	1	2	3	4
問題 9	1	2	3	4
問題10	1	2	3	4
問題11	1	2	3	4
問題12	1	2	3	4
問題13	1	2	3	4
問題14	1	2	3	4
問題15	1	2	3	4
問題16	1	2	3	4
問題17	1	2	3	4
問題18	1	2	3	4
問題19	1	2	3	4
問題20	1	2	3	4
問題21	1	2	3	4
問題22	1	2	3	4
問題23	1	2	3	4
問題24	1	2	3	4
問題25	1	2	3	4
問題26	1	2	3	4
問題27	1	2	3	4
問題28	1	2	3	4
問題29	1	2	3	4
問題30	1	2	3	4

問題番号	解　答　番　号			
問題31	1	2	3	4
問題32	1	2	3	4
問題33	1	2	3	4
問題34	1	2	3	4
問題35	1	2	3	4
問題36	1	2	3	4
問題37	1	2	3	4
問題38	1	2	3	4
問題39	1	2	3	4
問題40	1	2	3	4
問題41	1	2	3	4
問題42	1	2	3	4
問題43	1	2	3	4
問題44	1	2	3	4
問題45	1	2	3	4
問題46	1	2	3	4
問題47	1	2	3	4
問題48	1	2	3	4
問題49	1	2	3	4
問題50	1	2	3	4
問題51	1	2	3	4
問題52	1	2	3	4
問題53	1	2	3	4
問題54	1	2	3	4
問題55	1	2	3	4
問題56	1	2	3	4
問題57	1	2	3	4
問題58	1	2	3	4
問題59	1	2	3	4
問題60	1	2	3	4

※必要に応じ、コピーしてお使いください。

総合問題編

2級実技試験　1
個人資産相談業務【金財】　解答用紙

【第1問】

《問1》

〈答〉①＿＿＿＿＿＿＿＿（円）　②＿＿＿＿＿＿＿＿（円）

③＿＿＿＿＿＿＿＿（円）　④＿＿＿＿＿＿＿＿（円）

《問2》

〈答〉

	①	②	③
○×判定			

《問3》

〈答〉

	①	②	③
記号			

【第2問】

《問4》

〈答〉

	①	②	③
○×判定			

《問5》

〈答〉

	①	②	③
○×判定			

《問6》

〈答〉 ①　　　　　　　　　　(%)　②　　　　　　　　　　(%)

【第3問】

《問7》

〈答〉

	①	②	③
○×判定			

《問8》

〈答〉 ①　　　　　　　　　　(万円)　②　　　　　　　　　　(万円)

《問9》

〈答〉

	①	②	③	④
記号				

【第4問】

《問10》

〈答〉①　　　　　　　（㎡）　②　　　　　　　（㎡）

《問11》

〈答〉

	①	②	③
○×判定			

《問12》

〈答〉

	①	②	③
○×判定			

【第5問】

《問13》

〈答〉

	①	②	③
○×判定			

《問14》

〈答〉①　　　　　　　（万円）　②　　　　　　　（万円）　③　　　　　　　（万円）

《問15》

〈答〉

	①	②	③	④
記号				

総合問題編

2級実技試験　❷
生保顧客資産相談業務【金財】　解答用紙

【第1問】

《問1》

〈答〉①＿＿＿＿＿＿（円）　②＿＿＿＿＿＿（円）

　　　③＿＿＿＿＿＿（円）　④＿＿＿＿＿＿（円）

《問2》

〈答〉

	①	②	③
○×判定			

《問3》

〈答〉

	①	②	③
○×判定			

【第2問】

《問4》

〈答〉

	①	②	③
○×判定			

《問5》

〈答〉

	①	②	③	④
○×判定				

《問6》

〈答〉

	①	②	③
記号			

【第3問】

《問7》

〈答〉①　　　　　　　　（万円）②　　　　　　　　（万円）

《問8》

〈答〉

	①	②	③
○×判定			

《問9》

〈答〉

	①	②	③	④
記号				

【第4問】

《問10》

〈答〉

	①	②	③
記号			

《問11》

〈答〉

	①	②	③
○×判定			

《問12》

〈答〉 ① ＿＿＿＿＿＿＿＿ (円) ② ＿＿＿＿＿＿＿＿ (円)

③ ＿＿＿＿＿＿＿＿ (円) ④ ＿＿＿＿＿＿＿＿ (円)

【第5問】

《問13》

〈答〉 ① ＿＿＿＿＿＿ (万円) ② ＿＿＿＿＿＿ (万円) ③ ＿＿＿＿＿＿ (万円)

《問14》

〈答〉

	①	②	③
○×判定			

《問15》

〈答〉

	①	②	③	④
記号				

総合問題編

2級実技試験 3
資産設計提案業務【日本FP協会】 解答用紙

問 1 (ア)＿＿＿ (イ)＿＿＿ (ウ)＿＿＿ (エ)＿＿＿

問 2 ＿＿＿

問 3 (ア)＿＿＿ (イ)＿＿＿ (ウ)＿＿＿ (エ)＿＿＿

問 4 (ア)＿＿＿ (イ)＿＿＿ (ウ)＿＿＿

問 5 ＿＿＿(%)

問 6 (ア)＿＿＿ (イ)＿＿＿ (ウ)＿＿＿

問 7 ＿＿＿(㎡)

問 8 ＿＿＿

問 9 ＿＿＿

問10 (ア)＿＿＿ (イ)＿＿＿ (ウ)＿＿＿ (エ)＿＿＿

問11 (ア)＿＿＿(万円) (イ)＿＿＿(万円) (ウ)＿＿＿(万円)

問12 ＿＿＿

問13 (ア)＿＿＿ (イ)＿＿＿ (ウ)＿＿＿ (エ)＿＿＿

問14 ＿＿＿

問15 ＿＿＿

問16 ＿＿＿(万円)

問17 (ア)＿＿＿ (イ)＿＿＿ (ウ)＿＿＿ (エ)＿＿＿

問18 (ア)＿＿＿ (イ)＿＿＿ (ウ)＿＿＿

問19 ＿＿＿

問20 ＿＿＿

問21 ＿＿＿

問22 ＿＿＿(万円)

問23 ＿＿＿(万円)

問24 ＿＿＿

問25 ＿＿＿(円)

問26 ＿＿＿＿＿＿＿＿（円）

問27 ＿＿＿＿＿＿＿＿（円）

問28 （ア）＿＿＿＿＿＿（イ）＿＿＿＿＿＿（ウ）＿＿＿＿＿＿（エ）＿＿＿＿＿＿

問29 ＿＿＿＿＿＿＿＿

問30 ＿＿＿＿＿＿＿＿

問31 ＿＿＿＿＿＿＿＿

問32 ＿＿＿＿＿＿＿＿

問33 （ア）＿＿＿＿＿＿（イ）＿＿＿＿＿＿（ウ）＿＿＿＿＿＿

問34 （ア）＿＿＿＿＿＿（イ）＿＿＿＿＿＿（ウ）＿＿＿＿＿＿

問35 ＿＿＿＿＿＿＿＿（万円）

問36 ＿＿＿＿＿＿＿＿

問37 ＿＿＿＿＿＿＿＿

問38 ＿＿＿＿＿＿＿＿

問39 ＿＿＿＿＿＿＿＿

問40 ＿＿＿＿＿＿＿＿

第3部

総合問題編

解答解説

解答解説

1 答 2

2…税理士の登録を受けていないFPは、有償無償にかかわらず、顧客の確定申告書を代理作成することはできません。

4…任意後見受任者となるのに特別な資格は必要ないので、司法書士の登録を受けていないFPでも顧客の任意後見受任者となることができます。

2 答 3

(ア)…将来の一定期間にわたり一定額を受け取るために必要な元本を計算するための係数は、**年金現価係数**を使用します。

200万円×4.7135＝9,427,000円

(イ)…一定期間後に一定額を用意するための毎年の積立額を計算するための係数は、**減債基金係数**を使用します。

1,000万円×0.0578＝578,000円

3 答 2

1…協会けんぽの一般保険料率は都道府県によって異なり、介護保険料率は**全国一律**です。

3…任意継続被保険者となることができるのは、最長で**2**年間です。

4…任意継続被保険者となるためには、資格喪失日の前日まで継続して**2カ月**以上の被保険者期間が必要です。

4 答 3

1…在職老齢年金の仕組みにおける支給停止調整額は、65歳未満と65歳以上で同じ額です。2024年度の支給停止調整額は50万円です。

2…在職老齢年金の仕組みにより老齢厚生年金の全部が支給停止されても、老齢基礎年金は支給停止されず、その全額が支給されます。

3…65歳以上70歳未満の人で、厚生年金保険に加入しながら老齢厚生年金を受給している場合、毎年**9**月**1**日を基準日として老齢厚生年金の額が再計算され、10月分から年金額が改定されます。この仕組みを**在職定時改定**といいます。

4…70歳になると厚生年金保険の被保険者資格は喪失しますが、70歳以降も引き続き厚生年金保険の適用事業所に在職する場合は、引き続き在職老齢年金の仕組みによる支給停止の対象になります。70歳未満の人と同様、総報酬月額相当額と基本月額の合計額が50万円(2024年度価額)を超えると、老齢厚生年金の全部または一部が支給停止となります。

5 答 4

1…障害等級**1**級または**2**級の障害厚生年金には、所定の要件を満たす配偶者がいる場合に加給年金額が加算されます。

4…65歳以降は、老齢厚生年金と遺族厚生年金は併給することができます。ただし、遺族厚生年金のうち、自分の老齢厚生年金相当額は支給停止となります(選択によりいずれか一方の年金が支給されるわけではありません)。

6 答 3

1…加入者が掛金を拠出するマッチング拠出は、事業主掛金を**超えない範囲**で行うことができるものです。

2…**中小事業主掛金納付制度(iDeCo＋)**のことです。労使の合意かつ従業員の個別同意をもとに、従業員が加入しているiDeCoの掛金に、事業主が追加で掛金を拠出することができる制度です。

3…個人型年金(iDeCo)に加入することができるのは、国内居住の国民年金の被保険者に限られません。海外に住む国民年金の任意加入被保険者(日本国籍を有する**20**歳以上**65**歳未満の人)なども個人型年金に加入することができます。

7 答 4

1…遺族年金については非課税とされています。障害年金についても同様に非課税です。

3…年金受給者が亡くなった場合に一定の遺族が請求することができる未支給年金については、未支給年金を受け取った遺族の**一時所得**として所得税の課税対象となります。

4…老齢基礎年金の請求を過去に遡って行った場合、遡及して年金を受け取ることができますが、この場合、複数年の年金が一括でまとめて支払われた年の収入になるのではなく、本来支払われるべきそれぞれの年の収入となります。

8 答 1

1…フラット35やフラット50は、住宅ローンの借換え先として選択することができます。

2…全期間固定金利型は、全期間、固定金利が適用されるので、借入後に市中金利が上昇しても返済負担は増加しません。

9 答 3

企業が調達した資金全体を総資本といい、貸借対照表の資産合計と一致します。

また、企業が調達した資金のうち、返済不要のものを自己資本といい、自己資本は貸借対照表の純資産に該当します。

企業が調達した資金のうち、返済が必要なものを負債といい、貸借対照表において、負債と純資産の合計は資産合計と一致します。

1…

$$\textbf{自己資本比率(\%)} = \frac{\textbf{純資産}}{\textbf{総資本(資産合計)}} \times 100$$

$$自己資本比率 = \frac{180百万円}{600百万円} \times 100 = 30\%$$

2…

$$\textbf{流動比率(\%)} = \frac{\textbf{流動資産}}{\textbf{流動負債}} \times 100$$

$$流動比率 = \frac{240百万円}{200百万円} \times 100 = 120\%$$

3…総資本回転率は、会社の総資本(資産合計)がどれだけ効率的に売上高を生み出したかを表す指標です。

$$\textbf{総資本回転率(回)} = \frac{\textbf{売上高}}{\textbf{総資本(資産合計)}}$$

$$総資本回転率 = \frac{750百万円}{600百万円} = 1.25回$$

4…

$$\textbf{固定比率(\%)} = \frac{\textbf{固定資産}}{\textbf{純資産}} \times 100$$

$$固定比率 = \frac{360百万円}{180百万円} \times 100 = 200\%$$

---

10 答 1

1…定額リボルビング払い方式は、一定の利用限度額を設定し、毎月一定額を支払う方法です。カード利用時に代金の支払回数を決めるのは**分割払い**です。

---

11 答 4

1…保険金受取人の変更は遺言ですることもできます。なお、遺言による保険金受取人の変更を保険会社に対抗(主張)するには、相続が発生したあと、相続人が保険会社にその旨を通知する必要があります。

2…死亡保険契約の保険契約者または保険金受取人が、死亡保険金を受け取ることを目的として被保険者を故意に死亡させたり、または死亡させようとした場合、保険会社は保険契約を解除することができます。

3…保険契約者と被保険者との親族関係の終了等により、被保険者が保険契約にかかる同意をするにあたって基礎とした事情が著しく変更した場合は、被保険者は、保険契約者に対して、保険契約の解除を請求することができます。

4…保険会社から告知を求められた事項以外のものまで告知する必要はありません。

---

12 答 4

2…変額保険の死亡保険金は、運用実績に応じて金額が変動しますが、最低保証(基本保険金額)があります。

3…こども保険(学資保険)では、契約者(親)が死亡した場合、それ以降の保険料は免除され、祝金(学資金)等は当初の契約どおり、受け取ることができます。

4…低解約返戻金型終身保険は、保険料払込期間の解約返戻金については、通常の終身保険よりも低く設定されていますが、保険料払込期間満了後の解約返戻金額については、通常の終身保険と**同程度**となります。

---

13 答 2

1…総合福祉団体定期保険は、企業が保険料を負担し、役員・従業員を被保険者とする**1**年更新の定期保険です。

2…総合福祉団体定期保険のヒューマン・ヴァリュー特約では、被保険者が死亡し、または高度障害状態になった場合の企業の経済的損失に備えるものです。選択肢の「入院」の場合には、保険金の支払いはありません。なお、死亡保険金等の受取人は**法人**です。

3…団体定期保険(Bグループ保険)は、役員・従業員の遺族保障のために、企業(団体)が保険契約者=保険料負担者となって、役員・従業員が任意で加入する1年更新の定期保険であり、毎年、保険金額を所定の範囲内で見直すことができます。

4…団体定期保険(Bグループ保険)の加入にあたって、医師の診査は不要です。

---

14 答 3

1…個人年金保険の年金は雑所得(公的年金等以外)として、年金額から、その年金額に対応する払込保険料を差し引いて計算します(公的年金等控除額は控除されません)。

2…年金額からその年金額に対応する払込保険料を差し引いた残額(雑所得の金額)が**25**万円以上の場合、年金の支払時に**10.21**%相当額が源泉徴収されます。

4…個人年金保険(保証期間付終身年金)において、保証期間中に年金受取人が死亡し、遺族が取得した残りの保証期間の年金受給権は、**相続**税の課税対象となります。

15 答 2

1…被保険者が役員、死亡保険金受取人が法人である終身保険の支払保険料は、全額を保険料積立金として**資産**計上します。
2…被保険者が役員・従業員全員、死亡保険金受取人が被保険者の遺族、満期保険金受取人が法人である養老保険の支払保険料は、その**2分の1**を損金の額に算入することができます。残りの2分の1は保険料積立金として資産計上します(ハーフタックスプラン)。
4…被保険者が役員・従業員、死亡保険金受取人が法人で、最高解約返戻率が70%超85%以下である、保険期間が3年以上の定期保険の支払保険料は、保険期間の前半4割相当期間においては、60%相当額を資産に計上し、残額を損金の額に算入することができます。

16 答 1

1…自動車保険のノンフリート等級別料率制度では、人身傷害保険のみが支払われた場合、**ノーカウント事故**(保険を使っても、事故がなかったときと同様に、翌年の契約の等級が1等級上がる事故)となります。なお、事故を起こして保険を使った場合、原則として3等級ダウン事故となります。
2…対人賠償保険では、自動車事故で他人(家族以外の人)を死傷させた場合に保険金が支払われます。自動車事故で家族を死傷させた場合は補償の対象となりません。
3…地震、噴火、津波による損害は車両保険の補償の対象外ですが、台風による高潮や洪水による水没などの損害の場合には車両保険の補償の対象となります。
4…対人賠償保険では、自賠責保険の支払金額を超える部分の金額が補償の対象となります。

17 答 1

1…普通傷害保険では、海外旅行中のケガも補償の対象となります。
2…家族傷害保険では、保険期間中に被保険者本人に生まれた子は、自動的に被保険者となります。
3…国内旅行傷害保険でも海外旅行傷害保険でも、旅行中に罹患したウイルス性食中毒は補償の対象となります。
4…国内旅行傷害保険では、旅行中に発生した地震および地震を原因とする津波によるケガは補償の対象となりません(海外旅行傷害保険では、補償の対象となります)。

18 答 2

1…契約者を法人、被保険者を従業員とする普通傷害保険で、従業員が保険会社から直接、入院保険金を受け取った場合、法人の経理処理はありません。
2…法人が普通傷害保険の死亡保険金を受け取った場合、法人は受け取った保険金額を益金の額に算入します。
3…従業員が法人の所有する自動車で対人事故を起こし、相手方に保険会社から自動車保険の対人賠償保険の保険金が直接支払われた場合、法人の経理処理はありません。
4…車両保険の保険金で代替車両を取得した場合には、圧縮記帳が認められますが、本肢のように損失を被った資産とは別の種類の資産を取得した場合には圧縮記帳は認められません。

19 答 1

1…所得保障保険は、病気やケガで働けなくなった場合の所得を補償する保険です。勤務先の倒産によって失業した場合は補償の対象となりません。
2…更新型の医療保険は、健康状態にかかわらず契約が更新されます。保険期間中に入院給付金を受け取ったとしても、契約を更新することができます。
3…先進医療特約では、「契約時点」ではなく、「**療養時点**」において、先進医療に該当している治療であれば、保険金の支払い対象となります。
4…がん保険の免責期間は通常**90**日間(**3**カ月間)です。

20 答 3

3…請負業者賠償責任保険は、請負業務を遂行することによって生じた賠償責任に備える保険です。業務遂行中に従業員がケガをした場合の賠償責任に備えるには、労働災害総合保険の加入が適当です。

21 答 3

2…当座預金は、自動受取口座として利用することができます。
3…スーパー定期預金は、預入期間が３年未満の場合は単利型のみで、３年以上の場合は、単利型と半年複利型がありますが、半年複利型を利用できるのは、「法人」ではなく「**個人**」に限られます。
4…大口定期預金は、預入金額が**1,000**万円以上１円単位の**固定**金利型の定期預金です。

解答解説

22 答 4

2…アクティブ型は、ベンチマークを上回る運用収益を得ることを目指すため、インデックス型よりも運用管理費用(信託報酬)が高くなる傾向があります。
3…監査報酬や売買手数料は、信託財産から差し引かれるため、間接的に受益者(投資家)が負担していることになります。
4…信託財産留保額は、長期に投資信託を保有する投資家との公平性を確保するために、中途換金時に徴収される費用ですが、信託財産留保額がない投資信託もあります。

---

23 答 1

(ア)……所有期間利回りは、新規発行の債券または既発行の債券を購入し、償還前に売却した場合の利回りをいいます。

$$\text{所有期間利回り(\%)} = \frac{\text{表面利率} + \dfrac{\text{売却価格} - \text{購入価格}}{\text{所有期間}}}{\text{購入価格}} \times 100$$

分子：$0.90 + \dfrac{102\text{円} - 103\text{円}}{4\text{年}} = 0.65\text{円}$

分母：103円

所有期間利回り：$\dfrac{0.65\text{円}}{103\text{円}} \times 100 \fallingdotseq 0.63\%$

(イ)……最終利回りは、既発行の債券を購入し、償還まで所有した場合の利回りをいいます。

$$\text{最終利回り(\%)} = \frac{\text{表面利率} + \dfrac{\text{額面(100円)} - \text{購入価格}}{\text{残存年数}}}{\text{購入価格}} \times 100$$

分子：$0.90 + \dfrac{100\text{円} - 103\text{円}}{10\text{年}} = 0.60\text{円}$

分母：103円

最終利回り：$\dfrac{0.60\text{円}}{103\text{円}} \times 100 \fallingdotseq 0.58\%$

以上より、所有期間利回り(0.63%)は、償還期限まで10年保有した場合の最終利回り(0.58%)よりも高くなることがわかります。

---

24 答 4

1…上場維持基準は、各市場で上場し続けるための基準で、新規上場基準に則した数値となっています。したがって新規上場基準よりも高い数値基準が設定されているわけではありません。

2…プライム市場・スタンダード市場・グロース市場の新規上場基準にROEの基準は定められていません。

3…各市場の新規上場基準を満たして、審査にとおれば、市場区分の変更は可能です。

---

25 答 2

1…ROE：$\frac{120\text{億円}}{2{,}000\text{億円}} \times 100 = 6\%$

2…１株あたり純利益：$\frac{120\text{億円}}{0.8\text{億株}} = 150\text{円}$

PER：$\frac{4{,}500\text{円}}{150\text{円}} = 30\text{倍}$

3…１株あたり純資産：$\frac{2{,}000\text{億円}}{0.8\text{億株}} = 2{,}500\text{円}$

PBR：$\frac{4{,}500\text{円}}{2{,}500\text{円}} = 1.8\text{倍}$

4…１株あたり配当金：$\frac{36\text{億円}}{0.8\text{億株}} = 45\text{円}$

配当利回り：$\frac{45\text{円}}{4{,}500\text{円}} \times 100 = 1\%$

---

26 答 4

4…コール・オプション、プット・オプションともに、売り手の最大利益はプレミアムに限定されます。

---

27 答 3

1…システマティック・リスクは、分散投資によっても消去しきれないリスクです。

2…ポートフォリオのリスクは、組み入れた各資産のリスクを組入比率で加重平均した値以下となります。

3…異なる２資産からなるポートフォリオにおいて、２資産間の相関係数が－１である場合、分散投資の効果(リスク低減効果)は**最大**となります。

4…シャープレシオは数値が大きいほど投資効率がよく、パフォーマンスがよ

解答 総合問題編 学科

かったことを示します。また、シャープレシオは次の計算式で求めます。

$$\text{シャープレシオ}=\frac{\text{ポートフォリオの収益率}-\text{無リスク資産の収益率}}{\text{ポートフォリオの標準偏差}}$$

収益率の標準偏差の値が小さいファンドのほうが分母の値が小さくなるため、シャープレシオの値が大きくなります。したがって、効率的に運用されていたと評価することができます。

28 答 1

1…上場株式等の配当所得について**総合**課税を選択した場合、上場株式等の譲渡損失の金額と損益通算することは**できません**。

3…上場株式等の配当所得と損益通算してもなお控除しきれない上場株式等の譲渡損失の金額は、確定申告をすることにより、翌年以後**3**年間にわたって繰り越すことができます。

4…NISA口座で生じた損失はなかったものとされるので、他の口座で保有する上場株式等の配当等にかかる配当所得や売却益と損益通算することはできません。

29 答 4

1…日本国内に本店のある銀行の海外支店や外国銀行の在日支店に預け入れた預金は、預金の種類にかかわらず、預金保険制度の保護の対象となりません。

2…外貨預金は預金保険制度の保護の対象となりません。

3…日本国内の証券会社が破綻し、分別管理が適切に行われていなかったために、一般顧客の資産が損害を被った場合、日本投資者保護基金により、一般顧客1人あたり最大**1,000**万円まで補償されます。

4…日本国内の証券会社が保護預かりしている外国株式は、日本投資者保護基金による補償の対象となります。

30 答 2

(ア)(イ)…インフレには、発生要因に着目した分類としてディマンド・プル型とコスト・プッシュ型があります。ディマンド・プル型は需要が大きく伸びることによって起こるインフレをいいます。一方、コスト・プッシュ型は、原材料価格や賃金の上昇によって起こるインフレをいいます。

(ウ)……物価変動の指標として、全国の一般消費者が購入する商品やサービスの価格変動を表す**消費者物価指数**(CPI)、企業間で取引される商品(サービスは除く)の価格変動を表す**企業物価指数**(CGPI)、GDP統計で示される価格水準を示す**GDPデフレーター**があります。

GDPデフレーターはGDPにおけるすべての財・サービスを対象としてい

るため、消費者物価指数や企業物価指数よりも包括的な物価指標といえます。また、消費者物価指数や企業物価指数が輸入品の価格も含んでいるのに対し、GDPデフレーターは国内生産品の価格だけを対象にしている点に違いがあります。

なお、GDPデフレーターは、ホームメイド・インフレ(国内に起因するインフレ)の指標とよばれています。

31 答 3

1…所得税は、原則として、納税者本人が自主的に所得の金額と税額を計算して申告・納付する**申告納税**方式を採用しています。

2…所得税の課税対象は国内において生じた所得のみならず、**国外源泉所得**も対象となります。

4…所得税の最高税率は**45**%です。

32 答 1

2…公的年金等控除額は、合計所得金額に関係なく控除することができます。

3…「退職所得の受給に関する申告書」を提出している場合は、退職金等の支払いが行われるときに**適正な税額**が源泉徴収されます。「退職所得の受給に関する申告書」を提出していない場合は、所得税および復興特別所得税として、退職一時金の支給額の**20.42**%が源泉徴収されます。

4…為替予約を締結していない外貨定期預金を満期時に円貨で払い戻した結果生じた為替差益は、**雑**所得として総合課税の対象となります。

33 答 2

1…雑所得で生じた損失は他の所得と損益通算することができません。

2…譲渡所得で生じた損失は他の所得と損益通算することができます。

3…不動産所得の損失のうち、土地の取得に要した負債の利子は損益通算することができません。なお、建物の取得に要した負債の利子は損益通算することができます。

4…一時所得で生じた損失は他の所得と損益通算することができません。

34 答 2

2…納税者と事実上婚姻関係と同様の事情にあると認められる一定の者がいる場合は、寡婦控除の適用対象外となります。

35 答 3

3…雑損失の繰越控除は、青色申告者以外も適用を受けることができます。

36 答 3

1…法人税の納税地に異動があった場合、異動**前**の納税地の所轄税務署長にその旨を届け出る必要があります。
2…新設法人の場合、「設立の日から**3**カ月後」または「設立事業年度終了の日」のいずれか**早い**日の前日までに「青色申告の承認申請書」を納税地の所轄税務署長に提出し、その承認を受けなければなりません。
4…青色申告法人は、取引に関する事項を記録した帳簿を、その事業年度の確定申告書の**提出期限の翌日から7年間**保存する必要があります。

37 答 1

1…還付された法人税は益金の額に算入しませんが、還付加算金は益金の額に算入します。
2…法人が個人から債務の免除を受けた場合、その免除された債務の金額は、原則として、益金の額に算入します。
3…法人が個人から無償で土地の譲渡を受けた場合、その土地の時価に相当する金額は、原則として、益金の額に算入します。
4…法人が支払いを受けた完全支配関係のある他の法人の株式等(完全子法人株式等)にかかる配当等の額は、所定の手続をすることによって、全額が益金不算入となります。

38 答 1

1…貸付期間が1カ月以上の住宅の貸付けは**非課税取引**に該当します。

39 答 4

3…会社が役員や使用人に対して、創業や株式上場等の記念として支給する記念品(現物に代えて支給する金銭は含まない)で、支給する記念品が社会通念上記念品としてふさわしいものであり、かつ、その価額が1万円以下のものである場合は課税されません。
4…役員が法人に対し時価の2分の1未満の価額で資産を譲渡した場合は、所得税の計算上、**時価**で譲渡したものとみなされますが、時価の2分の1以上かつ時価未満の金額で資産を譲渡した場合は、その**譲渡価額**をもとに譲渡所得の計算を行います。

40 答 4

4…損益計算書の税引前当期純利益は、経常利益または経常損失の金額に**特別利益・特別損失**を加算・減算した金額を表示しています。

41 答 2

1…地価公示法による公示価格は、毎年**1**月**1**日を標準地の価格判定の基準日としています。

3…相続税路線価は、公示価格の「70%」ではなく、「**80%**」を価格水準の目安としています。

4…固定資産税評価額は、固定資産の所在する**市町村**の長が、固定資産評価基準にもとづき決定します。

42 答 4

1…アパートやマンションの所有者が自分の建物を貸す場合など、「**自ら貸借**」の場合には宅建業の免許は不要です。

2…宅建業法では、手付がどんな種類であったとしても、解約手付とされます。解約手付が交付された場合、買主が契約の履行に着手する前であっても、売主側からは手付の**倍額**を現実に提供しなければ、契約を解除することができません。

3…専任媒介契約を締結した宅建業者は、依頼者に対し、業務の処理の状況を、**2**週間に1回以上報告しなければなりません。

43 答 2

2…造作買取請求権を排除する特約は有効です。

44 答 3

1…一部の大都市圏を除いて区域区分(都市計画区域を市街化区域と市街化調整区域に分けること)の定めは任意です。

2…市街化調整区域は、市街化を抑制すべき区域です。

4…市街化調整区域(＝市街化区域**以外**の区域)内に、農林漁業関係者の居住用建築物を建築する場合、開発許可は**不要**です。

45 答 3

3…指定建蔽率(行政庁が用途地域ごとに定める建蔽率)が**80%**とされている地域内で、防火地域内にある耐火建築物等であれば、建蔽率100%で建築物を建てることができます。

4…北側斜線制限は、住宅地における日当たりを確保するための制限なので、住宅地のみに適用されます。したがって、商業地域内の建築物には適用されません。

46 答 3

3…各区分所有者の共用部分の持分は、原則として各区分所有者の**専有**部分の**床**面積の割合によるものとされますが、規約で**別段の定め**をすることができます。

47 答 1

1…固定資産税の納税義務者は、毎年1月1日に固定資産課税台帳に所有者として登録されている人です。したがって、年の途中で固定資産を譲渡した場合であっても、譲受人ではなく、譲渡人がその年の固定資産税を納付する義務を負います。

48 答 1

1…土地や建物の譲渡所得は、譲渡した年の1月1日において、所有期間が**5**年以下の場合は短期譲渡所得、**5**年を超える場合は長期譲渡所得に区分されます。

3…相続や贈与があった場合、被相続人や贈与者の取得費および取得日は相続人や受贈者に引き継がれます。

49 答 2

1…「居住用財産を譲渡した場合の3,000万円の特別控除」は**所有期間にかかわらず**適用を受けることができます。

2…「軽減税率の特例」の適用を受けた場合、一定期間は住宅借入金等特別控除の適用を受けることはできません。

3…「居住用財産を譲渡した場合の3,000万円の特別控除」と「軽減税率の特例」は重複して適用を受けることができます。

4…「相続税の取得費加算の特例」の適用を受けるためには、相続の開始があった日の翌日から相続税の申告期限の翌日以後**3**年を経過する日までの間に譲渡しなければなりません。

50 答 4

1…NOI利回り(純利回り)は、対象不動産から得られる年間の「総収入」ではなく、「**純収入**」を総投資額で除して算出される利回りです。なお、純収入は年間収入合計から諸経費を控除した金額です。

2…DCF法は、連続する複数の期間に発生する「総収入」ではなく、「**純収入**」および復帰価格を、その発生時期に応じて現在価値に割り引き、それぞれを合計して対象不動産の収益価格を求める手法です。

3…借入金併用型投資では、借入金の金利が投資の収益率よりも下回っている場合(借入金の金利<投資の収益率の場合)に、レバレッジ効果により自己資金に対する投資の収益率の向上を期待することができます。

---

51 答 4

1…贈与とは、当事者の一方が、ある財産を無償で相手方に与える意思表示をし、相手方が**受諾**する意思表示をすることにより成立する契約です。

2…定期贈与は、贈与者または受贈者の**いずれか**一方が死亡することにより効力が消滅します。

3…死因贈与は、贈与者と受贈者の合意により成立する契約であり、口頭であっても効力があります。

4…書面によらない贈与は、履行が終わっていない部分については各当事者が解除をすることができます。

---

52 答 2

2…子が父から著しく低い価額の対価で土地を譲り受けた場合には、原則として、その財産の**時価**と支払った対価の額との差額を、子が父から贈与により取得したものとみなされ、贈与税の課税対象となります。

---

53 答 1

1…贈与税の配偶者控除は、**贈与を受けた**時点において婚姻期間が20年以上であるかどうかの判定を行います。

2…贈与税の配偶者控除は、同じ配偶者からの贈与に対して1回しか適用できません。

3…贈与税の配偶者控除の適用を受けた場合、基礎控除(110万円)のほか最高で2,000万円(合計2,110万円)を控除することができます。

4…贈与税の配偶者控除の適用を受けた部分については、相続税の生前贈与加算の対象となりません。

---

54 答 3

1…親権がどちらにあるかにかかわらず、被相続人の子は相続人となります。

2…特別養子縁組が成立すると、養子と実方の父母との親族関係は終了します。そのため、特別養子縁組による養子は、養親のみの相続人となります。

3…死亡・欠格・廃除は、代襲相続が発生する原因となります。

4…被相続人といわゆる内縁関係にあった者は、被相続人の配偶者とはみなされず、相続人となりません。

55 答 3

1…退職手当金について死亡退職金の非課税金額の規定の適用を受けることができるのは、当該退職手当金の支給が被相続人の死亡後**3**年以内に確定したものである場合です。

2…死亡退職金の非課税限度額は、**「500万円×法定相続人の数」**で計算した金額となります。なお、被相続人の死亡が業務上の死亡である場合において弔慰金を受け取ったときは、被相続人の死亡時における賞与以外の普通給与の３年分に相当する金額が非課税限度額となります。

3…相続を放棄した人が受け取った死亡保険金については、死亡保険金の非課税金額の規定は適用されません。

4…死亡保険金の非課税限度額を計算するさいの法定相続人の人数には、相続放棄をした人も含めます。

56 答 4

遺産に係る基礎控除額は**「3,000万円＋600万円×法定相続人の数」**で計算します。このときの「法定相続人の数」には、相続を放棄した人の人数も**含めます**。また、実子がいる場合、「法定相続人の数」に含める養子の数は**1**人までとなります。

本問では、実子Ｃさんがすでに死亡していることから孫Ｆさんと孫Ｇさんが代襲相続するため、「法定相続人の数」は、妻Ｂさん、実子Ｄさん、養子Ｅさん、孫Ｆさん、孫Ｇさんの５人となります。

遺産に係る基礎控除額：3,000万円＋600万円×５人＝6,000万円

57 答 1

2…会社規模が小会社である会社において、中心的な同族株主が取得した株式の価額は、**純資産価額方式**または**併用方式**により評価します。

3…同族株主のいる会社において、同族株主以外の株主が取得した株式の価額は**配当還元方式**により評価します。

4…配当還元方式による株式の価額は、１株あたりの年配当金額を**10**%で還元して求めます。

58 答 2

1…宅地の評価方法には、路線価方式と倍率方式があり、どちらの方式を採用するかについては、宅地の所在地により**各国税局長**が指定するため、納税者が任意で選択することはできません。

3…二方面に路線がある角地を路線価方式によって評価する場合、それぞれの

「路線価×奥行価格補正率」を計算して、いずれか**高い**ほうが正面路線価となります。

4…路線価は、**1㎡**あたりの価額を千円単位で表示しています。

59 答 2

2…「非上場株式等についての贈与税の納税猶予及び免除の特例」と相続時精算課税は、重複して適用を受けることができます。

3…経営者が保有している自社株式を後継者に譲渡した場合、株式等の譲渡所得として申告分離課税により所得税および住民税が課されます。

60 答 1

1…取締役会の設置は任意です。なお、公開会社や監査役会設置会社、監査等委員会設置会社などの一定の会社には取締役会の設置義務があります。

2…株式会社の株主は、株式を購入するために出資した金額以上の責任を負いません(株主有限責任)。

4…取締役は株主総会の決議によって選任します。また、取締役は、いつでも、株主総会の決議によって解任することができます。

1 個人 解答解説

【第1問】

問1 ① **759,900**円 ② **276,242**円 ③ **168**円 ④ **276,410**円

〈資料〉の計算式にしたがって、金額を計算します。

①…老齢基礎年金の年金額：$816{,}000円 \times \frac{168月+279月}{480月} = 759{,}900円$

②…報酬比例部分の額：$300{,}000円 \times \frac{5.481}{1{,}000} \times 168月 \fallingdotseq 276{,}242円$

③…経過的加算額：$1{,}701円 \times 168月 - 816{,}000円 \times \frac{168月}{480月}$

$= 285{,}768円 - 285{,}600円 = 168円$

④…加給年金額は、厚生年金保険の被保険者期間が**20**年以上あり、その人によって生計維持されている**65**歳未満の配偶者または**18**歳到達年度末日までの子（または20歳未満で障害等級１級または２級の子）がいる場合に支給されます。
Ａさんは、厚生年金保険の被保険者期間が20年以上ないため、加給年金額の加算はありません。したがって、老齢厚生年金の年金額は次のようになります。
老齢厚生年金の年金額：276,242円（報酬比例部分）＋168円（経過的加算額）＝276,410円

問2 ①○ ②× ③×

①…付加年金は、「**200**円×付加保険料の納付した月数」で計算します。
付加年金の額：200円×180月＝36,000円

②…繰下げ支給の申出は、65歳のうちはすることができず、**66歳０カ月**以降することができます。66歳０カ月で繰下げ支給の申出をすると12月の繰下げとなるので、12月×0.7%＝**8.4**%が最小の増額率となります。なお、繰下げの上限年齢は**75**歳なので、10年（120月）の繰下げとなります。したがって、120月×0.7%＝84%が最大の増額率となります。

③…小規模企業共済制度は、契約者本人の都合で任意に解約することができます。

問3 ① **チ** ② **ニ** ③ **ル**

①…国民年金基金の掛金は口数制で、１口目は保証期間のある**終身**年金Ａ型と、保証期間のない**終身**年金Ｂ型のいずれかを選択します。２口目以降は、**終身**年金Ａ型、Ｂ型のほか、受給期間が定まっている５種類の**確定**年金から選択することができます。

②…国民年金基金の掛金の拠出限度額は、個人型確定拠出年金の掛金と合算して月額**68,000**円です。

③…国民年金基金から支払われる遺族一時金は、所得税と相続税のいずれの課税対

象にもなりません。

【第２問】

問4　①×　②×　③○

①…Ｘ社のROE：$\frac{17{,}000\text{百万円}}{250{,}000\text{百万円}}\times 100 = 6.8\%$

Ｙ社のROE：$\frac{24{,}000\text{百万円}}{290{,}000\text{百万円}}\times 100 = 8.27\cdots\%$

Ｙ社のROEは８％を上回っていますが、Ｘ社のROEは８％を下回っています。

②…Ｘ社の１株あたり純資産：$\frac{250{,}000\text{百万円}}{1\text{億}8{,}000\text{万株}} = 1{,}388.8\cdots\text{円} \rightarrow 1{,}389\text{円}$

Ｘ社のPBR：$\frac{1{,}500\text{円}}{1{,}389\text{円}} = 1.0799\cdots\text{倍}$

Ｙ社の１株あたり純資産：$\frac{290{,}000\text{百万円}}{1\text{億株}} = 2{,}900\text{円}$

Ｙ社のPBR：$\frac{2{,}400\text{円}}{2{,}900\text{円}} = 0.827\cdots\text{倍}$

Ｙ社のPBRは１倍を下回っていますが、Ｘ社のPBRは１倍を上回っています。

③…Ｘ社の配当性向：$\frac{6{,}300\text{百万円}}{17{,}000\text{百万円}}\times 100 = 37.05\cdots\%$

Ｙ社の配当性向：$\frac{7{,}000\text{百万円}}{24{,}000\text{百万円}}\times 100 = 29.16\cdots\%$

配当性向はＸ社のほうがＹ社よりも高くなっています。一般に、配当性向が高いほど、株主への利益還元の度合いが高いと考えられます。

問5　①○　②×　③×

①…上場株式等の譲渡益には20.315％（所得税15％、復興特別所得税0.315％、住民税５％）が課されます。特別口座（源泉徴収あり）の場合には、売却時に税金が源泉徴収されます。

譲渡益：（1,700円－1,500円）×500株＝10万円

源泉徴収額：10万円×20.315％＝20,315円

②…上場株式等の配当金について配当控除の適用を受けるには、総合課税を選択して確定申告をする必要があります。

③…特定公社債等の利子は、利子所得として申告分離課税または申告不要（源泉徴収選択口座の場合）を選択することができます。申告分離課税を選択すると、上場株式等の譲渡損失の金額と損益通算することができます。

問6 ① **0.73**％　② **0.86**％

$$①\cdots最終利回り：\frac{0.55+\dfrac{100円-99.30円}{4年}}{99.30円}\times100\fallingdotseq0.73\%$$

$$②\cdots所有期間利回り：\frac{0.55+\dfrac{99.90円-99.30円}{2年}}{99.30円}\times100\fallingdotseq0.86\%$$

【第3問】

問7 ①× ②○ ③×

①…「退職所得の受給に関する申告書」を提出している場合は、退職金等の支払いが行われるときに**適正な税額**が源泉徴収されます。「退職所得の受給に関する申告書」を提出していない場合は、退職一時金の支給額の20.42％相当額が源泉徴収されます。

③…所得金額調整控除の適用を受けるためには、「その年の給与収入が**850**万円超」、かつ、「本人が特別障害者であること」「23歳未満の扶養親族を有すること」「特別障害者である同一生計配偶者または扶養親族を有すること」のいずれかを満たす必要があります。Aさんには子どもがおらず、障害者等にも該当しないので、所得金額調整控除額の控除はありません。

問8 ① **30**万円　② **735**万円

①…確定拠出年金の老齢給付金の年金額に係る雑所得の金額は、公的年金等控除により0円となります。また、個人年金保険契約に基づく年金収入は「その他の雑所得」となります。

雑所得の金額：90万円－60万円＝30万円

②…給与所得705万円と①の雑所得30万円は、総所得金額に算入されます。退職所得は分離課税の対象となるため、総所得金額には算入されません。また、上場株式に係る譲渡損失は損益通算の対象外となります。

以上より、Aさんの総所得金額は次のようになります。

総所得金額：705万円（給与所得）＋30万円（雑所得）＝735万円

問9 ① **ハ**　② **リ**　③ **ヘ**　④ **ホ**

①…確定拠出年金の掛金の支出額12万円は、全額が小規模企業共済等掛金控除の対象となります。

②…Aさんの合計所得金額は、総所得金額735万円（問8②より）と退職所得500万円

の合計1,235万円です。控除を受ける納税者本人の合計所得金額が**1,000**万円を超える場合は、配偶者控除は受けられません。

③…控除対象扶養親族が同居老親等に該当する場合の扶養控除額は**58**万円です。

④…合計所得金額が2,400万円以下の人は、**48**万円の基礎控除の適用を受けることができます。

【第４問】

問10 ① **600**㎡ ② **1,800**㎡

①…建蔽率の上限となる建築面積
準防火地域内に耐火建築物を建てることから建蔽率が10%緩和されます。また、特定行政庁が指定する角地であるため、さらに10%緩和され、甲土地の建蔽率は100%(80%＋10%＋10%)となります。
建蔽率の上限となる建築面積：600㎡×100%＝600㎡

②…容積率の上限となる延べ面積
前面道路の幅員が12m未満なので、容積率に制限があります。なお、２つ以上の道路に接している場合には、幅の広いほうが前面道路となります。
❶指定容積率：300%
❷前面道路の幅員×法定乗数：7m × $\frac{6}{10}$ ＝420%
❸❶ ＜ ❷ →300%
容積率の上限となる延べ面積：600㎡×300%＝1,800㎡

問11 ①○ ②× ③○

①…事業用定期借地権の設定は公正証書によってしなければなりません。

②…事業用定期借地権はもっぱら**事業**の用に供する建物の所有を目的とするものに限られ、**居住**の用に供する建物の所有を目的として設定することはできません。

問12 ①× ②× ③○

①…固定資産税の納税義務者は、毎年１月１日に固定資産課税台帳に所有者として登録されている人です。したがって、甲土地上の建物については借地権者が、甲土地については借地権設定者であるＡさんがそれぞれ固定資産税の納税義務者となります。なお、定期借地権が100年を超える地上権であった場合には、借地権者が甲土地の固定資産税の納税義務者となります。

②…借地権が設定されている土地は、**貸宅地**として評価します。

【第5問】

問13 ①○ ②○ ③×

①…公正証書遺言の作成において証人が2人以上必要ですが、❶未成年者、❷推定相続人や受遺者、❸❷の配偶者や直系血族等は証人になれません。

②…自筆証書遺言は、相続開始後、家庭裁判所における検認が必要ですが、法務局に保管された自筆証書遺言については、検認が不要となります。

③…推定相続人は、未成年者または破産者に該当しなければ、遺言執行者になることができます。

問14 ① **4,800**万円 ② **500**万円 ③ **2,400**万円

表を埋めると、次のとおりです。

(a)相続税の課税価格の合計額	□□□万円
(b)遺産に係る基礎控除額	(① **4,800**)万円
課税遺産総額((a)−(b))	1億4,000万円
相続税の総額の基となる税額	
妻Bさん	**1,400**万円
長女Cさん	(② **500**)万円
長男Dさん	**500**万円
(c)相続税の総額	(③ **2,400**)万円

相続人は妻Bさん、長女Cさん、長男Dさんの3人です。また、相続人が配偶者と子の場合の法定相続分は、配偶者**2**分の**1**、子**2**分の**1**です。

【遺産に係る基礎控除額】

遺産に係る基礎控除額：3,000万円＋600万円×3人＝4,800万円…①

【相続税の総額】

妻Bさんの法定相続分：1億4,000万円×$\frac{1}{2}$＝7,000万円

妻Bさんの税額：7,000万円×30%−700万円＝1,400万円

長女Cさん、長男Dさんの法定相続分：1億4,000万円×$\frac{1}{2}$×$\frac{1}{2}$
＝3,500万円

長女Cさん、長男Dさんの税額：3,500万円×20%−200万円
＝500万円…②

相続税の総額：1,400万円＋500万円＋500万円＝2,400万円…③

問15 ① **ニ** ② **リ** ③ **ル** ④ **ロ**

①…遺留分割合は、相続人が直系尊属のみの場合を除いて**2**分の**1**です。長女Cさ

んの法定相続分は4分の1（$\frac{1}{2}\times\frac{1}{2}$）なので、長女Cさんの遺留分割合は8分の1（$\frac{1}{4}\times\frac{1}{2}$）となります。

長女Cさんの遺留分の額：2億4千万円×$\frac{1}{8}$＝3,000万円

②…遺留分侵害額請求権は、遺留分を侵害する贈与または遺贈があったことを知った時から**1**年間行使しないときは、時効によって消滅します。

③…『配偶者に対する相続税額の軽減』の適用を受ける場合、1億6,000万円と配偶者の法定相続分相当額のうち、いずれか**多い**金額が非課税となります。

④…『小規模宅地等についての相続税の課税価格の計算の特例』を適用した場合、特定居住用宅地等については**330㎡**を上限に**80%**を減額することができます。

減額される金額：7,000万円×$\frac{330㎡}{350㎡}$×80%＝5,280万円

課税価格に算入すべき価額：7,000万円－5,280万円＝1,720万円

解答　総合問題編　実技1　個人資産相談業務【金財】

2生保 解答解説

【第1問】

問1 ① **761,600**円 ② **1,293,768**円 ③ **54,880**円 ④ **1,348,648**円

〈資料〉の計算式にしたがって、金額を計算します。

①…老齢基礎年金の年金額の計算において、60歳以上65歳未満の厚生年金保険の被保険者期間は保険料納付済期間には含めません。12カ月×5年＝60カ月分を厚生年金保険の被保険者期間から差し引いて計算します。

$$\text{老齢基礎年金の年金額}：816{,}000\text{円}\times\frac{132\text{月}+376\text{月}-60\text{月}}{480\text{月}}=761{,}600\text{円}$$

②…報酬比例部分の額：

$$280{,}000\text{円}\times\frac{7.125}{1{,}000}\times132\text{月}+500{,}000\text{円}\times\frac{5.481}{1{,}000}\times376\text{月}$$
$$=263{,}340\text{円}+1{,}030{,}428\text{円}=1{,}293{,}768\text{円}$$

③…経過的加算額を計算するさいの被保険者期間の月数の上限は40年(480月)です。Ａさんは厚生年金保険の被保険者期間が508月(132月+376月)ありますが、経過的加算額の計算では、被保険者期間は480月で計算します。

$$\text{経過的加算額}：1{,}701\text{円}\times480\text{月}-816{,}000\text{円}\times\frac{132\text{月}+376\text{月}-60\text{月}}{480\text{月}}$$
$$=816{,}480\text{円}-761{,}600\text{円}=54{,}880\text{円}$$

④…加給年金額は、厚生年金保険の被保険者期間が**20**年以上あり、その人によって生計維持されている**65**歳未満の配偶者または**18**歳到達年度末日までの子(または20歳未満で障害等級１級または２級の子)がいる場合に支給されます。
Ａさんは、厚生年金保険の被保険者期間が20年以上ありますが、Ａさんが65歳到達時に、妻Ｂさんは65歳を超えているため、加給年金額の加算はありません。したがって、老齢厚生年金の年金額は次のようになります。

老齢厚生年金の年金額：1,293,768円（報酬比例部分）＋54,880円（経過的加算額）＝1,348,648円

問2 ①○ ②× ③○

①…1961年４月２日以後生まれの男性、1966年４月２日以後生まれの女性には、特別支給の老齢厚生年金は支給されません。妻Ｂさんは1966年２月生まれなので、64歳から特別支給の老齢厚生年金を受給することができます。

②…老齢厚生年金の基本月額と総報酬月額相当額との合計額が**50**万円(2024年度価額)を超えた場合、老齢厚生年金の一部または全部が支給停止となります。

③…72歳０カ月で繰下げ支給の申出をした場合、７年間(７年×12月＝84月)の繰下げとなるので、繰下げ増額率は次のようになります。

繰下げによる増額率：0.7%×84月＝58.8%

問3 ①○　②○　③×

①…雇用保険の介護休業給付金は、対象家族(配偶者、父母、子、配偶者の父母、祖父母、兄弟姉妹、孫)を介護するために休業した期間について、**93**日を限度に**3**回までに限り支給されるものです。

③…介護休業期間中に、休業開始時賃金日額に支給日数を乗じて得た額の**80%**相当額以上の賃金が支払われている場合には、介護休業給付金は支給されません。

【第2問】

問4 ①×　②×　③○

①…遺族厚生年金の額は、死亡した人の老齢厚生年金の報酬比例部分の**4**分の**3**相当額になります。

②…子がいなくても、その他の要件を満たせば障害基礎年金を受給することができます。

③…公的介護保険の第２号被保険者は、要介護・要支援状態となった原因が特定疾病によって生じたものでなければ、公的介護保険からの保険給付を受けられません。

問5 ①○　②○　③○　④×

①…Ａさんが死亡した場合の死亡保険金額は次のとおりです。

終身保険特約：100万円
定期保険特約：500万円
死亡保険金額：600万円

④…先進医療特約の対象は入院をともなった治療のみに限定されません。外来の治療でも対象となります。

問6 ①**ニ**　②**ロ**　③**リ**

①②…2012年以降に締結した契約にかかる生命保険料控除額の限度額は、一般の生命保険料、個人年金保険料、介護医療保険料で、それぞれ所得税**40,000**円、住民税**28,000**円です。

③……被保険者本人や配偶者、直系血族、被保険者と生計を同一にする親族が入院給付金や手術給付金などを受け取った場合は、**非課税**となります。

【第３問】

問７ ① 1,290万円 ② 1,855万円

勤続年数が20年を超える場合の退職所得控除額は、**「800万円＋70万円×(勤続年数－20年)」**で求めます。

Ａさんの勤続年数は26年２カ月であるため、退職所得を計算するさいの勤続年数は27年(１年未満は切り上げ)で計算します。

また、退職所得は**「(収入金額－退職所得控除額)×$\frac{1}{2}$」**で求めます。

以上より、退職所得控除額および退職所得の金額は、次のとおりです。

①…退職所得控除額：800万円＋70万円×(27年－20年)＝1,290万円

②…退職所得の金額：(5,000万円－1,290万円)×$\frac{1}{2}$＝1,855万円

問８ ①○ ②× ③×

②…法人が保険金を受け取った場合は、全額「雑収入」として益金に算入します。

③…契約者貸付制度を利用する場合の、借り入ることができる金額(限度額)は、利用時点での**解約返戻金**のうち一定額(一般的に８割～９割)です。

問９ ①ヘ ②リ ③イ ④ト

①②…法人を契約者(保険料負担者)および死亡保険金受取人とし、役員または従業員を被保険者とする保険期間が３年以上の定期保険で、最高解約返戻率が**50**%を超えるものの支払保険料の経理処理については、最高解約返戻率が『**50**%超70%以下』『70%超**85**%以下』『**85**%超』の３つの区分に応じて取り扱います。

③④…最高解約返戻率が『70%超**85**%以下』の場合、保険期間の当初**４**割に相当する期間を経過する日までは、支払保険料の**60**%相当額を前払保険料として資産に計上し、残額は損金の額に算入します。また、**４**割に相当する期間経過後は、支払保険料の全額を損金の額に算入するとともに、資産に計上した金額については、保険期間の7.5割に相当する期間経過後から保険期間終了日までにおいて均等に取り崩し、損金の額に算入します。

【第４問】

問10 ①ハ ②チ ③イ

①…新築住宅等を取得し、2024年中に居住した場合の控除期間は**13**年です。

②…子育て特例対象個人(夫婦のいずれかが40歳未満の人または19歳未満の扶養親族を有する

人)が、認定長期優良住宅に該当する新築住宅を取得し、2024年中に居住した場合の住宅ローンの年末残高の限度額は**5,000**万円です。なお、子育て特例対象個人以外の人が認定長期優良住宅に該当する新築住宅を取得し、2024年中に居住した場合の住宅ローンの年末残高の限度額は4,500万円です。

③…所得税の計算上控除しきれない住宅ローン控除額は、所得税の課税総所得金額等の**5**%相当額または**97,500**円のいずれか少ない金額を限度として、翌年度分の住民税の所得割額から控除することができます。

問11 ①○ ②× ③○

①…65歳以上の場合、110万円までは公的年金等控除により雑所得が0円となります。母Dさんの公的年金の老齢給付は70万円なので、公的年金等にかかる雑所得の金額は算出されません。また、母Dさんは70歳以上でAさんと同居しているので、老人扶養親族(同居老親)として**58**万円の扶養控除の適用を受けることができます。

②…団体信用生命保険の保険料は、生命保険料控除の対象外です。

③…住宅ローン控除の適用を受ける場合、最初の年分については確定申告を行う必要がありますが、給与所得者の場合、2年目以降は確定申告が不要で、年末調整により適用を受けることができます。

問12 ① **380,000**円 ② **480,000**円 ③ **216,500**円 ④ **173,600**円

表を埋めると、次のとおりです。

(a)総所得金額	**5,740,000**円
社会保険料控除	□□□円
生命保険料控除	□□□円
地震保険料控除	□□□円
配偶者控除	(① **380,000**)円
扶養控除	□□□円
基礎控除	(② **480,000**)円
(b)所得控除の額の合計額	2,600,000円
(c)課税総所得金額((a)−(b))	**3,140,000**円
(d)算出税額((c)に対する所得税額)	(③ **216,500**)円
(e)税額控除(住宅借入金等特別控除)	(④ **173,600**)円
(f)差引所得税額	□□□円
(g)復興特別所得税額	□□□円
(h)所得税および復興特別所得税の額	□□□円

① **配偶者控除**

妻Bさんの給与収入は100万円なので、合計所得金額は**48**万円以下(給与収入でいうと**103**万円以下)となり、控除対象配偶者に該当します。また、配偶者控除は納税者の合計所得金額が900万円以下であれば控除額は**38**万円です。Aさんの合計所得金額は574万円(900万円以下)なので、Aさんは38万円の配偶者控除の適用を受けることができます。

【総所得金額】

給与所得控除額：760万円×10%＋110万円＝186万円
給与所得：760万円－186万円＝574万円

② **基礎控除**

合計所得金額が**2,400**万円以下の人は、**48**万円の基礎控除の適用を受けることができます。

③ **算出税額**

課税総所得金額：5,740,000円（総所得金額）－ 2,600,000円（所得控除の額の合計額）＝ 3,140,000円
算出税額：3,140,000円×10%－97,500円＝216,500円

④ **住宅借入金等特別控除**

住宅ローン控除の額(住宅借入金等特別控除)は、年末のローン残高に**0.7%**をかけて計算します。

住宅借入金等特別控除額：24,800,000円×0.7%＝173,600円

【第5問】

問13 ① **4,800**万円 ② **5,340**万円 ③ **9,220**万円

表を埋めると、次のとおりです。

(a)相続税の課税価格の合計額	4億円
(b)遺産に係る基礎控除額	(① **4,800**)万円
課税遺産総額((a)－(b))	**3億5,200**万円
相続税の総額の基となる税額	
妻Bさん	(② **5,340**)万円
長男Cさん	**1,940**万円
長女Dさん	**1,940**万円
(c)相続税の総額	(③ **9,220**)万円

相続人は妻Bさん、長男Cさん、長女Dさんの３人です。また、相続人が配偶者と子の場合の法定相続分は、配偶者**2**分の**1**、子**2**分の**1**です。

【遺産に係る基礎控除額】

遺産に係る基礎控除額：3,000万円＋600万円×３人＝4,800万円…①

【課税遺産総額】

課税遺産総額：４億円－4,800万円＝３億5,200万円

【相続税の総額】

妻Ｂさんの法定相続分：３億5,200万円×$\frac{1}{2}$＝１億7,600万円

妻Ｂさんの税額：１億7,600万円×40％－1,700万円＝5,340万円…②

長男Ｃさん、長女Ｄさんの法定相続分：３億5,200万円×$\frac{1}{2}$×$\frac{1}{2}$
＝8,800万円

長男Ｃさん、長女Ｄさんの税額：8,800万円×30％－700万円＝1,940万円

相続税の総額：5,340万円＋1,940万円＋1,940万円＝9,220万円…③

問14 ①× ②× ③○

①…自筆証書遺言保管制度を利用する場合、証人は不要です。なお、公正証書遺言を作成する場合には、２人以上の証人が必要となります。この場合、❶未成年者、❷推定相続人や受遺者、❸❷の配偶者や直系血族等は証人になれません。

②…遺留分割合は、相続人が直系尊属のみの場合を除いて**2**分の**1**です。長女Ｄさんの法定相続分は４分の１（$\frac{1}{2}$×$\frac{1}{2}$）なので、長女Ｄさんの遺留分割合は８分の１（$\frac{1}{2}$×$\frac{1}{4}$）となります。

長女Ｄさんの遺留分の額：４億円×$\frac{1}{8}$＝5,000万円

③…死亡保険金の非課税限度額は、**「500万円×法定相続人の数」**で計算します。

非課税限度額：500万円×３人＝1,500万円

相続税の課税価格に算入される金額：2,000万円－1,500万円＝500万円

問15 ①**ロ** ②**ヘ** ③**リ** ④**ル**

①…特定事業用宅地等については、**400**㎡までの部分について、相続税評価額を**80**％減額することができます。

②…『個人の事業用資産についての贈与税・相続税の納税猶予および免除の特例』の適用を受けた場合、贈与税・相続税の**全額**の納税が猶予されます。

③…『個人の事業用資産についての贈与税・相続税の納税猶予および免除の特例』の適用を受けるためには、2026年３月31日までに「個人事業承継計画」を**都道府県知事**に提出し、確認を受ける等の所定の要件を満たす必要があります。

④…『個人の事業用資産についての相続税の納税猶予および免除の特例』の適用を受けて相続等により取得した事業用の宅地は、特定事業用宅地等に係る『小規模宅地等についての相続税の課税価格の計算の特例』の**対象となりません**。

3資産 解答解説

【第1問】

問1 (ア) × (イ) ○ (ウ) ○ (エ) ×

(ア)…弁護士や司法書士の登録を受けていないFPは、不動産の登記申請を代行することはできません。

(イ)…税理士登録を受けていないFPでも、有償で一般的な相続税の計算方法を説明することや、仮定の事例に基づく計算手順の解説を行うことはできます。

(ウ)…社会保険労務士登録を受けていないFPでも、一般的な社会保障制度の説明や年金相談に応じることはできます。

(エ)…金融サービス仲介業または生命保険募集人、保険仲立人の登録を受けていないFPは、保険募集を目的に顧客に対して保険設計書を用いて保険の加入を促すことはできません。

問2 4

3…金融サービス提供法の適用対象となる金融商品は、ほとんどすべての金融商品とされており、デリバティブ取引や外国為替証拠金取引(FX)も適用対象となります。

4…金融サービス提供法の保護対象は**個人**および**事業者**(適格機関投資家を除く)とされています。

【第2問】

問3 (ア) 2 (イ) 5 (ウ) 7 (エ) 10

(ア)…国内総生産(GDP)は、一定期間中に国内で生み出された財およびサービスなどの付加価値の合計です。ここから物価の変動による影響を取り除いたものを**実質GDP**といいます。

(イ)…マネーストック統計は、個人や法人(金融機関を除く)、地方公共団体などが保有する通貨の総量をいいます。発表機関は**日本銀行**です。

(ウ)…日銀短観は、日本銀行が**四半期ごとに**、全国の約1万社の企業を対象に、現状と3カ月後の景気動向に関する調査を行い、それを集計したものです。

(エ)…**景気動向指数**は、生産、雇用など景気に敏感に反応する指標の動きを統合した指標で、コンポジット・インデックス(CI)を中心として公表されます。

問4 (ア) × (イ) ○ (ウ) ×

(ア)…NISA口座で生じた損失はなかったものとされるので、ほかの一般口座や特定口座で保有している金融商品の配当金や売却益と損益通算することはできません。

(ウ)…国内外の株式は成長投資枠の対象商品ですが、社債は対象商品となっていません。

問5　0.989%

$$\text{所有期間利回り}：\frac{0.8+\dfrac{98.85\text{円}-98.00\text{円}}{5\text{年}}}{98.00\text{円}}\times 100=0.9897\cdots\rightarrow 0.989\%$$

問6　(ア)○　(イ)×　(ウ)○

(ア)…購入時手数料が購入価額に対し3.3%なので、このファンドを10万円購入する場合の購入時手数料は税込みで3,300円(10万円×3.3%)です。

(イ)…運用管理費用(信託報酬)は、信託財産(基準価額)から日々差し引かれます。

【第3問】

問7　210㎡

建築面積の限度を求めるときは、建蔽率を用います。また、幅員が4m未満の2項道路では、道路の中心線から**2**m下がった線が、その道路の境界線とみなされます(セットバック)。本問では道路の幅員が3mなので、0.5m分を敷地面積から除いて計算します。

セットバックを除いた敷地面積：20m×(18m－0.5m)＝350㎡
建築面積の限度：350㎡×60%＝210㎡

問8　3

不動産所得の金額は、原則として、**「総収入金額－必要経費」**で計算します。なお、賃貸不動産にかかる(賃貸開始後の)借入金の返済金額のうち利息については必要経費に算入することができます。

1,260,000円(総収入金額)－(230,000円(利息)＋18,000円(管理費等)＋63,000円(管理業務委託費)＋7,000円(火災保険料)＋125,000円(固定資産税)＋38,500円(修繕費)＋246,000円(減価償却費))＝532,500円

問9　1

(ア)…譲渡所得は**「収入金額－(取得費＋譲渡費用)」**で計算します。また、居住用財産の3,000万円の特別控除の特例を受ける場合は、譲渡所得の金額から最高3,000万円を控除することができます。

譲渡所得の金額：8,300万円－(4,800万円＋290万円)－3,000万円
＝210万円

(イ)…土地や建物の譲渡所得は、譲渡した年の1月1日において、所有期間が**5**年以下の場合は短期譲渡所得、**5**年を超える場合は長期譲渡所得に区分されます。本問では、2025年2月9日に売却を予定しており、2025年1月1日において、所有期間が5年以下であるため、短期譲渡所得となります。

問10 (ア) × (イ) × (ウ) ○ (エ) ○

(ア)…徒歩による所要時間は、道路距離**80**ｍにつき1分間を要するものとして算出した数値を表示する必要があり、1分未満の端数が生じたときは、1分として算出しなければなりません。したがって、本問の道路距離は640m(80m×8分)超720m(80m×9分)以下となります。

(イ)…区分建物(マンション)の登記簿上の床面積は、**内法**面積(壁その他の区画の内側線で囲まれた部分の水平投影面積)です。

(エ)…仲介手数料は、売主と買主の間に立って不動産の売買を仲介する不動産業者(宅建業者)に支払うものなので、売主である宅建業者に仲介手数料を支払う必要はありません。

【第4問】

問11 (ア) **22**万円 (イ) **72**万円 (ウ) **30**万円

(ア)…本問の総合入院給付金は、『入院を60日以内に2回以上したときは継続した「1回の入院」とみなします』とあるので、骨折による入院と、その退院から1カ月後の肺炎による入院は1回の入院とみなされます。したがって、骨折で8日間継続して入院し、その間に所定の手術を受け、退院から1カ月後に肺炎で5日間継続して入院した場合、保険会社から支払われる保険金・給付金の合計は、次のとおりです。

総合入院給付金	：	20万円
手術給付金	：	2万円
合　計		22万円

(イ)…上皮内がんは、臓器などの表面にとどまっている状態の腫瘍をいい、通常、がん(悪性新生物)には含めません。したがって、上皮内がんと診断された場合でも3大疾病保険金の支払いはありません。
上皮内がんと診断されて、5日間継続して入院し、その間に所定の手術を1回受けた場合の保険会社から支払われる保険金・給付金は、次のとおりです。

軽度３大疾病保険金	：	50万円
総合入院給付金	：	20万円
手術給付金	：	2万円
合　計		72万円

(ウ)…ケガにより医師の指示にもとづき自宅で40日間療養し、当該期間について公的医療保険の在宅患者診療・指導料が算定されている場合、就業不能給付金30万円が支払われます。

問12　1

(ア)……少額短期保険業者が、１人の被保険者について引き受ける「死亡保険金額」および「疾病を原因とする重度障害保険の保険金額」の上限はそれぞれ**300**万円です。また、１人の被保険者から引き受ける保険金額の総額は原則として**1,000**万円以内です。

(イ)(ウ)…少額短期保険の保険期間の上限は生命保険・医療保険が**１**年、損害保険が**２**年です。

(エ)……少額短期保険の保険料は、生命保険料控除・地震保険料控除の**対象となりません**。

問13　(ア)×　(イ)○　(ウ)○　(エ)×

(ア)…本問では、運転者家族限定割引によって、運転する人を家族(本人・配偶者・同居の親族・別居の未婚の子)に限定しています。そのため、友人が被保険自動車を運転中、他人にケガをさせ法律上の損害賠償責任を負った場合には、補償の対象となりません。

(イ)…飛び石により窓ガラスが破損し、車両保険金のみが支払われた場合、当該事故は「１等級ダウン事故」に該当します。

(ウ)…本問では、「人身傷害(１名につき)１億円」とあります。人身傷害補償保険では、自動車事故により被保険者が死傷した場合、過失の有無にかかわらず、実際の損害額が補償されます。

(エ)…本問では、「ファミリーバイク特約(対人・対物に同じ)」が付されているため、加瀬さんが所有する原動機付自転車を加瀬さんの妻(40歳)が運転し、他人にケガをさせ、法律上の損害賠償責任を負った場合、補償の対象となります。

問14　3

終身保険(無配当)の契約日は2010年５月１日(2011年12月31日以前に締結した契約)なので、旧契約として生命保険料控除額を計算します(一般の生命保険料控除)。なお、年間支払保険料が129,600円(100,000円超)なので、控除額は50,000円です。

終身医療保険(無配当)の契約日は2019年3月1日(2012年1月1日以後に締結した契約)なので、新契約として生命保険料控除額を計算します(介護医療保険料控除)。なお、年間支払保険料が75,120円(40,000円超80,000円以下)なので、控除額は38,780円(75,120円×$\frac{1}{4}$+20,000円)です。

保険料控除額の合計：50,000円＋38,780円＝88,780円

【第5問】

問15 1

65歳以上の場合、110万円までは公的年金等控除により雑所得が0円となります。西山さんの公的年金の老齢給付は70万円なので、公的年金等にかかる雑所得の金額は算出されません。

遺族厚生年金は非課税所得となります。

本問の生命保険の満期保険金は一時所得となります。なお、一時所得は**「総収入金額－支出金額－特別控除額(最高50万円)」**によって求めます。また、一時所得を総所得金額に算入するさいには、一時所得の金額を**2**分の**1**にします。

一時所得：250万円(生命保険の満期保険金)－160万円(既払込保険料)－50万円(特別控除額)＝40万円

総所得金額に算入される一時所得：40万円×$\frac{1}{2}$＝20万円

問16 75万円

減価償却の方法には、定額法や定率法があり、選定した方法によって減価償却を行います(2007年4月以降に取得した建物の減価償却費については**定額法のみ**)。なお、減価償却費は当期の事業供用月数分(2024年10月から12月までの3カ月分)だけ月割りで計上します。

減価償却費：7,500万円×0.040×$\frac{3カ月}{12カ月}$＝75万円

問17 (ア)× (イ)× (ウ)× (エ)×

(ア)…退職所得控除額の計算にあたり、勤続年数に1年未満の端数がある場合、その端数は**切り上げ**て勤続年数を計算します。

(イ)…勤続年数が20年を超える場合の退職所得控除額は、**「800万円＋70万円×(勤続年数－20年)」**で求めます。

(ウ)…退職所得の金額は、「(収入金額－退職所得控除額)×$\frac{1}{2}$」で計算しますが、勤続年数が5年以下の場合(役員等以外の者として勤務した期間の勤続年数が5年以下の場合)には、「収入金額－退職所得控除額」が**300**万円を超えたときに、その超過額については、2分の1を掛けないで算出します。

(エ)…「退職所得の受給に関する申告書」を提出した場合は、退職一時金の支払いが行われるときに適正な税額が源泉徴収されるため、確定申告の必要はありません。

【第6問】

問18 (ア) 1　(イ) 4　(ウ) 6

(ア)…相続放棄をした人の子は代襲相続人となれないため、孫Aと孫Bの法定相続分はゼロとなります。

(イ)…遺留分割合は、相続人が直系尊属のみの場合を除いて2分の1です。被相続人の配偶者の法定相続分は2分の1なので、被相続人の配偶者の遺留分割合は4分の1($\frac{1}{2}\times\frac{1}{2}$)となります。

(ウ)…代襲相続人の法定相続分は、被代襲者が受けるべきであった法定相続分と同じです。したがって、三男と孫C(二男の代襲相続者)の法定相続分はそれぞれ4分の1($\frac{1}{2}\times\frac{1}{2}$)となるため、孫Cの遺留分割合は8分の1($\frac{1}{4}\times\frac{1}{2}$)となります。

問19　4

自用地評価額は**「路線価×奥行価格補正率×地積」**で計算します。なお、路線価の単位は「千円」なので、「290D」は、1㎡あたり290,000円ということになります。

また、貸家建付地の相続税評価額は**「自用地評価額×(1－借地権割合×借家権割合×賃貸割合)」**で求めます。

したがって、本問の相続税評価額は次の計算式によって求めます。

相続税評価額：290,000円×1.00×308㎡×(1－60%×30%×100%)
（290,000円×1.00×308㎡：自用地評価額）
＝73,242,400円

問20　1

相続人が死亡保険金を受け取ったときは、**「500万円×法定相続人の数」**で求めた金額が非課税(非課税限度額)となります。なお、本問の相続人は3人です。

死亡保険金の非課税限度額：500万円×3人＝1,500万円
死亡保険金の課税価格：1,800万円－1,500万円＝300万円
相続税の課税価格の合計額：1,400万円＋1,000万円＋3,200万円
＋300万円－1,200万円＝4,700万円
（1,200万円：債務および葬式費用）

問21　2

(ア)…配偶者居住権は、遺贈により、配偶者に取得させることができます。

(イ)…配偶者居住権を有する人が死亡した場合、配偶者居住権は消滅するため、その

解答 総合問題編 実技3 【日本FP協会】資産設計提案業務

者の相続にかかる相続財産とはなりません。
(ウ)…配偶者居住権は、原則として配偶者の死亡時まで存続します。
(エ)…配偶者居住権を取得した人は、その建物の所有者に対し、配偶者居住権の設定の登記を請求することができます。

【第7問】

問22 595万円

n年後の収入額は、以下の計算式によって求めます。

n年目の収入額＝現在の金額×(1＋変動率)^n

4年後の本人の給与収入：572万円×(1＋0.01)^4＝595.2…万円 → 595万円

問23 729万円

その年の金融資産残高は、以下の計算式によって求めます。

その年の金融資産残高＝前年の残高×(1＋変動率)±年間収支

2026年の年間収支：763万円－823万円＝▲60万円
2026年の金融資産残高：781万円×(1＋0.01)－60万円
＝728.8…万円 → 729万円

問24 4

1…給付型奨学金の収入基準の判定は、父母がいる場合、原則として父母2名を生計維持者として判定します。
2…給付型奨学金の予約採用の学力基準は、❶高等学校等における全履修科目の評定平均値が、5段階評価で3.5以上であること、❷将来、社会で自立し、及び活躍する目標をもって、進学しようとする大学等における学修意欲を有することのいずれかに該当する必要があります。❶の要件を満たせていなくても、❷の要件を満たせば学力基準を満たすことは可能です。
3…貸与型奨学金には、利息が付かない第**一**種と、利息が付く第**二**種があります。
4…貸与型奨学金の第一種と第二種は、**併用**して利用することができます。

【第8問】

問25 14,365,000円

現在の一定額を複利運用した場合の、一定期間後の元利合計を求める場合は**終価**

係数(年利1.0%、10年の終価係数＝1.105)を用いて計算します。

10年後の元利合計：1,300万円×1.105＝14,365,000円

問26　1,710,000円

現在の一定額を一定期間にわたって複利運用しながら一定額を取り崩す場合の、毎年の取崩額を求める場合は**資本回収**係数(年利1.0%、25年の資本回収係数＝0.045)を用いて計算します。

毎年の取崩額：3,800万円×0.045＝1,710,000円

問27　288,000円

一定期間後に一定額を用意するための、毎年の積立額を求める場合は**減債基金**係数(年利1.0%、10年の減債基金係数＝0.096)を用いて計算します。

毎年の積立額：300万円×0.096＝288,000円

【第9問】

問28　(ア)○　(イ)○　(ウ)×　(エ)×

(ア)…収入保障保険の保険料の支払額は生命保険料控除の対象となり、**所得**控除として、一定金額を所得金額から差し引くことができます。

(イ)…生計を一にする親族のために支払った医療費は医療費控除の対象となり、**所得**控除として、一定金額を所得金額から差し引くことができます。

(ウ)…ふるさと納税をしたことによる支払額は寄附金控除の対象となり、**所得**控除として、一定金額を所得金額から差し引くことができます。

(エ)…納税者が保有する生活に必要な資産について、災害、盗難または横領による損失が生じた場合には、一定の金額の雑損控除を受けることができますが、詐欺や恐喝による被害は、雑損控除の対象となりません。

問29　1

表を埋めると、次のとおりです。

	財形年金貯蓄
契約締結の年齢要件	満(ア.**55**)歳未満
積立期間	毎月の給与や賞与から定期的に(イ．**5**)年以上の期間
非課税の限度額	[貯蓄型] 財形住宅貯蓄と合算して元利合計(ウ.**550**)万円まで [保険型] 払込保険料累計額385万円まで、かつ財形住宅貯蓄と合算して払込保険料累計額(ウ.**550**)万円まで

目的外の払出時の原則的取扱い	[貯蓄型] 過去(エ. 5)年間に支払われた利息について、さかのぼって所得税および住民税が源泉徴収される。 [保険型] 積立開始時から利息相当分全てが一時所得扱いとなる。

問30 3

1…個人向け国債は、発行から1年経過後は、原則としていつでも中途換金できます。
3…個人向け国債は額面(100円)で中途換金するため、値上がり益は生じません。

問31 2

定期保険は、満期保険金がなく、保険料払込期間、保障期間が決まっている保険です。また、一般的な定期保険の解約返戻金は、ほぼゼロか、あってもごくわずかです。したがって、2が定期保険の図です。

1…個人年金保険(契約時に決めた一定の年齢に達すると一定の年金が支払われる保険)の図です。
3…養老保険(一定期間内に死亡した場合には死亡保険金が支払われ、満期まで生存していた場合には満期保険金が支払われる保険)の図です。
4…終身保険(保障が一生涯続き、満期がない保険)の図です。

問32 3

リビングニーズ特約は、余命6カ月以内と診断された場合に、生前に死亡保険金の全部または一部から希望の金額(**3,000**万円が限度)が支払われる特約で、特約保険料は**無料**です。

3…被保険者が受け取ったリビングニーズ特約の生前給付金は、**非課税**です。

問33 (ア) 3 (イ) 4 (ウ) 8

(ア)…傷病手当金は、仕事を連続して3日以上休み、十分な給料を受けられない場合に、休業4日目から支給されるものです。9月12日～14日で連続3日休んでいるので、9月15日から傷病手当金が支給されることになります。

(イ)…計算式にもとづいて傷病手当金の1日あたりの額を計算すると次のようになります。

傷病手当金の1日あたりの額：$540{,}000円 \times \frac{1}{30} \times \frac{2}{3} = 12{,}000円$

本問では、休業日に1日あたり3,000円の給与が支給されています。傷病手当金の額より少ない給与が支払われているときは、その差額が傷病手当金として支給されます。

傷病手当金の1日あたりの支給額：12,000円－3,000円＝9,000円

(ウ)…傷病手当金の支給期間は、支給を始めた日から通算して**1**年**6**カ月間です。

問34 (ア) **1**　(イ) **4**　(ウ) **8**

(ア)…基本手当を受給する場合、退職した会社から受領した**離職票**をハローワークに提出しなければなりません。退職すると、まずは会社がハローワークに離職証明書を提出します。その後、ハローワークが会社に離職票を交付します。会社は、ハローワークから交付された離職票を退職者に送付します。

【第10問】

問35 12,550万円

資料の空欄を埋めると、次のとおりです。

〈池谷家(雅之さんと博子さん)のバランスシート〉　(単位：万円)

[資産]		[負債]	
金融資産		住宅ローン	680
現金・預貯金	4,420*1	自動車ローン	70
株式・投資信託	1,350*2	負債合計	750
生命保険(解約返戻金相当額)	620*3		
不動産			
土地(自宅の敷地)	6,000	[純資産]	(ア **12,550***5)
建物(自宅の家屋)	520		
その他(動産等)	390*4		
資産合計	13,300	負債・純資産合計	13,300

＊1　3,600万円＋820万円＝4,420万円
＊2　1,100万円＋250万円＝1,350万円
＊3　120万円＋500万円＝620万円…［資料3：生命保険］より
＊4　180万円＋210万円＝390万円
＊5　13,300万円－750万円＝12,550万円

問36 2

源泉徴収票の「支払金額」の欄から、給与収入は1,880,000円とわかります。

給与所得控除額：1,880,000円×30%＋80,000円＝644,000円

博子さんの給与所得：1,880,000円－644,000円＝1,236,000円

博子さんは給与所得以外に申告すべき所得はないため、総所得金額は1,236,000円です。

したがって、早見表より、配偶者特別控除の額は11万円となります。

問37　3

購入した240万口のうち、120万口を売却します。なお、購入時手数料は購入原価に含めて計算します。

120万口の売却価額から120万口の取得費を差し引いた額が、譲渡所得の金額となります。

【購入時】

購入代価：8,950円×240＝2,148,000円
購入時手数料：2,148,000円×2.2%＝47,256円
購入原価：2,148,000円＋47,256円＝2,195,256円
120万口の取得費：$2,195,256円 \times \frac{120万口}{240万口} = 1,097,628円$

【解約時】

売却価額：9,752円×120＝1,170,240円
譲渡所得の金額：1,170,240円－1,097,628円＝72,612円

問38　1

個別元本は、投資信託を購入するときの基準価額をいい、購入時にかかる手数料や消費税は含めません（取得価額を計算するさいには、購入時にかかる手数料や消費税を含めます）。

2022年５月に基準価額10,000円で250万口購入し、2023年９月に100万口を売却しているので、売却後は150万口（250万口－100万口）所有しています（個別元本は10,000円）。

そして、2024年３月に12,000円で50万口を購入しているので、購入後の個別元本（１万口あたり）は、次のように修正されます。

$$2024年3月購入後の個別元本：\frac{10,000円 \times 150 + 12,000円 \times 50}{150+50} = 10,500円$$

問39　2

〈資料〉の計算式にしたがって、金額を計算します。

基本月額：120万円÷12＝10万円
総報酬月額相当額：38万円＋108万円÷12＝47万円
支給停止額：$(10万円 + 47万円 - 50万円) \times \frac{1}{2} = 35,000円$
支給調整後の老齢厚生年金の受給額（年額）：
（10万円－35,000円）×12＝780,000円

問40　4

(ア)……健康保険の被保険者となるには、原則として、週の所定労働時間、月の所定労働日数が通常の労働者(正社員)の**4分の3**以上であることが必要です。

(イ)(ウ)…健康保険の被扶養者の要件は、日本に住所がある同一生計親族等で、原則として年間収入が**130**万円未満(60歳以上または障害者は180万円未満)、かつ、被保険者の年間収入の**2分の1**未満であることとされています。

memo

memo